高职经管类精品教材

经济学基础

主　　编　朱广其

副 主 编　张前议　吴正锋　叶　武

编写人员（以姓氏笔画为序）

　　　　　叶　武　朱广其　张　兵

　　　　　张前议　吴正锋　邵延平

　　　　　高慧娟

中国科学技术大学出版社

内 容 简 介

本书密切联系我国市场经济实际，以基础性和应用性为原则，对庞杂和深奥的西方经济学内容进行分析取舍和优化整合，着重阐述经济与管理类各专业学生提高综合素质和发展职业能力所需的基本经济学原理和方法，主要包括需求与供给、消费者选择、企业生产与成本、市场结构与企业行为、生产要素市场、市场失灵与政府作用、宏观经济指标、总支出与总收入、总需求与总供给、财政政策与货币政策、失业与通货膨胀、经济增长与经济周期及国际经济等内容。

本书概念清楚，着眼应用，主要作为高职高专、应用型本科及成人教育院校"经济学基础"或"经理学原理"课程的教材，也可作为对经济学感兴趣的读者的自学参考书。

图书在版编目(CIP)数据

经济学基础/朱广其主编. —合肥：中国科学技术大学出版社，2012.1(2016.6重印)
ISBN 978-7-312-02611-9

Ⅰ.经… Ⅱ.朱… Ⅲ.经济学—高等学校—教材 Ⅳ.F0

中国版本图书馆 CIP 数据核字(2011)第 272335 号

出版发行 中国科学技术大学出版社
　　　　　安徽省合肥市金寨路 96 号，230026
　　　　　http://press.ustc.edu.cn
印刷　　安徽国文彩印有限公司
经销　　全国新华书店
开本　　710 mm×960 mm　1/16
印张　　21.25
字数　　429 千
版次　　2012 年 1 月第 1 版
印次　　2016 年 6 月第 5 次印刷
定价　　33.00 元

前　言

在高职高专院校和应用型本科院校经济、管理类专业的课程体系中，用"经济学基础"课程替代传统的"西方经济学"课程，以彰显高等技术应用型人才培养特色，迫切需要努力加强"经济学基础"课程的教材建设。本教材作为安徽省2010年高等学校省级教学质量与教学改革工程教学研究项目"工学结合视角的'经济学基础'教学内容优化及教学方法改革探索与实践"的成果之一，就是这种努力的一个体现。

本书紧密结合我国市场经济运行和宏观调控的实际，充分考虑经济、管理类专业高等技术应用型人才培养对经济学知识的必需、够用要求，以基础性和应用性为原则，对西方经济学的内容进行分析取舍和优化整合，突出经济与管理类各专业学生提高综合素质和发展职业能力所需的基本经济学原理和方法。同时兼顾经济学内容从微观到宏观、从国内到国际、从短期到长期的不同视角，方便不同专业的学生有侧重的学习和教师的教学安排。

本书在内容阐述上，力求通俗易懂和科学严谨相结合、规范性和可读性相结合，有利于学生培养形成规范的经济学思维方式和应用能力。在编写体例上，以"学习目标——情境引入——本章任务——相关知识——内容提要——关键术语——复习——应用"为结构，有利于学生自学和取得实实在在的学习效果。

本书主编朱广其负责全书内容框架与编写体例的设计，并对全书初稿进行修改、补充和总纂定稿。参编人员及其编写分工是：朱广其编写第一、二、三章；邵延平编写第四、十、十一章；高慧娟编写第五、六章；吴正锋编写第七、八章；叶武编写第九章；张兵编写第十二章；张前议编写第十三、十四章。

本书在编写过程中参考了大量经济学著作和教材，书后的参考书目未能一一列出，在此一并表示感谢。尽管做了最大努力，但由于理论水平和时间所限，书中难免存在缺点和疏漏之处，真诚希望广大读者提出批评意见。

编　者
2011年10月

目　　录

前言 ··· （Ⅰ）

第一章　导论 ·· （1）
　　第一节　经济学是什么 ·· （1）
　　第二节　经济学的方法 ·· （7）
　　第三节　经济学的思维方式 ···································· （10）
　　内容提要 ··· （16）
　　关键术语 ··· （16）
　　复习 ·· （16）
　　应用 ·· （18）

第二章　需求与供给 ·· （19）
　　第一节　需求分析 ··· （19）
　　第二节　供给分析 ··· （27）
　　第三节　需求和供给的结合 ···································· （32）
　　第四节　供求弹性 ··· （40）
　　内容提要 ··· （46）
　　关键术语 ··· （46）
　　复习 ·· （46）
　　应用 ·· （48）

第三章　消费者选择 ·· （49）
　　第一节　边际效用分析 ·· （49）
　　第二节　无差异曲线分析 ······································ （57）
　　内容提要 ··· （67）
　　关键术语 ··· （67）
　　复习 ·· （67）
　　应用 ·· （69）

第四章 企业生产与成本 ………………………………………………（70）
   第一节 企业的目标 ……………………………………………（70）
   第二节 投入与产出 ……………………………………………（76）
   第三节 成本与产量 ……………………………………………（87）
   内容提要 ………………………………………………………（93）
   关键术语 ………………………………………………………（93）
   复习 ……………………………………………………………（93）
   应用 ……………………………………………………………（95）

第五章 市场结构与企业行为 …………………………………………（97）
   第一节 市场及其类型 …………………………………………（97）
   第二节 完全竞争市场上的企业行为 …………………………（98）
   第三节 垄断市场上的企业行为 ………………………………（109）
   第四节 垄断竞争市场上的企业行为 …………………………（117）
   第五节 寡头市场上的企业行为 ………………………………（122）
   内容提要 ………………………………………………………（129）
   关键术语 ………………………………………………………（130）
   复习 ……………………………………………………………（130）
   应用 ……………………………………………………………（132）

第六章 生产要素市场 …………………………………………………（133）
   第一节 生产要素价格与要素收入 ……………………………（133）
   第二节 劳动市场与工资 ………………………………………（135）
   第三节 资本市场与利息 ………………………………………（142）
   第四节 土地市场与地租 ………………………………………（145）
   第五节 收入分配平等程度的衡量 ……………………………（148）
   内容提要 ………………………………………………………（152）
   关键术语 ………………………………………………………（152）
   复习 ……………………………………………………………（152）
   应用 ……………………………………………………………（153）

第七章 市场失灵与政府作用 …………………………………………（154）
   第一节 外部性 …………………………………………………（155）
   第二节 公共产品 ………………………………………………（161）
   第三节 垄断和信息不对称 ……………………………………（165）

内容提要 (171)
关键术语 (172)
复习 (172)
应用 (173)

第八章 宏观经济指标 (175)
第一节 国内生产总值 (175)
第二节 价格总水平与失业率 (185)
内容提要 (189)
关键术语 (190)
复习 (190)
应用 (191)

第九章 总支出与总收入 (192)
第一节 计划总支出 (192)
第二节 收入-支出分析 (201)
第三节 货币、利率与总收入 (213)
内容提要 (226)
关键术语 (227)
复习 (227)
应用 (229)

第十章 总需求与总供给 (231)
第一节 总需求曲线 (231)
第二节 总供给曲线 (235)
第三节 总产出、价格水平的决定 (241)
内容提要 (246)
关键术语 (247)
复习 (247)
应用 (248)

第十一章 财政政策与货币政策 (250)
第一节 宏观经济政策目标 (250)
第二节 财政政策 (254)
第三节 货币政策 (261)

内容提要 …………………………………………………………… (269)
　　关键术语 …………………………………………………………… (269)
　　复习 ………………………………………………………………… (270)
　　应用 ………………………………………………………………… (271)

第十二章　失业与通货膨胀 ………………………………………… (272)
　　第一节　失业 ……………………………………………………… (272)
　　第二节　通货膨胀 ………………………………………………… (277)
　　第三节　失业与通货膨胀之间的短期权衡 ……………………… (285)
　　内容提要 …………………………………………………………… (287)
　　关键术语 …………………………………………………………… (288)
　　复习 ………………………………………………………………… (288)
　　应用 ………………………………………………………………… (289)

第十三章　经济增长与经济周期 …………………………………… (291)
　　第一节　经济增长及其源泉 ……………………………………… (291)
　　第二节　经济增长理论与政策 …………………………………… (298)
　　第三节　经济周期 ………………………………………………… (306)
　　内容提要 …………………………………………………………… (309)
　　关键术语 …………………………………………………………… (309)
　　复习 ………………………………………………………………… (309)
　　应用 ………………………………………………………………… (310)

第十四章　国际经济 ………………………………………………… (311)
　　第一节　比较优势与国际贸易 …………………………………… (311)
　　第二节　汇率与国际收支 ………………………………………… (317)
　　第三节　国际性经济机构和一体化的经济组织 ………………… (324)
　　内容提要 …………………………………………………………… (328)
　　关键术语 …………………………………………………………… (328)
　　复习 ………………………………………………………………… (329)
　　应用 ………………………………………………………………… (329)

参考书目 ……………………………………………………………… (331)

第一章 导 论

学习目标

学习本章后,你应该能够:
- 解释稀缺性的相对性和绝对性
- 解释三个基本经济问题
- 给经济学下定义,并区分微观经济学和宏观经济学
- 区分实证分析的问题和规范分析的问题
- 建立基本的经济学思维

在当今的中国,没有哪一门社会科学能像经济学这样地普及。在新华书店的书架上,摆放着百种以上版本的经济学通俗读物,如《寓言中的经济学》、《生活中的经济学》、《在小吃店遇见凯恩斯》、《卧底经济学》、《牛奶可乐经济学》,等等。经济学通俗读物的丰富供给反映的是人们对经济学知识的旺盛需求,或者说,反映了人们对面临的经济问题及其解决途径的空前关心。确实,我们都生活在一个经济学的世界,并且是在一个充满挑战和巨大变化的时代学习经济学,渴望用经济学的眼光来看待这个经济世界。那么,经济学到底是怎样一门学问呢?

本章的任务是初步认识经济学,包括经济学试图研究的问题、经济学家在寻找这些问题的答案时使用的方法,以及经济学家如何思考这些问题。学习本章有助于你建立基本的经济学思维,用经济学的眼光看待社会与经济现象。

第一节 经济学是什么

一、经济学的定义

所有的经济问题都起源于资源的稀缺性。我们对经济学的认识就从稀缺性以

及由稀缺性引起的选择问题开始。

稀缺性　稀缺性反映了人类生产与消费的某些共同特点。我们可以将人类的生产和消费活动概括为：人们用资源生产物品和服务，通过消费物品和服务去满足人类的各种需要。人类的生产与消费活动存在两个基本事实：一个是人类需要的无限性，另一个是资源的有限性。正是这两个基本事实使人类面临稀缺性问题。

人类需要是指人类对物品和服务的渴求。物品和服务是那些能够满足人们需要的东西，包括衣、食、住、行等方面的物品，也包括如医疗和教育等服务。我们知道，不同的人对物品和服务的具体需要情况（包括种类和数量）是不相同的，但所有的人对物品和服务的需要都有这样共同的特点，即当人们的某种需要被满足之后，又会产生新的需要，这就是需要的无限性。例如，当你为春节回家买不到火车票犯愁的时候，你只想要一张火车票，而当你拥有火车票而挤不上火车时，会想只要挤上火车有地方站就行，而站着时会想有个座位就好了，有了硬座又会想不如躺下舒服，躺在卧铺时会想最好是包厢。可见，人类的需要是无止境的、不断变化的。

满足人类需要的物品和服务分为自由物品和经济物品。自由物品是指人类无需任何代价就能自由取用的物品，如空气、阳光等，其数量是无限的，它们不是人们生产出来的，使用它们无需支付任何代价。经济物品是指人类必须付出代价才能够取得并使用的物品，它们是用资源生产出来的东西。资源是指那些用来生产物品和服务的自然资源、人类的劳动和智慧以及我们制造出来的工具和设备。经济学家一般把它们分为土地、劳动、资本和企业家才能。土地泛指自然资源，包括日常意义上的土地、铁矿、石油、天然气、煤炭、水等。劳动是指人们生产物品和服务时付出的努力，包括那些在农场、建筑工地、工厂、商店和办公室工作的所有人的体力和脑力付出。资本是指用来生产物品和服务的工具、设备、机器和建筑物等。企业家才能是指把土地、劳动和资本组织起来生产物品并承担风险的能力。除了像阳光、空气等少数自然资源，我们人类拥有的资源在数量上都是有限的。也就是说，在任何时候，我们只有一定数量的土地、劳动、资本和企业家才能。这些资源不可能像空气和阳光那样任意取用。进一步来说，我们拥有多少数量的资源，决定了我们能生产多少数量的物品和服务。资源数量的有限决定了我们生产的经济物品也是有限的，它不能满足人类无限的需要。

对于某种东西，如果我们想使用的量超过了我们所拥有的量，这种东西就具有稀缺性。我们需要无限的物品和服务，进而需要无限的资源。很显然，我们拥有的资源量要少于我们想要的资源量，这个现象叫做资源的稀缺性。资源的稀缺性是相对而言的，就是说，它不是指资源绝对数量的多少，而是指相对于人类需要的无限性来说,资源是不足的。举个例子,水稀缺吗?地球表面的三分之二都是被水覆盖的,水怎么会稀缺呢?但经济学家说水是稀缺的,为什么?这是因为,水有许多竞争性的用途,相对于人们的各种需要来说,水并不够用。我国西北部地区的农民和牧民经常受到缺水的困扰,干旱是人类面临的一个严重问题。随着工业污染物和居民生活污染物的排放,很多城市和乡村可供人们饮用的水源日益枯竭。所有这些都说明水是稀缺的。另一方面,资源的稀缺性又是绝对的,就是说,任何社会和个人都面临稀缺性。一个人从呱呱坠地到垂垂老矣,无不面对资源稀缺的困境。我们一生下来就拼命地吃奶,可是来自母体的奶水并不能充分提供我们身体成长所需要的能量,于是我们到处寻找可以充饥的东西,甚至不惜把自己的手指头放进嘴里。等我们老了,如果事业有成、身体健康的话,就会感慨"夕阳无限好,只是近黄昏",恨不能"向天再借500年"。一个穷国可能没有足够的食品以满足人们的生存需要,而一个富国可能没有足够的钱去探索太空、增加军火的购买。稀缺性是人类社会存在的一个基本事实。

选择 人类需要不仅无限而且多样。稀缺性使得人们不能得到它想要的所有东西。我们既然不能什么都要,就要决定我们需要什么,即在各种需要之间做出选择。所谓选择是指人们就稀缺的资源满足何种需要做出的抉择。一个穷国可能要在增加食品供应和增加体育设施之间做出选择,而一个富国可能要在科学研究、国防建设和教育之间做出选择。一个穷人可能要在必需品和奢侈品之间进行选择,而一个富人可能要在打高尔夫和游泳之间进行选择。没有稀缺性,也就没有选择的必要。而没有了选择,也就没有经济问题的存在。

假定有一个简单经济。在该经济中,社会的资源总量和技术水平是一定的,所有的资源都用来生产两种物品:小汽车(代表民用品)和坦克(代表军用品)。如果全部资源都用来生产小汽车,可以生产100辆小汽车;而如果全部资源都用来生产坦克,可以生产80辆坦克。在这两个极端的可能性之间,生产小汽车和坦克还存在不同的数量组合。有关小汽车和坦克的生产可能的数量组合,见表1.1。

表1.1 小汽车和坦克的生产可能的数量组合

可能性	小汽车(辆)	坦克(辆)
A	100	0
B	90	20
C	70	50
D	40	70
E	0	80

将表1.1的数据描绘在图形上可以得到一条曲线,这条曲线称为社会的生产可能性曲线,如图1.1所示。

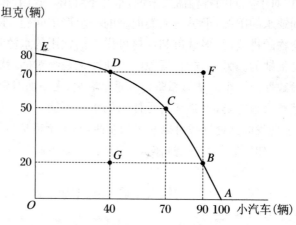

图1.1 社会的生产可能性曲线

图1.1中的横轴表示小汽车的产量,纵轴表示坦克的产量。图中的A、B、C、D、E各点分别表示小汽车和坦克的不同数量组合点,A点代表100辆小汽车和0辆坦克的组合,B点代表90辆小汽车和20辆坦克的组合,C点代表70辆小汽车和50辆坦克的组合,D点代表40辆小汽车和70辆坦克的组合,E点代表0辆小汽车和80辆坦克的组合,连接A、B、C、D、E各点的AE线,就是社会的生产可能性曲线。生产可能性曲线表示既定资源数量和生产技术条件下所能达到的小汽车和坦克最大产量的组合。图中的F点代表的产量组合是90辆小汽车和70辆坦克,这个产量组合是现有资源条件下无法生产出来的。G点代表的产量组合是40辆小汽车和20辆坦克,这个产量组合不是现有资源下的最大产量。而在AE线上,社会可以获得最大产量,但是,社会如果从C点到B点增加20辆汽车,就必须减少生产30辆坦克。可见,社会要获得最大产量,就只能在生产可能性曲线上进行生产,并且在多生产小汽车少生产坦克,或多生产坦克少生产小汽车之间进行选择。

基本经济问题 人类进行选择的过程就是资源配置的过程。稀缺约束下的资源配置有三个基本问题:

(1)生产什么?由于资源稀缺,我们不能生产我们想要的所有物品和服务。既然我们不能得到所有我们想要的东西,我们就要决定生产什么。那就是,社会必须决定,应该把多少资源用于生产粮食,应该把多少资源用于生产机器,应该把多少资源用于生产战斗机等军用品,可以想象这个问题的重要性和复杂性有多么大。关于生产什么的选择决定着稀缺资源在不同产品之间的配置,并形成不同的产品组合。

(2) 如何生产？即用什么方法生产我们需要的产品。同一产品的不同生产方法,将会耗用不同类型、不同数量的资源。资源稀缺性要求我们必须就产品的不同生产方法进行选择,例如,生产小麦,可以采用大量使用劳动的生产方法,也可以采用大量使用机器的生产方法,两种生产方法耗用的资源是不相同的。这个选择决定着稀缺资源在不同生产者之间的配置,如小农和规模化农场之间的资源配置。

(3) 为谁生产？即社会生产出来的产品由谁获得。由于资源稀缺,社会不能保证每个家庭或社会成员都能获得他们希望得到的所有物品和服务。所以,社会必须决定生产出来的产品由谁获得,谁获得多一些,谁获得少一些。这个选择决定了稀缺资源在家庭之间和社会成员之间的配置。

经济学 经济学就是为解决资源稀缺性引起的选择问题而产生的。可以把经济学定义为:研究个人、企业、政府以及其他组织如何进行选择,以及这些选择如何决定社会稀缺资源的有效使用以满足人类需要的社会科学。在这里,稀缺性是经济学产生的前提,选择问题是经济学研究的对象。正是在这个意义上,经济学也被认为是一门关于在现实中如何选择的科学。

经济学的价值在于它向你提供了一套解决选择问题的工具和方法,告诉你解决选择问题的思路。经济学的基本原理很简单,但如何将它加以灵活应用,则需要不断地实践。

二、微观经济学与宏观经济学

以选择问题为对象的经济学,有两个基本的组成部分:微观经济学和宏观经济学。它们构成经济学的基本范围,以此为基础又派生出许多专门的研究领域,形成众多更为具体的经济学分支,例如劳动经济学、农业经济学、财政学等。

(一) 微观经济学

微观经济学研究家庭和企业如何作出决策,这些决策如何在市场上相互作用,以及政府对这些决策的影响。微观经济学立足于"小",即个体单位,研究家庭、企业等个体单位的行为,这种研究包括三个方面的内容,一是个体单位如何选择。例如,家庭关于购买什么及购买多少的选择,企业关于生产什么、怎样生产及产品如何定价的选择。二是个体单位如何在市场上相互交易。例如,家庭作为买者和企业作为卖者,如何在市场上相互交易并决定市场价格的变化。三是政府怎样影响人们的选择。所有的选择都是个体单位做出的,但这种选择是在市场的引导下完成的,市场选择可能存在某些缺陷和问题,政府通过干预措施可以影响个体单位的市场选择。例如,经济学家研究政府的租金控制对某个城市住房的影响,研究外国汽车竞争对我国汽车行业的影响,研究农村孩子接受义务教育对其收入的影响,都是微观经济学的题目。

微观经济学对于企业和个人都很有用。对于企业而言,微观经济学有助于企业解决生产什么、如何生产等最优生产决策问题和为其产品定价。对于个人和家庭而言,它有助于个人和家庭做出最佳消费决策、储蓄决策以及劳动决策等。

(二) 宏观经济学

宏观经济学研究整体经济如何运行。宏观经济学立足于"大",即整体经济,即研究就业、产量、物价水平及经济增长等这些总量指标的变化,以及造成这些变化的影响因素。这种研究包括的内容相当广泛,主要内容包括长期和短期中的总产出、物价水平的决定,失业和通货膨胀问题,以及宏观经济政策等三个方面。例如,宏观经济学要回答,为什么在某些时候总产出是增长的,而在某些时候总产出却是下降的;为什么某些时候几乎所有的物品和服务的价格都在迅速上涨,而在某些时候它们却保持不变。

宏观经济学对于企业和政府也有重要作用。对于企业来说,宏观经济学有助于企业准确预测未来的经济过程、了解利率水平以及汇率水平等。对于政府来说,宏观经济学有助于政策制定者掌握经济运行状况以及什么能够改善经济的运行等。

(三) 微观经济学与宏观经济学的关系

微观经济学与宏观经济学是密切相关的。由于整体经济的变动产生于千百万个体单位的经济决策,所以,需要考虑相关的微观经济决策去理解宏观经济的运行和发展,也就是说,微观经济学是宏观经济学的基础。例如,当宏观经济学家要研究个人所得税的减少对整个社会物品和服务生产的影响时,它就必须分析个人所得税减少会如何影响家庭购买物品和服务的决策。虽然微观经济学和宏观经济学有着这种密切的联系,但两者却代表了不同的研究经济问题的方法。微观经济学是自下而上考察经济,它关心的是"树木";宏观经济学是自上而下考察经济,它关心的是"森林"。微观经济学和宏观经济学之间的关系就类似于树木和森林之间的关系。

【即问即答】
◇ 举出若干现实生活中稀缺性和选择的例子。
◇ 从经济新闻中列举若干微观经济学问题和宏观经济学问题的例子。

第二节 经济学的方法

一、实证分析与规范分析

经济学是一门研究选择问题的社会科学。它不仅致力于解释面前的经济世界为什么这样,还致力于改造经济世界,力求把经济世界变得更好。换句话说,经济学家不仅是一个科学家,需要探究经济现象的原因,而且是一个政策顾问,试图提出某些政策建议去改善经济结果。经济学的两种作用及经济学家的两个角色,其实体现了经济学试图提出问题和回答问题的两种方法:实证分析和规范分析。

假设有两个人正在讨论最低工资法。一个人说:"最低工资法引起了失业";另一个人说:"政府应该提高最低工资"。不管你是否同意这两种观点,需要你注意的是,"最低工资法引起了失业"这种说法属于实证分析的陈述,"政府应该提高最低工资"这种说法属于规范分析的陈述。

实证分析是在不考虑结果是好是坏的前提下,研究经济行为因果关系的方法。它的任务是回答"是什么"。其目的是解释个体单位如何决策、经济体系如何运行。例如,房地产价格由什么因素决定? 降低个人所得税将会产生什么结果? 对这些问题的回答是实证分析的主题。

规范分析是以对经济事物作出好与坏的判断为基础,根据一定的价值标准,研究如何改进决策和运行的方法。它的任务是回答"应该是什么"。其目的是解释个体单位应该如何决策、经济体系应该如何运行。例如,政府应该调控房地产价格吗? 政府应该降低个人所得税吗? 对这些问题的回答是规范分析的任务。

实证分析与规范分析之间的关键区别在于我们如何判断它们的正确性。一般而言,一个实证分析的陈述可以通过检验证据来加以确认或否定。例如,经济学家通过分析某一时期最低工资和失业变动的数据来检验"最低工资法引起了失业"说法的正确性。如果事实数据支持这一说法,它就是正确的;如果事实数据不支持这一说法,它就是不正确的。而一个规范分析的陈述是难以通过检验证据来加以确认或否定,因为它涉及人们的价值判断。什么是好政策,什么是坏政策,不仅是一个科学问题,还涉及伦理等非科学因素。

总的来看,用实证分析方法研究经济问题,使得经济学家更像科学家;而用规范分析方法研究经济问题,使得经济学家成为政策顾问。虽然实证分析和规范分析具有基本的不同,但是实证分析的结论还是会对规范分析的观点产生影响。

二、假设的作用

无论在物理学、生物学还是经济学中,科学思考的艺术就是决定做什么假设。假设是指在经济分析的起点事先设定的某种经济状态。假设可以使复杂的世界简单化,从而使解释这个世界变得更为容易。当我们能够很好理解简化的经济世界,我们也就可以更好地理解复杂的现实世界中的经济现象。经济学家在研究不同问题时会做出不同的假设,如同物理学家在研究一个石块下落时假设空气没有摩擦,而在研究一个气球下落时会假设空气存在摩擦一样。

经济学是研究人们选择行为的科学。关于人们的选择行为,经济学有个基本的假设,即假设每一个从事经济活动的人都是"经济人",即具有自利动机和理性行为的人。

"自利"是指每个人都追求个人利益,个人利益包括物质上的利益和精神上的利益。人们每天辛苦劳作,是为了自己有饭吃、有衣穿、有房住、有钱购买交通服务或交通工具及其他生活消费品,并且还要使自己过得更好。司马迁在《史记·货殖列传》中对人们的行为有这样的总结:"天下熙熙皆为利来,天下攘攘皆为利往。"亚当·斯密在《国富论》中指出:"我们明天所需的食物和饮料,不是出自屠户、酿酒师、面包师的恩惠,而是出于他们自利的打算。"可见追求个人利益是普遍的道理。追求个人利益的行为并不必然等于自私。你可以用你的投入追求个人的物质享受,也可以用你的投入增进他人的幸福。例如,有人将自己的骨髓捐献给陌生的白血病人,以增进他人的健康;有人勇敢地与歹徒搏斗,以保护他人的生命财产安全等。无论是个人的物质享受还是增进他人的幸福,只要符合你的价值观,都是你的个人利益所在。

"理性"是指每个人在面临几种可供选择的行动方案时,会选择一个使其个人利益最大化的方案。也就是说每个人都知道自己的利益是什么,都会用最好的(也就是成本最小的)办法去实现自己的利益,使利益获得最大值。当然,说人们的行为是理性的,并不意味着人们的具体选择结果是一致的、无差别的,相反,每个人如果面临不同的资源、偏好和环境条件,理性选择的结果就不会相同。例如,两名高中毕业生参加高考都达到了大学录取分数线,一名同学选择上大学,而另一名同学选择就业。在经济学家看来,这两种截然相反的选择结果应该都是理性的,之所以会有不同的选择结果,那是因为各人面临的环境条件不同。

"经济人"假设是经济学家研究人们经济行为的基本前提,它使经济学家能够有效关注人们经济行为的基本的和显著的特征,从而建立起经济学的大厦。

三、经济模型

经济学家用经济模型来解释经济世界并进行预测。经济学,包括微观经济学和宏观经济学,是一门研究社会如何进行选择的社会科学。在对科学方法的应用上,各种学科都是相似的。经济学家在运用实证分析方法研究复杂的经济问题,并试图获得与实际观察相一致的实证结论时,与很多学科一样,是通过建立模型来认识和理解经济世界的。所以,学习经济学需要了解经济模型。

经济模型是对经济世界某些方面特征的描述。例如,生产可能性曲线就是一个描述资源稀缺条件下社会生产可能性情况的经济模型,它解释了我们能够生产和不能够生产之间的界限以及原因。

经济模型关心的不是经济世界所有的特征,而是与研究目的有关的特征。经济模型是通过去掉一些与研究目的无关的或不重要的部分而使现实简化。例如,如果我们要研究物品价格对购买量的影响,我们就不考虑人们收入变化对购买量的影响,而只关心物品价格这一个因素。因此,经济模型是一种使复杂问题简单化的方法。要理解模型的简单化如何有用,我们考虑地图作为例子。一张城市地图就像一个模型,它是现实城市的简单替代。如果是一张交通地图,城市在地图上仅是一系列线段而已,我们只需要知道主要的道路和街道,而省略掉一些具体的建筑并不影响交通地图的功能。经济模型包含什么、舍弃什么,取决于我们所做的假设,也就是说,所有的经济模型都是建立在假设基础之上的。

经济模型可以用文字、图形和方程等手段来构建。我们以一个简单的例子来说明:假设你正在考虑开一个出售水果的街头商店。你需要估计每周能出售多少水果,以决定目前的经营规模大小。为此,可以建立一个有关水果需求的模型。首先用文字来表达这一模型。你的水果销售量取决于水果的价格、周围居民的收入水平以及他们对水果的偏好。假定居民的收入水平和偏好不变,水果的价格与水果的需求量(销售量)成反比。其次,用图形表示这个需求模型,如图1.2所示。这是一个二维的图形,表示当其他条件不变时,水果价格与水果需求量之间的关系,即水果价格下降,水果需求量增加。再次可以用代数方程式表示需求模型。图1.2中的直线可以表示为如下方程:

$$Q_d = 50 - 5P \tag{1.1}$$

上式中,Q_d表示水果的需求量,P是单位水果的价格。当价格为零时,需求量最大,为50单位。当水果价格为7元时,方程表明需求量下降为15单位。水果价格每增加1元,需求量下降5单位。这种代数方程模型和几何图形模型表达的内容是相同的。

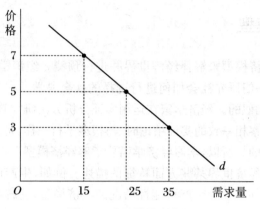

图 1.2 水果的需求曲线

在经济模型的使用上,还要注意分离不同因素的影响。通常一个经济模型总会涉及许多因素。例如水果需求量就受到价格、人们的收入、偏好等因素的影响。如果我们想知道较高的价格对水果需求量的影响,该怎么办? 为了分离某一因素的影响,我们使用"其他条件不变"或"其他条件相同"这样的逻辑工具。用水果需求量的例子来说,我们问:当其他条件不变(即人们的收入、偏好等)时,水果价格的变化对水果需求量有什么影响? 很显然,这种方法有助于我们对现实进行简化,以便集中考察我们感兴趣的因素。也就是说,我们可以通过假设其他情况不变来考察两个变量之间的关系。

经济学家用经济模型进行预测。例如,根据水果需求模型,可以预测:在其他条件不变的情况下,当水果价格降低时,人们对水果的需求量会增加;反之,如果水果价格上升,人们对水果的需求量就会减少。同样,根据生产可能性曲线模型可以预测,汽车技术进步时,社会可能生产的汽车数量将增加。

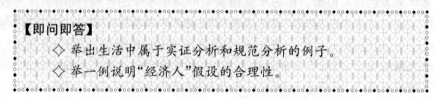

【即问即答】
◇ 举出生活中属于实证分析和规范分析的例子。
◇ 举一例说明"经济人"假设的合理性。

第三节 经济学的思维方式

经济学的力量就在于它是一种思维方式,经济学提供了一种特殊的思考问题

的方法。那么,经济学家如何进行这种特殊的思考呢? 当然,经济学的思维方式体现在经济学整个体系中,在本节,我们只是介绍五种最基本的经济学思维方式,帮助读者了解经济学家是如何思考经济问题的。这五个方面的经济学思想是:权衡取舍、机会成本、在边际上选择、对激励做出反应、制度影响选择。

一、权衡取舍

因为我们面临稀缺,所以我们必须做出选择。而我们做出选择时,我们是从各种可能性中选择一个。例如,你可以把你的周末时间用来学习经济学,或者与同学出去玩,但你不能同时做两件事情。不管你的选择是什么,你不得不放弃另一个,你必须在学习经济学和与朋友出去玩之间做出取舍。权衡取舍是指人们要得到某种东西就必须同时放弃另一种东西。这是稀缺条件下的一个普遍原理。

要"大炮"还是要"黄油",是我们这个社会面临的一个经典的权衡取舍。"大炮"与"黄油"分别代表了国防物品与消费物品。当一个社会的支出更多地用于大炮之类物品时,其用于提高人们生活水平的消费品就少了;反之,一个社会用于消费品的支出多了,其用于增加国防物品的数量就必然减少。大炮与黄油的权衡取舍抓住了我们生活中的一个事实:如果我们想要更多的某件东西,就必须用别的东西去交换它。

现代社会还面临着在清洁的环境和高收入水平之间的权衡取舍。要求企业减少污染的法律会增加生产物品与服务的成本,由于成本高,结果这些企业赚的利润少了,支付的工资低了,收取的价格高了,或者是这三种结果的某种结合。因此,尽管污染管制给予我们的好处是更清洁的环境,以及由此带来的健康水平的提高,但其代价是企业所有者、工人和消费者收入的减少。

认识到人们面临权衡取舍本身并没有告诉我们,人们将会或应该做出什么决策。一个学生不应该仅仅由于要增加用于学习经济学的时间而放弃与朋友出去玩。社会不应该仅仅由于环境控制降低了我们的物质生活水平而不再保护环境,也不应该仅仅由于帮助穷人扭曲了工作激励而忽视他们。然而,认识到生活中的权衡取舍是重要的,因为人们只有了解了他们面临的选择,才能做出良好的决策。因此,学习经济学要从认识生活中的权衡取舍开始。

二、机会成本

"天下没有免费的午餐"这个说法表达了经济学的一个重要思想:所有的选择都是有成本的。成本概念在经济学中有着不同于通常所理解的涵义。

由于人们面临着权衡取舍，所以做出某种选择必然要失去一些机会以及这些机会所能带来的收益。如果现在有人问你上网 4 个小时的成本是多少，假如每小时网费是 1 元的话，你可能会回答说"4 元"。当我们面对权衡取舍时，你的回答可能就不正确了。首先，上网 4 小时的成本不能简单地说成 4 元，而是如果不去上网用 4 元钱可以买到的东西。其次，你的时间是稀缺资源，它有其他用途。你把时间用在上网上，就意味着它不能用于学习、逛街等其他用途，这些用途同样给你带来价值，但现在因上网而丧失了。这些金钱和时间在其他用途上的价值是你上网所放弃掉的，它是你上网的真正代价，我们称之为机会成本。一个选择或决策的机会成本就是这个选择或决策所放弃的那个可供选择的价值最高的东西。当做出任何一项决策时，决策者应该认识到每一种可能的行为所带来的机会成本。上网的机会成本就是 4 元钱可以购买的其他价值最高的东西和 4 小时在其他用途上的价值。机会成本是经济学中的一个重要概念和思想，它是对我们做任何事情的成本的合理度量。

机会成本概念适用于任何个人、企业和整个社会所做出的选择。你看电影的机会成本是你用同样的钱和时间所能做的其他事情的价值。一家企业花 30000 元购买的一台设备，希望它能带来更多的利润。然而，使用这台设备的机会成本，是将 30000 元存入银行或借给别人使用所能获得的利息。对一个社会来说，把资源用于军用产品生产的机会成本是使用相同资源可以生产的民用产品的价值。实际上，前面关于生产什么、如何生产及为谁生产等权衡取舍问题同样存在机会成本。机会成本的大小是人们进行决策的重要依据。

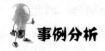 **事例分析**

上大学的成本

作为一名大学生，你上大学的成本是什么？如果有人问你上大学的成本，你或许认为你交纳的学费、食宿费和书本费等是主要的成本。但从机会成本角度分析，你的这种说法既多列了成本，也遗漏了不少成本。因为，即使你不上大学，你也要一个地方住，也要吃喝。因此，这些成本不应计入你上大学的成本之中。只有当学校收取的房租高于你不上大学而需支付的房租时，才可以将一部分住宿费计入上大学的成本。此外，你忽略了上大学的时间成本。当你把一年的时间用于读书、听课和上网时，你就不能把这个时间用于工作，工作是可以挣得收入的。因上大学而不得不放弃的收入应该像学费一样计入上大学的成本之中。对大多数学生来说，这种被放弃的收入是上大学的成本中的最大部分。

(摘自斯蒂格利茨《经济学》)

三、在边际上选择

选择很少是在有和无之间的选择,往往是介于其间的多与少的选择。吃饭的时候,你不是在吃与不吃之间做出选择,而是吃多一点还是少一点的选择。考试的时候,你的决策不是放弃考试或学习24小时,而是多花一小时复习经济学课程还是多花一小时复习数学课程。经济学家用边际变动来描述对现有行动计划的微小增量调整。"边际"即"边缘",边际变动是指围绕所做事情的边缘的调整。当你在做选择的时候,需要考虑成本和收益。在权衡一个选择(决策)的成本和收益时,重要的是权衡仅同决策有关的成本和收益。在边际上选择是指经济人通过比较"边际利益"和"边际成本"来做出决策。

增加一个活动所带来的好处就是边际利益。假定上一学期你一周花5个晚上自习,课程平均成绩是80分。为了提高学习成绩,你决定本学期每周增加一个晚上的学习时间,结果你的平均成绩达到85分。那么,一周增加一个晚上的学习时间的边际利益是5分,而不是85分。增加一个活动的成本叫做边际成本。每周增加一个晚上的学习时间,其边际成本是这个晚上你不能干的其他事情的最高价值,它不包括你另外5个晚上的成本。你为了做出是否增加一个晚上的学习时间的决定,就要比较额外增加一个晚上学习时间的边际利益和边际成本。假如边际利益大于边际成本,你就应该增加一个晚上的学习时间。反之,则不需要增加一个晚上的学习时间。一般而言,只有当一种行为的边际利益大于边际成本时,理性决策者才会采取这种行为。

航空公司对等退票的乘客收取多高的价格?

假设一架有200个座位的飞机横越美国飞行一次,航空公司的成本是10万美元。在这种情况下,每个座位的平均成本是10万美元/200个,即500美元。人们很容易就此得出结论:航空公司的票价绝不应该低于500美元。但实际上,航空公司可以通过考虑边际量而增加利润。设想一架飞机即将起飞时仍有10个空位,而在登机口等退票的乘客愿意支付300美元买一张票。航空公司应该把票卖给他吗?当然应该。如果飞机有空位,多增加一位乘客的成本是微不足道的。虽然一位乘客飞行的平均成本是500美元,但边际成本仅仅是这位额外的乘客将免费消费的一包花生米和一罐软饮料的成本而已。只要等退票的乘客所支付的钱大于边际成本,卖给他机票就是有利可图的。

(摘自曼昆《经济学原理》)

四、对激励做出反应

我们做出什么样的选择取决于我们面临的激励是什么,也就是说,我们的选择是对激励做出的反应。激励是引起一个人实施某种行为的某种东西,包括鼓励一个行动的奖赏,或者抑制一个行动的惩罚。由于人们通过比较成本与利益做出决策,所以,当成本或利益变动时,人们的行为也会改变。激励因素有许多,价格就是重要的激励因素。价格是人们在购买某种东西时支付的东西。价格的变化影响到人们行动的成本和收益,从而改变激励。例如,当苹果的价格上升时,人们就会决定少吃苹果多吃其他水果,因为购买苹果的成本高了。同时,苹果园主决定雇用更多工人并多摘些苹果,因为出售苹果的利益也增加了。市场上的高价格提供了买者少消费和卖者多生产的激励,所以人们的消费行为和生产行为发生了改变。同样,如果生产中使用的某种资源(例如劳动和机器设备)的价格上升了,企业就有激励寻找节约使用资源的新的生产方式。

经济学的一个中心思想是,我们可以通过考察激励的变化来预测选择的变化。当某个行动的成本下降或者利益增加,这样的行动就可能会出现;反过来,某个行动的成本上升或者利益减少,这样的行动就可能不会出现。例如,2009 年,我国小汽车购置税减免方案规定,1.6 L 及以下车型购置税打五折,其他不变。小汽车购置税减免方案激励消费者购买小排量汽车;相反,对大排量汽车的购买产生抑制作用。又例如,如果对汽油征税,它将鼓励人们开小型、节油型汽车。它还鼓励人们坐公共汽车,而不是自己开车,并鼓励人们在离自己住处近的地方工作。如果税收足够大,人们就会开始驾驶电动汽车。可见,如果政策改变了激励,就会使人们改变自己的行为。

事例分析

安全带法律如何影响汽车安全

交通法律规定,驾驶汽车要系安全带。一个人开车系上安全带,重大车祸发生时存活的概率提高了。但这个法律改变了司机的成本-利益计算。安全带降低了司机的车祸代价,因为它们减少了伤亡的概率。换言之,安全带减少了缓慢而谨慎地开车的利益。人们对安全带的反应和对道路状况改善的反应一样——更快更放肆地开车。这样,安全带法律最终的结果是更多的车祸次数。安全开车程度的下降对行人显然有不利的影响,他们更可能发现自己遇上了车祸。这些法律减少了每次车祸的死亡人数,但却增加了车祸的次数。净结果是司机死亡人数变动很小,而行人死亡人数增加了。

（摘自曼昆《经济学原理》）

五、制度影响选择

人们的选择是基于个人利益的考虑。所有的人，无论是消费者还是生产者，都为了追求他们个人的利益而进行选择。消费者为了自己的幸福生活决定向社会提供什么要素、提供多少要素，同时决定购买什么物品、购买多少物品。生产者为了自身的利益决定向社会提供什么产品、提供多少产品，以及购买什么要素、购买多少要素。如果每个人的行动都是为了个人利益，那么，我们如何来关心社会利益，毕竟，社会成员之间是相互联系和相互依赖的。这里，经济学家强调了制度在影响个人选择方面的作用，因为制度影响人们追求个人利益的激励，从而影响人们的选择。

基本的制度是法律和市场。产权就是一项重要的法律制度，它是指确定资源、产品或服务的所有、使用和处置的法律安排。在有产权保护的地方，人们就有扩大生产和发明创造的积极性。通过市场制度的作用，个人利益被导向社会利益，是制度影响人们选择的经典范例。亚当·斯密在其伟大的经济学著作《国富论》中描述了市场经济中人们如何进行交易："我们每天所需的食物和饮料，不是出自屠户、酿酒师、面包师的恩惠，而是出于他们自利的打算。""每个人都力图利用好他的资本，来使其生产的东西得到最大的价值。一般地说，他并不企图增进公共利益，也不知道他所增进的公共利益是多少。他所追求的仅仅是他个人的安乐和利益，但在这样做的时候，有一只看不见的手在引导着他去帮助实现另一种目标，这种目标并非是他本意所要追求的东西。通过追逐个人利益，他经常会增进社会利益，其效果比他真的想促进社会利益时所能够得到的那一种效果要更好。"这里提到的"看不见的手"就是指市场制度，正是市场制度的作用，个人利益才会和社会利益得以协调。

事例分析

制度的作用

18世纪末期，英国政府决定把犯了罪的英国人统统发配到澳洲去。一些私人船主承包从英国往澳洲大规模地运送犯人的工作。英国政府实行的办法是按上船的犯人数支付船主费用。一旦船只离开了岸，船主按人数拿到了政府的钱，对于这些人是否能远涉重洋活着到达澳洲就不管不问了。有些船主为了降低费用，甚至故意断水断食。三年以后，英国政府发现：运往澳洲的犯人在船上的死亡率平均达

12%,其中最严重的一艘船上424个犯人死了158个,死亡率高达37%。英国政府费了大笔资金,却没能达到大批移民的目的。后来英国政府规定:以到达澳洲上岸的人数为准计算报酬。自从实行上岸计数的办法以后,船上的死亡率降到了1%以下。有些运载数百人的船只,经过几个月的航行竟然没有一人死亡。

【即问即答】
◇ 描述你最近面临的一个权衡取舍事例以及涉及的机会成本。
◇ 举出一个边际选择的例子。
◇ 经济学家如何预测选择的改变?

内容提要

1. 稀缺性是指我们拥有的资源量少于我们想要的资源量,稀缺性既是相对的,也是绝对的。

2. 人类进行选择的过程就是资源配置的过程,选择涉及三大问题:生产什么、如何生产及为谁生产。

3. 经济学是研究个人、企业、政府以及其他组织如何进行选择,以及这些选择如何决定社会稀缺资源使用以满足人类需要的社会科学。经济学分为微观经济学和宏观经济学。

4. 经济学区分实证分析(是什么)和规范分析(应该是什么)。经济学通过在假设基础上建立经济模型来认识和理解经济世界。

5. 每个选择都是一种权衡;一种东西的机会成本是为了得到这种东西所放弃的最有价值的其他东西;选择是人们在边际上做出的对激励的反应;制度影响着人们追求个人利益的激励。

关键术语

稀缺性　　选择　　经济学　　微观经济学　　宏观经济学　　实证分析
规范分析　　经济模型　　权衡　　机会成本　　激励　　制度

复　习

(一) 思考题
1. 什么是资源的稀缺性?
2. 为什么要进行选择?选择的代价是什么?
3. 什么是经济学?它分为哪两个部分?它们各研究什么?
4. 经济学家为什么要做假设?经济模型应该准确地描述现实吗?

5. 实证分析方法和规范分析方法之间的区别是什么？各举一例。

(二) 选择题

1. 资源的稀缺性意味着(　　)。
   A. 目前世界上仍然有很多人生活在贫困中
   B. 资源的绝对数量有限
   C. 经济学家的一种主观想法
   D. 有限的资源不能满足无限的需要

2. "我们该生产电脑还是汽车?"这是关于(　　)的提问。
   A. 生产什么　　B. 如何生产　　C. 为谁生产　　D. 在何处生产

3. 宏观经济学的研究对象包括(　　)。
   A. 小麦价格的决定　　　　B. 失业问题
   C. 企业产量决定　　　　　D. 家庭的选择

4. 以下(　　)是规范分析的表述。
   A. 发行的货币过多就引起通货膨胀
   B. 如果工资更高，人们就会更努力工作
   C. 失业率应该降低
   D. 大量政府赤字使经济增长更慢

5. 经济模型是(　　)。
   A. 为了复制现实而创造的　　　B. 以假设为基础建立的
   C. 通常由木头和塑料制成的　　D. 如果它们是简单的，就没有用

6. 下列情况中，(　　)涉及权衡取舍。
   A. 买一辆新汽车　　　　　B. 上大学
   C. 星期天看一场足球比赛　D. 以上各项都是

7. 假设你捡到了50元钱。如果你选择把这50元用于看足球比赛，你看这场足球比赛的机会成本是(　　)。
   A. 没有，因为你捡到了钱
   B. 50元钱，因为你可以用它买其他东西
   C. 50元(它可以买其他东西)加你用于看比赛的时间的价值
   D. 50元加你用于看比赛的时间的价值，再加你在看比赛中买饭的成本

8. 由于人们会对激励做出反应，如果会计师的平均工资增加50%，而教师的平均工资增加20%，我们可以预期(　　)。
   A. 学生将从教育专业转向会计专业　B. 学生将从会计专业转向教育专业
   C. 上大学的学生少了　　　　　　　D. 以上各项都不对

应 用

1. 上网查阅和搜集相关资料，了解我国水资源稀缺状况及其利用趋势。

2. 新闻资料：2011年7月19日，宁夏西海固地区农村小学生免费午餐工程试点工作会议在银川召开。会议决定，从2012年春季学期开始，中央和宁夏每年将拿出近3亿元，在西海固9县（区）农村小学开展"免费午餐工程"：为区内所有农村小学生在校期间平均每天按4元标准提供免费午餐，每人每年按250天供应。免费午餐的提供可根据各地各校实际，采取学校食堂供餐、企业配送和农户定点托餐等多种方式进行。请问：

(1) 这个新闻涉及哪些基本经济问题？

(2) 怎么理解"天下没有免费的午餐"这句话？

3. 把下列问题分别归入微观经济学或宏观经济学：

(1) 家庭把多少收入用于储蓄；

(2) 提高国民储蓄对经济增长的影响；

(3) 企业雇用多少工人；

(4) 通货膨胀与失业之间的关系。

4. 大多数使用本书的人是在读经济或管理类专业的大学生。那么，你作为一名大学生，你上大学的成本是什么？有多少？学习"经济学"课程的成本又是什么？

5. 小李一般每周打两个小时网球，其数学成绩通常是70分。上周，在打完两个小时网球后，小李考虑是否再打一个小时网球。最后她决定再多打一个小时，而将学习时间减少了一个小时。但是，上周的数学测验成绩仅为60分。根据这个例子回答下列问题：

(1) 小李打三个小时网球的成本是什么？

(2) 既然小李决定多打一个小时的网球，那么比较她打第三个小时网球时的边际收益和边际成本，你可以得到什么结论？

(3) 小李决定再多打一个小时网球是合理的吗？

6. 某市物价局自2011年8月1日起，对全市范围内住宅小区地下和地上停车位的收费标准进行如下调整：地下停车位收费标准最高为180元，地面停车位标准为80～160元。为贯彻物价局文件精神，某生活小区物业管理规定：原来地下停车位的收费标准由现在的200元降为180元，地上停车费由原来的30元提高为80元。试分析停车位收费标准的调整会有什么预期结果？

第二章 需求与供给

学习目标

学习本章后,你应该能够:
- 描述需求定理,并区分需求变动与需求量变动
- 描述供给定理,并区分供给变动与供给量变动
- 分析一个事件对市场价格和供求数量的影响
- 根据不同需求价格弹性选择定价策略

2007年4、5月份,在海南香蕉大量上市的时候,传出广东香蕉林大面积感染致癌的"巴拿马"病的消息,结果海南香蕉的价格暴跌,由2006年的每斤1.5元降到每斤0.1元。香蕉价格剧烈波动背后的原因是什么?在市场经济社会里,需求和供给是决定物品价格的基本力量。物品价格虽然有升有降,但它们都反映了需求和供给的作用。香蕉价格的下跌,或是由于消费者对香蕉的需求减少,或是由于香蕉供给的增加。从股票到钻石,再到土地,几乎每个市场的情况都是如此。

本章的任务是考察供给和需求的决定因素,供求的变动如何改变物品价格和数量,以及价格的变化对需求量和供给量的精确影响,学会用供求工具分析和解决现实经济问题。

第一节 需求分析

如果你需要一双新运动鞋或一瓶可乐,你必须首先找到提供这些产品的市场。市场是指任何一种能使买卖双方进行交易的安排。它可能是一个买卖双方直接见面的有形场所,例如百货超市;也可能是买卖双方从未见面但通过网络、电话和传真联系的无形市场,例如电子商务市场和货币市场。由于任何一个市场都存在买方和卖方,市场也指某种物品或服务的买方和卖方的集合。在市场

上，人们为了获得某种物品或服务所放弃的货币量称为价格。买卖双方的数量不同影响到市场的竞争程度。本章中，我们假设物品和服务是在竞争性市场上交易的。竞争性市场是一个有许多买方和卖方，并且没有任何单个买方或卖方能够影响价格的市场。

我们对市场的研究从买方行为开始。买方行为就是买方对价格做出的反应。买方的这种行为决定了一种产品的需求。需求分析的任务是认识需求量与价格之间的关系，把握需求量和价格之间关系的变化。

一种物品或服务的需求量是买方在某一价格下愿意并且能够购买该物品或服务的数量。需求量既反映买方的购买欲望，也反映买方的购买能力。仅有购买欲望，或仅有购买能力，都不能形成现实的需求量。需求量并不一定和实际购买的数量相同。一般情况下，实际购买量小于或等于需求量，因为需求量反映了买方的购买欲望和购买能力条件下的最大购买量。需求量用单位时间的数量表示，例如，在某一价格下，你每月愿意并能够购买5千克橘子，那么，你的需求量就是一个月5千克橘子。

人们对任何一种物品的需求量是由许多因素决定的，像物品价格、收入、其他物品的价格及预期等，都对人们愿意并能够购买多少物品产生影响，其中起中心作用的因素是物品的价格。这里，我们首先考虑物品价格对需求量的影响，研究物品需求量与价格之间的关系。为了研究这种关系，我们假定其他影响需求量的因素保持不变。在其他因素保持不变时，人们对一种物品的需求量与该物品的价格之间的关系由需求定理来说明。

一、需求定理

设想一下，当橘子的价格上升时，你一般会少买一些橘子，而多买一些其他的水果，如梨子、苹果等。当橘子的价格下降时，相信你会增加橘子的购买量。橘子的需求量和价格之间的这种关系，也存在于其他大多数物品当中。这种关系非常普遍，经济学家称之为需求定理。

需求定理认为：在其他条件不变时，一种物品的价格上升，该物品的需求量减少；相反，一种物品价格下降，该物品的需求量增加。

为什么价格上升时需求量减少，价格下降时需求量增加？通常认为有两个原因，一是替代效应，二是收入效应。首先看替代效应。当橘子的价格上升时，如果其他水果的价格不变，相对而言，其他水果的价格显然还是变得更便宜了，作为替代品，你会多购买变得相对便宜的其他水果以替代相对更贵的橘子，从而使橘子的购买量减少，这就是替代效应。另一方面，如果你的货币收入保持不变，当橘子的价格上升时,你的实际收入就降低了,你只能购买比以前更少的橘子和其他物品,特别是减少购买价格上升的橘子的数量,这就是收入效应。因此,在其他条件不变时,面对橘子价格的上升,替代效应和收入效应会共同起作用,使你对橘子的需求量减少,从而橘子价格和橘子需求量之间表现为反向变动的关系。

当然,对大多数物品而言,需求定理所描述的物品价格和需求量之间的关系是存在的。但对于少数物品,例如炫耀性物品、吉芬物品,需求定理并不适用。

二、需求表与需求曲线

需求定理可以用表格和曲线图表示。需求表是表示其他因素不变时,买者的需求量与物品价格之间关系的表格。例如,假设你对橘子的需求情况是:当橘子价格为 2.5 元时,你的需求量为 6 千克橘子;当橘子价格为 3.5 元时,你的需求量为 4 千克橘子;随着橘子价格继续上升,你对橘子的需求量越来越少。根据橘子价格和需求量数据,我们得到你的橘子需求表,如表 2.1 所示。从需求表中可以清楚地看到你愿意并能够购买的橘子数量与价格之间的关系是反方向变化的。

表 2.1　橘子的需求表

橘子的价格(元)	橘子的需求量(千克)
2.5	6
3.0	5
3.5	4
4.0	3
4.5	2
5.0	1

当需求表中的价格和需求量数据用图形表示时,就得到需求曲线。需求曲线是表示物品价格和需求量之间关系的图形。图 2.1 就是对橘子的需求曲线,用 d 表示。依据习惯,需求曲线图形的纵轴代表物品的价格,横轴代表对物品的需求量。在图 2.1 中,当价格为 3.0 元时,你的橘子需求量是 5 千克;当价格为 3.5 元时,你的橘子需求量是 4 千克;当价格为 4 元时,你的橘子需求量是 3 千克。这表明随着价格的上升,你的橘子需求量越来越少。需求曲线反映了其他因素保持不变的情况下,物品需求量与价格之间的反向关系,所以,需求曲线向右下方倾斜。

需要注意的是,图 2.1 中的需求曲线是一条直线,它反映的是需求量和价格之间的线性关系。如果需求量与价格之间是非线性关系,则需求曲线是一条曲线。

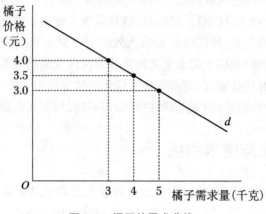

图 2.1 橘子的需求曲线

三、需求变动

从前面的分析中可知,假定影响购买量的其他因素保持不变,当物品价格上升时,对这种物品的需求量会减少,需求曲线向右下方倾斜。但事实上,其他因素并不是不变的,有许多情况导致其他因素发生变化。如果其他任何一种影响购买量的因素发生变化,人们在各种价格下的需求量也会发生改变,这将导致需求曲线发生移动。例如,如果你现在为了自己的身体健康比以往吃更多的橘子,就会增加橘子消费,从而在橘子的每种价格上对橘子的购买量都将增加,结果就是你对橘子的需求曲线发生向右的移动。图 2.2 说明了你的橘子需求曲线的移动。

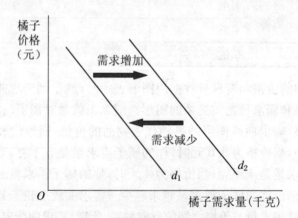

图 2.2 橘子需求曲线的移动

在图 2.2 中,需求曲线向右移动(从 d_1 移动到 d_2),称为需求增加,它表示每一个价格上对应的需求量都增加了;需求曲线向左移动(从 d_2 移动到 d_1),称为需求减少,它表示每一个价格上对应的需求量都减少了。因此说,需求曲线的移动代表了需求的变动。

有许多因素影响需求,使需求变动或使需求曲线发生移动。这些因素有收入、相关物品价格、偏好、预期及买者人数等。

收入 如果你幸运地获得学校的奖学金,每月增加 300 元收入,这显然会增加你对橘子的需求,就是说,在每种价格上你对橘子的购买量都会增加。例如,以表 2.1 为例,在你的收入没有增加之前,当橘子的价格分别为 2.5 元、3.0 元和 3.5 元时,你的橘子需求量分别为 6 千克、5 千克和 4 千克。而当你增加了 300 元收入时,在 2.5 元、3.0 元和 3.5 元上,你的需求量变成了 9 千克、8 千克和 7 千克,这从图形上看,你的橘子需求曲线将向右移动。同样道理,如果你的收入减少,将使你的需求量在每一价格上都会减少,需求曲线会向左移动。

可以从收入变化导致的需求变化方向上,将物品分为正常物品和低档物品。当收入增加时,如果一种物品的需求增加,这种物品就被称为正常物品。例如,当人们收入增加时,橘子的需求是增加的,所以橘子是一种正常物品。相反,当收入增加时,一种物品的需求减少,这种物品就被称为低档物品。例如乘坐公共汽车。随着你的收入增加,你会用乘坐出租车或买汽车替代乘坐公共汽车,从而使乘坐公共汽车的需求减少。

相关物品的价格 当苹果的价格下降时,你可能会选择增加苹果的购买量而减少一部分橘子的购买量,因为苹果和橘子都可以满足你对水果的喜好,这样你对橘子每一价格上的需求量都减少了,需求曲线向左移动。同样,一种物品价格上升,会导致其替代品的需求增加。一般地,当一种物品价格下降引起对另一种物品的需求减少时,这两种物品被称为替代品。例如,日本产汽车和德国产汽车、面包和蛋糕、可口可乐和百事可乐等都是可以相互替代的物品。

当然,有时候一种物品价格下降对另一种物品的需求的影响刚好相反。例如,当汽车价格下降时,人们对每种价格上的汽油需求量都增加了,结果汽油需求曲线向右移动。当一种物品价格下降引起另一种物品的需求增加时,这两种物品被称为互补品。互补品都是那些需要结合在一起使用的物品,如电脑和软件、糖和咖啡。同样,一种物品价格上升,会导致其互补品的需求减少。

偏好 当你对一种物品偏好比以往加强了,在每一价格水平上,你将比以前购买得多一些,物品的需求曲线会向右移动,意味着需求增加;相反,如果你对一种物品的偏好减弱,在每一价格上,你都希望比以前少购买一些,也就是说,物品的需求曲线向左移动,这意味着需求减少。例如,科学家宣布,多吃橘子可以减少人们患糖尿病的风险,因此人们会增加对橘子的购买,那么橘子的需求曲线就会向右移动。偏好变化越大,需求曲线的移动幅度也就越大。

预期 人们对未来的价格和收入的预期也会影响他现在对物品和服务的需求,从而使需求曲线发生移动。如果你预计未来几个月,你有更多的靠打工挣来的收入,你可能会增加现在的消费,多吃水果。同样,如果你预期明天的橘子价格要下降,你就不太愿意以今天的价格去买橘子。很明显,在这种情况下,需求曲线的位置依赖于预期因素。

买者的数量 购买一种物品的人数对这种物品的市场需求总量产生影响。如果购买者人数增加,可以预料,在每一价格上的市场需求量都会增加,同样,如果购买者人数减少,在每一价格上的市场需求量都会减少,这两个方面将使市场需求曲线发生移动。例如,随着适婚年龄的人口数量不断增加,新家庭的数量就会增加,从而对新住房的需求会增加。

在金融体系发达的市场经济中,获得信贷的难易程度的变化也会使需求曲线发生移动。人们通常会贷款购买汽车和住房这样的物品。当银行利率上升时,贷款成本更高,人们对住房和汽车的需求将相应减少,其需求曲线向左移动,表示在每一价格下,需求量减少。

在需求分析中,我们要区分需求量的变动和需求变动。

(1) 需求量的变动与沿着需求曲线的移动。需求量的变动是指由物品本身价格变动引起的物品需求数量的变化,它表现为沿着需求曲线的移动。如图 2.3 所示,对于给定的需求曲线,如果物品价格从 P_1 降低为 P_2,需求量从 Q_1 增加为 Q_2,需求量沿着需求曲线从 A 点移动到 B 点,这是需求量的增加。例如,橘子的价格下降,人们的橘子需求量增加。反之,如果物品价格从 P_2 上升到 P_1,需求量从 Q_2 减少为 Q_1,需求量沿着需求曲线从 B 点移动到 A 点。

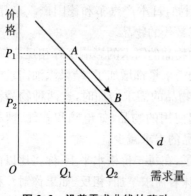

图 2.3 沿着需求曲线的移动

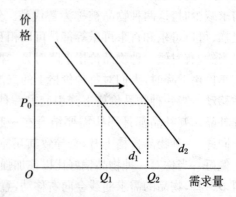

图 2.4 需求曲线的移动

(2) 需求变动与需求曲线的移动。需求变动是指其他因素的变动引起的每一价格上物品需求数量的变化,它表现为需求曲线的移动。如图 2.4 所示,当收入提高时,不论橘子价格是高还是低,人们都会购买更多数量的橘子,换句话说,在给定价格 P_0 时,需求量从 Q_1 增加到 Q_2。在其他各种可能的价格上,人们收入的提高都导致了橘子需求数量的增加。结果需求曲线从 d_1 移动到 d_2。当然,如果人们的收入降低,在各种可能的价格上,人们购买橘子的数量会减少,需求曲线将向左移动。从这里也可以看出,一种物品的需求量,是受许多因素影响的,既可能是物品的价格,也可能是物品价格以外的其他因素。但我们需要区分两类因素影响需求量的方式的差异,物品本身价格的影响称为需求量变动,其他因素的影响称为需求的变动。

四、从个人需求到市场需求

个人对某种产品或服务的需求,称为个人需求。决定市场价格的需求因素是指市场需求,因此需要确定市场需求。市场需求是某一物品或服务市场中所有个人需求的总和。假设橘子市场的购买者只有 A 同学和 B 同学两个人,表 2.2 给出了市场上两个同学的个人需求表与市场需求表。A 同学的需求表告诉我们,在每一价格下他所购买的橘子数量;B 同学的需求表告诉我们,在每一价格下他购买多少橘子。市场需求表告诉我们在每一价格下两个同学的个人需求量的总和。

表 2.2 市场需求是个人需求之和

橘子的价格 (元)	A 的需求量 (千克)	B 的需求量 (千克)	市场需求量 (千克)
2.5	6	12	18
3.0	5	10	15
3.5	4	8	12
4.0	3	6	9
4.5	2	4	6
5.0	1	2	3

图 2.5 告诉我们如何通过个人需求曲线水平相加得出市场需求曲线。如图 2.5 所示,我们把每一价格下两个同学对橘子的个人需求量加总,得到每一价格下橘子的市场需求总量。用公式表示为:

某一价格下的市场需求量 = 该价格下 A 的需求量 + 该价格下 B 的需求量

例如,在价格为 4 元时,A 同学购买 3 千克橘子,而 B 同学购买 6 千克橘子,因而整个市场对橘子的需求总量就是 9 千克。当价格为 3 元时,A 同学的需求量

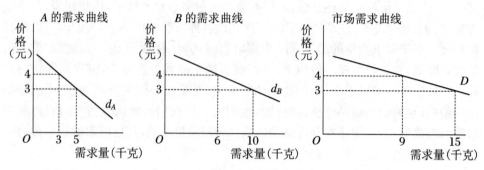

图 2.5 市场需求曲线的推导

是 5 千克橘子，B 同学的需求量是 10 千克橘子，整个市场对橘子的需求总量是 15 千克。以此类推，可以计算出其他价格下两个人对橘子的市场需求总量，从而得到市场需求曲线 D。市场需求曲线表示影响买者购买的其他因素保持不变时，在每一可能的价格水平上，市场中所有买者愿意购买某种物品的总量。有关市场需求曲线内含的信息对商品生产者来说是极为重要的，它反映了各种价格上生产者能够销售出去的商品数量。

运用市场需求曲线时需要注意以下两点：

(1) 一种物品的市场需求曲线是向右下方倾斜的。当物品的价格下降时，市场需求量增加；反之，物品的价格上升时，市场需求量减少。就是说大多数物品的市场需求曲线是向右下方倾斜的。这是因为市场需求曲线的基础是个人需求曲线，需求定理决定了在较低的价格上，每个人愿意购买更多的物品。另外，也因为随着物品价格的下降，更多的人加入到购买者行列，增加了市场需求总量。

(2) 一种物品的市场需求曲线总是一段特定时间内的需求曲线。任何需求曲线都只适用一段时间，而且需求曲线的形状和位置取决于这一段时间的长短和其他因素的影响。认识到这点很重要。例如，如果我们要估计学生一年的橘子需求曲线，那么这条需求曲线显然与一个月的需求曲线不同。这种差异之所以出现，在一定程度上是由于学生在一年内比一个月内能更充分地根据橘子的价格变化调整他们的购买数量。

【即问即答】
◇ 编制一个你熟悉的物品的需求表，并画出其需求曲线。
◇ 列出可能使该物品需求曲线移动的若干因素。

第二节　供给分析

现在我们转向市场的卖方,考察卖方行为。卖方行为就是卖方对价格做出的反应。卖方的行为决定了一种产品的供给。供给分析的任务是认识供给量与价格之间的关系,把握供给量和价格之间关系的变化。

一种物品或服务的供给量是卖者在某一价格下愿意并且能够出售该物品或服务的数量。供给量既反映卖者的出售欲望,也反映卖者的生产能力,因此它在数量上可能与实际出售量不相等。与需求量一样,供给量也用单位时间的数量来衡量。例如,某农民每月出售1000千克橘子,其供给量就是每月1000千克橘子。

卖者对任何一种物品的供给量都受到很多因素的影响,如物品价格、技术、生产要素的价格、价格预期及卖者数量等,其中,物品价格是影响供给量的中心因素。那么,一种物品的供给量是如何随价格的变化而变化?我们首先假定其他因素保持不变,只考虑供给量与价格之间的关系。在其他因素不变时,供给量与价格之间的关系由供给定理说明。

一、供给定理

一般来说,当橘子价格上升时,果农会出售更多的橘子;而当橘子价格下降时,果农只会出售更少的橘子。这里,橘子价格和供给量的关系也存在于大多数物品当中。这种关系非常普遍,经济学家称之为供给定理。

供给定理认为:在其他条件不变时,一种物品的价格上升,该物品供给量增加;一种物品价格下降,该物品供给量减少。

为什么价格提高会增加供给量?这是因为生产者是为获得利润而生产,在其他条件不变时,物品价格提高会增加利润,利润增加激励生产者将更多的资源投入物品生产或提高资源使用效率,从而使供给量增加。例如,当橘子价格提高时,果农将种植小麦的土地改种橘子,或更加集约地使用现有土地,以提高橘子的供给量。反之,如果物品价格下降,生产者的供给量会减少。所以,一般可以预期,市场价格上升会导致供给量增加,市场价格下降会导致供给量减少,物品供给量和价格之间存在正向关系。

二、供给表和供给曲线

供给定理可以用供给表和供给曲线表示。供给表是表示不同价格下对应的需求量的表格。表2.3是某果农的橘子供给表。在供给表中,当橘子价格低于2.5元时,果农根本不供给橘子。随着橘子价格的上升,果农的橘子供给量越来越多。供给表反映了在影响某物品供给量的其他因素保持不变情况下,该物品供给量与价格之间的正向关系。

表 2.3　果农的橘子供给表

橘子的价格(元)	橘子的供给量(千克)
2.0	0
2.5	100
3.0	200
3.5	300
4.0	400
4.5	500
5.0	600

将表2.3中的价格与供给量数据描绘在图形中,得到供给曲线。供给曲线是表示物品价格与供给量之间关系的图形。

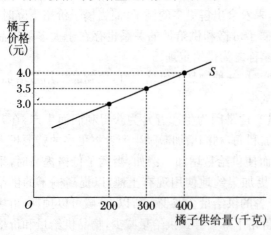

图 2.6　橘子的供给曲线

图2.6是某果农的橘子供给曲线,用 S 表示。在供给曲线图中,纵轴表示价格,横轴表示供给量。在图2.6中,当价格为3.0元时,橘子供给量是200千克;当橘子价格为3.5元时,橘子供给量是300千克;当橘子价格为4.0元时,橘子供给量是400千克。供给曲线反映了在其他影响供给量的因素保持不变的情况下,该物品供给量与价格之间的正向关系,所以,供给曲线向右上方倾斜。

三、供给变动

除物品价格外,影响供给量的其他因素发生变动,使得每种价格上的供给量增加或减少,从而引起供给曲线发生移动。例如,如果在橘子种植过程中遇到极端不利的天气,橘子大幅度减产,以至于在每种价格上的橘子供给量都减少了,结果橘子供给曲线向左移动。图2.7说明了供给曲线的移动。

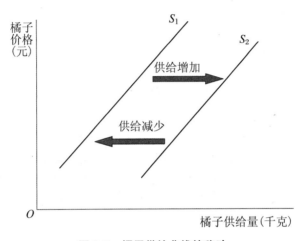

图2.7　橘子供给曲线的移动

在图2.7中,供给曲线向右移动(从 S_1 移动到 S_2),称之为供给增加,表示每一价格水平上供给量都增加了;供给曲线向左移动(从 S_2 移动到 S_1),称之为供给减少,表示每一价格水平上供给量都减少了。因此说,供给曲线移动代表了供给的变动。

有许多因素会使供给曲线发生移动,或者说,导致供给变动。它们是技术、生产资源的价格、预期、自然因素、生产者数量等。

技术　技术是指将生产资源变成产品的方法。当一种降低产品生产成本的新方法被发现时,意味着技术进步了。技术进步通过降低生产成本而增加不同价格下的产品供给量,供给曲线因此向右移动,供给增加。例如,新的高产橘子品种的种植,使果农的橘子产量增加,橘子供给曲线向右移动。

生产资源的价格　任何物品的生产都要使用许多生产资源,一种或几种生产资源的价格上升,生产成本就会提高,利润减少促使生产者在任何价格下都减少供给量,结果供给曲线向左移动;反之,生产资源价格下降,生产成本降低,利润增加激励生产者在任何价格下都增加供给量,结果供给曲线向右移动。例如,种植橘子的肥料价格上升,会减少橘子供给。

预期 预期是指生产者对产品未来价格估计。生产者的供给量还取决于对未来价格的预期。如果一种产品预期的价格上升,未来从这种产品销售中得到的收益就比现在多,因此,现在该产品在不同价格上的供给量减少,未来的供给量增加。例如,如果果农预期未来橘子价格会上升,果农就会把现在生产的一些橘子贮存起来,而减少当前的市场供给,橘子供给曲线向左移动。

自然因素 气候条件、病虫害及牲畜疾病等因素的变化,影响农产品产量,使农产品供给变动,农产品的供给曲线可能因此向左或向右移动。例如,如果出现严重的干旱、霜冻及病虫害等情况,橘子的供给就会减少,在每一价格下橘子的供给量都会减少。

生产者数量 生产某种产品的生产者数量越多,某种产品在每一价格下的供给量就会增加,供给曲线向右移动。反之,生产者的数量变少,某种产品在每一价格下的供给量就会减少,供给曲线向左移动。例如,生产橘子的果农增多,橘子的供给将增加。

在供给分析中,我们同样要区分供给量的变动与供给变动。

(1) 供给量的变动与沿着供给曲线移动。供给量变动是指物品价格变动引起的供给数量的变化,表现为沿着供给曲线的移动,如图2.8所示。当价格从 P_1 上升到 P_2 时,供给量从 Q_1 增加到 Q_2,供给量沿着供给曲线从 A 点移动到 B 点,表示供给量的增加。反之,如果价格从 P_2 下降为 P_1,供给量从 Q_2 减少为 Q_1,供给量沿着供给曲线从 B 点移动到 A 点,表示供给量的减少。

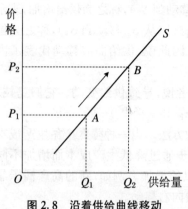
图 2.8 沿着供给曲线移动

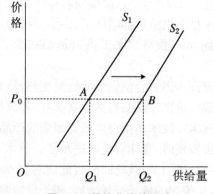
图 2.9 供给曲线的移动

(2) 供给变动与供给曲线的移动。供给变动是指其他因素的变动引起的每一价格下物品供给数量的变动,表现为供给曲线的移动,如图2.9所示。例如,如果果农采用新的橘子品种,橘子种植技术的进步,使得果农在每一价格下,都愿意向市场提供更多的橘子,供给增加,橘子供给曲线向右移动,从 S_1 移动到 S_2。这样,

在给定价格 P_0 时,供给量从 Q_1 增加到 Q_2。所以,现在一种物品供给量的增加,既可能因为物品的价格上升了,从而对于给定的供给曲线,供给量增加了;也可能因为供给曲线发生了移动,从而在给定价格下,供给量增加了。

四、从个人供给到市场供给

决定市场价格的因素是市场供给,而不是个人供给,因此需要确定市场供给。一种物品的市场供给是指市场上所有卖者愿意并能够出售的该物品的总量,因此,市场供给是市场上出售相同物品的所有卖者个人供给的总和。假设某种橘子由 A 果农和 B 果农生产,表2.4是两个果农的供给表。A 的供给表告诉我们他在每种价格下愿意出售多少橘子,B 的供给表告诉我们他在每种价格下供给多少橘子。而市场供给表则表示 A 果农和 B 果农的个人供给之和。表2.4中市场供给量用公式表示为:

某一价格下的市场供给量 = 该价格下 A 的供给量 + 该价格下 B 的供给量

表 2.4　市场供给与个人供给

橘子的价格 (元)	A 的供给量 (千克)	B 的供给量 (千克)	市场供给量 (千克)
2.5	100	0	100
3.0	200	300	500
3.5	300	400	700
4.0	400	500	900
4.5	500	600	1100
5.0	600	700	1300

图2.10是对应于供给表的个人供给曲线和市场供给曲线。和需求曲线一样,我们可以通过把市场上个人供给曲线进行水平相加得到市场供给曲线。"水平相加"就是将某一价格下的供给量加总。如图2.10所示,我们把每一价格下两个果农对橘子的个人供给量加总,得到每一价格下橘子的市场供给总量。例如,在价格为3元时,A 果农愿意提供200千克橘子,而 B 果农愿意提供300千克橘子,在价格3元时橘子的市场供给总量为500千克。当价格为4.5元时,A 果农的橘子供给量是500千克,B 果农的橘子供给量是600千克,整个市场的供给总量为1100千克。以此类推,可以计算出不同价格下两个果农向市场提供的橘子总量,从而得到市场供给曲线。市场供给曲线表示,当影响某种物品供给量的其他因素保持不变时,在每一价格下,市场上所有卖者愿意提供并能够提供某种物品的总量。

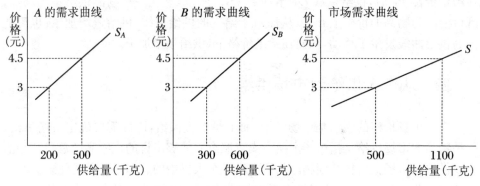

图 2.10 市场供给曲线的推导

运用市场供给曲线时也需要注意以下两点：

(1) 市场供给曲线向右上方倾斜。在其他因素保持不变的条件下，随着物品价格的上升，物品的市场供给量就会增加；随着物品价格的下降，物品的市场供给量就会减少。就是说，市场供给曲线向右上方倾斜。这是因为，供给定理决定了在较高的价格上，每个卖者愿意生产并出售更多的物品；同时，随着物品价格的上升，更多的卖者愿意进入这个市场生产并出售这种物品。

(2) 市场供给曲线反映的是一段特定时间内的市场供给状况。市场供给曲线有一特定的时间区间，而且其形状和位置取决于这一时间的长短和这一时间的其他因素。认识到这点很重要。例如，如果我们要估测汽车公司一年的市场供给曲线，那么这条供给曲线显然与汽车公司一个季度的市场供给曲线不同。导致这种差异的一个原因是汽车的生产者在一年内比在一个季度内有更充裕的时间来调整产量。

第三节 需求和供给的结合

以上分别考察了一种物品的需求和供给。在本节，我们将以需求曲线和供给曲线为工具，以假设的橘子市场为对象，分析一种物品市场中买者和卖者如何相互影响,共同决定物品的价格和交易量。

一、市场均衡

均衡是对作用相反的两种力量达到平衡状态的描述。请考虑一个物理现象:弹簧上悬挂一件重物。有两种力量会对重物发生作用,重力将它向下拉,而弹簧将它向上拉。当两种力量正好相等并相互抵消,使重物保持静止时,就处于均衡状态。因此,均衡也指一种没有变化趋势的状态。

当价格使买方的需求量和卖方的供给量相等时,市场均衡就出现了。图2.11同时给出了市场需求曲线 D 和市场供给曲线 S。在图 2.11 中,市场需求曲线和市场供给曲线相交于一点,这一点被称为市场的均衡点,用 E 表示。均衡点的价格称为均衡价格,均衡点的数量称为均衡数量。在图 2.11 中,橘子的均衡价格是 3.5 元,均衡数量是 700 千克。均衡价格是使供给量和需求量相等的价格,均衡数量是均衡价格下的供给量与需求量。在均衡价格下,买者愿意并且能够购买的数量正好等于卖者愿意而且能够出售的数量,也就是说,在这一价格下,市场上的每一个人都得到了满足,买者买到了他想买的所有东西,而卖者卖出了他想卖的所有东西。

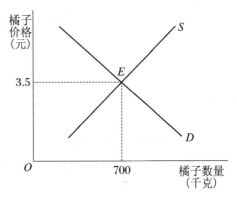

图 2.11 市场均衡

为什么 E 点是市场的均衡点? 换句话说,为什么 3.5 元是橘子市场的均衡价格? 要回答这个问题,必须分析市场价格不等于均衡价格时会出现什么情况。

首先假设市场价格为 4 元,高于均衡价格 3.5 元,如图 2.12 所示。在橘子价格为 4 元时,橘子的供给量(900)超过了需求量(500)。此时市场出现过剩现象,即在现行价格下,供给量大于需求量。过剩情况也称为超额供给,它使物品价格产生下降的压力。当卖者发现在现行价格下不能出售他们想出售的数量时,他们的反应就是降低价格。也就是说,4 元价格不会长期维持下去,而是要下降。随着价格的下降,买者的需求量增加,而卖者的供给量减少,一直到市场价格等于均衡价格为止。

其次假设市场价格为 3 元,小于均衡价格 3.5 元,如图 2.13 所示。在橘子价格为 3 元时,橘子的需求量(900)超过了供给量(500),此时,市场存在物品的短缺现象。短缺是指在现行价格下,需求量大于供给量的状态。短缺情况也称超额需求,它使物品价格产生上升的压力。当买者发现他们不能在现行价格下买到他们想买的所有物品时,他们的反应是提高物品的价格,同时卖者也会发现,抬高价格是有利可图的。结果,3元的价格不会长期维持下去,而是要上升。随着物品价格的提高,需求量会减少,而供给量会增加,一直到市场价格等于均衡价格为止。

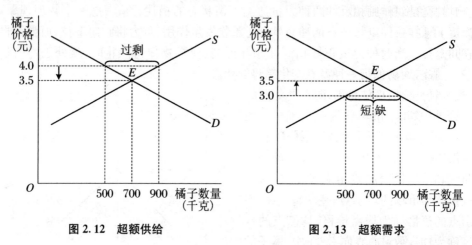

图 2.12　超额供给　　　　　　　图 2.13　超额需求

在没有外在力量干扰的市场中,正是大量买者和卖者的活动自发地使市场价格向均衡价格移动。一旦市场达到其均衡价格,所有买者和卖者都得到满足,也就不存在价格上升或下降的压力,以至于均衡价格能够长期维持下去。在竞争性市场中,实际的市场价格最终要变动到均衡价格水平,过剩和短缺都是暂时的,任何一种物品价格的调整都会使该物品的供给与需求达到平衡。也就是说,在其他因素不变的条件下,任何一个竞争性市场都会形成一个均衡价格,它代表了这个市场的实际价格。买卖双方都会按照这个实际价格(即均衡价格)进行交易。

二、市场均衡的变动

以上,在其他因素不变的条件下,我们通过需求曲线和供给曲线的交点说明了市场均衡状态,明白了需求和供给如何共同决定一种物品的均衡价格和均衡数量。需求曲线与供给曲线及其交点构成基本供求模型,这个模型提供了一种分析某种事件影响价格和买卖数量的有效方法。从供求模型可以看到,均衡价格和均衡数量取决于需求曲线和供给曲线交点的位置。当某些事件使其中一条曲线或两条曲线发生移动时,市场上的均衡就改变了,从而在买者和卖者之间产生新的均衡价格和均衡数量。

当要分析某个事件是如何影响市场的均衡时,我们按三个步骤进行:

第一,我们确定该事件是影响需求还是影响供给,或者两者都影响;换句话说,该事件是使需求曲线移动还是使供给曲线移动,或者使两种曲线都移动。

第二,我们确定需求变动的方向或供给变动的方向,换句话说,确定需求曲线或供给曲线是向右移动,还是向左移动。

第三,我们用供求图来比较原来的均衡和新的均衡,以说明这种移动是如何影响均衡价格和均衡数量的。

下面,我们以三种不同事件为例,来分析需求和供给如何引起市场的均衡变动的。

需求变动如何影响均衡(事件1) 科学家发现,多吃橘子可以降低患糖尿病的风险。这一事件是如何影响橘子市场的呢?为了回答这个问题,我们遵循以上三个步骤进行分析。

(1)多吃橘子可以降低患糖尿病的风险,通过改变人们对橘子的偏好而影响需求或需求曲线。这是因为,多吃橘子的意外好处,改变了人们在任何一种既定价格水平下想购买的橘子数量。而供给曲线不变,因为多吃橘子可以降低患糖尿病风险的这个事实并不直接影响果农的橘子生产。

(2)由于多吃橘子可以降低患糖尿病的风险,使人们想吃更多的橘子,所以,需求增加,需求曲线向右移动。图2.14表示需求曲线从D_1移动到D_2,意味着需求增加了。这种移动表明,在每种价格下,橘子的需求量都增加了。

(3)如图2.14所示,E_1代表橘子市场原来的均衡,E_2代表橘子市场新的均衡。需求增加使均衡价格由3.5元上升到4.0元,均衡数量由700千克增加到900千克。换句话说,因为多吃橘子可以降低患糖尿病的风险,所以橘子的价格提高了,橘子的销售量增加了。

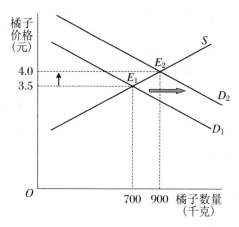

图2.14 需求增加对均衡的影响

相反,如果某个事件使需求减少,那么,需求曲线向左移动,新的均衡价格和均衡数量都随着需求减少而减少,如图2.15所示。当需求曲线从D_1向左移动到D_2时,新的均衡点(E_2)和原来的均衡点(E_1)相比,橘子的价格由3.5元下降为3.0元,同时,橘子的交易量也由先前的700千克降低到500千克。

我们可以预测,当供给不变而需求变动时,某种事件所引起的物品均衡价格和均衡数量的变化:

当某种事件导致需求增加时,均衡价格提高,均衡数量增加;

当某种事件导致需求减少时,均衡价格降低,均衡数量减少。

供给变动如何影响均衡(事件2)

果农使用了提高橘子产量的橘子新品种。这一事件是如何影响橘子市场的呢?为了回答这个问题,我们还是遵循三个步骤进行分析。

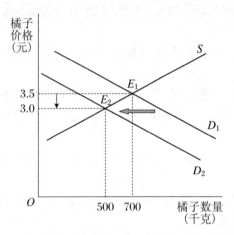

图2.15 需求减少对均衡的影响

(1)作为一种农业技术进步措施,果农采用新的橘子品种,降低了单位橘子的生产成本,增加了果农在每一既定价格下生产并销售的橘子数量,即影响了橘子供给或供给曲线。而需求或需求曲线没有改变,因为提高产量的新的橘子品种,并没有直接改变人们希望购买的橘子的数量。

(2)供给曲线向右移动。因为果农使用了提高橘子产量的橘子新品种,所以在任何一种橘子的价格上,果农都愿意向市场出售更多数量的橘子,供给增加,供给曲线向右移动。图2.16表明,供给曲线从S_1右移到S_2。

(3)如图2.16所示,E_1代表橘子市场原来的均衡,E_2代表橘子市场新的均衡。供给曲线移动使均衡价格从4.0元下降到3.0元,而使均衡数量从900千克增加到1100千克。由于产量增加,橘子价格下降了,而销售量增加了。

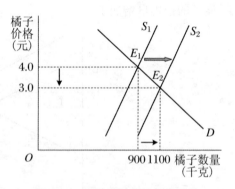

图2.16 供给增加对均衡的影响

相反,如果某个事件使供给减少,那么,供给曲线向左移动,新的均衡价格将随供给减少而上升,均衡数量随供给减少而减少,如图2.17所示。当供给曲线由S_1

向左移动到 S_2 时,新的均衡点(E_2)和原来的均衡点(E_1)相比,价格从 4.0 元上升到 5.0 元,但橘子的交易量却从 900 千克下降到 700 千克。

我们可以预测:当需求不变而供给变动时,某种物品市场上的均衡价格和均衡数量的变化:

当某个事件导致供给增加时,均衡价格下降,均衡数量增加;

当某个事件导致供给减少时,均衡价格提高,均衡数量减少。

需求和供给同时变动如何影响均衡

(事件3) 假设"科学家发现多吃橘子可以降低患糖尿病的风险"和"果农使用了提高橘子产量的橘子新品种"这两个事

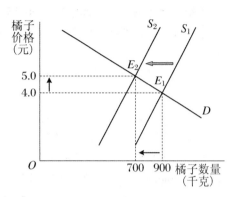

图 2.17 供给减少对均衡的影响

件同时出现。为了分析这种情况的共同影响,我们仍然遵循三个步骤进行分析。

(1) 显然,事件既影响需求也影响供给,两条曲线都会移动。"科学家发现多吃橘子可以降低患糖尿病的风险"影响需求曲线,因为它改变了人们在任何一种价格水平下想要购买的橘子的数量。同时,"果农使用了提高橘子产量的橘子新品种"影响供给曲线,因为它改变了果农在任何一种价格下想要出售的橘子的数量。

(2) 需求曲线和供给曲线都向右移动。如图 2.18(a)和(b)所示。

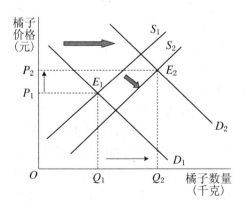

图 2.18(a) 均衡价格上升,均衡数量增加

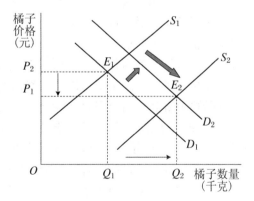

图 2.18(b) 均衡价格下降,均衡数量增加

(3) 根据需求和供给变动的方向和幅度大小,可以判断价格和数量的变化方向和幅度。需求增加,均衡价格上升和均衡数量增加;供给增加,均衡价格下降和均衡数量增加。因此,这种情况下,均衡数量增加了,但对价格的影响可能有两种结果:第一,如图 2.18(a)所示,需求大幅度增加,并且超过供给增加的幅度,价格

上升,数量增加;第二,如图 2.18(b)所示,供给大幅度增加,并且超过需求增加的幅度,价格下降,数量增加。可见,这些事件肯定会提高橘子的数量,但它们对橘子价格的影响是不确定的,朝哪个方向变动都是可能的。

需求和供给同时变动对均衡价格和均衡数量的影响,可以归结为如下四种情况:

① 需求和供给同时增加,均衡数量一定增加,均衡价格变动不确定;
② 需求和供给同时减少,均衡数量一定减少,均衡价格变动不确定;
③ 需求增加而供给减少,均衡价格一定提高,均衡数量不确定;
④ 需求减少而供给增加,均衡价格一定下降,均衡数量不确定。

以上是如何用供求曲线分析均衡变动的三个例子。只要一个事件移动了某种物品的供给曲线或需求曲线,或同时移动这两条曲线,你就可以用这些工具预测这个事件将如何改变该物品市场的均衡价格和均衡数量。

三、供给、需求与价格控制

并不是每个人都对市场自动调整过程的结果感到满意。当政府认为一种物品或劳务的市场价格对买者或卖者不公平时,通常会实施价格控制。这里我们运用供求工具来分析两种典型的价格控制是如何影响市场的。

(一) 价格上限

以橘子市场为例。如果政府认为橘子的价格对买者产生不公平,政府就可能对橘子设置法定最高价。由于不允许价格上升到这个水平之上,这种法定最高价格就是价格上限。价格上限是政府为保护消费者利益而对这些产品所规定的一个低于均衡价格的最高价,在图 2.19 中,橘子市场的均衡价格是 3.5 元,但政府实行每单位橘子 3 元的价格上限。虽然市场力量倾向于使价格向均衡水平变动,但市场价格上升到价格上限时,就不能上升了,市场价格等于价格上限。在这种价格时,橘子的需求量(900)大于供给量(500),出现了短缺。也就是说在价格上限条件下,有人买不到橘子。于是,一些配给机制就出现了,例如常见的排队购买就是解决短缺的一种方法,排在前面的买到橘子,排在后面的就可能买不到。或者,卖者根据个人的偏好来出售橘子,卖给自己喜欢的人。无论哪种方法总有人买不到橘子。这个例子说明:当政府对竞争性市场实行价格上限时,产生了物品的短缺。卖者必须在大量的买者中配给稀缺物品,但在这种价格上限政策下产生的配给机制很少是合意的。与此相比,竞争性市场通过价格来分配稀缺物品,任何一个愿意支付市场价格的人都可以得到橘子。

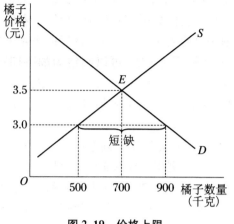

图 2.19 价格上限

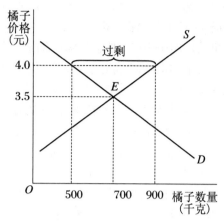

图 2.20 价格下限

(二) 价格下限

还以橘子市场为例。如果政府认为橘子价格太低,不利于橘子生产者,政府将对橘子价格设定一个最低值,这种法定最低价格称为价格下限。价格下限是指政府为了支持某种产品的生产而对市场价格规定一个高于均衡价格的最低价格。在图 2.20 中,市场均衡价格是 3.5 元,而政府设定的价格下限是 4 元。虽然供求力量趋向于降低价格,但由于受到价格下降的限制,市场价格的最低水平只能等于价格下限。在价格 4 元时,供给量(900)大于需求量(500),出现过剩,即有些卖者不能卖掉他们的产品。在实行价格下限的场合,政府可能要增加库存或扩大出口。

在现实市场中,农产品价格支持政策和最低工资制度,是政府经常实施的两种价格下限政策。农产品价格支持政策是农产品市场的价格下限政策,它有利于农业发展。最低工资制度是劳动市场实行的价格下限政策,它规定了劳动市场工人的最低工资水平,有利于稳定工人的收入。

四、价格如何配置资源

我们知道,资源稀缺要求我们必须有效配置资源,但如何配置稀缺资源,在不同的经济制度下是不同的。在市场经济制度中,市场通过供给和需求的力量来实现资源配置目标。这是因为需求和供给决定了经济中许多不同物品与服务的价格,价格为资源配置提供了信号和激励。

价格传递信息 当需求和供给的力量自由决定价格时,价格衡量资源的稀缺程度。假设我国北方地区遭受旱灾,小麦供给大幅度减少,人们必须减少对小麦产品的消费。人们如何知道小麦的供求状况?显然不是报纸也不是网络,而是价格。

在市场经济社会,较高的小麦价格是传递小麦短缺信息既迅速又有效的方式。人们不需要知道小麦价格为什么高,也不需要知道详细的灾情。但较高的小麦价格告诉他们小麦短缺,他们所需要知道的就是小麦价格提高后,减少他们的小麦消费是明智的。因此,价格成为经济参与者相互沟通信息的方式。价格每时每刻都在变动,及时把市场供求信息传递给消费者和生产者,引导他们做出正确的决策。

价格提供激励 在市场经济中从事经济活动的人被称为经济人,经济人从事经济活动的目的是实现个人利益最大化。因为价格既决定了人们经济活动的收益大小,也决定着人们经济活动的成本高低,因此价格是影响个人利益最大化的最重要因素之一,因而是人们行为的激励手段。在上例中,如果通过报纸刊登一篇报道,告诉人们北方出现了旱情,小麦供给减少了,人们应该减少小麦的消费。人们会看到这个报道吗?即使看到了,人们会重视这个报道吗?人们会有重视它的积极性吗?有什么激励使得人们充分注意这一点呢?替代报纸报道的办法是提高小麦价格。较高的小麦价格告诉人们小麦是稀缺的,同时也提供了减少小麦消费的激励,这种激励是最有效的。

由于具有信号和激励作用,价格成为市场经济中配置稀缺资源的基本机制。例如,考虑一下海滩土地的配置。由于这种土地的数量有限,并不是每一个人都能享受到住在海边的奢华生活。谁会得到这种资源呢?答案是任何一个愿意而且能够支付这种价格的人。海滩土地的价格会不断调整,直到这种土地的需求量和供给量达到平衡。同样,价格决定了谁生产哪种物品,以及生产多少,甚至怎样生产和为谁生产。在市场经济中,价格机制协调着千百万个分散决策,引导着资源配置。

> 【即问即答】
> ◇ 用供求图分析,香蕉林大面积感染致癌的"巴拿马"病的消息广泛传播时,香蕉价格会如何变动?
> ◇ 用供求图分析,北方持续大面积干旱,小麦价格可能如何变动?

第四节 供求弹性

假设市场上橘子的价格上升,你现在已经知道消费者将少购买橘子,但橘子的消费量到底会减少多少呢?橘子消费量减少对橘子生产者的收益又产生什么影响?这个问题可以用被称为弹性的概念来回答。弹性衡量买者与卖者对市场条件变化的反应程度。当研究一个事件和政策如何影响一个市场时,我们不仅要讨论影响的方向,而且要关心影响的大小。

一、需求价格弹性

(一)需求价格弹性的类型与决定因素

我们知道,一种物品的价格上升将使其需求量减少。需求价格弹性衡量物品的需求量变动对价格变动的反应程度。根据定义,需求价格弹性用如下公式计算:

$$需求价格弹性 = \frac{需求量变动百分比}{价格变动百分比}$$

或

$$E_d = \frac{\frac{\Delta Q}{Q}}{\frac{\Delta P}{P}} = \frac{\Delta Q}{\Delta P} \cdot \frac{P}{Q} \qquad (2.1)$$

在公式(2.1)中,E_d 表示需求价格弹性系数,ΔQ 和 ΔP 分别表示需求量和价格的变动量,Q 和 P 分别表示需求量和价格。

例如,假定橘子的价格上升了10%,使你的橘子购买量减少了15%,则你的需求价格弹性为 $E_d = 15\%/10\% = 1.5$。在这个例子中,弹性是1.5表明需求量减少的比例是价格增加比例的1.5倍。

由于物品的需求量与其价格反向变动,所以,需求量变动的百分比和价格变动的百分比的符号应该是相反的。例如,橘子价格上升10%为正,而需求量减少15%就是负。由于这个原因,需求价格弹性通常为负数。为方便使用,我们去掉负号,把需求价格弹性表示为正数。需求价格弹性越大,意味着需求量变动对价格变动越敏感或反应越大。

如果一种物品的需求量对价格变动的反应很大,或者说,需求量变动百分比大于价格变动百分比,这种情况称为需求富有弹性,其弹性系数大于1。一般而言,通过某点的需求曲线越平坦,需求的价格弹性就越大,如图2.21所示。

如果一种物品的需求量对价格变动的反应很小,或者说,需求量变动百分比小于价格变动百分比,这种情况称为需求缺乏弹性,其

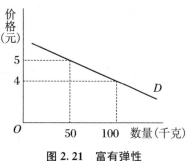

图 2.21 富有弹性

弹性系数小于1。一般而言，通过某点的需求曲线越陡峭，需求的价格弹性就越小，如图2.22所示。

如果一种物品的需求量变动百分比等于价格变动百分比，这种情况称为需求单位弹性，其弹性系数等于1，如图2.23所示。

此外，有两种极端情形，即完全无弹性和完全有弹性。如图2.24所示，当需求曲线是一条垂直线时，需求完全无弹性，这种情况下，无论价格如何变动，需求量总是相同的。如图2.25所示，当需求曲线是一条水平线时，需求完全有弹性，表示价格的极小变动都会引起需求量的极大变动。

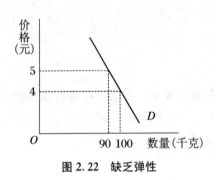

图2.22　缺乏弹性

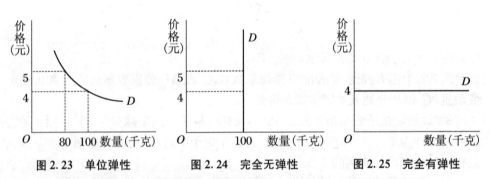

图2.23　单位弹性　　　图2.24　完全无弹性　　　图2.25　完全有弹性

一种物品的需求价格弹性衡量当物品价格上升时，买者减少购买这种物品的意愿有多强。有许多因素影响人们的购买意愿，从而决定需求价格弹性的大小。

必需品和非必需品　必需品的需求往往缺乏弹性，而非必需品的需求往往富有弹性。例如，当看病的价格上升时，尽管人们看病的次数要比平常减少一些，但不会大幅度地减少。与此相反，当鲜花的价格上升时，鲜花的需求量会大幅度减少。当然，必需品和非必需品的划分并不取决于物品本身的性质，而取决于购买者的偏好。

物品的可替代程度　一种物品的相近的替代品数量越多，其需求价格弹性就越大。因为购买者从这种物品转向其他物品较为容易。例如橘子和橙子很容易相互替代，当橘子的价格上升，其需求量就会大幅度减少。而对于食盐来说，没有替代品，其需求价格弹性很小。要注意，物品的可替代程度也与物品市场的定义有关。例如，食物的需求价格弹性很小，而面包的弹性要大于食物的弹性。因为食物几乎没有替代品，而面包作为食物有替代品。

消费者的消费支出在其总预算支出中的比重　消费者在某种物品上的消费支

出在其总预算支出中所占的比重越大,弹性越大。例如,一张报纸的需求价格弹性就很小。

时间长短 物品的需求往往在长期内更富有弹性。当汽油价格上升时,在最初的几个月中,汽油的需求量只是略有减少。但随着时间的延长,人们会购买更省油的汽车,或选择其他交通工具。而在几年之内,汽油需求量会更大幅度地减少。

（二）需求价格弹性的应用

企业通常会关心产品价格上升或下降可能对总收益产生什么影响,并据此制定企业价格策略。事实上,价格变动时,企业总收益的变化方向与需求价格弹性有密切关系。

企业总收益是物品的价格与该物品的销售量的乘积,用公式表示如下:

$$TR = Q \times P \qquad (2.2)$$

公式(2.2)中,TR 表示总收益,Q 表示销售量(用需求量代表),P 表示物品价格。按照公式,总收益取决于物品价格和物品需求量。不同物品的价格和需求量之间的数量关系,由其需求价格弹性决定。因此,在不同的需求价格弹性下,价格上升与价格下降对总收益的影响也不同。

如果需求富有弹性,价格上升引起总收益减少,价格下降引起总收益增加。如图 2.21 所示,当价格从 4 元上升到 5 元时,需求量从 100 千克减少为 50 千克,因此,总收益从 400 元减少为 250 元。这是由于需求富有弹性时,需求量减少带来的收益减少量(200)大于价格上升带来的收益增加量(50)。换句话说,是因为 Q 减少的比例大于 P 上升的比例。

如果需求缺乏弹性,价格上升将引起总收益增加,价格下降将引起总收益减少。如图 2.22 所示,当价格从 4 元上升到 5 元时,需求量从 100 千克减少为 90 千克,因此,总收益从 400 元增加为 450 元。这是由于需求缺乏弹性时,需求量减少带来的收益减少量(40)小于价格上升带来的收益增加量(90)。换句话说,是因为 Q 减少的比例小于 P 上升的比例。

如果需求是单位弹性,价格变动时,总收益不变。如图 2.23 所示,当价格从 4 元上升到 5 元时,需求量从 100 减少为 80,因此,总收益保持 400 元不变。这是由于需求是单位弹性时,需求量减少带来的收益减少量(80)等于价格上升带来的收益增加量(80)。换句话说,是因为 Q 减少的比例等于 P 上升的比例。

经济中有两种现象:薄利多销和谷贱伤农。"薄利多销"是物品需求富有弹性条件下生产者经常采取的价格策略,即通过适度降价来增加企业收益。"谷贱伤农"则反映了需求缺乏弹性的物品在价格下降时造成的收益减少问题。例如,由于粮食是人们的必需品,当其价格下跌时,需求量增加的幅度要小于价格下跌的幅度,从而使总收益减少,农民遭受损失。由此可以知道,在收益最大化目标下,有两种定价思路：一是对于那些需求富有弹性的物品或服务，企业通常应采取降价策略，而不是提价策略；二是对于那些需求缺乏弹性的物品或服务，企业通常应采取提价策略，而不是降价策略。

二、其他需求弹性

需求收入弹性 随着经济增长，人们的收入会不断增加，这种增加将引起大部分产品与服务的需求量增加。但是，橘子的需求量会增加多少呢？这取决于需求收入弹性。需求收入弹性是衡量需求量变动对收入变动的反应程度。

需求收入弹性可以用以下公式计算：

$$需求收入弹性 = \frac{需求量变动百分比}{收入变动百分比}$$

需求收入弹性系数可以是正的，也可以是负的。对于正常物品来说，收入提高时，需求量增加。由于需求量与收入同方向变动，正常物品的收入弹性为正数。对于低档物品来说，收入提高时，需求量减少。由于需求量与收入反方向变动，低档物品的收入弹性为负数。当然即使同为正常物品，必需品和奢侈品的收入弹性的差别也很大。例如基本食物和普通衣服的收入弹性较小，而旅游和貂皮大衣的收入弹性较大。

根据需求收入弹性系数值的大小，将物品分为正常品和低档品、必需品和奢侈品。具体说，需求收入弹性系数为正值，是正常品；需求收入弹性系数是负值，为低档品。在正常品中，若需求收入弹性系数小于1，是必需品；需求收入弹性系数大于1，是奢侈品。

需求交叉价格弹性 我们有时想知道苹果的价格上升时，橘子的需求量会变化多少。需求交叉价格弹性回答这一问题。需求交叉价格弹性衡量一种物品的需求量对其替代品或互补品价格变动的反应程度。假定，需求量变动的物品用物品1表示，价格变动的物品用物品2表示，需求交叉弹性可以用以下公式计算：

$$需求交叉价格弹性 = \frac{物品1的需求量变动百分比}{物品2的价格变动百分比}$$

需求交叉价格弹性系数是正数还是负数取决于物品1和物品2是替代品还是互补品。替代品是可以互相替代使用的物品，例如橘子和橙子。橙子价格上升会使人们用橘子来替代。由于橙子价格和橘子需求量是同方向变动，所以，橘子的需求交叉价格弹性是正数。相反，互补品是要一起使用的物品，例如电脑和软件。电脑价格下降，人们会更多地使用软件。由于电脑价格和软件需求量是反方向变动，所以，软件的需求交叉价格弹性是负数。

反过来，可以根据两种物品之间的需求交叉价格弹性系数的正负号，来判断两种物品是替代品还是互补品。例如,两种物品的需求交叉价格弹性系数是正的,则这两种物品是替代品;如果是负的,这两种物品就是互补品。

三、供给价格弹性

供给定理表明,当一种物品价格上升时,该物品的供给量会增加。供给价格弹性衡量供给量变动对价格变动的反应程度。供给价格弹性用供给量变动百分比除以价格变动百分比来计:

$$供给价格弹性 = \frac{供给量变动百分比}{价格变动百分比}$$

例如,假设每单位牛奶的价格上升10%,奶牛场牛奶的供给量增加20%,则供给价格弹性=20%/10%=2。在这个例子中,弹性是2表明供给量增加的比例为价格增加比例的2倍。

一般而言,如果供给价格弹性大于1,即价格上升1%导致供给量的增加大于1%,我们称之为物品的供给富有弹性,例如,某些农产品的价格上升通常会导致供给量增加更多;如果供给价格弹性小于1,即价格上升1%导致供给量增加小于1%,我们称之为物品的供给缺乏弹性,例如,工资上涨1%导致劳动的供给量增加往往小于1%;如果价格上升1%导致供给量增加等于1%,我们称之为物品的供给单位弹性;如果价格上升1%时供给量保持不变,我们称之为物品的供给无弹性,例如梵高的《蝴蝶花》供给弹性等于零;如果价格发生微小变动导致供给量变动无限大,我们称之为物品的供给有无限弹性,例如,某艺人的音乐唱片的供给接近无限弹性,因为唱片可以用很低的成本进行复制。

供给价格弹性的高低主要取决于两个因素。首先是生产者改变他们产量的难易程度。例如,某块土地供给就缺乏弹性,因为生产出更多这类土地是几乎不可能的。与此相比,像面包、汽车及衣服这类东西的供给富有弹性,因为当价格上升时,生产这些物品的企业可以让工厂加班生产就可以了。其次是时间长短。供给在长期中的弹性通常大于短期。在短期中,企业不能轻易地改变它们工厂的规模来增加或减少物品的产量,因此,短期内供给对价格变动不是很敏感。与此相反,在长期中,企业可以开设新工厂或关闭旧工厂,或者新企业进入市场生产,因此,长期中供给量对价格比较敏感。

【即问即答】
◇ 如果价格下降增加了总收益,需求弹性是什么类型?
◇ 举一例说明时间因素对供给价格弹性的影响。

内容提要

1. 需求定理表明,在其他因素不变时,一种物品的价格下降,需求量增加;价格上升,需求量减少。需求曲线向右下方倾斜。

2. 除价格外,决定需求量的因素还包括收入、相关物品价格、偏好、预期和买者人数。如果这些因素中的一种发生变化,需求曲线就会发生移动。

3. 供给定理表明,在其他因素不变时,一种物品价格上升,供给量增加;价格下降,供给量减少。供给曲线向右上方倾斜。

4. 除价格外,决定供给量的因素还包括技术、生产资源的价格、预期及卖者的数量。如果这些因素中的一种发生变化,供给曲线就会发生移动。

5. 供给曲线和需求曲线相交决定了市场均衡价格。当价格为均衡价格时,需求量等于供给量。买者和卖者的行为自动使市场趋于均衡。

6. 需求或供给的变化会引起均衡价格和均衡数量的变化,用供求图可分析一个事件对均衡价格和均衡数量的影响。

7. 需求价格弹性衡量物品的需求量变动对价格变动的反应程度。必需品和非必需品、物品的可替代程度、消费者的消费支出在其总预算支出中的比重及时间长短决定需求价格弹性的大小。当需求缺乏弹性时,总收益随价格上升而增加;当需求富有弹性时,总收益随价格上升而减少。

8. 供给价格弹性衡量物品的供给量变动对价格变动的反应程度。生产者调整生产的难易程度及时间长短决定供给价格弹性的大小。

关键术语

需求量　需求定理　需求曲线　需求变动　正常物品　低档物品　供给量　供给定理　供给曲线　供给变动　均衡价格　均衡数量　过剩　短缺　价格下限　价格上限　需求价格弹性　需求收入弹性　需求交叉弹性　供给价格弹性

复　习

(一) 思考题

1. 为什么需求曲线向右下方倾斜?
2. 哪些因素使需求曲线移动? 如何移动?
3. 为什么供给曲线向右上方倾斜?
4. 哪些因素使供给曲线移动? 如何移动?
5. 什么是市场均衡? 过剩和短缺如何使市场向均衡变动?

6. 价格在市场经济中有什么作用?
7. 政府对价格直接干预的措施是什么?
8. 决定需求价格弹性的因素有哪些?

(二) 选择题

1. 当汽油价格上升时,如果其他条件不变,对小汽车的需求量将( )。
   A. 减少 B. 不变 C. 增加 D. 难以确定
2. 在其他因素保持不变条件下,橘子的价格( ),橘子的需求量将增加。
   A. 上升 B. 下降 C. 不变 D. 上升或下降
3. 一种物品或服务的供给量是在某一价格下( )该物品或服务的数量。
   A. 卖者能够出售
   B. 卖者愿意出售
   C. 卖者愿意并能够出售
   D. 卖者销售
4. 一种物品供给曲线向右移动可能是由于( )。
   A. 生产该物品的生产者数量减少了 B. 生产该物品的生产率提高了
   C. 该物品的价格上升了 D. 生产工人的工资增加了
5. 下列描述正确的是( )。
   A. 过剩使产品价格有下降的压力 B. 过剩使产品价格有上升的压力
   C. 短缺使产品价格有下降的压力 D. 短缺使产品供给曲线向左移动
6. 物品的购买者数量增加,该物品的均衡价格和均衡数量将分别( )。
   A. 上升,减少 B. 下降,增加 C. 上升,增加 D. 下降,减少
7. 市场价格的经济功能是( )。
   A. 衡量稀缺性 B. 传递经济信息
   C. 提供激励 D. 以上功能都可以发挥
8. 下列商品的需求价格弹性最小的是( )。
   A. 小汽车 B. 服装 C. 食盐 D. 化妆品
9. 如果某种物品的价格上升5%,需求量减少5%,那么它的需求价格弹性是( )。
   A. 富有弹性 B. 缺乏弹性 C. 单位弹性 D. 不确定
10. 当企业提高产品价格时,( )。
    A. 如果需求富有弹性,总收益减少
    B. 如果需求缺乏弹性,总收益下降
    C. 如果需求单位弹性,总收益增加
    D. 如果需求富有弹性,总收益增加
11. 判定两种物品是替代品还是互补品的弹性概念是( )。
    A. 供给价格弹性 B. 需求价格弹性

C. 需求收入弹性　　　　　　D. 需求交叉弹性
12. 二手车的需求收入弹性小于零,因此,二手车是(　　)。
　　A. 低档品　　B. 正常品　　C. 替代品　　D. 互补品

应　　用

1. 8月份一场台风带来了大量雨水,泡坏了台湾某地的许多蔬菜。一位记者发表了如下的报道:"台风过后,市场上小白菜的价格上涨可以理解,但是豆芽菜是种在房子里的,根本不会受到台风的影响,结果价格同样大涨。种豆芽菜的人简直是趁火打劫。"试用供求原理进行分析,并判断记者观点的合理性。

2. 过去20年间,技术进步降低了电脑芯片的成本。你认为这会对电脑市场产生怎样的影响?对电脑软件市场又产生怎样的影响?

3. 设想你是种小麦的农民,你的所有收入来自出售小麦。你知道你的小麦种得越多,收成之后就卖得越多,你的收入和生活水平也就越高。现在农业研究人员培育出一种新的杂交小麦品种,该品种可以使每亩小麦产量提高20%。新的小麦杂交品种的推广使用对你是个好消息吗?

4. 如果你是某网吧和某学生食堂的价格顾问,网吧和学生食堂的老板要你对其产品价格进行调整,以增加收益,你可能的建议是什么?

5. 已知某商品的需求函数为 $Q=50-5P$,供给函数为 $Q=-10+5P$。
(1) 求均衡价格和均衡数量;
(2) 假定供给函数不变,由于消费者收入水平提高,使需求函数变为 $Q=60-5P$,求需求变化后的均衡价格和均衡数量;
(3) 假定需求函数不变,由于生产技术水平提高,使供给函数变为 $Q=-5+5P$,求供给变化后的均衡价格和均衡数量。

6. 香烟的需求价格弹性是0.4,如果现在每盒香烟的价格为18元,政府想减少20%的吸烟量,价格应该提高多少?

第三章 消费者选择

学习目标

学习本章后，你应该能够：
➢ 解释效用和边际效用的含义
➢ 运用边际效用递减规律分析现实经济现象
➢ 解释消费者均衡是如何决定的
➢ 分析现实中的消费者如何对收入和价格变动做出反应

伴随着信息网络技术的日新月异，我们的消费方式也在发生着悄悄的变化。我们现在可以选择购买 CD 来听音乐，或者下载音乐用 MP3 播放，或者刻录我们自己的 CD。随着音乐下载、MP3 播放机和 CD 刻录机的价格下降，人们越来越多地选择下载的音乐，因此音乐 CD 的销量下降。音乐消费方式的改变是人们消费决策的结果，那么人们的消费决策是如何做出的？一般来说，人们的消费（购买）决策受到两个方面因素的影响，一个是客观方面的因素，如物品价格、人们的收入水平等，另一个是主观方面的因素，如人们的消费习惯、爱好等。人们在进行购买决策时，会考虑各种可供销售的物品的价格，并在有限的财力下购买最适合自己需要和意愿的一组物品。

本章的任务是考察如何衡量消费者的满足程度，以及消费者如何购买才能获得最大的满足。学习本章有助于你运用边际效用分析方法和无差异曲线分析方法确定消费者如何对收入和价格变化做出反应。

第一节 边际效用分析

一、效用最大化假设

消费选择是指消费者在一定收入和物品价格条件下对物品和服务的权衡取

舍。一个人在一定时期的货币收入水平一定,那么,他在这个时期内在各种消费品上的总花费显然不能超过他既定的收入水平,这就是人们消费选择的预算约束。在预算约束范围内,消费者在可能得到的物品和服务中选择购买,选择的标准则是消费者从物品和服务中得到的效用大小。一件物品是否比另一件更可取,取决于它相对于其他选择对象的效用是多少。如果给你 10 元钱去消费,你是去网吧上网、买一本杂志还是为朋友买花,是由你对它们的效用评价决定的。那么,什么是效用呢?

无论吃饭穿衣或是读书旅游,人们都会从物品和服务的消费中得到某种满足,经济学家把消费者从物品或服务的消费中所得到的满足程度称为效用。一种物品对消费者是否有效用,取决于消费者是否有消费这种物品的欲望,以及这种物品是否具有满足消费者欲望的能力。例如,煮熟的鸡蛋对你是否有效用,取决于你有没有吃它的欲望和鸡蛋能否满足你的欲望。如果你有吃鸡蛋的欲望并且鸡蛋具有正常品质,那么这个鸡蛋对你有效用。反之,如果你没有吃鸡蛋的欲望,或者这个鸡蛋臭了,这个鸡蛋对你就没有效用。进一步来说,物品或服务效用的大小,则取决于它能在多大程度上满足人们的欲望,满足程度大,效用水平就高;反之,满足程度小,效用水平就低。如果这个煮熟的鸡蛋是你非常喜欢吃的茶叶蛋,它对你的效用就会比普通鸡蛋的效用高。

经济学家认为,效用存在两个特点。第一,效用是人们对消费物品和服务的心理感受和主观评价。因为欲望本身是人们的一种心理感觉,物品和服务满足人们欲望的程度大小只能是一种主观的心理感觉。生活中,我们经常发现同一种物品对偏好不同的两个人而言,效用大小是不相同的。例如,一个人喜欢喝酒,另一个人不喜欢喝酒,于是一瓶酒对这两个人的效用大小就不一样。不仅如此,同一种物品的效用在不同时间、不同地点和环境下,对同一消费者也是不同的。例如,一瓶冰水在夏天和在冬天对一个人的效用是不相同的。一个人会在夏天感觉一瓶冰水的效用很大,而在冬天觉得没有什么效用。第二,效用本身不包含有关好与坏的价值判断。这就是说,一种物品和服务的效用,仅与它能满足人们某种欲望或需要的程度有关,而不考虑这一欲望或需要的好坏。例如,想吸毒被认为是一种坏的欲望,但毒品能够满足这种欲望,因此它对吸毒者就具有效用。

既然效用有大有小,那么如何衡量效用的大小? 在 19 世纪,包括英国哲学家杰里米·边沁在内的社会科学家们希望,有朝一日科技的进步使得我们可以开发出一种能够确切度量效用的机器。尽管这还是一种梦想,但经济学家先后提出了基数效用和序数效用两种度量效用的方法。基数和序数是数学中的概念。基数是指 1、2、3 等数字,基数的特点是可以加总。序数是指第一、第二、第三等,序数不能加总,只能表示顺序或等级。20世纪前后的经济学家认为效用可以用基数加以度量。他们认为,效用如同长度、重量一样,可以加总求和,表示效用大小的计量单位是"效用单位"。例如,某人吃一块面包的效用是10个单位,喝一杯牛奶的效用是20个单位,则可以说他从面包和牛奶消费中得到的效用总和就是30个单位,并且牛奶的效用是面包效用的2倍。20世纪30年代之后,大多数经济学家开始使用序数概念衡量效用的大小。这些经济学家认为,效用是一个类似于美和丑的概念,其大小是无法用基数具体衡量的,效用大小只能通过顺序或等级来表示,即用序数来比较和衡量。因为事实上,消费者无法说出他消费面包和牛奶的效用是多大,但却可以在面包和牛奶的不同数量组合给他带来的效用之间进行比较,说出他更喜欢哪一种面包和牛奶的数量组合。在经济学中,以基数效用和序数效用为基础,分别形成了两种消费者选择理论。

在分析消费者选择时,经济学家提出了效用最大化假设。经济学家认为,个人将在预算约束的范围内选择能够使得他的效用最大化的物品组合。效用最大化假设表示消费者具有通过物品和服务的消费获得最大满足程度的动机,或者说,人们具有追求效用最大化的倾向。这是消费者作为"经济人"的具体体现。效用最大化假设其实反映了消费者在解决资源稀缺这个基本问题时的努力。人们的欲望超过了可以满足他们欲望的可用资源,从而必须做出选择。在这个选择过程中,人们努力实现效用最大化。消费者选择分析的目的就是要揭示消费者在给定的约束条件下如何实现效用最大化。

二、边际效用递减规律

在进行消费选择时,大多数的消费者会把他们的收入分配于许多不同种类的物品和服务。这种多样化消费的一个原因是,当我们消费越来越多的任何一种物品时,我们从物品中得到的边际的或额外的满足在减少。为弄明白这点,我们首先区分总效用和边际效用两个概念。

总效用是指消费者从消费一定数量物品中得到的效用量总和。例如,某女生吃2杯冰激凌的总效用是22效用单位,吃3杯冰激凌的总效用是28效用单位。总效用的多少与人们的消费量有关,一般地,消费量越大,总效用越大。如果以Q表示消费者对某种物品的消费量,TU表示总效用,则总效用与消费量的数量关系如下:

$$TU = f(Q) \tag{3.1}$$

边际效用是指消费者从多消费一单位物品中得到的效用的增量。例如,当该女生吃冰激凌的数量从2杯增加到3杯时,她从冰激凌中获得的总效用从22单位增加到 28 单位。因此,对于该女生来说,消费第 3 杯冰激凌的边际效用为 6 单位。"边际"在经济学中的含义是数量上的额外 1 单位或增加 1 单位。一般地,如以 MU 表示边际效用,ΔQ 表示消费量的增量,ΔTU 表示总效用的增量,则边际效用可用公式表示如下:

$$MU = \frac{\Delta TU}{\Delta Q} \tag{3.2}$$

现在以某女生消费冰激凌为例,说明总效用和边际效用之间的关系。见表 3.1。在表中,冰激凌消费量为 1 杯时,总效用为 12 单位,相应的边际效用为 12 单位。当冰激凌消费量由 1 单位增加到 2 单位时,总效用由 12 单位增加到 22 单位,相应的边际效用为 10 单位,以此类推。

表 3.1 某女生消费冰激凌的总效用和边际效用

冰激凌数量(杯)	总效用	边际效用
1	12	12
2	22	10
3	28	6
4	32	4
5	34	2
6	34	0

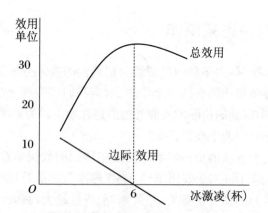

图 3.1 冰激凌的总效用和边际效用

图 3.1 以曲线的形式描述了总效用和边际效用的关系。在图中,总效用曲线表示,冰激凌消费数量越多,总效用也越大,在冰激凌数量为 6 杯时,总效用达到最大值。边际效用曲线向右下方倾斜,表示随着冰激凌消费数量的增多,边际效用越

来越小。从图中可以看出,当边际效用为正值时,总效用增加;当边际效用为零时,总效用达到最大值;当边际效用为负数时,总效用减小。

上述例子以及生活中的现象表明,当我们越来越多地消费一种物品时,获得的额外的或边际的满足程度会下降。例如,该女生吃第一杯冰激凌时感觉无比美好,她给第一杯冰激凌的满足程度评价是12效用单位,吃第二杯冰激凌时感觉仍然不错,她的满足程度评价是10效用单位,但到第三杯或第四杯时的满足感明显减弱,相应满足程度评价也越来越低,分别为6和4效用单位,以至于到第6杯冰激凌时,几乎没有任何满足感,边际效用为0。一般地,其他条件不变的情况下,一定时期内持续增加某种物品的消费,边际效用将随着物品消费量的增加而趋于下降。1890年,英国经济学家阿弗里德·马歇尔把这个"人类本性的这种平凡而基本的倾向"称为边际效用递减规律。据说,美国总统富兰克林·罗斯福连任三届后,曾有记者问他有何感想,总统一言不发,只是拿出一块三明治面包让记者吃,这位记者不明白总统的用意,又不便问,只好吃了。接着总统拿出第二块,记者还是勉强吃了。紧接着总统拿出第三块,记者为了不撑破肚皮,赶紧婉言谢绝。这时罗斯福总统微微一笑:"现在你知道我连任三届总统的滋味了吧"。这个故事说明,当总统和吃面包一样存在边际效用递减,边际效用递减具有普遍性。

对于为什么在消费过程中会出现边际效用递减现象,经济学家一般认为,当人们连续消费某种物品时,其欲望会不断得到满足,因而对这种物品的欲望程度会随之降低,从而对其效用的评价也就降低,消费过程中的边际效用递减就不可避免。

三、消费者均衡

为了实现效用最大化,消费者如何进行选择?换句话说,实现效用最大化要满足什么条件?经济学家将均衡概念引入消费选择分析,使用消费者均衡概念回答上述问题。消费者均衡是指消费者实现效用最大化时既不想增加也不想减少任何物品购买数量的状态。为找到消费者均衡点,可以利用第一章提到的在边际上做出选择的思想。

"消费者均衡"的实现,取决于三个因素:他对各种物品的偏好、他的预算收入、可供选择的物品或服务的价格。现在假定上述三个因素已知或不变,那么,在一定时期内,消费者的消费选择就是在上述不变条件下,如何将现有预算收入分配于可供选择的物品和服务上,以最大化其总效用水平。一般来说,消费者实现总效用最大化的均衡条件是:花光所有预算收入并使花费在各种物品上的每一元钱的边际效用相等。每一元钱的边际效用是指一定数量物品的边际效用除以物品的价格。

例如,某人吃 2 杯冰激凌的边际效用是 12 效用单位,冰激凌的价格是 3 元,那么她在冰激凌上每一元的边际效用就是 12 效用单位除以 3,即 4 效用单位。

假设消费者的预算收入一定,购买两种物品 X 和 Y,而且物品价格已知。如以 MU_x 表示从消费最后一单位 X 物品中得到的边际效用,P_x 表示 X 物品的价格;以 MU_y 表示从消费最后一单位 Y 物品中得到的边际效用,P_y 表示 Y 物品的价格。则上述消费者均衡条件可表示为如下公式:

$$\frac{X\text{的边际效用}}{X\text{的价格}} = \frac{Y\text{的边际效用}}{Y\text{的价格}} \quad \text{或} \quad \frac{MU_x}{P_x} = \frac{MU_y}{P_y} \tag{3.3}$$

为什么这一条件成立?想一下如果上述等式不成立会发生什么。例如,假设 MU_x/P_x 大于 MU_y/P_y,即假设从花费在物品 X 上的每一元钱得到的边际效用大于从花费在物品 Y 上的每一元钱得到的边际效用。这将意味着在 Y 上减少一元钱的花费而把这一元花费在 X 上会增加总效用。当把既定收入在 X 和 Y 之间重新分配,即增加 X 而减少 Y 时,因为消费者面临边际效用递减,购买更多的 X 减少了从增加的 X 中得到的边际效用,MU_x/P_x 下降,而随着 Y 的减少,MU_y/P_y 将增加,这个过程会一直持续到 $MU_x/P_x = MU_y/P_y$。

假定某消费者打算购买两种物品 X 和 Y 的边际效用已知,见表 3.2,预算为 30 元,X 和 Y 两种物品的价格分别是 6 元和 3 元。那么,该消费者购买多少 X 和 Y 才可以实现效用最大化?根据消费者均衡条件,在物品的边际效用递减规律作用下,消费者花光预算购买的物品组合,只有使每种物品的每一元钱所得到的边际效用相等,才能使总效用最大。具体来看,假设该消费者首先购买 1 单位 X 物品,用去 6 元钱,剩下 24 元钱全部购买 Y 物品,共 8 单位 Y。此时,每一元钱 X 物品的边际效用是 8.33 效用单位,每一元钱 Y 物品的边际效用为 5.67 效用单位。消费者花光全部预算收入但是两种物品的每一元钱的边际效用并不相等,他从 X 物品中得到的边际效用大于从 Y 物品中得到的边际效用。如果消费者现在放弃 1 元钱 Y 物品,这会使他的效用减少 5.67 效用单位,而在 X 物品上多花 1 元钱则会使他的效用增加 8.33 效用单位,结果其得到的总效用净增加 2.66(= 8.33 − 5.67)效用单位,因而他放弃 1 元钱 Y 物品并多买 1 元钱 X 物品是划算的。他可以继续放弃更多的 Y 物品吗?只要他从 X 物品中得到的边际效用大于从 Y 物品中得到的边际效用,就可以连续增加 X 物品购买而减少 Y 物品的购买。但随着 X 物品消费数量的增加,从 X 物品中得到的边际效用下降,随着 Y 物品消费数量的减少,从 Y 物品中得到的边际效用上升。这种调整一直到两种物品的每一元钱边际效用相等为止。而如果消费者购买 3 个单位的 X 物品,他得到的边际效用是 5.50 效用单位,剩余预算只能购买 4 个单位的 Y 物品,得到的边际效用是 9.33 效用单位,此时,增加 1 元钱的 Y 物品消费和减少 1 元钱的 X 物品消费,可以净增加总效用,这种调整一直到两种物品的每一元钱边际效用相等。在表 3.2 中,如果该消费者购买 2 个单位的 X 物品,得到的每一元钱边际效用是 6.33 效用单位,剩余预算收入用来购买 6 个单位的 Y 物品,得到每一元钱的边际效用也是 6.33 效用单位,这说明该消费者达到了效用最大化状态。这时消费者消费 2 单位 X 物品和 6 单位 Y 物品,总效用是 X 物品的总效用(50+38)和 Y 物品的总效用(42+28+19)之和 177。

表 3.2　两种物品的每一元钱的边际效用

组合	X 物品(6 元/单位)			Y 物品(3 元/单位)		
	数量	MU_x	MU_x/P_x	数量	MU_y	MU_y/P_y
A		0	0	10	15	5.00
B	1	50	8.33	8	17	5.67
C	2	38	6.33	6	19	6.33
D	3	33	5.50	4	28	9.33
E	4	29	4.83	2	42	14.00
F	5	25	4.17	0	0	

上述寻找效用最大化物品组合的方法,是一种边际分析方法。通过比较从多消费一种物品中获得的边际收益与从少消费另一种物品中带来的边际损失,最终确保获得最大的总效用。其规则很简单:如果从 X 物品中获得的每元钱边际效用超过从 Y 物品中获得的每元钱边际效用,就多购买 X 物品少购买 Y 物品;如果从 Y 物品中获得的每元钱边际效用超过从 X 物品中获得的每元钱边际效用,就多购买 Y 物品少购买 X 物品。

一般来说,如果一项行动的边际收益超过边际损失,就采取该行动。当你面临自己的经济选择时,这个原则非常有用。

四、消费者剩余

经济学家认为,人们之间的自愿交易可以使得人们的处境变好。那么如何衡量一个消费者从物品交易中获得了多少利益?消费者剩余概念回答了这个问题。

我们知道,消费者对每一单位物品的消费都会有效用上的评价,用货币支付来表示这种评价,就是消费者的支付意愿。支付意愿是一个买者对一定数量物品愿意支付的最高价格,它衡量买者对物品的评价。当然,由于边际效用是递减的,消费者愿意为增加的一单位物品的消费所愿意支付的货币量也是不断减少的。每个买者是带着支付意愿参与交易的,每个买者都希望以低于自己的支付意愿的价格买到自己想买的物品,并拒绝以高于其支付意愿的价格购买物品。当然,对于以正好等于自己支付意愿的价格购买物品是可以接受的。假设你走进一家商店要购买一瓶康师傅牌纯净水,你对一瓶康师傅牌纯净水的支付意愿是 1.2 元,商店销售一瓶康师傅牌纯净水的价格是 1 元钱,你实际只支付 1 元钱得到这瓶纯净水。在这个例子中,你获得了 0.2 元的消费者剩余。消费者剩余是指消费者购买一定数量物品时愿意支付的价格与实际支付的价格之差。0.2 元就是你购买一瓶纯净水这个交易所获利益的衡量。只要一个消费者对他购买的所有物品支付固定价格,消费者剩余总会存在。

我们也可以通过需求曲线来计算一个消费者从物品购买中所获得的消费者剩余。在任何一种数量时,需求曲线给出的价格表示买者的支付意愿。例如,需求曲线上的数量为 3 单位时的价格为 12 元,表示在数量为 3 单位时,买者愿意为第 3 单位数量物品支付 12 元。由于需求曲线反映了买者的支付意愿,我们可以用它衡量消费者剩余。假设冰激凌的价格为 5 元,某消费者购买 6 杯。如图 3.2 所示,需求曲线给出了该消费者为不同数量的冰激凌愿意支付的价格,分别是第 1 杯 17.5 元、第 2 杯 15 元、第 3 杯 12.5 元、第 4 杯 10 元、第 5 杯 7.5 元、第 6 杯 5 元。她愿意为这 6 杯冰激凌支付总额为 67.5(=17.5+15+12.5+10+7.5+5)元,她为 6 杯冰激凌实际支付的总额是 30(=6×5)元,消费者剩余是 37.5(=67.5-30)元。在图中,她愿意为 6 杯冰激凌支付的总额就是需求曲线之下和 6 杯冰激凌之内的总面积,她为 6 杯冰激凌实际支付的总额是价格为 5 的水平线以下和 6 杯冰激凌以内的面积,消费者剩余就是这两个面积之差,即在需求曲线以下和价格线以上的面积。

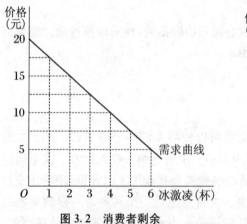

图 3.2　消费者剩余

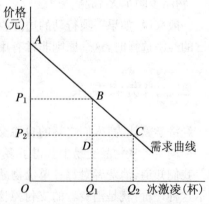

图 3.3　价格下降与消费者剩余

利用消费者剩余概念,我们可以分析物品价格下降对消费者福利的影响。假设如图 3.3 所示,当价格从 P_1 下降到 P_2 时,消费者剩余增加了,从原来的

$\triangle AP_1B$ 的面积,增加为 $\triangle AP_2C$ 的面积。由于价格下降引起的消费者剩余的增加部分等于梯形 BCP_1P_2 的面积。这个增加包括两部分:第一,那些原来以较高价格 P_1 购买 Q_1 数量物品的买者因现在价格降低而少支付货币使状况变好,少支付的数量为矩形 BDP_2P_1 的面积。第二,原来的购买者,或一些新的买者进入市场,他们愿意以降低后的价格购买该物品,结果市场需求量从 Q_1 增加到 Q_2。这些新购买者的消费者剩余是 $\triangle BDC$ 的面积。现实经济中,物品价格的升降变化对消费者福利的影响,都可以做类似的预测。

【即问即答】
◇ 举例说明边际效用递减现象。
◇ 解释消费者均衡条件的含义。

第二节　无差异曲线分析

上一节里,我们在基数效用假设下,运用边际效用概念,分析了消费者如何进行购买决策。与上一节不同,本节以序数效用假设为基础,用预算约束线和无差异曲线,分别表示消费者面临的预算约束和自己对物品的偏好,进而说明消费者如何做出购买决策。

一、预算约束与预算线

几乎所有的消费者都想提高他们所消费的物品或服务的数量和质量,例如开更豪华的车、穿名牌衣服、在更好的餐馆吃饭等。但通常人们实际消费的数量和质量要比他们想要的少和低,这是因为他们的支出受到其收入水平的约束,或者说限制,这称为预算约束。例如,一个人每周的税后收入是 300 元,这就是他的预算约束。他每周在食物、服装、房租、娱乐和其他消费上的总支出不能超过 300 元。为使分析简化,我们考察一个只购买两种物品 X 和 Y 的消费者面临的决策问题。

预算约束可以用预算线来说明。预算线,也称预算约束线,表示消费者在既定的货币收入和物品价格时能买到的两种物品的各种组合。假定某消费者每周的收入是 300 元,而且全部用于消费两种物品 X 和 Y,X 物品的价格为 6 元,Y 物品的价格为 3 元。如以纵轴代表物品 Y 的数量,横轴代表物品 X 的数量,那么,消费者的300元收入若全部购买 X 物品可得50单位,如图3.4中的 A 点(横轴截距点),若全部购买 Y 物品可得100单位,如图中的 B 点(纵轴截距点),连接 A、B 两点的直线就是预算线。

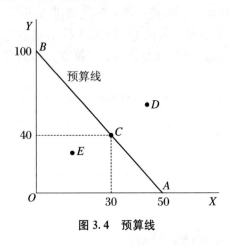

图3.4 预算线

图3.4的预算线 AB 说明了消费者可以选择的物品组合。例如,C 点表示消费者全部收入可以购买30单位的 X 物品和40单位的 Y 物品。而预算线以外的物品组合,如 D 点,是消费者的收入不可能购买的。预算线以内的任何物品组合,如 E 点,表示消费者的全部收入可以购买而且还有收入剩余。因此说,预算线上的各点,都是消费者现有收入可能购买的最大数量的物品组合。

我们可以将预算线写成一个简单的方程。以 X 和 P_x 分别表示 X 物品的数量和价格,以 Y 和 P_y 分别表示 Y 物品的数量和价格,以 I 表示消费者的收入。预算方程如下:

$$X \cdot P_x + Y \cdot P_y = I \quad (3.4)$$

或

$$Y = \frac{I}{P_y} - \frac{P_x}{P_y} X \quad (3.5)$$

(3.5)式中的 $\frac{P_x}{P_y}$ 为预算线的斜率,它等于两种物品的价格之比,即相对价格。预算线的斜率衡量的是消费者用一种物品换另一种物品的比率。例如,上例中预算线的斜率是 $6/3=2$,表示1单位 X 可以换2单位 Y。

一条预算线是在消费者收入水平及两种物品的价格不变条件下得到的。如果消费者收入及两种物品的价格发生变动,预算线就会发生移动。下面以两种典型情况为例,其他情况读者可自行分析。

第一种情况,消费者收入变动,而两种物品的价格不变。当消费者的收入发生变动时,由于两种物品的价格不变,预算线的横轴截距点和纵轴截距点发生同方向改变,而此时预算线的斜率保持不变,预算线的位置发生平行移动。消费者的收入增加,预算线向右平行移动;消费者的收入减少,预算线向左平行移动。图3.5表示消费者收入减少对预算线的影响。在图3.5中,原来的预算线是 AB,消费者收入减少后,全部收入所能购买的物品数量减少,预算线向左移动到 $A'B'$。

第二种情况,X 物品价格变动,Y 物品价格不变,且消费者收入不变。在 Y 物品价格和消费者收入不变条件下,如果 X 物品价格变动,预算线的斜率发生改变,但纵轴截距不变,此时预算线以纵轴截距为固定点发生向左或向右的转动。如果 X 物品价格上升,预算线向左转动;如果 X 物品价格下降,预算线向右转动。图 3.6 表示一种物品价格变动对预算线位置的影响。如图 3.6 所示,原来的预算线为 AB,现在 X 物品价格下降,预算线斜率变小,预算线向右转动到 $A'B$。

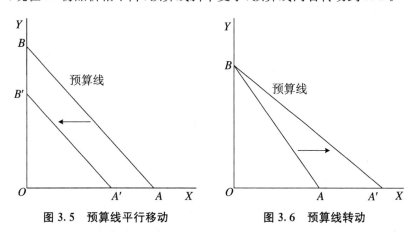

图 3.5　预算线平行移动　　　　图 3.6　预算线转动

二、偏好与无差异曲线

消费者的选择不仅取决于他的预算约束,而且取决于他对物品的偏好。所谓偏好,是指消费者对物品的爱好或喜欢。正是消费者的偏好使其在两种物品的不同组合中进行选择。人们通常把两种物品的所有可能组合分成三类:偏好的、不偏好的、无差异的。其中,偏好的类型又有偏好程度的差别。偏好的有无或大小反映了消费者从物品消费中获得的满足程度。这里我们将用图形来表示消费者的偏好。

无差异曲线是表示带给消费者相同满足程度的两种物品所有组合的曲线。假定两种物品的不同组合由表 3.3 给出,并且消费者对各种组合的偏好是无差异的。

表 3.3　X 和 Y 物品不同组合

组合方式	X 物品	Y 物品
A	5	30
B	10	25
C	15	20
D	20	15
E	25	10

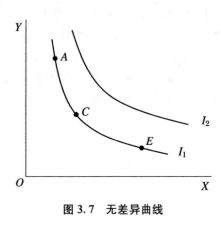

图 3.7　无差异曲线

根据表中数据可以画出一条无差异曲线,如图 3.7 所示。在无差异曲线 I_1 上,A、C、E 各点代表的物品组合带给消费者相同的满足程度。这是因为,如果消费者消费的 X 物品减少了,Y 物品的消费量就会增加,使消费者获得同样的满足,例如 E 点到 C 点;如果消费者消费的 X 物品再减少,Y 物品会进一步增加,从而保证消费者的满足水平不变,例如从 C 点移动到 A 点。反过来的情况也一样。

在同一条无差异曲线上,消费者减少一种物品的消费就必须增加另一种物品的消费,或者增加一种物品的消费就必须减少另一种物品的消费,也就是说,两种物品的消费量之间存在替代关系。这种替代关系用边际替代率衡量。边际替代率是在偏好不变的条件下(保持在同一条无差异曲线上),消费者愿意以一种物品(如 X 物品)替代另一种物品(如 Y 物品)的比率。以 X、Y 两种物品为例,边际替代率可以用公式表示如下:

$$MRS_{xy} = -\frac{\Delta Y}{\Delta X} \tag{3.6}$$

公式(3.6)中,MRS_{xy} 表示以 X 物品替代 Y 物品的边际替代率,ΔX 和 ΔY 分别表示物品 X 和 Y 的变化量。如果 ΔX 是增加量,ΔY 就是减少量,反之,如果 ΔX 是减少量,ΔY 就是增加量,两者有一个是负数,为使边际替代率为正值,以便于比较,就在公式中加了一个负号。

边际替代率也可以用无差异曲线上任意一点的斜率表示。由于无差异曲线并不是一条直线,在一条既定的无差异曲线上各点的斜率不同,因此,所有各点的边际替代率并不相同。如果无差异曲线陡峭,则边际替代率高,它意味着在保持满足程度不变的情况下,一个消费者为获得额外一单位物品 X 愿意放弃较多的 Y 物品;如果无差异曲线平缓,则边际替代率低,它表示在保持满足程度不变的情况下,一个消费者为获得额外一单位物品 X 愿意放弃较少的 Y 物品。例如,如果某消费者以 X 物品替代 Y 物品的边际替代率是3,表明该消费者愿意得到1单位 X 物品而放弃3单位 Y 物品,或者反过来,消费者愿意得到3单位 Y 物品而放弃1单位 X 物品。

由于无差异曲线代表消费者的偏好,因此,它具有某些反映这些偏好的特征。下面是大多数无差异曲线的四个特征:

(1) 无差异曲线向右下方倾斜。在大多数情况下,消费者欲购买的两种物品都喜欢。为了获得的满足程度不变,消费者在增加一种物品消费量时,就必须同时减少另一种物品的消费量。由于这个原因,大多数无差异曲线是向右下方倾斜的。

(2) 不同的无差异曲线代表不同的满足程度,离原点越远的无差异曲线代表的满足程度越高,离原点越近的无差异曲线代表的满足程度越低。这是因为消费者通常偏好消费更多的物品而不是更少的物品,这种对更大数量的偏好,反映在无差异曲线上,就是消费者对较高无差异曲线的偏好大于对较低无差异曲线的偏好。如图 3.7 所示,较高的无差异曲线 I_2 代表的物品数量要多于较低的无差异曲线 I_1。

(3) 任意两条无差异曲线不相交。如图 3.8 所示,A 点和 B 点在同一条无差异曲线 I_2 上,两点代表的满足程度相同;C 点和 B 点在同一条无差异曲线 I_1 上,代表的满足程度也相同,这意味着 A 点和 C 点的满足程度也是相同的。但根据无差异曲线定义和上述第 2 个特征,不同的无差异曲线代表不同的满足程度,A 点和 C 点分别位于不同的无差异曲线上,它们代表的满足程度应

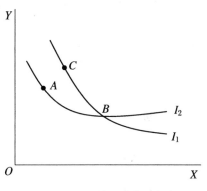

图 3.8　无差异曲线不相交

该是不相同的。在两条无差异曲线相交时 A 点和 C 点的满足程度相同显然是不能成立的,因此说任意两条无差异曲线不相交。

(4) 无差异曲线凸向原点。从曲线上看,无差异曲线凸向原点是因为无差异曲线的斜率越来越小。而无差异曲线斜率越来越小,即边际替代率递减,这是因为人们更愿意放弃他们已经拥有的数量较多的物品,而不愿意放弃他们不多的物品。所以,在连续增加一种物品消费量时,他所愿意放弃的另一种物品的数量会越来越少。例如,随着一个人更多地消费 X 物品,他所愿意放弃 Y 物品的数量会越来越少。边际替代率递减决定了无差异曲线凸向原点。

无差异曲线的形状反映了两种物品的替代程度。但对于两种物品来说,可能是很接近的替代品,也可能不是。以冰激凌和可乐为例,向右下方倾斜的无差异曲线反映了一个消费者在保持偏好不变的情况下,要减少消费冰激凌就必须增加可乐的消费量加以补偿,这是一般的相互替代情况。此外,还存在两种特殊形状的无差异曲线。

两种物品为完全替代品的无差异曲线形状。完全替代品是替代比例固定不变的物品。例如大多数同学不会关心书写用的黑色签字笔是来自校园商店还是来自当地的超市,一支校园商店的签字笔完全可以替代一支超市的签字笔,边际替代率固定为 1。当两种物品互相完全替代时,它们的无差异曲线是一条向右下方倾斜的直线,它代表了同学对来自不同销售点的签字笔的偏好,如图 3.9 所

示。如果某同学从校园商店少买一支签字笔,就要多从超市多买一支签字笔来替代。

两种物品为互补品的无差异曲线形状。互补品是必须按固定比例同时使用的物品。例如,左脚鞋和右脚鞋是根本不能相互替代的,而是必须同时搭配才能使用,即一只左脚鞋搭配一只右脚鞋。在互补品的情况下,它们的无差异曲线为直角或 L 形状,如图 3.10 所示。无差异曲线的水平部分表示,对于一只左脚鞋而言,只需要一只右脚鞋,多余的数量并不能带来更多的满足程度。同样,对于一只右脚鞋而言,只需要一只左脚鞋,多余的数量并不能带来更多的满足程度。消费者对两只左脚鞋和一只右脚鞋的组合,与一只右脚鞋和一只左脚鞋的组合具有相同的满足程度。

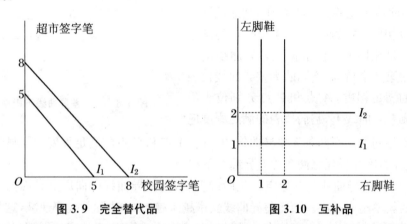

图 3.9 完全替代品　　　　图 3.10 互补品

在现实世界中,大多数物品既不是完全替代品也不是完全互补品,而是具有一定程度的替代关系,从而大多数无差异曲线凸向原点。

三、消费者最优化选择

以上我们分别说明了消费者选择的两个方面:消费者预算约束和消费者的偏好。现在把这两方面结合起来考虑消费者的购买决策。

(一) 消费者均衡

假定消费者购买冰激凌和可乐两种物品。消费者的收入一定,冰激凌和可乐的价格已知,消费者对冰激凌和可乐的偏好既定不变。根据消费者收入和两种物品的价格,可以画出消费者的预算线,如图 3.11 中的 AB 线。同样,消费者关于冰激凌和可乐的偏好由图 3.11 中的三条无差异曲线 I_1、I_2、I_3 表示。消费者选择的目标是在预算约束条件下尽可能地达到最大程度的满足,就是说消费者将选择预算线上位于最高无差异曲线上的一点,这一点被称为消费者均衡点,它是消费者选择的最优组合。在图 3.11 中，消费者均衡点正好是无差异曲线 I_2 与预算线 AB 相切的点，即 E 点。也许消费者更偏好 C 点的冰激凌和可乐的组合，但消费者收入有限，没有相应的支付能力，因为该点的物品组合在他的预算线之外。消费者负担得起 D 点的组合，但这一点在较低的无差异曲线上，给消费者带来的满足程度较低。只有 E 点的组合才是消费者可以得到的冰激凌和可乐的最优组合。

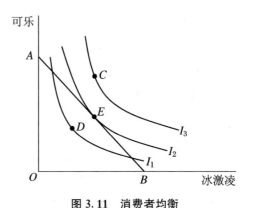

图 3.11　消费者均衡

在消费者均衡点，无差异曲线与预算线相切，表明无差异曲线的斜率等于预算线的斜率。无差异曲线的斜率是冰激凌和可乐之间的边际替代率，而预算线的斜率是冰激凌和可乐的价格之比。因此，消费者选择的最优组合要使边际替代率等于两种物品价格之比，这也被称为消费者均衡条件。如果以 X 代表冰激凌，Y 代表可乐，P_x 代表冰激凌的价格，P_y 代表可乐的价格，消费者均衡条件可用下式来表示：

$$MRS_{xy} = \frac{P_x}{P_y} \tag{3.7}$$

（二）收入变动对消费选择的影响

我们已经说明了消费者如何做出消费决策，现在进一步考察消费者如何在收入变动条件下改变消费决策。假设消费者的收入增加了，但其他条件不变。由于收入比以前更高，消费者可以买得起更多的冰激凌和可乐。因此，消费者收入增加使消费者预算线向外移动。又由于两种物品的价格没有变化，新的预算线的斜率与原来的预算线相同，收入增加使预算线向外平行移动，如图 3.12 所示。收入增加导致预算线从 AB 线向右移动到 $A'B'$ 线，最优选择点从 C 点移动到 D 点，冰激凌和可乐两种物品的数量都增加了。当然，这对于正常物品而言是正确的。如果是低档物品，收入增加会使物品的消费量减少，如图 3.13 所示，在 D 点，冰激凌的数量是增加的，而可乐的数量是减少的，因而可乐是低档物品。

19 世纪德国的统计学家恩格尔研究了家庭收入变化与家庭消费结构变化之间的关系。恩格尔发现，一个家庭的收入越少，家庭总支出中用来购买食物的支出所占的比例就越大；随着家庭收入的增加，家庭总支出中用来购买食物的支出所占的比例将会下降。同样，一个国家越穷，一国平均支出中用来购买食物所占的比例就会越大，这被称为"恩格尔定律"。由恩格尔定律可以得出恩格尔系数：

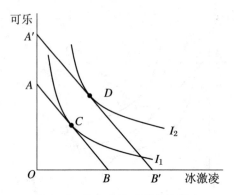

图 3.12 收入变动对消费的影响　　　图 3.13 收入变动对消费的影响

$$恩格尔系数 = \frac{食物支出额}{消费支出额} \times 100\% \quad (3.8)$$

根据联合国粮农组织提出的标准,恩格尔系数在 59% 以上为贫困,50%～59% 为温饱,40%～50% 为小康,30%～40% 为富裕,低于 30% 为最富裕。表 3.4 是 2000～2010 年我国城乡家庭的恩格尔系数。

表 3.4　我国城乡家庭恩格尔系数

年份	城镇居民家庭恩格尔系数(%)	农村居民家庭恩格尔系数(%)	年份	城镇居民家庭恩格尔系数(%)	农村居民家庭恩格尔系数(%)
2000	39.4	49.1	2006	35.8	43.0
2001	38.2	47.7	2007	36.3	43.1
2002	37.7	46.2	2008	37.9	43.7
2003	37.7	45.6	2009	36.5	41.0
2004	37.7	47.2	2010	35.7	43.2
2005	36.7	45.5			

（三）价格变动对消费选择的影响

现在假定消费者购买的冰激凌的价格下降了,而可乐价格和消费者收入保持不变。由于冰激凌价格下降,同样的收入可以购买更多的冰激凌,这使得消费者的预算线向右旋转,形成新的预算线。新的预算线与位置较高的无差异曲线相切,形成新的均衡点。与旧的均衡点相比,冰激凌的消费量增加了。图 3.14 是价格变动对消费者均衡的影响,图 3.15 描述了从价格变动对消费选择的影响中推导出来的需求曲线。例如,在图 3.14 中,冰激凌价格从 P_1 下降到 P_2,预算线从 AB 线移动到 AB' 线,AB' 线与较高位置的无差异曲线 I_2 相切于 D 点,与原来的均衡点 C 相比,冰激凌的购买量从 Q_1 增加到 Q_2,这就是冰激凌价格下降对冰激凌消费的影响。以此类推,如果冰激凌价格继续下降,冰激凌的消费量将继续增加。

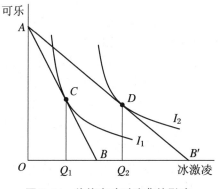

图 3.14　价格变动对消费的影响

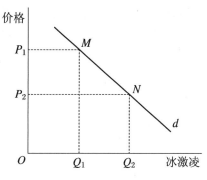

图 3.15　需求曲线

现在,我们可以从图 3.14 推导出消费者对冰激凌的需求曲线。在这里,需求曲线表示在不同价格下消费者对某种物品的需求量。为了推导出需求曲线,我们假定除了冰激凌价格变化外,其他物品的价格、收入及偏好保持不变。假定图 3.14 中 C 点上冰激凌的价格是 P_1,冰激凌的均衡购买量即需求量是 Q_1,P_1 和 Q_1 组合在图 3.15 中就是 M 点。同理,图 3.14 中 D 点上冰激凌的价格为下降后的 P_2,相应的均衡购买量即需求量是 Q_2,P_2 和 Q_2 组合在图 3.15 中就是 N 点。连接 M、N 两点的直线 d 就是消费者购买冰激凌的需求曲线,它向右下方倾斜,表示在其他条件不变时,消费者在不同的冰激凌价格上愿意并能够购买的冰激凌数量。关于可乐价格变动对可乐消费的影响与此类似,此处不再赘述。

一种物品价格变动对消费的影响,分为替代效应和收入效应两部分。当一种物品的价格发生变化时,会通过两种途径对消费产生影响。

一是物品的相对价格发生改变,诱致消费者增加购买相对价格下降的物品,而减少购买相对价格上升的物品。这种由一种物品价格变动引起相对价格变动,进而由相对价格变动引起物品需求量的变动,称为替代效应。例如,冰激凌价格下降,消费者放弃一单位的可乐可以得到更多的冰激凌。因为现在可乐相对更贵了,消费者增加对冰激凌的购买而减少对可乐的购买,这就是替代效应。

二是消费者的实际收入水平发生变化,使消费者改变对两种物品的购买量。这种由一种物品价格变动引起消费者实际收入水平变动,进而由实际收入水平变动引起物品需求量的变动,称为收入效应。例如,因为冰激凌价格降低,消费者现有货币收入的购买力增加了,也就是说比以前更富了,所以消费者可以购买更多的冰激凌和其他物品,这就是收入效应。

下面以正常物品为例,通过图形分解物品价格下降的替代效应和收入效应。正常物品的特点是收入增加时物品的需求(量)也增加,收入减少时物品的需求

(量)也减少。假定冰激凌是正常物品,并且其价格下降。图 3.16 表示如何把消费者的消费决策的变动分解为替代效应和收入效应。当冰激凌的价格下降时,消费者从原来的均衡点 C 点移动到新的均衡点 E 点,这是冰激凌价格下降所产生的冰激凌需求量增加效应。我们可以认为这种增加是分两步发生的。

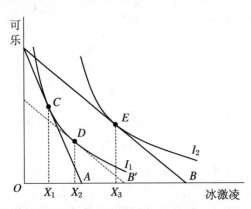

图 3.16　正常物品的收入效应与替代效应

第一步,两种物品的相对价格发生变化,但福利水平不变,即保持在原来的无差异曲线上。相对价格变化表现为冰激凌价格下降,可乐相对价格上升。随着冰激凌价格下降,消费者沿着无差异曲线 I_1 从 C 点向下移动到 D 点。在 D 点,消费者的满足程度与 C 点相同,没有改变,但 C 点在预算线 A 上,D 点在预算线 B' 上,两个均衡点的相对价格变化了。与在 C 点相比,在 D 点,消费者购买较多的冰激凌和较少的可乐。从 C 点到 D 点的移动,冰激凌的需求量增加了 X_1X_2,这就是替代效应。

第二步,消费者从 D 点移动到 E 点,消费者达到了较高的无差异曲线 I_2 上。因为假定预算线 B' 与预算线 B 平行,所以 E 点的相对价格不变,但其所在的无差异曲线位置更高,因而代表了更高的福利水平。这种更高的福利水平是冰激凌价格下降使得实际收入增加的结果,实际收入增加使得消费者购买冰激凌的数量增加了 X_2X_3,这就是收入效应。

从图形上看,替代效应表现为沿着一条无差异曲线变动到有不同斜率的一点引起的消费变动,而收入效应表现为从较低位置的无差异曲线向较高位置的无差异曲线的移动所引起的消费变动。冰激凌价格下降所产生的总效应是替代效应和收入效应之和,即总效应(X_1X_3) = 替代效应(X_1X_2) + 收入效应(X_2X_3)。

要注意,图 3.16 中的预算线 B' 及其与无差异曲线的切点是为分析替代效应和收入效应而假设的,虽然消费者实际上不会选择 D 点,但它对于解释决定消费者选择的两种效应是有用的。

【即问即答】
◇ 画出你最近消费的两种物品的预算线和无差异曲线。
◇ 当其中一种物品价格上升时,消费者均衡点会发生什么变动?

内容提要

1. 消费者从物品或服务的消费中所得到的满足程度称为效用,效用最大化是消费者追求的目标。

2. 边际效用分析的关键假设是物品和服务的边际效用随着物品和服务的消费数量增加而不断递减。

3. 消费者均衡是指消费者实现效用最大化时既不想增加也不想减少任何物品购买数量的状态。

4. 消费者实现总效用最大化的均衡条件是花光所有预算收入并使花费在各种物品上的每一元钱的边际效用相等。

5. 预算约束线,表示消费者在既定的货币收入和物品价格能买到的两种物品的各种组合。预算线的斜率等于这两种物品的相对价格。

6. 无差异曲线是表示带给消费者相同满足程度的两种物品所有组合的曲线。它代表了消费者的偏好。不同的无差异曲线代表不同的满足程度,离原点越远的无差异曲线代表的满足程度越高,离原点越近的无差异曲线代表的满足程度越低。

7. 消费者通过选择预算线和无差异曲线的切点来实现最优化选择。在切点上,无差异曲线的斜率(边际替代率)等于预算线的斜率(两种物品的价格之比)。

8. 当一种物品的价格下降时,对消费者选择的影响可以分解为替代效应和收入效应。由一种物品价格变动引起相对价格变动,进而由相对价格变动引起物品需求量的变动,称为替代效应。由一种物品价格变动引起消费者实际收入水平变动,进而由实际收入水平变动引起物品需求量的变动,称为收入效应。

关 键 术 语

效用　　总效用　　边际效用　　消费者均衡　　消费者剩余　　预算线
无差异曲线　　边际替代率　　替代效应　　收入效应

复　　习

(一) 思考题

1. 边际效用和总效用是什么关系?
2. 边际效用为什么会递减?
3. 边际效用分析的消费者均衡条件是什么?
4. 无差异曲线有什么特点?
5. 无差异曲线分析的消费者均衡条件是什么?
6. 如何用图形把一种物品价格变动对消费的影响分解为替代效应和收入

效应?

(二) 选择题

1. 某人吃了 4 个包子,下列符合边际效用含义的是( )。
   A. 获得 20 单位效用　　　　　B. 每个包子带来 5 单位效用
   C. 还想吃第 5 个包子　　　　　D. 第 4 个包子带来 2 单位效用

2. 消费者剩余是指( )。
   A. 消费之后钱包剩余的现金
   B. 消费者愿意支付的货币超过实际支付的差额
   C. 买东西给人们带来的心理满足
   D. 价格与生产成本之间的差额

3. 根据消费者均衡条件,在 X 和 Y 两种物品价格分别是 5 元和 10 元的前提下,如果 Y 的边际效用为 40,则物品 X 的边际效用应当是( )。
   A. 20　　　　B. 40　　　　C. 5　　　　D. 10

4. 如果收入翻了一番,价格也翻了一番,预算线将( )。
   A. 平行向外移动　　　　　B. 平行向内移动
   C. 保持不变　　　　　　　D. 向内旋转

5. 某消费者把 20 元钱全花在可乐和薯条上,每杯可乐 2 元,每袋薯条 5 元,以下组合落在该消费者的预算线上的是( )。
   A. 5 杯可乐和 3 袋薯条　　　　B. 6 杯可乐和 2 袋薯条
   C. 5 杯可乐和 2 袋薯条　　　　D. 7 杯可乐和 2 袋薯条

6. 对于无差异曲线,以下说说法不正确的是( )。
   A. 它向有下方倾斜
   B. 它对所有人都是无差异的
   C. 它上面的所有点代表同样的效用水平
   D. 它一般凸向原点

7. 边际替代率是( )。
   A. 一个常数　　　　　　　B. 预算线的斜率
   C. 无差异曲线的斜率　　　D. 无差异曲线交点的斜率

8. 以下关于消费者最优组合的说法,正确的是( )。
   A. 此时无差异曲线与预算线相切
   B. 此时无差异曲线的斜率等于预算线的斜率
   C. 此时两种物品的相对价格等于边际替代率
   D. 以上各项都正确

9. 当一种物品价格变动使消费者沿着一条既定无差异曲线变动时所引起的

消费变动称为( )。

  A. 互补效应 B. 正常效应 C. 收入效应 D. 替代效应

 10. 如果年轻时消费的和年老时消费的都是正常物品,利率上升( )。

  A. 总会增加储蓄量

  B. 总会减少储蓄量

  C. 如果替代效应大于收入效应,就增加储蓄量

  D. 如果收入效应大于替代效应,就增加储蓄量

应 用

 1. 从 20 世纪 80 年代初期开始,我国老百姓在过春节的年夜饭中增添了一项诱人的内容,那就是春节联欢晚会。当 1982 年第一届春节联欢晚会出台后,在当时娱乐事业尚不发达的我国引起了极大的轰动。晚会的节目成为全国老百姓在街头巷尾和茶余饭后津津乐道的题材。晚会年复一年地办下来了,投入的人力和物力越来越大,技术越来越先进,场面设计越来越宏大,节目种类也越来越丰富。但不知从哪一年开始,人们对春节联欢晚会的评价却越来越差了。原来街头巷尾和茶余饭后的赞美之词变成了一片骂声,春晚成了一道众口难调的大菜,晚会陷入了"年年办,年年骂;年年骂,年年办"的怪圈。那么,你是如何看待"春晚怪圈"的?

 2. 假设一个消费者只购买两种物品:纯净水和汉堡包。假设纯净水的价格是 1 元,汉堡包的价格是 2 元,消费者的预算收入是 20 元。

 (1) 画出消费者预算线。如用纵轴表示纯净水的数量,横轴表示汉堡包的数量,预算线的斜率是多少?

 (2) 假设该消费者决定消费 6 个汉堡包,他可以消费的最大纯净水的数量是多少?在图中画出一条无差异曲线,把这种物品组合作为最优的组合。

 (3) 在最优时,消费者的无差异曲线的斜率是多少?

 3. 假设你有一份年工资为 3 万元的工作,而且把一部分收入存入年利率为 5% 的储蓄账户。用一个包含预算线和无差异曲线的图说明下列情况下你的消费如何变动。为了使事情简化,假设你的收入不纳税。

 (1) 你的工资增加到 4 万元。

 (2) 银行储蓄利率上升到 8%。

第四章　企业生产与成本

> **学习目标**
>
> 学习本章后,你应该能够:
> - 解释经济利润与会计利润的区别
> - 解释边际产量递减规律并知道其在生产中的应用
> - 解释生产要素最优组合
> - 解释短期产量与成本的关系,并画出短期成本曲线
> - 解释规模经济与规模不经济

1928年威廉·德莱尔和约瑟夫·埃迪决定创办公司,德莱尔是加利福尼亚大学戴维斯分校的冰激凌制造专业的教授,他们选择卖冰激凌也许并不使人感到意外。但是他们面临其他的选择,如怎样生产、生产多少、将冰激凌卖给谁以及如何使公众了解他们的新产品等等。德莱尔和埃迪做出了这些抉择,开创的公司取得巨大的成功,每年有超过5亿美元的收益。

消费者购买的物品与服务是由被称为企业的生产者生产和出售的。从街头夫妻便利店到生产高技术产品的大型跨国公司,企业在很多方面存在差别。但是,无论企业生产规模如何以及生产何种产品,所有的企业都必须决定生产多少、怎样生产及以多大的规模生产。这就是企业的生产决策问题,在解决这些生产问题的时候,企业的行为面临着技术的约束和成本的约束。

本章的任务考察企业的目标以及影响企业目标实现的技术约束和成本约束。学习本章有助于你对企业生产过程及其成本变化规律的了解,并进行科学的生产决策。

第一节　企业的目标

正如消费者行为理论告诉我们为了预测一个人的行为,必须了解他的目标,同

样,除非我们知道企业决策者的目标,否则我们无法预测企业的行为。

一、利润最大化假设

(一) 什么是企业

不管是占企业总数99%的中小企业,还是占企业总数1%的大企业,尽管它们的生产规模和经营范围不同,但是,它们都具有相同的基本经济功能。从这个角度来说,每家企业都是一个投入生产要素并组织这些要素进行生产并销售产品和服务的经济机构。从组织形式上看,企业还可以分为三类:业主制企业、合伙制企业和公司制企业。

业主制企业是指单个人独资经营的企业。它的特点是企业的所有者和经营者是同一个人。这种企业形式产权明确,责权利统一在一个人身上,激励和制约都显而易见。但这种企业有两个缺点:一是以一个人的财力和能力难以把企业做大,无法实现规模经济以及专业化分工等好处;二是在市场竞争中这种企业寿命短,出现得快,也消失得快。

合伙制企业是指由若干人共同拥有、共同经营的企业。相对于业主制企业,合伙制企业的资金较多,规模较大,比较容易管理;分工和专业化也得到加强。这种企业实行法律上的无限责任制,使得每一个合伙人都面临巨大风险,企业越大,每个合伙人面临的风险也越大。

公司制企业是指按公司法建立和经营的具有法人资格的企业组织。根据现行我国公司法,其主要形式为有限责任公司和股份有限公司。公司制企业管理的特点是所有权和经营权分离。公司制企业最重要的问题在于所有权与经营权分离后,所有者、经营者、职工之间的关系复杂,以及由此可能引起的管理效率下降。

从上述企业定义出发,为了组织生产,企业需要协调许多个体的经济决策和活动。但企业不是经济决策的唯一协调者,市场也可以协调生产。例如,戴尔公司生产的电脑的所有零部件都是外购的,或者说是通过市场交易完成了电脑的生产。这里,企业和市场是组织劳动分工、协调资源配置的两种方式。那么,什么因素决定是由企业还是由市场协调某项活动?企业如何决定是向其他企业购买某种东西还是自己制造?你选择的依据是成本。当企业可以比市场更有效率地完成任务时,企业协调经济活动。在这种情况下,建立企业是有利可图的。

关于为什么存在企业的最早思想是由美国芝加哥大学的经济学家、诺贝尔奖获得者罗纳德·科斯提出来的。科斯认为,企业之所以会替代市场来协调经济活动,是因为利用市场交易协调经济活动存在交易成本,而企业可以节约交易成本。交易成本是指寻找交易的人、达成有关价格及其他交易内容的协议以及确保协议条款得以履行的成本。市场交易要求买者和卖者集中到一起,就交易的项目和条件进行谈判,有时还要雇用律师签订合同,如果违约会引起更大的支出。显然,企业可以通过减少交易次数来降低这种交易成本。例如,有两种方法修理你的一辆汽车。一是企业协调:你把车送到修理厂,修理厂安排修理工并提供汽车零部件和修理工具,在一定时间内修理好你的汽车,你只要支付修理费即可。二是市场协调:你雇用一个修理工,他为你诊断出汽车的问题,你去市场购买零部件并租用修理工具,最后修理好你的汽车。选择哪种方式修理你的汽车,你选择的依据是成本。企业虽然也要多次进行雇用劳动和购买原材料的交易,但一组这样的交易可以修理数百辆汽车,可见,企业的存在大大节约了交易成本。

(二) 利润最大化目标

企业目标所要回答的是企业生产经营活动的基本目标。一般假定企业的基本目标是利润最大化,这个假设其实是"经济人假设"在企业生产经营行为上的具体化。

企业的利润归属于企业的所有者。在业主制企业中,企业的目标就是企业所有者的目标,两者是统一的。但在现代公司制企业中,企业的所有权和经营权相分离,企业的所有者往往并不是企业的真正经营者,企业的日常经营决策是由企业家团队作出的。企业管理者实际控制了企业,他并不是企业的所有者,他还会去追求利润最大化吗?企业管理者也像其他人一样关心他们自己的收益最大化,即关注自己的效用最大化。实际经验表明,如果让管理者自行决策,由于以下几个原因,他们对效用最大化的追求可能与利润最大化发生偏离。例如管理者可能重视工作中的闲暇,追求宽敞的办公室、众多的下属和昂贵的工作餐中,还可能追求销售额最大化。也就是说,管理者会在一定程度上偏离企业的利润最大化的目标,而追求其他一些有利于自身利益的目标。尽管如此,从长期来看,一个不以利润最大化为目标的企业,要么被淘汰,要么被利润最大化企业所收购,所以,管理者的目标最终还是要从属于企业的利润最大化目标。实现利润最大化是一个企业在竞争中生存的基本准则。

二、企业利润的衡量

(一) 成本的性质

经济学家假设,企业的目标是利润最大化。利润的计算公式是:

$$利润 = 总收益 - 总成本$$

总收益是企业的产量乘以产品的价格。例如,食品厂生产100个冰激凌,每个冰激凌的价格为2元,那么,总收益就是200元。与此相比,总成本的衡量则比较复杂。我们知道,经济学是研究资源如何在竞争性用途中进行配置的,当企业用一定的资源生产某种产品时,这些资源就不能被使用在其他的生产用途方面。这就是说,企业生产某种产品是以放弃其他产品生产为代价的。例如,某汽车厂决定用所拥有的资源生产某型号的汽车时,就不能用同样的资源去生产另一种型号的汽车,这里被放弃生产的型号就是投入生产的型号的成本,这种成本被称为机会成本。经济学家认为生产某种产品的机会成本就是用于生产该产品的资源在其他最有价值的用途上所能获得的价值。因此说,经济学家衡量利润时所用的成本概念,是企业生产某种物品和服务的机会成本。

从机会成本概念考察企业生产成本,生产成本包括显性成本和隐性成本两部分。显性成本是指企业在生产要素市场上购买或租用他人所拥有的生产要素的实际支出。它相当于会计师记录和核算的成本,因此也称会计成本。例如某企业雇用了一定数量的工人,从银行取得一定数量的贷款,并租用一定数量的土地开办一个工厂生产衣服,为此这个企业就需要向工人支付工资、向银行支付利息、向土地出租者支付地租,这些支出便构成了该企业的显性成本。从机会成本的角度讲,这笔支出的总价格必须等于这些要素的所有者将相同要素使用在其他用途时所能得到的最高收入,否则这家企业就不能得到或使用这些要素。

隐性成本是指企业本身所拥有的且被用于该企业生产过程的那些生产要素的总价格。例如上述企业为进行生产,除了雇用一定数量的工人、从银行取得一定数量的贷款和租用一定数量的土地外,还动用了自己的资金和土地,并亲自管理企业。既然借用他人的资本需要付利息、租用他人的土地需要付地租、聘用他人管理需要付薪金,那么同样的道理,当企业使用了自己的自有生产要素时,也应该得到报酬。所不同的是企业自己给自己支付利息、地租和薪金,这笔资金应该计入成本之中。由于这笔成本支出并没有实际的现金支付,故被称为隐性成本。几乎每一个企业都有一项重要的隐性成本,那就是已经投资于企业的自有资金和企业家才能的机会成本。这部分机会成本也称正常利润,因为它是保证这种资金和企业家才能留在企业的最低报酬。

显性成本和隐性成本之间的区别其实反映了会计师和经济学家在分析经营活动时的重要差异。会计师的工作是记录流入企业和流出企业的货币,因此他们衡量显性成本,忽略隐性成本。但经济学家关注的是企业如何做出生产决策和定价决策,由于这些决策既要考虑显性成本也要考虑隐性成本,因此经济学家衡量成本时包括了这两种成本。

(二) 经济利润与会计利润

由于经济学家和会计师用不同的方法衡量成本,他们也用不同的方法衡量利润。经济学家衡量企业的经济利润,它是企业的总收益减去生产物品和服务的总机会成本(显性成本和隐性成本)的余额。会计师衡量的是企业的会计利润,它是企业的总收益减去企业总显性成本的余额。由于会计师忽略了隐性成本,所以,会计利润通常大于经济利润。经济利润和会计利润的区别如下:

会计利润＝总收益－显性成本

经济利润＝总收益－(显性成本＋隐性成本)

图4.1总结了经济学家和会计师在利润概念上的差别。

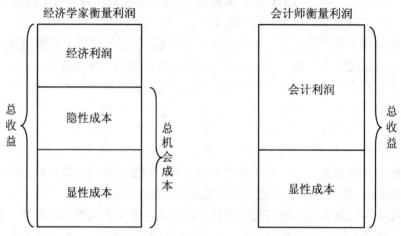

图4.1　经济利润与会计利润的区别

经济利润是一个重要概念,不仅因为它是企业的目标,而且它和机会成本概念一起为我们做出正确决策提供了很好的指导,帮助我们把资源用于获利最大的用途。下面举一例子加以说明。

某国航空工程师米特·惠勒为一家飞机制造公司工作一年可以挣得4万美元,一天在下班回家路上,她想到要设计一种转速更快、抗摩擦性更强的飞机轮子。于是她决定辞去工作开办一个企业,并把它叫做"惠勒公司",为了购买必要的机器和设备,她从自己的银行账户上提取了2万美元的存款,这笔存款过去每年从银行获得1000美元的利息。惠勒雇用了一个助手,开始在她车库的隔间里生产这种轮子,过去她一直将这一隔间以每月100美元的租金租给邻居。起初销售不畅,因为人们认为她并不是在搞什么发明,但是最终她的飞机轮子销路扩大,一年后惠勒和她的会计审核公司业绩时,特别欣慰,正如表4.1上半部分所示,1999年公司总收益为9.5万美元,在支付了助手的薪水和材料、设备成本后,公司的会计利润为5.4万美元。

但是会计利润忽视了公司中使用的惠勒自有资源的机会成本。首先是她的时间成本,由于她为了把全部时间用于经营自己的公司,惠勒辞去了年薪4万美元的工作;其次是她用自己的储蓄为自己公司的经营融资所放弃的每年1000美元的利息;再次是她把自己车库的隔间用于自己的企业,每年放弃了1200美元的租金收入。这里放弃的薪水、利息和租金收入就是隐性成本,因为虽然惠勒没有对这些资源进行任何支付,但她却不能获得这些资源在其最佳替代用途中所产生的收益。经济利润等于总收益减去所有机会成本,包括显性成本和隐性成本,在表4.1中,5.4万美元的会计利润减去4.22万美元的隐性成本后得到1.18万美元的经济利润。

表 4.1 1999 年惠勒公司的账目

总收益		$95000
减显性成本:		
助手的薪水	-$21000	
材料与设备支出	-$20000	
等于会计利润		$54000
减隐性成本:		
惠勒放弃的薪水	-$40000	
放弃的存款利息	-$1000	
放弃的车库租金	-$1200	
等于经济利润		$11800

当惠勒公司的会计利润等于惠勒辞去她的工作所失去的薪水(4万美元)、运用她自己的储蓄所放弃的利息(1000美元)与使用她的车库所放弃的租金(1200美元)之和时,她就获得正常利润。因此如果惠勒公司1999年的会计利润为4.22万美元,即等于惠勒提供给公司的资源的机会成本时,则惠勒公司获得正常利润。如果会计利润足够大,超过正常利润,则超过部分为经济利润。惠勒公司所赚取的5.4万美元的会计利润有两部分组成:①正常利润4.22万美元,它刚好补偿惠勒提供给自己公司资源的机会成本;②经济利润1.18万美元,它是超过这些资源在其最佳替代用途中所能获得收入的部分。只要经济利润大于零,惠勒经营公司时的境况就会好于为航空公司工作时的境况;如果经济利润小于零,惠勒经营公司时的境况就会坏于为航空公司工作时的境况。通俗地说,如果经济利润小于零,她还不如到航空公司上班。

【即问即答】
◇ 举出显性成本和隐性成本的例子。
◇ 利用经济利润概念分析某个经济决策的得与失。

第二节 投入与产出

一、生产与生产函数

生产活动是企业作为生产者的基本经济活动。所谓生产,是指生产者组合和改变投入并把投入转变为产出的过程。这个过程有许多不同的形式。大众汽车公司使用土地、建筑物、各种不同的劳动、钢材、橡胶和其他零部件生产汽车是一个生产过程;同样,一个交响乐团用土地、建筑物、音乐家的劳动、乐器等进行演出也是一个生产过程。生产过程的结果也有不同形式,它可以是生产出有形的物质产品,如生产出一辆汽车或做出一件衣服等,也可以是提供无形的服务,如理发、教育、法律咨询等。判断一项活动是否是生产,要从支付体力或脑力活动的目的是否为了交换,而不能从支付体力或脑力活动本身的形式出发。同一种形式,由于活动目的不同,可能是生产活动,也可能不是生产活动。例如人们休闲时打球锻炼身体,并不是一种生产活动;而 NBA 职业球星为出售门票而举行的球赛,则是生产活动。某人拉二胡消遣,不能算是生产活动,如果他在街头演奏,以此谋生,则是生产活动。

任何生产都需要投入各种不同的生产要素,经济学家把生产要素分为劳动、土地、资本、企业家才能四种类型。劳动不是指劳动者本身,而是指劳动者在生产过程中提供的劳务,包括体力劳动和脑力劳动。土地是指生产中使用的各种自然资源,包括土地、水、森林、矿藏等一切自然资源。资本是生产过程中使用的机器、厂房、设备、原材料等物品,也称资本品。资本的货币形态称为货币资本,俗称资金。企业家才能是指把劳动、土地和资本等生产要素组织起来进行生产的能力。

把投入和产出联系起来的是生产技术。经济学家和工程师都研究生产技术,与工程师从物理的、化学的工艺角度研究生产技术不同,经济学家是从投入和产出的数量关系角度研究生产技术。为了生产一定数量的物品和服务,需要投入一定数量的生产要素。例如,生产一块面包需要一定数量的水、面粉和酵母以及烤炉、电、劳动等。当投入和产出之间的数量关系用数值或数学方式表达时,就被称为生产函数。生产函数表示在一定时期内,在技术水平不变的情况下,生产中所使用的各种生产要素的数量与所能生产的最大产量之间的关系。任何生产函数都以一定时期内的生产技术水平作为前提条件,一旦生产技术水平发生变化,原有生产函数就会发生变化,从而形成新的生产函数。

我们以 Q 代表总产量,L、K、N、E 分别代表劳动、资本、土地和企业家才能这四种要素,则生产函数的一般表达式为:

$$Q = F(L, K, N, E) \tag{4.1}$$

在分析生产要素和产量的关系时,一般把土地作为固定不变的,而企业家才能则难以估计。为简化起见,我们假定只考虑两种投入要素:劳动 L 和资本 K,则生产函数可以表达为:

$$Q = F(L, K) \tag{4.2}$$

函数(4.2)显示了产出与劳动、资本这两种投入要素之间的数量关系。这里,生产函数可能描述的是一家有特定厂房面积、特定装配工人的企业,每年生产电视的台数与厂房、工人之间的关系;也可能描述的是有着特定数目的农机和工人的农场,收获的小麦总量与农机、农业工人之间的关系。需要注意的是,在生产函数中,产量 Q 是指一定的投入要素组合所能生产的最大产出量,或者说生产函数以"企业经营管理得好、一切要素的使用是有效率的"这一假设为前提。因此如果某一要素的组合带来了生产函数所要求的产量,我们就称这样的生产在技术上是有效的。在分析生产者行为时,我们假定所有的企业都知道相应产品的生产函数,因此它们总是能达到技术上有效率的产量。这一假定合理的原因是:一方面,以盈利为目的的企业总是在寻找达到最高可能产量的途径;另一方面,不能达到这一点的企业难免在市场竞争中遭淘汰。

生产函数可以通过数学手段建立起来。柯布－道格拉斯生产函数就是由数学家柯布和经济学家道格拉斯于 20 世纪 30 年代初共同提出来的,该函数以其简单的形式描述了经济学家所关心的一些性质。该函数的形式为:

$$Q = AL^{\alpha}K^{\beta} \tag{4.3}$$

(4.3)式中的 Q 为产量,L 和 K 分别为劳动和资本的投入量,A,α,β 为三个参数,$0<\alpha,\beta<1$。α 为劳动所得在总产量中所占的份额,β 为资本所得在总产量中所占的份额,柯布和道格拉斯根据美国 1899~1922 年期间有关经济资料的分析和估算,α 值约为 0.75,β 值约为 0.25。也就是说在此期间,美国的产出中劳动所得的相对份额为 75%,资本所得的相对份额为 25%。

二、一种可变生产要素的生产

企业的生产决策按时间长短可分为两种:短期和长期。短期是指生产者来不及调整全部生产要素数量的时期,长期是指生产者可以调整全部生产要素数量的时期。这就是说,长期是企业能改变生产设备或工厂规模所需要的时期。要注意,短期和长期在各个行业中并不相同。如对一个冰激凌店而言，只要几个月就可以增加它的生产设备，长期是几个月。汽车制造企业可能需要3年、5年甚至更长时间来改变其生产设备，其长期就是3年、5年甚至更长。因此，汽车制造企业的长期比冰激凌店的长期要长得多。通常，把短期中可以随产量变动而调整数量的生产要素称为可变生产要素，而把短期中不能随产量变动调整数量的生产要素称为不变生产要素。

假定某一企业突然增加一笔大的订单，需要一周之内完成并交货，此时企业只能采取增加工人、加班加点的方法，而添加设备和新建厂房都不现实，这时我们说企业处于短期。所以我们假设资本数量不变，只有劳动可以随产量变化，则生产函数可以表示为：

$$Q = f(L, \overline{K}) = f(L) \tag{4.4}$$

这种生产函数称为短期生产函数。因为在这个函数式中，只有劳动要素是可变的，它又被称为只有一个可变投入要素的生产函数。下面我们就以这种短期生产函数来分析短期生产问题。

（一）边际产量递减规律

对于公式（4.4）表示的生产函数，我们用总产量、平均产量及边际产量概念来描述企业产出与劳动之间的关系。这里，产量是指产品的实物量，而非产值。

总产量（TP）是指一定量的投入要素所生产出来的全部产量，其表达式为：

$$TP_L = f(L, \overline{K}) \tag{4.5}$$

平均产量（AP）是指平均每单位可变投入要素的产出量，其表达式为：

$$AP_L = \frac{TP_L}{L} \tag{4.6}$$

边际产量（MP）是指每增加一单位可变投入量所增加的产量，其表达式为：

$$MP_L = \frac{\Delta TP_L}{\Delta L} \tag{4.7}$$

表4.2说明了一个小面包店的生产函数，从中我们可以考察可变生产要素投入量与产量之间的关系。该面包店只有一架烤炉，它只能容纳2个人操作。表4.2中产量是每小时的面包数量。第一列表示劳动的投入量，从0到7个单位；第二列表示每一劳动投入量下生产的面包总量，即总产量；第三列表示面包的边际产量；第四列表示面包的平均产量。

在表4.2中我们看到，当劳动量为零时，总产量为零。当一个人单独工作时，每小时仅能生产10个面包，而且他还要接电话、擦桌子、出售面包等。现在增加雇用一个人，第二个人可以全部时间在烤炉旁工作，除了做面包，不必为其他事情操心。这样，他每小时可以生产15个面包，边际产量是增加的，总产量达到25个。当雇用第三个人时，开始拥挤了，但他还是可以充分利用空间生产出更多的面包，每小时增加 10 个面包,边际产量开始减少,总产量达到 35 个。这里要注意,雇用第三个人增加的产量较少是因为烤炉(资本)的约束,而不是因为第三个人的工作效率较低或不够努力。实际上我们假设所有工人的素质相同,仅仅是因为资本数量的限制,当继续增加工人时,即从第三个人开始,虽然总产量还会增加,但增加的产量越来越少,第四个人增加 5 个面包,第五个人增加 2 个面包,第六个人不增加任何产出,这个面包店目前最大生产能力是每小时 42 个面包。

表 4.2 小面包店的生产函数

劳动数量(L)(雇员)	总产量(TP)(每小时的面包)	边际产量(MP)($\Delta TP/\Delta L$)	平均产量(AP)(TP/L)
0	0	0	0
1	10	10	10.0
2	25	15	12.5
3	35	10	11.7
4	40	5	10.0
5	42	2	8.4
6	42	0	7.0
7	40	−2	5.7

边际产量是在保持所有其他投入不变的条件下,增加一单位投入所能增加的产出。从表 4.2 中可以看到,第一个单位劳动的边际产量是 10 个面包,第二个单位劳动的边际产量是 15 个面包,第三个单位劳动的边际产量是 10 个面包,等等,到第六个单位劳动的边际产量是零。这种现象如此普遍以至于被认为是一个规律,即边际产量递减规律。边际产量递减规律表示在技术不变和其他生产要素数量不变的前提下,一种要素的投入量不断增加所带来的边际产量先增加后减少。

图 4.2 以劳动量为横轴,以产量为纵轴,显示了劳动的总产量、平均产量和边际产量曲线及其相互关系的一般情形。从图中我们可以看出,边际产量在劳动量为 L_1 之前增加,在 L_1 达到最大值,随后边际产量逐渐减少,并在 L_3 处等于零,在 L_3 之后为负值。在边际产量和总产量的关系上,只要边际产量大于零,总产量总是增加的;只要边际产量小于零,总产量总是减少的;当边际产量等于零时,总产量达到最大值。在边际产量与平均产量的关系上,当边际产量大于平均产量时,平均产量增加;当边际产量小于平均产量时,平均产量减少;当边际产量等于平均产量时,平均产量达到最大值。总产量、平均产量和边际产量三条曲线都是先上升,然

后达到最大,最后下降。

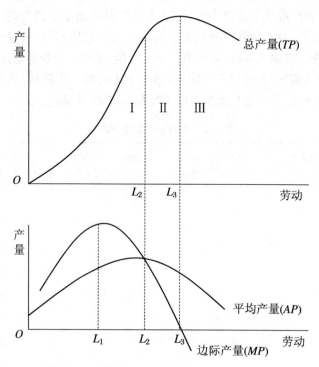

图 4.2　总产量、平均产量及边际产量的关系

(二) 短期生产的三个阶段

根据短期生产的总产量曲线、平均产量曲线和边际产量曲线之间的关系,我们可以将短期生产划分为Ⅰ、Ⅱ、Ⅲ等三个阶段,如图4.2所示。

在第Ⅰ阶段,即 $0<L<L_2$,其产量曲线的特征为:劳动的平均产量始终是上升的,并在 L_2 达到最大值;劳动的边际产量上升并在 L_1 达到最大值,然后下降,且劳动的边际产量始终大于平均产量;劳动的总产量总是增加的。这说明:在这一阶段,不变的生产要素投入量相对过多,增加可变要素的投入量是有利的,因此任何理性的企业都不会在这一阶段停止生产,而是继续增加劳动投入量,以增加总产量,并将生产扩大到Ⅱ阶段。

在第Ⅲ阶段,即 $L>L_3$,产量曲线的特征为:平均产量继续下降,劳动的边际产量降为负值,总产量也呈下降趋势。这说明:在这一阶段,可变要素的投入量相对过多,企业减少可变要素的投入量非常有利,因此理性的企业可以通过减少劳动投入量的方法来增加总产量,并使生产退回到第Ⅱ阶段。

由此可见,任何理性的企业既不会将生产停留在第Ⅰ阶段,也不会将生产扩张到第Ⅲ阶段,企业可变生产要素投入的合理区域只能在第Ⅱ阶段,即 $L_2 \leqslant L \leqslant L_3$。

第Ⅱ阶段是企业进行短期生产的决策区间,在它的起点处劳动的平均产量和劳动的边际产量曲线相交,即达到平均产量的最高点;在它的终点处,劳动的边际产量曲线与水平轴相交,即劳动的边际产量等于零。

那么最佳可变要素投入量究竟在哪一点?这还要结合企业的生产决策目标综合考虑。如果企业的目标是平均产量最大,劳动投入量应该是 L_2;如果企业的目标是总产量最大,劳动投入量应该是 L_3;而如果企业的目标是利润最大化,还需要结合成本与收益的比较来确定。

三、两种可变生产要素的生产

以上我们对短期生产函数进行了考察,分析了一种可变要素的投入量和产量之间的关系。在长期,由于企业可以调整全部生产要素的数量,企业所使用的所有生产要素(资本和劳动)都是可变的,因此生产函数用下式表示:

$$Q = f(L, K) \tag{4.8}$$

假定企业使用劳动和资本两种可变要素生产一种产品。下面我们就以这两种可变要素的生产函数为例,来讨论生产要素组合和产量之间的关系。

(一)等产量曲线

在两种生产要素都可以变动情况下的一个问题是:生产一定数量产品可以有多少种生产要素的组合?我们用等产量曲线来表示生产要素都可以变化时不同生产方法的选择可能性,这与消费者选择理论中的无差异曲线很相似。等产量曲线表示在技术水平不变的条件下生产同一产量的两种生产要素投入量的各种不同组合。例如,假定用资本(K)和劳动(L)两种生产要素生产某种产品,两种要素的不同数量组合都能生产 300 个单位的产品。如表 4.3 所示。A 组合是用 1 单位的劳动和 6 单位的资本生产出 300 单位的产品,这种很多资本和少量劳动的要素组合,代表资本密集型生产方法;而 D 组合是用 6 单位的劳动和 1 单位的资本生产 300 单位的产量,这种很多劳动和很少资本的要素组合,代表了劳动密集型生产方法。在这两种生产方法之间还可以有其他许多不同的生产方法选择。

表 4.3　不同要素组合生产相同的产量

组合	劳动数量(L)	资本数量(K)	产量(Q)
A	1	6	300
B	2	3	300
C	3	2	300
D	6	1	300

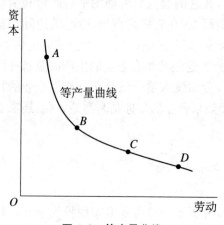

图 4.3 等产量曲线

把表 4.3 中的数据以图形形式表示出来,就是图 4.3 中的等产量曲线。在图 4.3 中,横轴表示劳动的数量,纵轴表示资本的数量,任何一点都代表了一种劳动和资本的组合,但不同的点生产的产量可能相同也可能不相同。在 A 点 1 单位的劳动和 6 单位的资本组合得到 300 单位的产出,在 C 点 3 单位的劳动和 2 单位的资本组合也得到同样的产出,该等产量曲线表示了产量为 300 单位的所有劳动和资本的组合。

生产上要区分生产的技术效率和经济效率。生产的技术效率是指企业用最少的生产要素生产出既定的产量。等产量线上的各种要素组合都是以最少的生产要素量生产了既定产量,它们都具有技术效率。

如图 4.4 所示,等产量曲线具有以下特点:第一,在有效替代范围内,等产量曲线向下倾斜,斜率为负。这表示两种要素存在替代关系,资本增加时劳动减少,反之,劳动增加时资本减少。第二,在同一坐标图上有无数条等产量曲线,同一等产量曲线上的每个点代表不同的资本和劳动组合,但能生产出相同的产量;不同的等产量曲线代表不同的产量,离原点越远的等产量曲线所代表的产量越高。如图 4.4 中 Q_3 代表的产量就大于 Q_2 代表的产量,Q_2 代表的产量就大于 Q_1 代表的产量。第三,两条等产量曲线不能有交点。因为在交点上,两条等产量曲线代表相同的产量水平,这与第二点性质相矛盾。第四,等产量曲线是一条凸向原点的曲线,这是因为其斜率(边际技术替代率)递减。

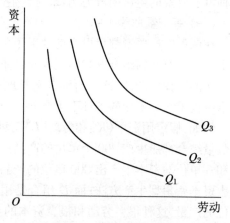

图 4.4 等产量曲线簇

一条等产量曲线表示一个既定的产量水平可以由两种可变要素的各种不同数量的组合生产出来,因此,生产者可以通过对两要素之间的互相替代来维持某一产量水平不变。在图 4.3 中为维持 300 单位的产量,企业可以在 A 点生产,也可以在 C 点生产,随着从 A 点到 C 点的移动,劳动的投入量不断增加,而资本的投入量不断减少。那么,劳动投入的增加可以替代多少资本量呢?这由边际技术替代率概念来回答。边际技术替代率表示在维持产量水平不变时,增加一单位某种生产要素投入量(劳动)可以减少的另一种要素投入(资本)量。其公式如下:

$$MRTS_{LK} = -\frac{\Delta K}{\Delta L} \tag{4.9}$$

公式(4.9)中加负号是为了使 MRTS 值为正。以表4.3的数据为例,当劳动从1单位增加到3单位时,资本的数量从6单位减少到2单位,所以,劳动替代资本的边际技术替代率就是2。它表示此时增加1单位劳动可以替代2单位资本。

(二) 等成本线

等成本线是指在既定的成本和生产要素价格条件下,生产者可以购买到的两种生产要素的各种不同数量组合的轨迹。假定既定的成本为 M,劳动的价格为 P_L,资本的价格为 P_K,则有如下等成本方程:

$$M = P_L L + P_K K \tag{4.10}$$

将等成本方程描绘在图形上,称为等成本曲线,如图4.5中的 AB 线。等成本线左边区域中的任何一点(如 C 点)都表示既定的成本用来购买劳动和资本的组合后仍有剩余;等成本线右边区域中的任何一点(如 D 点)都表示既定的成本无法购买这些劳动和资本的组合;而只有在等成本线上的各点,表示用既定的成本能够购买到的最大数量的劳动和资本的组合。

图4.5中,A 点的 M/P_K 表示全部成本购买资本时的数量,B 点的 M/P_L 表示全部成本购买劳动时的数量。等成本线的斜率是 P_L/P_K,即两种要素价格的比率。

(三) 生产要素最优组合

在长期,所有的生产要素的投入量都是可以变动的,任何一个理性的企业都会选择最优的生产要素组合进行生产。生产要素最优组合是指既定成本条件下产量最大的要素组合,或者是指既定产量条件下的成本

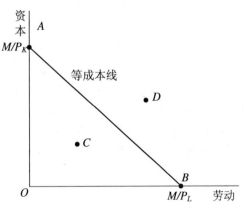

图 4.5 等成本线

最小的要素组合。下面我们将等产量曲线和等成本线结合在一起,研究企业是如何选择最优的生产要素组合。

假定在一定的技术条件下企业用两种可变生产要素(劳动和资本)生产一种产品,且劳动的价格 P_L 和资本的价格 P_K 是已知的,企业购买这两种要素的全部成本

M 既定。企业如何以一定的成本来获取最大的产出量呢?

在图 4.6 中有一条等成本线 AB 和三条等产量曲线 Q_1,Q_2 和 Q_3,等成本线 AB 的位置和斜率决定于既定的成本和已知的要素价格。由图可见,等成本线 AB 与其中一条等产量曲线 Q_2 相切于 E 点,该点就是生产的均衡点。它表示在既定成本条件下企业按照 E 点的生产要素组合进行生产,企业就会获得最大的产量。E 点的要素组合,即劳动的投入量和资本的投入量分别为 L^* 和 K^*,称为生产要素的最优组合。

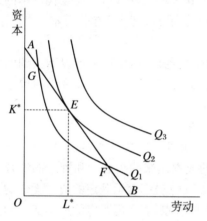

图 4.6 成本既定时产量最大的要素组合　　图 4.7 产量既定时成本最小的要素组合

为什么 E 点就是最优的生产要素组合点呢?我们先看图 4.6 中的等产量曲线 Q_3,该曲线代表的产量虽然高于等产量曲线 Q_2,但等成本线 AB 与该等产量曲线既无交点又无切点,也就是说在目前的技术水平和成本条件下,企业无法达到该产量。再看等产量曲线 Q_1,该曲线虽与等成本线 AB 相交于 G、F 两点,但所代表的产量是比较低的。因为企业可以在不增加成本的情况下,只需由 G 出发向右或由 F 点出发向左沿着既定的等成本线 AB 改变要素组合,就可以增加产量。所以只有在 E 点才是实现既定成本条件下的最大产量的要素组合。

在均衡点 E,边际技术替代率等于两种要素价格的比率,即:

$$MRTS_{LK} = \frac{P_L}{P_K} \qquad (4.11)$$

图 4.7 说明了企业如何在既定的产量条件下实现最小的成本。图中有一条等产量曲线 Q_1 和三条等成本线 A_1B_1,A_2B_2 和 A_3B_3,其中等成本曲线 A_3B_3 代表的成本最大。等产量曲线 Q_1 与其中一条等成本线 A_2B_2 相切于 E 点,该点就是生产的均衡点或生产要素最优组合点。同样,在该点的边际技术替代率等于两种要素价格的比率,如公式(4.11)所示,即在产量既定条件下,为了实现生产的成本最小化,企业应该按照边际技术替代率等于两种要素价格的比率来组织

生产。

从生产要素最优组合,可以得到生产的经济效率概念。所谓经济效率是指企业以最少的成本生产既定产量。从图形上看,在等产量线和等成本线的切点实现了生产的经济效率。现在我们通过一个例子来说明生产的技术效率和经济效率概念的差异。

假设可以用四种生产方法来生产电脑,如表4.4所示:

表4.4 每天生产10台电脑的四种生产方法

序号	生产方法	劳动	资本	10台电脑的总成本
A	机器人生产	1	1000	250075
B	生产线	10	10	3250
C	工作台生产	100	10	10000
D	手工工具生产	1000	1	75250

表4.4中这些生产电脑的方法哪一种在技术上是有效率的?回想一下,当投入最少量的要素生产既定产量时,就实现了技术效率。观察表中数据我们会注意到,方法A使用了最多的资本但劳动最少;方法D使用的劳动最多但资本最少。因此,A和B两种生产方法在技术上是有效率的。比较方法B和C,方法C需要100单位劳动和10单位资本来生产10台电脑,而生产同样数量的电脑,方法B只需要10单位的劳动和10单位的资本,方法B和C使用的资本相同,但C的劳动量更多,因此C方法在技术上是无效率的。

那么,哪种方法有经济效率?当企业用最低成本生产既定产量时,就实现了经济效率。现在假定劳动的价格是每人每天75元,资本的价格是每天每单位250元。四种生产方法的成本总额见表4.4,通过比较数据,你会发现方法B的成本最低,因此B方法具有经济效率。当然,如果劳动和资本的价格发生变化,其他方法也可能会有经济效率。从这个例子我们看到,技术效率仅取决于可行性,而经济效率取决于要素的相对价格。

四、规模报酬

规模报酬分析所有生产要素都按某个固定比例变动(规模变动)与所引起的产量变动之间的关系。规模报酬的变化是指在其他条件不变的情况下,企业生产要素按相同比例变化时所带来的产量变化。企业的规模报酬变化分为规模报酬递增、规模报酬不变和规模报酬递减三种情况。

假定一个服装厂每天生产衣服100件,需要投入资本10单位、劳动5单位,资本和劳动的比例为 2 : 1，如果企业想扩大规模，把资本和劳动都增加 100%，即资本达到 20 单位、劳动达到 10 单位。这时每天的服装产量有三种可能：大于 200 件、等于 200 件或小于 200 件。

规模报酬递增是指产量增加的比例大于各种生产要素增加的比例。上例中每天生产服装大于 200 件的情况就是规模报酬递增。因为要素增加的比例是 100%，而产量增加的比例大于 100%。规模报酬产生的原因主要是：第一，生产的专业化。在大规模生产中，工人可进行更加有效的分工协作，每个人专门从事某项具体工作的效率要远远高于每个人从头到尾完成每一道工序。这就是专业化分工带来的好处。另外，生产规模扩大后，能够利用效率更高的专业化设备来替代非专业化设备。第二，生产要素的不可分性。有些先进的工艺和技术，如电脑管理、流水作业等，只能在产量达到一定水平才能采用，也就是说，这些大批量生产的工艺和技术通常是不可分割的。在汽车制造等行业，流水线作业的成本优势就十分明显，据统计，一家汽车厂商如果年产量超过 30 万辆，成本就能比小规模生产大大降低。第三，管理更合理。规模扩大更有利于采用现代化的管理方式，从而形成一种新的生产力，进一步发挥生产要素的组合功能，带来更高的效率和更大的收益。

规模报酬不变是指产量增加的比例等于各种生产要素增加的比例。上例中日产服装等于 200 件，就是规模报酬不变。因为要素增加的比例是 100%，产量增加的比例也是 100%。

规模报酬递减是指产量增加的比例小于各种生产要素增加的比例。上例中日产服装小于 200 件，就是规模报酬递减的情况。规模报酬递减主要是由于企业生产规模过大，使得生产的各个方面难以得到协调，获取生产决策所需的各种信息不畅等，从而降低了生产效率。

一般说来，在企业的长期生产中，企业规模报酬的变化呈现出如下的规律：当企业从最初很小的生产规模开始逐步扩大的时候，企业面临的是规模报酬递增阶段；在企业得到了由生产规模扩大所带来的产量递增的全部好处以后，一般会继续扩大生产规模，将生产保持在规模报酬不变的阶段，这个阶段可以有很长时间；在这以后如果企业继续扩大生产规模，就会进入规模报酬递减的阶段。

【即问即答】
◇ 边际产量与平均产量是什么关系？
◇ 技术效率和经济效率有什么区别？

第三节 成本与产量

一、短期生产成本

为了在短期生产更多的产品,企业必须雇用更多的劳动等可变生产要素,这就意味着必须增加成本。我们通过三个成本概念来描述短期生产中的成本与产量的关系,它们是总成本、边际成本和平均成本。

(一) 总成本

短期意味着企业的某些生产要素属于不变生产要素,如厂房和机器设备等生产要素,而另一些生产要素属于可变生产要素。与这些不变生产要素和可变生产要素对应的成本,分别是固定成本和可变成本。

固定成本(FC)是指企业短期内为生产一定产量对固定生产要素支付的成本,例如厂房与设备的折旧费、保险费和管理人员的工资等。由于在短期内不管企业的产量是多少,这部分固定要素的数量都是不变的,所以,与此相关的固定成本是一个常数,它不随产量的变化而变化,即使产量为零,固定成本也存在。也就是说,固定成本在所有产量水平上都是相同的。如图 4.8 所示,图中的横轴表示产量,纵轴表示成本,固定成本曲线(FC)是一条水平线,无论产量如何变化,固定成本都是不变的常数。

可变成本(VC)是指企业短期内为生产一定产量对可变生产要素支付的成本,例如,原材料、燃料、辅助材料的费用以及生产工人的工资等。很明显,企业总是根据产量的变化而调整可变要素的使用量,因此,可变成本的各个项目是随着产量的变化而变化的,当产量为零时,可变成本也是零。随着产量的增加,可变成本总量会随之增加。如图 4.8 所示,可变成本曲线(VC)是一条向右上方倾斜的曲线,表示可变成本是随产量增加而增加的。

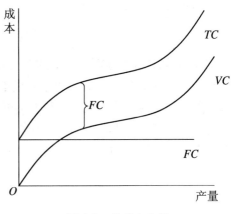

图 4.8　总成本曲线

总成本（TC）是指企业短期内生产一定产量使用的全部生产要素的成本。它是总固定成本和总可变成本之和。根据定义可知：

$$TC = FC + VC \tag{4.12}$$

从图 4.8 中可以看出，总成本（TC）也随产量增加而增加，总成本曲线的形状和可变成本（VC）曲线的形状相同，两者之间的垂直距离等于总固定成本。也就是说，通过将总可变成本曲线向上移动固定成本的距离得到总成本曲线。

（二）边际成本与平均成本

企业改变产量水平时总成本如何变动，需要由边际成本概念来说明，这有助于企业的生产决策。边际成本（MC）是指企业在短期内每增加一单位产量所引起总成本的增加额。用总成本的增加量除以总产量的增加量来计算边际成本，其公式如下：

$$MC = \frac{\Delta TC}{\Delta Q}① \tag{4.13}$$

企业的总成本是固定成本加可变成本，总成本的增加量等于固定成本的增加量加可变成本的增加量，固定成本的增加量实际上等于零，所以总成本的增加量也等于可变成本的增加量。计算边际成本的公式也可表示如下：

$$MC = \frac{\Delta VC}{\Delta Q} \tag{4.14}$$

例如，当产量从 2 单位增加到 5 单位时，总成本从 300 元增加到 400 元，产量的变化是 3 单位，总成本的变化是 100 元，多生产 1 单位产量的边际成本就是 33.33 元。

平均总成本（ATC）是指企业在短期内平均每生产一单位产品所分摊的总成本。它用总成本除以产量来计算：

$$ATC = \frac{TC}{Q} \tag{4.15}$$

例如，如果企业每小时生产 2 单位产品，总成本是 300 元，则平均每单位产品的成本就是 300/2，即 150 元。由于总成本是固定成本和可变成本之和，所以平均总成本可以表示为平均固定成本与平均可变成本之和。

平均固定成本（AFC）是指企业在短期内平均每生产一单位产品所分摊的固定成本。平均固定成本的特点是：随着产量的增加，平均固定成本越来越小。其公式为：

$$AFC = \frac{FC}{Q} \tag{4.16}$$

---

① 在产量的增量很微小时，边际成本是总成本函数的一阶导数。

平均可变成本（AVC）是指企业在短期内平均每生产一单位产品所分摊的可变成本。平均可变成本的特点是：随着产量的增加，平均可变成本先下降后上升。其公式为：

$$AVC = \frac{VC}{Q} \tag{4.17}$$

图 4.9 画出了边际成本和各种平均成本曲线，通过成本曲线我们可以进一步了解成本变化的规律。图 4.9 的横轴代表企业的产量，纵轴代表成本。图形显示了四条成本曲线：边际成本曲线、平均总成本曲线、平均固定成本曲线及平均可变成本曲线。

图 4.9 中的边际成本曲线（MC）随着产量的增加先下降后上升。这反映了边际产量递减的性质。当增加 1 单位要素的边际产量很大，反过来说，增加 1 单位产量的边际成本就很小；相反，如果增加 1 单位要素的边际产量越来越小，那么增加 1 单位产量的边际成本就会越来越大。所以与边际产量先增加后减少相反，边际成本是先下降后上升。

图 4.9 还显示了平均总成本的 U 形变化。平均总成本曲线反映了平均

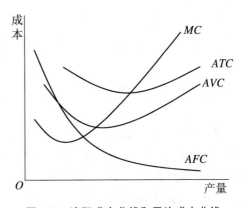

图 4.9　边际成本曲线和平均成本曲线

固定成本曲线和平均可变成本曲线的形状。平均固定成本曲线（AFC）向右下方倾斜，反映了平均固定成本随产量的增加而下降的事实。平均可变成本曲线（AVC）先下降后上升，这是由边际产量递减规律决定的。因为边际产量递减意味着多生产 1 单位产品需要越来越多的要素，这样分摊到单位产量上的要素量就会增加，平均可变成本也就提高。平均总成本曲线综合了这两方面的影响。最初，随着产量的增加，平均固定成本和平均可变成本都下降，所以平均总成本下降，ATC 曲线向下倾斜。但是，随着产量的继续增加，平均可变成本开始增加，最后，平均可变成本的增加大于平均固定成本的减少，因此，平均总成本增加，ATC 曲线向右上方倾斜。正是平均可变成本和平均固定成本的共同作用使平均总成本曲线呈 U 形。

从图 4.9 可以看出，边际成本曲线与平均总成本曲线和平均可变成本曲线的最低点相交。也就是说，当边际成本小于平均成本时，平均成本下降；而当边际成本大于平均成本时，平均成本上升。这种关系对于平均总成本曲线和平均可变成本曲线都成立，并且对所有企业而言都是正确的。

表 4.5 用一个数字例子总结了上述可变成本、总成本、边际成本、平均可变成

本以及平均总成本之间的关系。

表 4.5 某企业的短期成本

产量 Q	可变成本 VC	总成本 TC	边际成本 MC	平均可变成本 AVC	平均成本 ATC
0	0	200	—	—	—
2	100	300	50.00	50.00	150.00
5	200	400	33.33	40.00	80.00
9	300	500	25.00	33.33	55.55
12	400	600	33.33	33.33	50.00
14	500	700	50.00	35.71	50.00
15	600	800	100.00	40.00	53.33

二、长期生产成本

在短期,企业能够改变劳动等可变生产要素的数量,而资本等固定要素的数量不变,所以企业有可变成本和固定成本。在长期中,企业可以改变劳动的数量也可以改变资本的数量,所以,从长期来看企业所有的成本都是可变成本。

(一) 长期平均成本曲线

在短期生产中,短期成本曲线的形状直接由工厂经营规模不变这个因素决定。当产量增加到一定数量后,不变的生产规模导致可变要素的产量递减,并因此导致边际成本递增。然而,在长期中,没有不变生产要素,企业可以选择任何工厂规模,它可以增加一倍或两倍,或完全退出行业。企业的长期平均成本曲线的形状取决于成本如何随工厂规模的变化而变化。

为分析简单,我们假定某企业有三种工厂规模(以使用不同数量的设备分别表示)可供选择。不同工厂规模下的产量和劳动投入量见表 4.6。

表 4.6 生产函数

劳动 (人数/每天)	1台设备的产量 (件/天)	2台设备的产量 (件/天)	3台设备的产量 (件/天)
1	4	10	13
2	10	15	18
3	13	18	22
4	15	20	24
5	16	21	25

再假设每个工人每天的劳动成本为25元,每台机器每天的成本是25元。通过这些要素价格和表中的数据,可以计算并画出有1台、2台及3台设备时的短期平均成本曲线,分别是SAC_1,SAC_2,SAC_3,如图4.10所示。生产规模对企业短期平均总成本有很大影响。第一,每条短期平均成本曲线都是U形的。第二,工厂规模越大,即设备台数越多,平均总成本最低点对应的产量越大。在长期中,企业要选择某个工厂规模生产特定的产量。企业选择何种工厂规模,要取决于计划生产的产量以及该产量的最小平均成本是多少。企业将选择能够使计划产量上平均成本最低的生产规模进行生产。例如,假设企业计划生产13单位产量,三种生产规模生产13单位产量的平均成本分别是:1台设备时7.69元,2台设备时6.7元,3台设备时7.69元,对企业来说,生产13单位产量平均总成本最低的工厂规模应该是2台设备。企业生产其他产量的平均成本都是在不同工厂规模之间选择的最低平均成本。

当一个企业以最低的平均总成本生产既定产量时,它就在长期平均成本曲线上运营了。长期平均成本曲线表示当企业有足够时间来改变工厂规模和劳动数量时生产每单位产量可能达到的最低平均总成本。如果可供选择的工厂规模无限多,长期平均成本曲线就是一条U形曲线。U形曲线的含义是在长期中随着工厂规模的变化,企业长期平均成本先下降后上升,如图4.11中的LAC_1线。

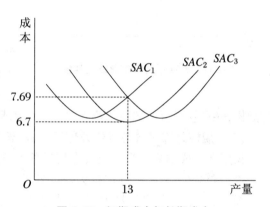

图 4.10 短期成本与长期成本

与短期平均总成本曲线相比,长期平均成本曲线有三个特点:第一,长期平均成本曲线在短期平均总成本曲线下方;第二,长期平均成本曲线与短期平均总成本曲线相切。但除了在长期平均成本曲线最低点相切的短期平均成本曲线外,所有的短期平均成本曲线都不是在自己的最低点与长期平均成本曲线相切,换句话说,长期平均成本曲线不是短期平均成本曲线最低点的连线。第三,长期平均成本曲线比短期平均成本曲线更平坦。

(二)规模经济与规模不经济:沿着长期平均成本曲线的移动

长期平均成本曲线告诉我们一个企业的成本如何随着生产规模的变动而变动的重要信息。规模经济是指企业的长期平均成本随着产量的增加而不断减少的特征。当存在规模经济时,长期平均成本曲线向右下方倾斜,如图4.11中LAC_1所示。在产量达到 Q_0 之前,企业从 LAC_1 曲线的左上方沿着 LAC_1 曲线向下移动(箭头方向)经历着规模经济。在给定的要素价格下,如果产量增加的比例超过生产要素增加的比例,规模经济就发生了。例如,当企业的资本和劳动增加 10%,产量增加 15%,它的平均成本将下降,这时存在规模经济。生产要素使用上的专业化是规模经济的重要原因。所以说,规模经济是从成本上来看的规模报酬递增。

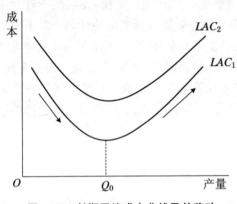

图 4.11 长期平均成本曲线及其移动

规模不经济是指企业的长期平均成本随产量增加而不断增加的特征。当存在规模不经济时,长期平均成本曲线向右上方倾斜。如图 4.11 中 LAC_1 所示,在产量超过 Q_0 时,企业沿着 LAC_1 曲线向右上方移动(箭头方向)经历着规模不经济。在给定的要素价格下,如果产量增加的比例小于生产要素增加的比例,规模不经济就出现了。例如,当企业的劳动和资本增加 10%,产量增加 5%,它的平均总成本增加,这时存在规模不经济。与规模报酬递减类似,造成规模不经济的原因是管理大规模企业的困难。

(三) 规模外部经济与规模外部不经济:长期平均成本曲线位置的移动

长期平均成本除了受企业自身规模的变化影响之外,还会随着行业规模的扩大而增加和减少,这是一种被称为规模外部经济和规模外部不经济的情况。规模外部经济是指企业的长期平均成本随着行业规模的扩大而下降的现象。如图 4.11 所示,LAC_2 向下移动到 LAC_1,表示在每一个产量上长期平均成本都下降了,出现规模外部经济。规模外部不经济是指企业的长期平均成本随着行业规模的扩大而上升的现象。如图 4.11 所示,LAC_1 向上移动到 LAC_2,表示在每一个产量上长期平均成本都增加了,出现了规模外部不经济。它根源于行业扩张引起的企业外界环境的恶化,如要素价格的上升、销售市场行情的下跌等。

【即问即答】

◇ 画出企业的边际成本曲线和平均总成本曲线,解释两条曲线为什么会在平均总成本曲线最低点相交。

◇ 如何判断规模经济和规模不经济?它们对长期平均成本曲线意味着什么?

内容提要

1. 企业的目标是利润最大化,经济利润等于总收益减总机会成本。总机会成本包括显性成本和隐性成本。

2. 生产是将投入变成产出的过程。生产函数表示在一定时期内,在技术水平不变的情况下,生产中所使用的各种生产要素的数量与所能生产的最大产量之间的关系。

3. 随着可变生产要素投入量的不断增加,边际产量最终会减少,这称为边际产量递减规律。

4. 生产要素的最优组合是指既定成本条件下产量最大的要素组合,或者是指既定产量条件下的成本最小的要素组合。实现生产要素最优组合的条件是边际技术替代率等于两种生产要素价格之比。

5. 技术效率是指企业用最少的生产要素生产出既定的产量,经济效率是指企业以最少的成本生产既定产量。

6. 企业的总成本可以分为固定成本和可变成本。固定成本是指企业短期内为生产一定产量对固定生产要素支付的成本,可变成本是指企业短期内为生产一定产量对可变生产要素支付的成本。

7. 边际成本随着产量的增加先下降后上升,平均总成本随着产量增加先下降后上升,边际成本曲线和平均总成本曲线相交于平均总成本的最低点。

8. 企业的长期平均成本取决于企业如何对生产规模的变化做出反应。长期平均成本曲线是 U 形曲线。在其下降部分存在规模经济,在其上升部分存在规模不经济。规模经济是指企业的长期平均成本随着产量的增加而不断减少的特征,规模不经济是指企业的长期平均成本随产量增加而不断增加的特征。

关键术语

生产函数　总产量　平均产量　边际产量　边际产量递减　等产量曲线　等成本线　边际技术替代率　显性成本　隐性成本　经济利润　总成本　平均总成本　边际成本　长期平均成本　规模经济　规模不经济

复　习

(一)思考题

1. 总产量、平均产量和边际产量之间的关系是什么?
2. 什么是边际产量? 边际产量递减意味着什么?

3. 生产的三个阶段是如何划分的？为什么企业的理性决策应在第Ⅱ区域？
4. 规模报酬的变动有哪些类型？原因是什么？
5. 什么是总成本、平均总成本和边际成本？它们之间有什么关系？
6. 什么是规模经济与规模不经济？为什么会产生规模经济和规模不经济？

（二）选择题

1. 将成本定义为生产者为了生产一定数量的产品所放弃的使用相同的生产要素在其他生产用途中所得到的最高收入，这一成本定义是指（　　）。
   A. 会计成本　　B. 隐性成本　　C. 机会成本　　D. 边际成本
2. 生产要素投入量和产出水平之间的关系称作（　　）。
   A. 成本曲线　　　　　　　B. 生产函数
   C. 生产可能性曲线　　　　D. 成本函数
3. 经济学中，短期与长期的划分取决于（　　）。
   A. 时间长短　　　　　　　B. 可否调整产品价格
   C. 可否调整产量　　　　　D. 可否调整生产规模
4. 如果连续地增加某种生产要素，在总产量达到最大时，边际产量曲线（　　）。
   A. 与纵轴相交　　　　　　B. 经过原点
   C. 与横轴相交　　　　　　D. 与平均产量曲线相交
5. 等产量曲线上的各点代表（　　）。
   A. 为生产同等产量投入要素的各种组合比例是不能变化的
   B. 投入要素的各种组合所能生产的产量都是相等的
   C. 为生产同等产量投入要素的价格是不变的
   D. 不管投入各种要素量如何，产量总是相等的
6. 不随着产量变动而变动的成本称为（　　）。
   A. 平均成本　　B. 固定成本　　C. 长期成本　　D. 总成本
7. 在长期中，（　　）是不存在的。
   A. 固定成本　　B. 机会成本　　C. 平均成本　　D. 隐性成本
8. 随着产量的增加，平均固定成本（　　）。
   A. 在开始时减少，然后趋于增加　　B. 一直趋于减少
   C. 一直趋于增加　　　　　　　　　D. 在开始时增加，然后趋于减少
9. 企业总成本等于（　　）。
   A. 固定成本与平均成本之和　　B. 可变成本与平均成本之和
   C. 固定成本与可变成本之和　　D. 平均成本与边际成本之和
10. 边际成本曲线与平均成本曲线的相交点是（　　）。

A. 边际成本曲线的最低点

B. 平均成本曲线的最低点

C. 平均成本曲线下降阶段的任何一点

D. 边际成本曲线的最高点

11. 规模经济的主要来源是(　　)。

A. 工厂规模的不变报酬　　　　B. 劳动和资本的专业化

C. 长期成本曲线最终向下倾斜　D. 劳动的增加与工厂规模扩大不匹配

12. 下列情形中,会导致规模不经济的是(　　)。

A. 随着企业规模扩大,边际报酬递增

B. 随着企业规模扩大,总固定成本降低了

C. 随着企业规模扩大,管理更加困难

D. 随着企业规模扩大,劳动和资本更加专业化

13. 规模经济和规模不经济解释了(　　)。

A. 长期的利润最大化　　　　　B. 长期平均成本曲线的U形

C. 短期平均成本曲线的形状　　D. 边际成本曲线的U形

应　　用

1. 某公司打算投资一个新产品项目,其可供选择的筹资方案有两个:一个是利用银行贷款,利率是10%;二是利用企业未分配的利润。该企业的项目经理认为应该选择后者,理由是不用支付利息因而成本较低。你认为他的理由有经济学根据吗?

2. 你的姑妈正考虑开一家五金店。她计算,租店铺和进货每年要花费50万元。此外,她要辞去薪水为每年5万元的会计师工作。

(1) 你姑妈经营五金店一年的显性成本和隐性成本分别是多少?

(2) 如果你姑妈认为她一年可以卖出价值51万元的商品,她应该开这个店吗?请解释原因。

3. 假定洗100件衣服可供选择的方法如下表:

方法	劳动(小时)	资本(机器)
A	1	10
B	5	8
C	20	4
D	50	1

(1) 哪种方法在技术上是有效率的?

(2) 如果劳动的小时工资和资本的租金如下,上述哪种方法具有经济效率?

① 小时工资 1 元,租金 100 元。

② 小时工资 5 元,租金 50 元。

③ 小时工资 50 元,租金 5 元。

4. 你的朋友拥有一家房屋粉刷公司,其总固定成本为 200 元,可变成本如下表所示:

每月粉刷房屋量(间)	1	2	3	4	5	6	7
可变成本	10	20	40	80	160	320	640

(1) 计算每单位产量的平均固定成本、平均可变成本以及平均总成本。

(2) 粉刷公司的有效规模是多少?(注:使平均总成本最小的产量,称为有效规模)

5. 20 世纪 60 年代,经济学家进行一项农业生产试验,研究玉米产量 X 与投入要素 A 和 B 之间的关系。试验结果见下表。

A X B	9000	12000	15000	18000	21000
0	50.6	54.2	53.5	48.5	39.2
50	78.7	85.9	88.8	87.5	81.9
100	94.4	105.3	111.9	114.2	112.2
150	97.8	112.4	122.6	128.6	130.3
200	88.9	107.1	121.0	130.6	135.9

根据表中的投入产出关系,判断该生产是否存在边际产量递减现象?该生产的规模报酬情况如何?

第五章 市场结构与企业行为

> **学习目标**
>
> 学习本章后，你应该能够：
> - 定义和识别完全竞争、垄断、垄断竞争及寡头
> - 解释竞争企业、垄断企业及垄断竞争企业如何决定产量与价格
> - 解释完全竞争、垄断及垄断竞争在长期均衡上的异同
> - 用简单的博弈原理解释寡头企业的行为

如果本地的某家加油站独自将 93 号汽油的价格提高 20%，它就会发现其销售量大幅度下降。因为它的顾客会转而去其他加油站购买汽油。与此相比，如果本地的一家自来水公司将水价提高 20%，它会发现水的销售量可能会减少一些，但不会减少很多，原因是用水者找不到另一个供水的自来水公司，而自己又很难大幅度减少用水量。这里，汽油市场和自来水市场的差别是明显的：汽油市场上有许多的加油站供给汽油，自来水市场上仅有一家自来水企业供给自来水。这种市场结构上的差异决定了这些市场上企业的定价和生产决策的不同。任何企业都是在市场上生产并销售产品以实现利润最大化的目标，市场环境成为企业定价和生产决策的一个重要约束。

本章的任务是考察不同市场结构下企业如何做出产量和定价决策。学习本章有助于你学会分析企业经营所面临的竞争环境，以及在特定竞争环境下的产量和价格决策方法。

第一节 市场及其类型

市场是指买卖双方从事物品或服务交易并决定交易价格和交易数量的场所或接洽点。也就是说，市场可能是一个有着一定空间和设施的交易场所，如超市、百

货商店、农贸市场等。市场也可能是通过电话、网络等方式进行交易的接洽点,一个例子就是石油买卖的市场——世界石油市场。世界石油市场不是一个地方,它是由石油生产者、石油消费者、石油买卖的中间商和经纪人等构成的交易网络。在世界石油市场中,各参与者并不是面对面地接触,而是通过电话、传真和互联网进行交易。所以,在经济学里,市场本质上是指任何一种能使买卖双方获取信息并相互交易的安排。

与市场概念密切联系的是行业概念。行业是指生产同一产品或类似产品的所有企业的总体。例如,电视机行业就是生产电视机的所有企业的总体。市场和行业的类型是一致的,例如,电视机市场对应的是电视机行业,小麦市场对应的是小麦行业。

市场可以按照许多标准进行分类,例如,按交易对象的不同,市场可以分为产品市场和要素市场两类。产品市场是以产品为交易对象的市场,如小麦市场;要素市场是以生产要素为交易对象的市场,如劳动市场。在本章,我们根据市场中企业数目、企业提供的产品的差别程度、企业对价格的控制程度和企业进入一个市场的难易程度等因素,将市场分为完全竞争市场、垄断市场、垄断竞争市场和寡头市场四种类型。这四种类型市场的特点如表 5.1 所示。

表 5.1 市场类型及其特点

市场类型	企业数目	产品差异程度	企业对价格的控制程度	企业进退行业的难易程度	典型行业举例
完全竞争	很多	没有差别	没有	很容易	小麦、玉米等农产品
垄断	一个	唯一产品,无相近的替代品	很大,但受政府管制	很困难	自来水、电力等公用事业
垄断竞争	很多	有差别	有一些	比较容易	服装、餐饮、家用电器等行业
寡头	少数几个	有差别或无差别	相当大	比较困难	航空、汽车等行业

第二节 完全竞争市场上的企业行为

一、什么是完全竞争市场

(一)完全竞争市场的含义

完全竞争市场亦称纯粹竞争市场,简称竞争市场,是指竞争不受任何阻碍、干

扰和控制的市场结构。一个完全竞争市场必须具备以下四个条件:

第一,市场上有很多的买者和卖者。这意味着任何一个买者的购买额或卖者的销售额,相对于整个市场的总购买额或总销售额来说是微不足道的,好比是一桶水中的一滴水。假设你是某农业大省一个种植小麦的农民,你耕种100亩小麦,听起来不少,但与全省数以百万亩计的小麦生产来说,你的100亩小麦就好比沧海一粟。你卖或不卖,卖多卖少,对于小麦的市场价格水平不会产生任何影响。

第二,各个企业提供的产品是同质的或无差别的。这里的产品同质,不仅指商品之间的质量完全一样,还包括销售条件、商标、包装等方面完全相同或完全无差别。也就是说,对于购买者而言,企业是没有区别的,购买任何企业的产品都是一样的,每家企业的产品对于买者来说,是任何其他一家企业产品的完全替代品,换句话说,完全竞争市场企业之间的产品具有完全替代性。

以上两个条件,决定了市场上任何一个买者和卖者都无法影响市场价格,相反,每一个买者和卖者都把市场价格看成既定,或者说,都必须接受市场决定的价格,成为市场价格接受者。例如,在小麦市场上,没有一个小麦购买者可以影响小麦的价格,因为相对于市场规模,每个买者购买的量都很小。同样,每个小麦生产者也不能控制小麦价格,因为有很多生产小麦的农场主在提供相同的小麦。如果他收取较高的的小麦价格,买者就会转到其他地方购买。于是,小麦的市场价格是单个小麦买者和卖者必须接受的价格。

第三,企业可以自由地进入或退出市场。在完全竞争的市场上,各种资源可以在各企业之间和各行业之间完全自由流动,不存在任何障碍。资源自由流动意味着不存在任何法律的、社会的、资金的障碍或其他的制约因素可以阻止新的企业在有利润时进入市场(行业),或者在亏损时退出市场(行业)。例如,任何一个种植大豆的人都可以决定生产小麦,而且现有的小麦生产者都可以决定离开小麦市场。

第四,每一个买者和卖者掌握的信息是完全的,即市场上的每一个买者和卖者都掌握了与其经济决策有关的全部信息。每一个消费者和生产者可以根据自己所掌握的完全信息,做出自己最优的经济决策,从而获得最大的经济利益。

完全竞争的市场是理论上一种理想的市场状态。现实经济生活中,真正符合以上四个条件的市场是不存在的,大概只有某些农产品市场被认为比较接近于完全竞争市场。之所以要对这一理论上的抽象市场模型进行分析,是因为从这类市场可以得到关于市场机制及其配置资源的一些基本原理,而且可以为其他类型市场的经济效率分析和评价提供一个参照。

(二)竞争企业的需求和收益

完全竞争市场中的企业,简称竞争企业。在完全竞争市场上,竞争企业是价格接受者。价格接受者是指那些不能影响市场价格,只能按照市场价格确定自己价格的企业。作为价格接受者，竞争企业在市场价格下能够销售任何数量的产品，同样购买者也可以在市场价格下购买竞争企业任何数量的产品，所以竞争企业面临的需求曲线就是位于市场价格的水平线。如图5.1所示，由市场价格 P 出发的水平线 d 就是竞争企业的需求曲线。水平需求曲线意味着企业只能被动地接受给定的市场价格。同时，也表明企业面对的是对其产品完全弹性的需求。如果企业提高市场价格销售自己的产品，销售量会下降到零，企业什么也卖不出去。当然，企业可以以低于市场价格销售产品，但它没有必要降低销售价格。虽然单个竞争企业面临的需求曲线是一条水平线，但企业所在行业面临的需求曲线是整个市场的需求曲线，它向右下方倾斜，图5.2中的需求曲线 D 就是行业面临的需求曲线。

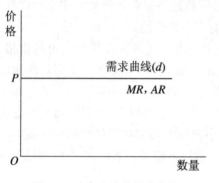

图 5.1　竞争企业的需求曲线　　　　图 5.2　行业需求曲线

企业的收益状况，是由企业面临的需求状况决定的。所以，竞争企业的收益取决于它的需求曲线的形状。我们通过考察总收益、边际收益和平均收益来分析竞争企业的收益状况。假定某竞争企业的需求和收益情况如表5.1所示。

表 5.1　竞争企业的需求和收益

产量(Q)	价格(P)	总收益(TR)	边际收益(MR)	平均收益(AR)
1	30	30	30	30
2	30	60	30	30
3	30	90	30	30
4	30	120	30	30
5	30	150	30	30
6	30	180	30	30
7	30	210	30	30
8	30	240	30	30

假定产量等于销售量等于需求量。表 5.1 中的第 1 列和第 2 列代表竞争企业的需求状况。第 3 列是企业的总收益。总收益（TR）是指企业出售一定量产品所获得的全部收入，它是销售量与产品价格的乘积，即 $TR = Q \times P$。在表 5.1 中，企业的总收益是随着产量的增加不断上升的。

第 4 列是企业的边际收益。边际收益（MR）是指每增加一单位销售量所引起的总收益的增量。它是总收益的增量除以产量的增量，即 $MR = \Delta TR / \Delta Q$[①]。在表 5.1 中，产量每增加 1 单位，总收益增加的数额恰好等于产品价格 30 元。由于价格不变，竞争企业的边际收益也不变。对于竞争企业而言，任何产量上的边际收益等于产品的价格，即 $MR = P$。

第 5 列是企业的平均收益。平均收益（AR）是指企业平均每一单位产量所分摊的总收益。它等于总收益除以产量，即 $AR = TR/Q$。由于总收益是产量与价格的乘积，平均收益等于产品价格，即 $AR = TR/Q = (Q \times P)/Q = P$。也就是说，对于所有企业而言，任何产量上的平均收益都等于产品价格。在表 5.1 中，在任何产量上竞争企业的平均收益都等于产品的价格 30 元。

在完全竞争市场上，竞争企业的水平需求曲线，决定了企业的边际收益和平均收益都等于产品价格，即 $MR = AR = P$。所以，竞争企业的平均收益曲线、边际收益曲线和需求曲线重叠，即图 5.1 中的从市场价格出发的水平需求曲线既代表边际收益曲线也代表平均收益曲线。

二、竞争企业的短期决策

（一）利润最大化条件

企业的目标是利润最大化。具体而言，任何企业都是通过选择一定的产量水平使经济利润最大化。找出利润最大化产量的一种方法是运用边际分析，即比较边际收益和边际成本。边际收益是最后增加一单位销售量所增加的收益，边际成本是最后增加一单位产量所增加的成本。

如果边际收益大于边际成本（$MR > MC$），那么，多销售一单位产品所获得的收益就超过生产这一产品而花费的成本，企业获得边际利润，这意味着增加产量可以增加总利润。因此，企业增加产量，总利润增加。

如果边际收益小于边际成本（$MR < MC$），那么，多销售一单位产品所获得的收益就小于生产这一产品而花费的成本，企业出现边际亏损，这意味着增加产量会使总利润减少，相反减少产量会使总利润增加。

---

① 在产量的增量很微小时，边际收益是总收益函数的一阶导数。

所以,当边际收益等于边际成本($MR = MC$)时,企业的总利润达到最大值。边际收益等于边际成本被称为企业利润最大化条件。

利润最大化条件($MR = MC$),可用数学加以证明:设 π 为利润,Q 为产量,TR 为总收益,TC 为总成本,则 $\pi(Q) = TR(Q) - TC(Q)$。利润最大化的必要条件是 π 对 Q 的一阶导数为零,如下式:

$$\frac{\mathrm{d}\pi(Q)}{\mathrm{d}Q} = \frac{\mathrm{d}TR(Q)}{\mathrm{d}Q} - \frac{\mathrm{d}TC(Q)}{\mathrm{d}Q} = 0 \tag{5.1}$$

$$\frac{\mathrm{d}TR(Q)}{\mathrm{d}Q} = \frac{\mathrm{d}TC(Q)}{\mathrm{d}Q} \tag{5.2}$$

方程(5.2)的左边是总收益函数 $TR(Q)$ 对产量 Q 的一阶导数,即边际收益 MR;方程(5.2)的右边是总成本函数 $TC(Q)$ 对产量 Q 的一阶导数,即边际成本 MC。所以,方程(5.2)意味着 $MR = MC$,它是利润最大化的条件,这个条件适用于所有企业。

(二)竞争企业的短期供给决策

现在我们将上述利润最大化条件应用于竞争企业的短期供给决策。由于竞争企业是价格接受者,所以,其产品的边际收益等于市场价格。对于任何一个既定市场价格,竞争企业可以通过观察价格与边际成本曲线的交点,即价格等于边际成本,来找出使利润最大化的产量。

利润最大化产量决策的数字例子 表 5.2 显示了竞争企业的成本状况、收益状况以及利润情况。

表 5.2 利润最大化产量决策:一个数字例子

产量 (Q)	总固定成本 (TFC)	总可变成本 (TVC)	总成本 (TC)	边际成本 (MC)	价格 (P)	总收益 (TR)	利润 ($TR - TC$)	利润的 变动额
0	10	0	10	—	30	0	-10	-10
1	10	10	20	10	30	30	10	10
2	10	15	25	5	30	60	35	25
3	10	25	35	10	30	90	55	20
4	10	40	50	15	30	120	70	15
5	10	60	70	20	30	150	80	10
6	10	90	100	30	30	180	80	0
7	10	135	145	45	30	210	65	-15
8	10	200	210	65	30	240	30	-35

在表 5.2 中,企业的利润是总收益减去总成本。如果不生产任何产量,它有 10

单位的亏损。当生产1单位产量时,边际成本为10,价格(即边际收益)为30,继续增加生产有利;当生产7单位产量时,边际成本为45,价格(即边际收益)为30,减少生产有利;只有当生产6单位产量时,价格等于边际成本等于30,利润为最大值80。这里,利润最大化产量是6单位。

利润最大化产量决策的图形 我们可以通过图5.3找出竞争企业的利润最大化产量。图5.3显示了一个典型的竞争企业的平均总成本曲线(ATC)和边际成本曲线(MC),以及从市场价格出发的水平的需求曲线(d)和平均收益曲线(AR)、边际收益曲线(MR)。当市场价格为 P_1 时,价格在 E 点与边际成本相等,企业生产 Q_1 产量。如果产量小于 Q_1,则价格大于边际成本,企业增加产量有利;如果产量大于 Q_1,价格小于边际成本,企业减少产量有利。只有在 Q_1 产量水平上可以实现利润最大化。

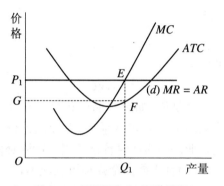

图 5.3 利润最大化:经济利润

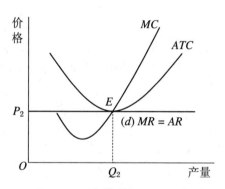

图 5.4 利润最大化:盈亏平衡

在短期均衡时,尽管企业在利润最大化产量上生产,但它不一定获得经济利润。它可能获利,也可能盈亏平衡甚至亏损。图 5.3 表示竞争企业获得经济利润的情况,图中生产 Q_1 时的平均总成本为 FQ_1,企业的总成本为平均总成本乘以产量,即面积 OQ_1FG。企业的总收益为平均收益乘以产量,即面积 OQ_1EP_1,企业的总收益大于总成本,存在经济利润,即面积 P_1EFG。图 5.4 表示盈亏平衡,因为在价格为 P_2 时,价格等于边际成本,相应的产

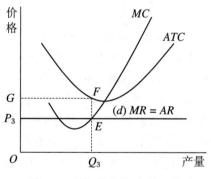

图 5.5 利润最大化:经济亏损

量水平为 Q_2,此时,总收益等于总成本。图 5.5 表示经济亏损,因为在价格为 P_3 时,价格等于边际成本,产量是 Q_3,此产量上的总收益小于总成本,亏损额为面积

$GFEP_3$。

竞争企业停止营业决策 在短期中,企业可能面临经济亏损。在亏损情况下,企业需要决定是否停止营业。停止营业与退出市场不同,它是指由于当前的市场条件而在某个特定时期不生产任何产品的短期决策。那么是什么决定了企业的停止营业决策?我们知道,在短期中,企业无论生产与否,都会发生固定成本。也就是说,如果企业停止营业,企业节省了可变成本,但仍然需要支付固定成本。因此,在亏损状态下是否停止营业,主要考虑所得到的收益和发生的可变成本。如果生产所能得到的收益小于生产的可变成本,企业就停止营业。以 TR 代表总收益,以 VC 代表可变成本,企业停止营业的条件可以表示为:

$$TR < VC$$

不等式两边除以产量 Q,上式可写为:

$$\frac{TR}{Q} < \frac{VC}{Q}$$

上式的左边 TR/Q 是平均收益,可以用物品价格 P 表示;上式的右边 VC/Q 是平均可变成本 AVC。因此,企业停止营业决策的条件为:

$$P < AVC$$

这就是说,如果物品的价格低于生产这个物品的平均可变成本,企业应该选择停止营业。因为此时价格不仅不能弥补固定成本,而且不能完全弥补可变成本,停止生产所承担的损失(仅固定成本)要比继续生产所承担的损失(固定成本+部分可变成本)小。反过来说,如果此时价格大于平均可变成本,企业选择继续生产要比停止

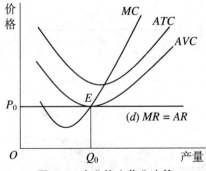

图 5.6 企业停止营业决策

营业有利,因为继续生产只需承担一部分固定成本。停止营业点是价格等于平均可变成本的点,如图 5.6 中 E 点所示。

总结竞争企业在不同市场价格下的生产决策,可以得到完全竞争企业的短期供给曲线,如图 5.7 所示。竞争企业的短期均衡条件为:$P = MC$。均衡条件表明:竞争企业为了获得短期的最大利润,应该选择价格和边际成本相等时的产量。从图 5.7 中可以看出,竞争企业如何对价格的变化做出反应:当市场价格为 P_1 时,企业生产价格等于边际成本的产量 Q_1,当市

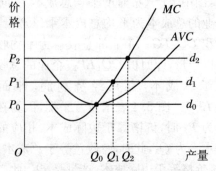

图 5.7 企业短期供给曲线

场价格为 P_2 时,企业生产价格等于边际成本的产量 Q_2,可见,随着市场价格的上升,企业的产量沿着边际成本曲线不断增加。而当市场价格下降到 P_0 及以下时,企业停止生产,产量等于零。所以,竞争企业的短期供给曲线是边际成本曲线在平均可变成本曲线以上的那一部分。它向右上方倾斜,表示在其他条件不变的情况下,企业的利润最大化产量是随着市场价格的变动而变动的,具体说,市场价格上升时,竞争企业的产量增加,市场价格降低时,竞争企业的产量减少。

三、竞争企业的长期均衡

以上我们考察了单个竞争企业的短期决策。在短期内,企业根据 $P=MC$ 实现均衡。在短期均衡时,企业可能获得经济利润,也可能出现亏损或盈亏平衡。尽管三种情况都是短期均衡的结果,但是只有一种结果是长期均衡,即盈亏平衡,或者说利润等于零。竞争企业形成这种长期均衡的原因在于企业可以自由地做出进入和退出决策。

在长期中,企业会做出两种决策来对经济利润和经济亏损做出反应:一是进入或退出,二是改变工厂规模。这里讨论进入和退出决策。一般而言,如果长期中企业预期获得经济利润,企业将进入市场(行业);反之,如果长期中预期面临经济亏损,企业选择退出市场(行业)。这里,暂时的经济利润或经济亏损并不能引发企业的进入和退出。那么,企业的进入和退出决策对企业的利润有什么影响?

进入效应 企业的进入决策将影响市场的价格和产量,最终影响企业的利润,图 5.8 表示进入效应。假定行业中所有企业都有与图 5.8(a)类似的长期平均成本曲线(LAC)和边际成本曲线(LMC),并且成本不变。在任何高于 P_0 的价格上,例如,P_1 价格,按照价格等于边际成本的条件,企业获得经济利润。经济利润吸引新企业进入行业,随着行业内企业数量的增多,市场供给增加,市场(行业)供给曲线向右移动,如图 5.8(b)中的 S_1 移动至 S_0。由于供给增加而需求不变,市场价格从 P_1 不断下降,相应地,单个企业的经济利润减少。一直到市场价格下降到 P_0 使单个企业的经济利润减少为零时,新企业的进入才会停止。进入效应是指随着新企业进入某一行业,供给增加,价格下降,使得企业的经济利润减少。

退出效应 企业的退出决策同样会影响市场的价格和产量,进而影响企业的经济利润,如图 5.8(a)和(b)所示。假设企业的成本和行业的需求与以前一样。在任何低于 P_0 的价格上,例如 P_2,按照价格等于边际成本的原则生产,企业面临经济亏损。这种经济亏损使得一些企业退出行业。随着企业的退出,企业数量减少,行业供给曲线向左移动,从 S_2 移动到 S_0。由于供给减少而需求不变,市场价格上升。相应地,单个企业的亏损逐步减少。当市场价格上升到 P_0 时,每个企业

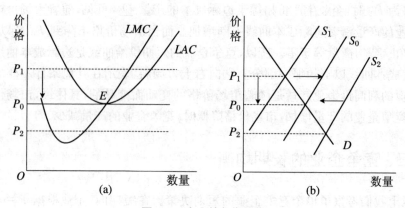

图 5.8 企业的长期均衡

的亏损消失,经济利润为零。退出效应是指随着企业退出某一行业,供给减少,价格上升,企业的亏损减少。

长期均衡 上述分析表明,经过新企业的进入和原企业的退出,最终使得市场价格等于企业长期平均成本的最低水平,如图 5.8(a)和(b)中的 P_0。在 P_0 价格水平上,企业的经济利润为零,此时所有企业失去了进入和退出行业的动力,竞争企业实现长期均衡。图中的 E 点即为长期均衡点。在该点上,需求曲线、长期边际成本曲线和长期平均成本曲线相交,这表明:价格等于长期边际成本(意味着利润最大化),价格等于长期平均成本(意味着经济利润等于零)。因此,竞争企业的长期均衡条件为:

$$P = LMC = LAC$$

企业长期平均成本最低点的生产水平称为企业的有效规模。因此,长期均衡意味着在可以自由进入和退出的竞争性市场中,企业是在其有效规模上经营。

四、行业长期供给曲线

行业长期供给曲线表示长期中行业供给量如何随市场价格的变动而变动。企业的进入和退出所引起的行业生产规模的变化,可能导致企业生产成本的变动。根据企业生产成本的变化情况,完全竞争行业可分为成本不变行业、成本递增行业和成本递减行业。成本是供给曲线形状的决定性因素,不同成本类型的行业有不同的行业长期供给曲线。

(一)成本不变行业

成本不变行业是指行业生产规模的扩大不会引起它所使用的生产要素价格(或生产成本)变化的行业。在该行业,新企业进入不会引起生产成本的变动。成本不变行业的长期供给曲线如图 5.9 所示。假设行业中所有企业的成本相同（LAC 和 LMC），开始时，图 5.9(a)中单个企业的长期均衡点 E 和图 5.9(b)中行业的一个长期均衡点 A 对应，它表示在市场价格为 P_0 时，企业的均衡产量是 q，行业的均衡供给量是图 5.9(b)中的 Q_1。假设市场需求增加，需求曲线从 D_0 移动至 D_1，市场均衡价格上升到 P_1，现有企业将产量调整到 F 点，获得经济利润。经济利润激励新企业进入行业，企业数量增加，行业供给增加，供给曲线向右移动，价格下降，利润减少。另一方面，行业产量增加并没有引起生产成本变化，因此，随着价格不断下降，企业利润减至零，新企业停止进入行业，企业和行业实现长期均衡。企业长期均衡点仍然在图 5.9(a)中 E 点，而行业新的长期均衡点是图 5.9(b)中的 B 点，产量为 Q_1，价格仍然为 P_0。连接图 5.9(b)中的 A 和 B 两点形成的 LS 曲线就是完全竞争条件下行业的长期供给曲线。由于在成本不变行业，产量扩大的同时成本可以保持不变，所以成本不变行业的长期供给曲线是一条水平线，它表示该行业可以在不变的市场价格水平上提供产量。市场需求变化会引起行业长期产量的同方向变化，但不会改变长期中的市场价格。

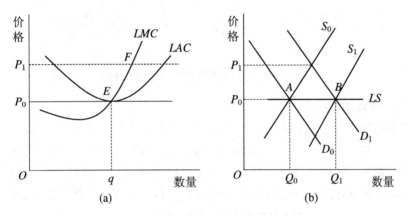

图 5.9 成本不变行业的长期供给曲线

（二）成本递增行业

成本递增行业是指行业生产规模的扩大会引起它所使用的生产要素价格（或生产成本）上升的行业。成本递增的原因是行业生产规模的扩大产生外部不经济。成本递增行业的长期供给曲线是一条向右上方倾斜的曲线，如图 5.10 所示。开始时，企业的长期均衡点 E_0 和行业的长期均衡点 A 是对应的。如果长期中需求增加，市场价格由 P_0 上升到 P_2，企业获得经济利润。新企业会由于利润的吸引不断进入该行业，整个行业供给增加，供给曲线从 S_0 右移到 S_1，导致价格下降。与此同时，在成本递增行业，行业生产的扩大，不仅增加生产要素需求，而且使要素价格上升，进而使企业的成本增加。成本递增的一个原因是生产资源的数量有限。例如,考虑农产品市场。如果越来越多的农民租用土地,土地价格就会上升,从而增加农民生产农产品的成本。当生产成本从 LAC_0 上移到 LAC_1,价格从 P_2 下降到 P_1 时,企业经济利润消失,新企业停止进入,企业和整个行业分别在 E_1 和 B 点实现企业的长期均衡和行业的长期均衡状态。连接 A 和 B 两点的曲线就是成本递增行业的长期供给曲线(LS)。成本递增行业的供给曲线向右上方倾斜,表示长期中产品价格上升,行业供给量增加。换句话说,市场需求的变动不仅引起行业长期供给量的同方向变动,而且引起市场价格的同方向变动。

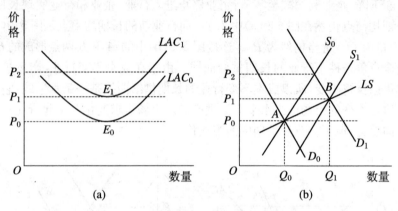

图 5.10 成本递增行业的长期供给曲线

(三)成本递减行业

成本递减行业指行业生产规模的扩大会引起它所使用的生产要素价格(或生产成本)下降的行业。成本递减的原因是行业生产规模的扩大产生外部经济。成本递减行业的长期供给曲线向右下方倾斜,如图 5.11 所示。企业的初始均衡点是图 5.11(a)中的 E_0 点,行业初始均衡点是图 5.11(b)中的 A 点。如果市场需求增

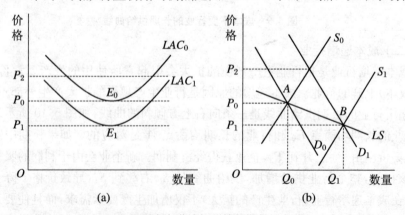

图 5.11 成本递减行业的长期供给曲线

加,导致价格上升,企业获得经济利润。利润激励更多的企业进入行业,行业供给增加,供给曲线向右移动。同时,在成本递减行业,行业生产规模扩大导致的生产要素需求增加,却使得生产要素价格下降,行业生产成本降低。与企业生产成本 LAC_0 下降到 LAC_1 相比,行业供给增加导致的产品价格下降更快,以致利润消失,企业停止进入,企业和行业分别在 E_1 点和 B 点处实现行业长期均衡。连接 A 和 B 两点的曲线就是成本递减行业的长期供给曲线(LS),它向右下方倾斜,表示随着行业产品价格的下降,行业供给量增加。

【即问即答】
◇ 在现实中为什么很少见到大白菜的生产者做广告?
◇ 在竞争市场的长期中,价格等于边际成本还是平均成本?

第三节 垄断市场上的企业行为

在上一节,我们考察了企业不能影响价格的竞争市场,企业是价格接受者。在本节中,我们将研究企业可以影响价格的市场。企业影响市场价格的力量,称为市场力量。如果你使用电脑,这台电脑一般会安装美国微软公司出售的操作系统——某种版本的 Windows 软件。如果你要购买 Windows 操作系统,你必须向微软公司支付其对该产品制定的价格。可见,微软公司在 Windows 软件市场上具有市场力量。市场力量通常来自于企业的垄断地位。

一、垄断是如何产生的

(一) 什么是垄断

垄断,也称完全垄断,是指一种产品的生产和销售完全由一家企业控制的市场结构。垄断一般有如下特征:

第一,整个行业只有一个企业,企业就是行业。与完全竞争市场有众多卖者不同,垄断市场上只有一个企业生产和销售某种产品。

第二,企业的产品没有相近的替代品。这意味着对垄断企业产品的需求交叉弹性为零。如果一种产品有相近的替代品,即使只有一个企业生产这种产品,这个企业也会面临其他替代品生产企业的竞争。例如,城市自来水就是没有相近替代品的例子,尤其是从洗澡和洗车的角度看更是如此。通常把一个没有相近替代品的产品的唯一卖者称为垄断企业。

第三,企业是价格的决定者。由于垄断企业控制了整个市场产品的生产和销售,垄断企业可以通过调整产量直接影响市场供求关系,从而实现控制价格的目的。所以,垄断企业被认为是典型的价格决定者。例如,微软公司自己制定了 Windows 操作系统的价格,而消费者按这个价格购买 Windows 操作系统。

第四,存在进入壁垒。保护一个企业,使之免于潜在对手竞争的各种法律的或自然的限制,称为进入壁垒。垄断市场就存在这样的壁垒,从而有效地阻止了其他企业的竞争。

(二) 垄断为什么会产生

垄断存在的根本原因是进入壁垒,而进入壁垒又有三个主要形成原因。

企业对关键资源的控制 一个企业有时可以通过控制一种关键资源而获得垄断地位。如果关键原材料被某一个企业控制,也就排除了其他企业生产这种产品的可能性。例如,总部设在南非的戴比尔斯公司,它控制了全世界 80% 左右的天然钻石原料,它对钻石生产和销售具有市场力量。又例如,加拿大国际制镍公司控制了世界镍矿的 90%,所以它能够长期在制镍业保持垄断地位。当然,应该注意到,关键资源的排他性只是一种潜在的壁垒。

专利权和特许权 很多时候垄断产生的原因是政府给予一个企业排他性生产和出售某种物品和服务的权利。专利权就是一个例子。专利是法律赋予一种产品的发明者的专营权。由专利权形成的垄断是政府和法律容许的一种垄断形式。专利权在一定时间内有效,而各个国家规定的时间并不相同。在美国,专利的有效期为 20 年。《中华人民共和国专利法》第四十二条规定:"发明专利权的期限为二十年,实用新型专利权和外观设计专利权的期限为十年,均自申请日起计算。"

特许权是政府赋予一个企业提供一种产品或服务的专营权。政府处于特殊原因的考虑,授予一家企业某种特殊许可的权利,使之成为特定市场特定产品的唯一供给者。例如国家邮政局对某些邮件的专营权。

规模经济 某些产品的生产具有明显的规模经济性,规模报酬递增阶段可以一直持续到很高的产量,大规模生产可以大大降低成本,以至于一家企业来供应整个市场的成本要比几家企业瓜分市场的生产成本低得多,这种情况称为"自然垄断"。例如电力供应、煤气供应、自来水、市内电话等是典型的自然垄断行业。这种行业通常是那些需要在很大产量范围和巨大的资本投资水平上效率才能得到充分体现的行业,以至于只有在整个行业的供给都由一个企业来完成才有可能达到最优的生产规模。图 5.12 表示因规模经济导致的自然垄断。在图 5.12 中,产品的市场需求曲线为 D,企业长期平均成本曲线为 LAC,企业存在明显的规模经济。如果一个企业能够以 P_1 价格生产 4 单位产品,并且市场需求量也是 4 单位,那么

一个企业就可以以 P_1 的价格供给整个市场产品。而如果两个企业生产 4 单位的产品,以满足市场需求,则市场价格是 P_2。因此与两个企业相比,一个企业能以更低的价格供给整个市场,这个企业就是自然垄断。

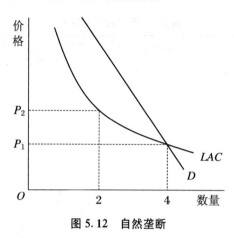

图 5.12　自然垄断

二、垄断企业的需求曲线和收益曲线

(一) 垄断企业的需求曲线

竞争企业和垄断企业之间的关键差别在于垄断企业有影响其产品价格的能力。这种差别也体现在垄断企业与竞争企业面临着不同的需求曲线。

与竞争企业不同,由于垄断企业是其市场上的唯一卖者,所以,垄断企业的需求曲线就是市场需求曲线,它向右下方倾斜。如图 5.13 所示,垄断企业面临的需求曲线向右下方倾斜,表示如果垄断企业提高其产品价格,购买者就会少购买这种产品。换句话说,如果垄断企业减少其产品销售量,其产品价格就会上升。

垄断企业面临的需求曲线是市场需求曲线,限制了垄断企业凭借其市场力量获得利润的能力。实际上,一个垄断者总是愿意向其购买者收取高价格,并在这个价格上卖出大量产品。但市场需求曲线给出了垄断企业所能得到的价格和产量的组合。垄断企业可以选择市场需求曲线

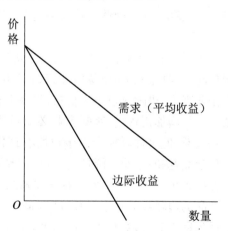

图 5.13　垄断企业的需求和收益

上的任意一点，但它不能选择需求曲线外的任何一点。

(二) 垄断企业的收益曲线

企业面临的需求状况直接影响企业的收益，以表5.3为例。

表5.3 垄断企业的收益

数量(Q)	价格(P)	总收益(TR)	平均收益(AR)	边际收益(MR)
1	10	10	10	10
2	9	18	9	8
3	8	24	8	6
4	7	28	7	4
5	6	30	6	2
6	5	30	5	0
7	4	28	4	−2
8	3	24	3	−4
9	2	18	2	−6

表5.3的前两列表示垄断企业的需求状况，它代表了垄断企业向下倾斜的需求曲线，它决定着垄断企业的总收益、平均收益和边际收益的特征。

第一，垄断企业的平均收益总是等于产品的价格，即 $AR = P$。在图形上，垄断企业的平均收益曲线与需求曲线重叠。在完全垄断市场上，企业每增加一单位产品，价格就会下降，因此平均收益也是下降的，两者都是一条向右下方倾斜的曲线（见图5.13）。

第二，垄断企业的边际收益小于价格。例如，当企业把产量从3单位增加到4单位时，总收益从24单位增加到28单位，边际收益为4，而此时价格为7。对于垄断企业来说，边际收益小于价格，是因为垄断企业面临一条向右下方倾斜的需求曲线。为了增加销售量，垄断企业必须降低它所有产品的价格。虽然增加销售量会增加收益，但这种增加会由于对所有销售的产品降价而有所抵消。为了卖掉第4单位产品，垄断企业要降低前3单位产品的价格，从而从3单位产品销售中获得的收益要各少1元。这3元的损失要从第4单位产品价格（7元）中减去，这样第4单位产品的边际收益就不是其价格，而是比其价格低的4元。这种现象说明，垄断企业增加销售量时，对总收益有两种效应：产量效应和价格效应。产量效应是指销售量增加会增加总收益，价格效应是指价格下降会减少总收益。由于价格效应，垄断企业的边际收益小于价格。

因为垄断企业的边际收益小于价格，并且随着价格的下降而下降，其边际收益曲线位于需求曲线的下方,并且向右下方倾斜(见图5.13)。

三、垄断企业的短期决策

垄断企业决策的目标也是实现利润最大化,也就是说,垄断企业需要根据利润最大化条件决定生产多少产品,并根据其需求曲线决定对产品收取多高价格。图5.14画出了一个垄断企业的需求曲线、边际收益曲线和成本曲线,这些曲线包含了垄断企业确定利润最大化产量水平所需要的全部信息。现在垄断企业要经历和竞争企业相同的基本决策过程。

在图 5.14 中,对垄断企业而言,最优的产量和价格组合是 Q_0 和 P_0。在低于 Q_0 的任何产量水平上,边际收益大于边际成本。如果企业增加一单位产量,增加的收益将大于增加的成本,利润将增加。因此,在边际收益大于边际成本时,企业可以通过生产更多的产量来增加利润。而在任何高于 Q_0 的产量水平上,边际成本大于边际收益。如果企业减少产量,节省的成本将大于失去的收益。因此,当边际成本大于边际收益时,企业可以通过减少产量来增加利润。所以,一个垄

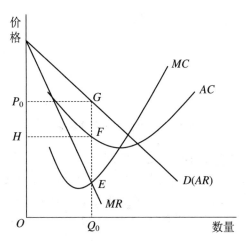

图 5.14 垄断企业的利润最大化决策

断企业的利润最大化产量水平是使边际收益等于边际成本($MR = MC$)的产量水平 Q_0,即图 5.14 中 MR 曲线和 MC 曲线的交点 E 的产量。

与竞争企业不同,垄断企业不仅要决定生产多少产品,还要决定按什么价格出售这些产品。垄断企业如何找出其产品利润最大化的价格呢?需求曲线回答了这个问题,因为需求曲线告诉了垄断企业消费者愿意支付的价格和销售量。因此,垄断企业在确定了产量之后,利用需求曲线找出它能收取的最高价格以销售该产量。在图 5.14 中,与产量 Q_0 对应的利润最大化价格是 G 点的 P_0。由于垄断企业的边际收益曲线位于需求曲线的下方,均衡产量上的边际成本小于均衡产量上的价格,即 $P>MC$。

在 Q_0 产量上,价格为 P_0,总收益为产量和价格的乘积,或图 5.14 中的矩形 P_0GQ_0O 的面积。总成本为平均总成本与产量的乘积,或图 5.14 中的矩形 HFQ_0O 的面积。总利润是总收益与总成本之间的差额,或矩形 P_0GFH 面积。

垄断企业在短期内根据 $MR = MC$ 生产并不总能获得利润,也可能会出现亏损。造成垄断企业亏损的原因,可能是既定生产规模上的成本过高,也可能是垄断企业面临的市场需求过小。垄断企业短期亏损情况如图 5.15 所示。垄断企业依据 $MR = MC$ 的原则,将产量和价格分别调整到 Q_1 和 P_1。在短期均衡点 E 所对应的产量水平上,垄断企业是亏损的,总亏损为矩形 $HGFP_1$ 的面积。在亏损情况下,与完全竞争市场相同,如果平均收益大于平均可变成本,垄断企业继续生产;如果平均收益小于平均可变成本,垄断企业停止生产。当然,垄断企业在短期中也可能出现利润等于零的情况,具体分析从略。

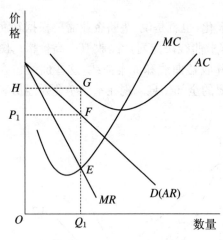

图 5.15 垄断企业的亏损决策

在垄断条件下不存在供给曲线。在完全竞争条件下,一个企业在短期的供给曲线和企业的边际成本曲线相同(平均可变成本曲线之上的部分)。当企业面对的价格变动时,企业产量的选择不过是在边际成本线上上下移动。但是,一个垄断企业生产的产量取决于它的边际成本曲线以及它所面临的需求曲线的现状。换句话说,一个垄断企业供给的产出数量并非与需求曲线无关,因此,垄断企业没有同它的需求曲线无关的供给曲线。

四、垄断企业的长期均衡

如果在短期内,垄断企业利用既定工厂规模获得了经济利润。从长期来看,它将通过工厂规模的调整,使自己获得更大的利润。而且,完全垄断意味着现在和将来都没有竞争对手加入被垄断的行业,企业获得的经济利润可以在长期中保持下去。

图 5.16 中的 LMC 和 LAC 分别表示垄断企业的长期边际成本和长期平均成本。和短期一样,长期中垄断企业按照 $MR = LMC$ 的原则,决定产量和价格分别是 Q 和 P,此时,垄断企业获得的利

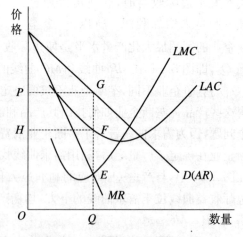

图 5.16 垄断企业的长期均衡

润就是 PGFH 的面积。由于进入壁垒的存在,其他企业无法进入行业来分享垄断企业的利润,垄断企业将在最优生产规模上把现有利润保持下去,实现长期均衡。

垄断企业的长期均衡条件为:

$$MR = LMC = SMC$$

垄断企业实现长期均衡时有:

$$P > LMC$$

五、价格歧视策略

以上我们考察了单一价格的垄断,但实际上很多垄断企业并不以单一价格经营,而是实现价格歧视。因为如果产出水平既定,垄断者可以通过价格歧视策略增加总收益和利润。

价格歧视,是指垄断企业为增加利润,以不同的价格出售成本相同的同一产品或服务的行为,或者说,企业对同一种商品用两种或两种以上的价格进行销售,就是价格歧视。例如,许多电影院对儿童和老年人收取低于其他观众的价格,就是一种价格歧视行为。如果不同价格反映了产品的质量和成本的不同,那么这只是价格差别而非价格歧视。即价格歧视强调的是同一产品或微小差异的产品在不同情况下向消费者索取不同的价格。价格歧视的特点表现在:价格歧视的实施者是垄断企业,价格歧视的目的是尽可能将消费者剩余转化为生产者剩余,以增加厂商利润。价格歧视策略就是企业企图为自己获取尽可能多的消费者剩余的策略。

价格歧视的实施必须满足三个前提条件:第一,企业必须有一定的市场影响力,能够在某种程度上决定市场价格。第二,企业必须有容易区别的、对产品有不同需求弹性的顾客群。只有具备这一条件,企业才有可能在需求弹性大的市场上制定较低的价格,在需求弹性较低的市场上制定较高的价格,通过价格歧视获得更多的消费者剩余。第三,市场是相互分隔的,即以较低价格购买某种产品的顾客,没有可能以较高的价格倒卖给别人,否则价格差异就不可能继续维持下去。

价格歧视按照程度分为三类:一级价格歧视、二级价格歧视和三级价格歧视。

一级价格歧视 一级价格歧视,也称为完全价格歧视,就是假定垄断者知道每一个消费者对任何数量的产品所愿意支付的最大货币量,而后以此来决定其价格,所确定的价格正好等于消费者对产品的需求价格,因此获得每个消费者的全部消费者剩余。一级价格歧视是一种极端的例子,它只有在垄断者的产品只有少数买者,以及垄断者知道消费者愿意支付的最高价格时,这种价格歧视才可能施行。

例如,假定某消费者购买4单位某种产品时须按5元价格共支付20元。又假定该消费者购买第一、第二、第三和第四单位产品时,所愿意支付的价格分别为8、

7、6、5元。该消费者剩余为6(26-20)元。现在垄断企业如果知道消费者的支付意愿,决定采取一级价格歧视策略,即垄断企业对第一单位要价8元,对第二单位要价7元,第三单位要价6元,对第四单位要价5元。这样,消费者购买4单位产品共需支付26元。本来的消费者剩余被全部转化为垄断企业的利润。

二级价格歧视 二级价格歧视指垄断企业依据消费者的同一条需求曲线,将产品划分为不同消费量的"区段",并对不同区段索取不同价格。消费量越大的"区段"价格水平越低,以此占有部分消费者剩余。例如,当消费者购买6单位产品时,其价格为5元;当消费者在6单位产品基础上再多购买6单位产品时,这新增的6单位产品的价格下降为4元,这就是二级价格歧视。二级价格歧视可用图5.17说明。

在图5.17中,假设消费者的需求曲线被分为三段:OQ_1,Q_1Q_2,Q_2Q_3,垄断企业在不同阶段采取不同价格政策。在OQ_1阶段,垄断企业制定P_1价格;在Q_1Q_2阶段,垄断企业制定P_2价格;在Q_2Q_3阶段,垄断企业制定P_3元价格。如果不采取价格歧视,垄断企业的总收益是矩形P_3DQ_3O的面积,消费者剩余为三角形ADP_3

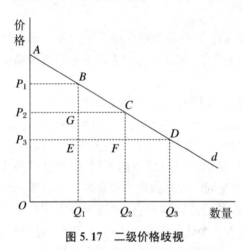

图5.17 二级价格歧视

的面积。实行二级价格歧视后,垄断企业将原来属于消费者剩余的矩形P_1BEP_3和矩形$GCFE$的面积转化为自己的利润。

三级价格歧视 三级价格歧视是指对不同类型的消费者,或对不同市场的消费者收取不同的价格。对消费者分类的主要依据有:收入、年龄、性别、地区等。例如,动物园门票定为儿童票价和成人票价两种,就是一种针对不同顾客群或市场的三级价格歧视。现以图5.18进行说明。

在图5.18中,垄断企业将产品市场分为需求价格弹性不同的市场1和市场2,市场1的需求价格弹性较大,而市场2的需求价格弹性较小,两个市场的需求曲线分别是d_1和d_2,与两条需求曲线对应的边际收益分别是MR_1和MR_2,两个市场的边际收益之和就是企业的边际收益MR。MR曲线与企业边际成本曲线的交点决定企业的均衡产量为Q,该产量须在两个分市场销售。如何在两个市场分配产量?如果产品在第一个市场销售的边际收益大于第二个市场的边际收益,那么企业一定会把产品从第二个市场运往第一个市场,增加第一个市场的销售量以获得更多的利润;反之,情况则相反。所以,可知垄断企业总是按照两个市场的边际收

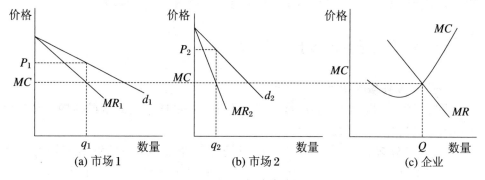

图 5.18 三级价格歧视

益相等并等于产品边际成本的原则来分配产量,即 $MR_1 = MR_2 = MC$。分配的结果如图 5.18 所示,市场 1 和市场 2 销售的产量分别是 q_1 和 q_2,从两个市场的需求曲线得到相应的价格 P_1 和 P_2。显然,在需求价格弹性较大的市场,产品的价格较低,而在需求价格弹性较小的市场,产品的价格较高。

三级价格歧视在垄断企业的价格决策中有比较广泛的应用。例如,在民航客票定价中,航空公司将潜在的乘机者划分为两种类型(相当于将客票销售分割成两个市场)。一类是因公出差人员,私企公司高级职员等。他们对乘机时间要求较高,对票价不计较。因而,对他们可收取相对高的票价,而在时间上给予优惠,允许他们提前一天定票。另一类是收入较低的旅行人员,淡季出游者等。这部分人群对时间要求不高,但在乎机票价格。对于他们,在票价上可相对较低,而在时间上要求对航空公司有利。这样,可以充分利用民航的闲置客运能力,增加公司收益。若不进行市场分割,实行单一的较高票价,就会把这部分潜在的消费者推出客运市场,公司的闲置客运能力便不能产生效益,这对公司是不利的。

【即问即答】
◇ 举出两个垄断的例子,并解释各自的原因。
◇ 举出两个价格歧视的例子,并说明分别属于什么类型的价格歧视。

第四节 垄断竞争市场上的企业行为

以上讨论了竞争和垄断两种比较极端的市场结构形式。介于竞争和垄断之间的市场结构称为不完全竞争,不完全竞争有两类:垄断竞争和寡头。

一、什么是垄断竞争

(一) 垄断竞争的特点

垄断竞争,是指存在许多出售相似但不相同物品的企业的市场结构。垄断竞争市场一般具有以下特征。

第一,有许多企业,每一个企业的市场份额都很小。垄断竞争市场上的企业一般都是中小企业,也有少数大企业。他们对市场可以施加有限的影响,是市场价格的影响者。由于企业数量多,任何一个企业的决策对其他企业的影响不大,因此每一个企业都自以为可以独立行动,而不去考虑其他企业的对策如何。

第二,各个企业的产品不是同质的,而是有差别的。每一个企业都试图使自己的产品具有差异性,形成某种特色。这种产品差别可以是质的差别,如由于采用的原材料、设计方案、工艺技术不同而具有不同的功能、质量;也可以是心理上的,如包装、商标、品牌、广告等,甚至销售区位、服务态度、服务时间等与产品无关的因素造成的区别。这些产品,首先是同类产品,其次是具有差异性的产品。

一方面,由于市场上的每种产品之间存在着差别,或者说,由于每种带有自身特点的产品都是唯一的,因此,每个企业对自己产品的价格都具有一定的垄断力量,从而使得市场中带有垄断因素。产品差别越大,企业的垄断程度越高。另一方面,由于有差别的产品之间又是相似的替代品,或者说,每一种产品都会遇到其他相似产品的竞争,因此,市场又具有竞争的因素。

第三,企业可以自由进入或退出该行业。企业进出障碍不大,因此,企业进入和退出一个行业是比较容易的。

垄断竞争是现实经济中的普遍现象,垄断竞争市场的例子如书籍、服装、家用电器及餐饮等市场。因此,垄断竞争市场是比较常见的。

(二) 垄断竞争企业的需求曲线

总体而言,在垄断竞争市场上,由于产品差别的存在,企业可以在一定程度上控制自己产品的价格,所以,同垄断企业一样,垄断竞争企业所面临的需求曲线向右下方倾斜。它意味着企业产品的销售量与价格之间是反方向的变动关系。同时,由于各企业之间的产品又都是很接近的替代品,市场中的竞争因素使得垄断竞争企业的需求曲线具有较大的弹性。因此,垄断竞争企业的需求曲线是一条比较平坦的向右下方倾斜的曲线。如图 5.19 中的 d 线。

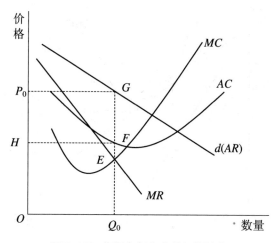

图 5.19 垄断竞争企业的短期均衡

二、垄断竞争企业的短期决策

在短期内，每一个有差别产品的生产者，即垄断竞争企业都是自己产品的垄断者，因此，垄断竞争条件下的短期企业均衡与完全垄断条件下的企业均衡是一样的。如图 5.19 所示，垄断竞争企业产品的需求曲线向右下方倾斜，与之对应的边际收益曲线是 MR 线。因为企业的目标是利润最大化，因此，企业选择边际收益等于边际成本的产量 Q_0，同时，企业收取买者愿意支付的价格 P_0，这个价格由需求曲线上与 Q_0 产量对应的 G 点决定。在企业产品的需求曲线和企业成本不变条件下，企业达到均衡状态，均衡产量和均衡价格分别是 Q_0 和 P_0。如图 5.19 所示的情形下，企业获得的短期利润等于矩形 P_0GFH 的面积。当然，在企业获得短期均衡时，情况并不总是如此。如果企业面临的需求状况不好或成本太高，企业也可能在短期均衡时出现亏损。不过，只要企业的产品价格大于平均可变成本，企业就会选择短期内继续生产。

三、垄断竞争企业的长期均衡

正如在完全竞争市场的企业一样，在长期内，垄断竞争企业能够改变其生产规模，并且可以比较自由地进入和退出行业。因此，典型的垄断竞争企业的长期均衡将出现在行业所有企业都具有零经济利润的时候，这类似于完全竞争市场的长期均衡。如图 5.20 所示，在需求曲线和长期平均成本曲线的切点 G 达到长期均衡，均衡产量和均衡价格分别是 Q_1 和 P_1。

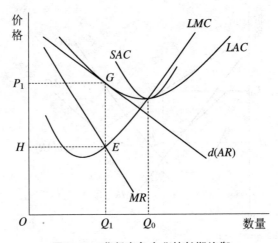

图 5.20 垄断竞争企业的长期均衡

那么长期均衡是如何达到的？假定垄断竞争行业中的企业有经济利润，如图 5.19 所示，经济利润激励新企业进入垄断竞争行业，企业数量增加，从而导致每个企业产品的需求减少，表现为企业面临的需求曲线向左移动，因为此时市场必须在更多的企业之间加以分割。当左移的需求曲线与企业的长期平均成本曲线（LAC）在边际收益和边际成本相等的产量上相切时，经济利润等于零，市场处于均衡状态。相反，如果企业存在经济亏损，它将促使现有企业退出行业，企业数量的减少，使得现有企业的需求增加，表现为企业产品需求曲线向右移动，直到右移的需求曲线与长期平均成本曲线相切，利润等于零时，实现长期均衡。所以，由于企业的进入和退出的作用，垄断竞争企业在需求曲线和长期平均成本曲线相切的位置（即图 5.20 中的 G 点）实现长期均衡，此时企业无改变现状的任何动机。

在垄断竞争企业长期均衡时，$MR = LMC$，企业实现利润最大化。垄断竞争市场的长期均衡有两个特点：

第一，与垄断一样，价格大于边际成本。这是因为利润最大化要求边际收益等于边际成本以及向右下方倾斜的需求曲线使边际收益小于价格。

第二，与竞争市场一样，价格等于平均总成本，即 $P = LAC$，这是因为自由进入和退出使得经济利润等于零。

垄断竞争企业在长期均衡时，相对于理想产量而言存在过剩生产能力。理想产量是指企业在长期平均成本最低点上的产量，如图 5.20 中的 Q_0 产量，生产理想产量的工厂规模称为有效工厂规模（以 SAC 表示）。企业长期均衡时的实际产量与理想产量之间的差额，称为过剩生产能力。垄断竞争企业长期均衡时的实际产量 Q_1 小于理想产量 Q_0，多余的生产能力是 Q_1Q_0。多余生产能力的产生是由于垄断竞争条件下以产品差异化为基础的价格竞争，企业可以在一定程度上通过改变自己产品的销售量来影响产品价格,从而使垄断竞争企业的需求曲线向右下方倾斜,所以垄断竞争企业在长期均衡时必然存在着相对于 LAC 曲线最低点的产量而言的过剩生产能力,这种过剩生产能力可以看成是产品多样化的代价。另一方面,它反映了经济生活中生产相似产品的小规模企业数量过多,因此,企业的数量应该减少。

四、垄断竞争企业的非价格竞争

在垄断竞争市场上,企业之间既存在价格竞争,也存在非价格竞争。就价格竞争而言,正如长期均衡状态所表明的,价格竞争会导致产品价格持续下降,最终使企业的利润消失。因此,现实中的垄断竞争企业往往采取非价格竞争的方式。

垄断竞争企业的非价格竞争来源于产品差异化。如果某一企业生产与竞争企业有区别的产品,该企业实施的就是产品差异化。所谓非价格竞争,就是企业采取产品差异化的方式竞争。产品差异化竞争有两个基本要素:质量和市场营销。

质量 产品的质量是使它区别于其他企业产品的物质特性,包括设计、可靠性、为消费者提供的服务以及消费者得到该产品的容易程度。一些企业的产品是精心设计且质量可靠,而且消费者能得到快捷而有效的服务。另一些企业提供较低质量的产品,这些产品可能设计粗糙,可能不能完美地发挥其功能。相比之下,前一类企业就会在竞争中取胜。

市场营销 由于产品差异化,垄断竞争企业必须营销它们的产品,广告和包装就是营销的两种常用手段。生产高质量产品的企业想以高价格销售它的产品,为此,它必须在一定程度上宣传和包装它的产品,使得消费者相信其产品值得付出高价格。例如,药品公司宣传和包装其名牌产品,目的是使消费者相信这些产品优于价格较低的其他普通药品。

垄断竞争企业进行非价格竞争的目的仍然是利润最大化。进行非价格竞争是需要花费成本的。例如改进产品性能会增加生产成本,增设售后服务网点和进行广告宣传,需要增加交易成本。一般的原则是,企业进行非价格竞争的成本必须小于由此增加的收益,否则,企业不能进行非价格竞争。

关于垄断竞争的经济效率,在西方经济学中,大多数人都是持赞成和肯定的观点。完全竞争下虽有大量的企业存在,但这大量的企业多属小企业,他们经常处于朝不保夕的竞争中,在经济、技术力量上都比较薄弱,所以他们在技术上不会有什么突破,缺乏推动社会技术进步的能力。完全垄断会阻碍社会技术进步,因为完全垄断的企业,只要凭借自己的垄断优势就能获得超额利润,他们经常失去了技术进步的动力。只有垄断竞争的企业,一方面为了在竞争中保持自己的垄断地位,会不断产生技术进步的动力。另一方面,垄断竞争企业一般都具有一定的生产规模,所以他们又具有技术进步的能力。第三,垄断竞争的企业凭借自己的垄断地位,不断地进行技术创新,同时还能使创新的技术能够保留一段时间。完全竞争条件下虽然价格较低,但产品单一,不能完全满足消费者日益增长的各种需要。而在完全垄断条件下,价格是比较高的,这对消费者来说,是一种损失,所以从消费者利益来看,完全垄断也是不理想的。只有在垄断竞争条件下,既能生产出多样化的消费品,又能通过竞争,产生比完全垄断低的价格,对消费者日益增长的需要来说,无论从哪方面看都是有利的。批评垄断竞争的经济学家们认为,在垄断竞争条件下,由于竞争的激烈和残酷,会造成社会上的失业存在,所以垄断竞争不如完全竞争。

【即问即答】
◇ 举出若干垄断竞争的例子,并列出垄断竞争的三个关键特征。
◇ 垄断竞争的长期均衡和完全竞争的长期均衡有何不同?

第五节 寡头市场上的企业行为

一、什么是寡头垄断

和垄断竞争一样,寡头垄断是介于完全竞争和完全垄断之间的一种市场结构。所谓寡头垄断,是指在某一行业中少数几家企业控制了该行业大部分产品的生产和销售,他们对该行业的价格和产量决定有着举足轻重影响的市场结构。我国电信业在2008年5月重组前,由中国电信、中国移动、中国联通、中国铁通、中国网通及中国卫通等6家运营商经营,2008年中国电信业实施新一轮重组方案,原6家运营商合并为3家,即新的中国移动、中国电信和中国联通,自此,中国电信业进入三家大企业垄断经营的"三国演义"时代。

寡头行业可按不同方式分类。根据产品特征,寡头分为纯粹寡头和产品差别寡头两种情况。纯粹寡头是指寡头生产无差别的产品并在市场上进行价格竞争。例如,钢铁、石油等行业,都容易产生纯粹寡头。产品差别寡头指的是这些寡头生产同类但有差别的产品,即他们的产品类别是一样的,但在外观、性能等方面存在着一定的差别。汽车、造船等行业,都容易产生产品差别寡头。根据寡头企业之间的行为关系,寡头分为竞争寡头和合作寡头。竞争寡头是指寡头企业之间是独立行动的,而合作寡头则是相互之间在产量和价格上进行某种勾结。

与完全竞争不同,寡头市场具有如下明显的特点:

少数企业控制市场 寡头垄断的市场上,一个行业由少数几家大企业所控制。这几家大企业可以生产完全相同的产品或有差别的产品,其产量在行业中占有很大的比重。

决策相互依存性 由于寡头市场上企业数量很少,以至于任何一家企业的价格和产量决策都会明显地影响市场上其他企业的销售量和价格。因此,每一个卖者必须根据同行业中其他企业的决策来制定自己的决策,同时,也必须考虑自己的决策对竞争对手可能产生的影响。所以,寡头企业之间是相互依存的。这是寡头市场不同于其他市场结构最显著的特点。

产量、价格决定不确定 寡头企业的行为相互影响、相互依存,但任何一家企业在制定自己的价格和产量决策时,都极少能够确定其他竞争者会做出怎样的反应。因此,处于寡头垄断地位的企业产量、价格决定的后果,具有很大的不确定性。

价格不是竞争焦点 由于以上不确定性的存在,必然使企业把价格变动的次数减少到最小,以避免价格竞争带来的不利后果。因此,在寡头市场上,价格和产量一经形成,就具有稳定性。寡头垄断者之间的竞争,主要不表现在价格上,而是集中于技术改造、推销活动、改变产品性质和设计方面。

二、寡头企业的竞争行为

(一) 弯折的需求曲线模型

弯折的需求曲线模型,也称斯威齐模型,该模型由美国经济学家保罗·斯威齐提出,用来解释一些寡头市场上产品价格的刚性现象。

该模型的基本假设条件是:如果一个寡头企业提高价格,行业中的其他寡头企业都不会跟着改变自己的价格,因而提价的寡头企业的销售量减少很多;如果一个寡头企业降低价格,行业中的其他寡头企业会将价格下降到相同的水平,以避免销售份额的减少,因而该寡头企业的销售量的增加是很有限的。

在上述假定情况下,寡头企业面临的需求曲线就是弯折的。现用图 5.21 加以说明,在图中,寡头企业有一条需求曲线 d 和另一条需求曲线 D。需求曲线 d 表示该寡头企业变动价格而其他寡头企业保持价格不变时,该寡头企业需求状况;需求曲线 D 表示行业内所有寡头企业都以相同方式改变价格(即同时降价)时,该企业的需求状况。假定开始时的市场价格为需求曲线 d 和需求曲线 D 交点 B 所决定的 P_1,那么,根据该模型的假设条件,该寡头企业由 B 点出发,提价所面临的需

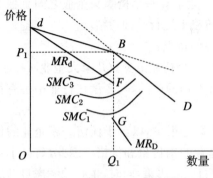

图 5.21 弯折的需求曲线模型

求曲线是需求曲线 d 上的实线部分，降价所面临的需求曲线是需求曲线 D 上的实线部分，于是，这两段共同构成的该寡头企业的需求曲线为 dBD。显然，这是一条弯折的需求曲线，弯折点是 B 点。这条弯折的需求曲线表示该寡头企业从 B 点出发，在各个价格水平所面临的市场需求量。由弯折的需求曲线可以得到间断的边际收益曲线。图中与需求曲线 dB 段所对应的边际收益曲线为 MR_d，与需求曲线 BD 段所对应的边际收益曲线为 MR_D，两者结合在一起，便构成了寡头企业间断的边际收益曲线，其间断部分为垂直虚线 FG。

利用间断的边际收益曲线，便可以解释寡头市场上的价格刚性现象。只要边际成本 SMC 曲线的移动不超出边际收益曲线的垂直间断范围，寡头企业的均衡价格和均衡数量都不会发生变化。例如，在图 5.21 中的边际收益曲线的间断部分 FG，SMC_1 曲线上升为 SMC_2 曲线的位置，寡头企业仍将均衡价格和均衡产量保持在 Q_1 的水平。除非成本发生很大变化，如成本上升使得边际成本曲线上升到 SMC_3 曲线的位置，才会影响均衡价格和均衡产量水平。

（二）竞争寡头的博弈策略

我们知道，在寡头市场上，企业之间的行为是相互影响和相互依存的。每个企业在决定采取某一行动之前必须对其他企业可能的反应作出自己的估计，并相应制定下一步的应对策略。企业行为之间的这种相互作用关系就是一种博弈。博弈是一种竞争态势，在该态势中，两个或更多的的参与者都在追求自己的利益，没有人能够支配结果。例如玩扑克牌就是一种博弈，两个企业进行的竞争性广告宣传活动也是博弈。

博弈论，也称对策论，研究各决策主体的行为发生相互作用时的决策以及这种决策的均衡问题。经济学家将寡头竞争看成一个博弈过程，并运用博弈论工具研究寡头市场。近 20 年来，博弈论作为分析和解决冲突和合作的工具，不仅在经济学理论研究中成为普遍应用的工具，而且在管理科学、国际政治、生态学等诸多领域得到广泛的应用。

（1）博弈的基本概念

任何一个博弈都有三个基本要素：参与者、策略和支付。参与者是指以自身效用最大化为目标的决策主体，它可以是个人或团体（如国家、企业等）。在每一个博弈中，至少有两个参与者。策略是指每个参与者所有可能的行为，博弈的结果取决于每个参与者所采取的策略。支付是参与者采取一定行动所得到的报酬,其支付可以为正,也可以为负。每个参与者所得到的支付都是所有参与者各自采取策略的共同作用的结果。描述和分析博弈的一个常用工具是支付矩阵。支付矩阵是表示每个参与者每种可能行为以及对应于其他竞争者每种可能行为的报酬的一览表。

如果博弈的所有参与者都不想改变策略时,博弈的结果存在一个均衡。纳什均衡是指给定其他参与者的策略情况下,每个参与者都确信自己选择的策略是最好的。换句话说,在一个纳什均衡里,如果其他参与者不改变策略的话,任何一个参与者都不会改变自己的策略。纳什均衡是预测参与者行为的最基本的概念。

(2)"囚徒困境"博弈

"囚徒困境"作为经典的博弈模型,是我们理解博弈思想的出发点。让我们从一个假设的刑事案例开始。

警察抓到两名犯有非法持有枪支罪的犯罪分子,同时,还怀疑他们曾合伙抢劫银行,但缺乏有力的证据证明他们犯有这种严重罪行。警察在分开的房间里审问两名犯罪分子之前宣布:第一,现有足够的证据证明两名犯罪分子犯有非法持有枪支罪,如果他们都对抢劫银行一事保持沉默,则要被判刑2年。第二,如果某人坦白,供出同伙,另一人保持沉默,坦白者从宽处理,判刑1年,保持沉默者被判刑15年。第三,如果两人都坦白,承认罪行,则都要坐10年牢。

假定犯罪分子(称甲和乙)的目标是追求最小刑期,两个犯罪分子博弈的结果如图5.22所示。在支付矩阵中,每个方格中左边的数字代表甲的收益,右边的数字代表乙的收益。首先分析参与者甲的策略选择。当乙选择坦白时,如果甲选择坦白,则判刑10年,而选择沉默则判刑15年,于是,甲的最好选择是坦白,因为

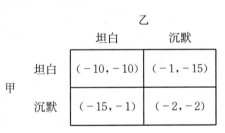

图5.22 "囚徒困境"博弈

坦白的刑期比沉默的刑期要小。当乙选择沉默时,如果甲选择坦白,则判刑1年,而如果选择沉默则判刑2年,于是,甲的最好选择是坦白。可见,不管乙是选择坦白还是选择沉默,甲都会选择最优的策略——坦白。其次分析参与者乙的策略选择。当甲选择坦白时,如果乙选择坦白,则判刑10年,乙如果选择沉默判刑15年,于是,乙的最好选择是坦白,因为坦白的刑期最小。当甲选择沉默时,如果乙选择坦白判刑1年,而如果选择沉默则判刑2年,于是,乙的最好选择还是坦白。也就是说,不管甲选择坦白还是沉默,对于乙而言最优的策略是坦白。在"囚徒困境"博弈中,甲乙两个囚犯都存在一种最优的选择,即坦白。无论其他参与者选择什么策

略,对每个参与者都是最好的策略,称为占优策略(或称上策)。当参与双方都选择自己的占优策略时的均衡状态称为占优策略均衡。

"囚徒困境"博弈表明:两个囚徒要实现共同的利益最大化,最好的选择是互相合作(同时保持沉默),这就是集体理性。但利己动机阻碍他们做出更好的选择,结果陷入了困境。这个例子也说明在博弈的环境里,个人理性和集体理性往往是不一致的。

"囚徒困境"博弈可以帮助我们理解为什么串谋比较困难。例如,2000年我国几家生产彩电的大企业合谋将彩电价格维持高位,他们搞了一个"彩电厂家价格自律联盟",并在深圳举行了由多家彩电企业老总参加的"彩电企业自律联盟高峰会议"。尽管政府当时无力制止这种事情,公众也不必担心彩电价格会上涨。这是因为,"彩电企业自律联盟"只不过是一种典型的"囚徒困境"博弈,彩电价格不会上涨。在高峰会议之后不到两周,国内彩电价格不是上涨而是一路下跌。这是因为企业老总们都有这样一种心态:无论其他企业是否降价,降价有利于自家企业的市场份额扩大。

(3) 只有一个占优策略的博弈

在"囚徒困境"博弈中,每个参与者都有一个占优策略或上策,那么该博弈就一定存在占优策略均衡。但是,在大多数博弈中,情况并非如此。每个参与者都发现,自己的最佳选择依赖于其他参与者的选择,只有一个占优策略的博弈就是如此。我们以考察两个相互竞争的寡头企业是否降价的情形为例。假设两个企业为 A 和 B。A 企业以产品一贯的价廉而获得顾客的好评,如果未能提供低价,它将失去很大一部分顾客。B 企业以质量服务更好赢得顾客的赞誉,由于在维持服务和质量上的成本较高,不愿意降价。但是如果针对 A 企业的降价不做出反应,也要失去一部分顾客。每家企业预期可获得的利润如图 5.23 所示。A 企业的利润(万元)是方格中左边的数字,B 企业的利润是右边的数字。A 企业有一个占优策略——降价,不管 B 企业怎么做,它选择降价策略的利润都会高一些。相比之下,B 企业没有占优策略,如果 A 企业降价,B 企业的最佳反应也是降价;而如果 A 企业选择不降价,B 企业选择不降价会更好。尽管 B 企业没有占优策略,但仍然可以推测博弈的结果:B 企业知道 A 企业的占优策略是降价,因而 A 企业会降价,因此 B 企业的最佳策略也是降价。所以,这一博弈的结果或纳什均衡就是两个企业都降价。只有一种占优策略的博弈有助于我们了解寡头企业之间的竞争。

		企业 B	
		降价	不降价
企业 A	降价	(500,250)	(600,100)
	不降价	(100,300)	(200,350)

图 5.23 降价博弈

(4) 没有占优策略的博弈

在"囚徒困境"博弈和降价博弈中有唯一的纳什均衡。事实上,一些博弈会有一个以上的纳什均衡。我们以"情侣博弈"为例加以说明。一对情侣对于如何度过周末有不同的想法:女方想看电影,而男方想看球赛。两人都希望和对方一同度过周末,而不愿分开行动(分开行动时任何收益都等于零)。因此,女方希望男方和自己一同看电影,而男方希望女方和自己一起看球赛,如图 5.24 所示。

在图 5.24 的情侣博弈中,双方都没有占优策略。例如,对于女方的选择而言,当男方选择电影时,女方的最好选择是电影,当男方选择球赛时,女方的最好选择是球赛。显然,女方没有占优的策略,女方的最优策略随男方的策略变化而变化。类似地,对于男方的选择来说,当女方选择电影时,男方的最

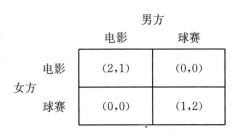

图 5.24 情侣博弈

优选择是电影,当女方选择球赛时,男方的最优选择是球赛,可见,男方也没有占优策略,男方的最优策略也随着女方策略的变化而变化。在这个博弈过程中,对于(电影,电影)策略组合,只要女方选择了电影,男方就会选择电影,并且不会改变。同样只要男方选择了电影,女方也不会改变对电影的选择。也就是说,如果男的已经买好了球赛的门票,女的当然就不再反对;反之,如果女的已经买好了电影票,男的也会与她一起去看电影。这里,策略组合(电影,电影)和(球赛,球赛)都是纳什均衡。

三、价格领导制

在寡头市场上,企业相互竞争往往会导致两败俱伤,所以企业总是寻求某种形式的合作,包括价格和产量计划的共同制定。但是,受到各国法律的限制,寡头企业之间的公开合作(串谋)是很少见的。不过,寡头行业里的企业非公开的合作还是不少的,其中,以非公开的价格合作较为普遍。

价格领导制指在一个寡头市场中,一个企业可能处于领导地位,他可以决定价格高低,其他企业处于从属地位,在领导企业决定价格之后,这些企业在短时期内将价格调整到相同水平。价格领导者应当愿意冒险首先调整价格;调整后如果其他企业不追随,那他就会蒙受损失。

价格领导制有三种主要形式:晴雨表式价格领导制、低成本企业价格领导制和

大企业价格领导制。

晴雨表式价格领导制 在晴雨表式价格领导制中,领导企业具有一种精确预计何时调整价格、调整到何种程度的能力。随着一个普遍的市场需求情况或原料市场的变化,领导企业就会做出判断,认为其他企业都愿意调整价格,他也愿意冒险而率先调整。如果其他企业相信领导企业所做出的判断,他们也将调整到领导企业所设定的水平。如果他们认为提价幅度太大,他们可能提价至较低水平,领导企业随后也降低至这一水平。如果其他企业未追随这种价格改变,领导企业将调回到原来的价格水平,它也随之失去领导地位。由于种种原因,价格领导者经常变化,但不管怎样,价格领导者应当对市场供求状况具有准确的知识,有能力觉察到企业之间的默契,愿意承担风险损失。

低成本企业价格领导制 在低成本企业价格领导制中,低成本企业具有巨大优势:它的成本比任何其他企业都低。于是低成本企业便具有了领导者的身份。如果其他企业不服从低成本企业所决定的价格,那将会在寡头企业之间掀起一场价格战。而在价格战中,最先被挤出市场的必然是成本较高的企业。面临着这种危险,其他企业不得不服从低成本企业所设定的价格。

大企业价格领导制 顾名思义,大企业价格领导制是指在市场中有一个相对于整个产业和其他企业的大企业。小企业接受大企业的价格领导,因为他们不愿意冒险率先调整价格,或者是因为在他们想调价时会有被大企业挤出市场的危险。例如,大企业可以迫使原料供应者与某一特定企业为难。在这种情况下,小企业接受大企业所决定的价格,只通过调整产量的方式使自身利润最大化。在这一点上他们同完全竞争企业一样,使自己的边际成本等于价格即边际收益,从而决定其产量和使其利润最大化。在这种价格水平上,正如完全竞争条件下的企业一样,小企业愿意卖出多少就可以卖多少;大企业对小企业的这种行为方式应该了解,并据此设法取得自己的最大利润。

对于寡头垄断的经济效率,一般认为:第一,完全竞争企业没有技术进步的能力,完全垄断企业又没有技术进步的动力。虽然垄断竞争企业在技术进步方面,既有能力又有动力,但垄断竞争企业在生产规模与资金能力上,与寡头垄断企业是远不能相比的。第二,寡头企业都是大型生产者,他们可以实现规模经济、降低成本和提高经济效益。第三,寡头垄断企业经济实力雄厚,可以投入巨额资金与人力来进行科学研究和技术开发。持批评意见的人们认为,在寡头垄断条件下,企业的均衡产量比较低,而均衡价格则比较高,说明资源得不到充分利用。同时,寡头垄断竞争的焦点不是价格,而是产品差别,因此,操纵价格、各寡头之间的勾结往往会抬高市场价格,损害消费者的利益和社会经济福利。

第五章 市场结构与企业行为

【即问即答】
◇ 从电信、移动及联通三家运营商的校园竞争现象,归纳寡头市场的特征。
◇ 占优策略均衡和纳什均衡的区别是什么?

内容提要

1. 由于竞争企业是价格接受者,竞争企业面临的需求曲线是在市场价格水平上的水平线,价格等于平均收益等于边际收益。

2. 为了使利润最大化,竞争企业选择价格等于边际成本的产量,因此边际成本曲线在平均可变成本曲线之上的部分是竞争企业的供给曲线。

3. 在短期中,由于生产成本和市场价格的限制,竞争企业的利润最大化产量可能带来经济利润,也可能带来亏损,如果价格小于平均可变成本,企业将选择停止生产。而在长期中,当企业不能收回其固定成本和可变成本时,如果价格小于平均总成本,企业将选择退出行业。

4. 在竞争市场上,长期中的经济利润为零。在长期均衡时,所有企业都在有效规模上生产,价格等于最低平均成本。

5. 垄断企业是市场上卖者唯一的企业。当一个企业拥有关键资源、拥有专利权和政府特许权以及可以较低的成本供给整个市场产品时,垄断就产生了。

6. 垄断企业面临的需求曲线是向右下方倾斜的市场需求曲线,因此垄断企业的边际收益总是小于物品的价格。

7. 垄断企业通过边际收益等于边际成本决定所生产的产量,在需求曲线上选择价格。垄断企业的价格高于边际成本。

8. 垄断企业根据买者的支付意愿对同一物品收取不同的价格,以此来增加利润,这就是价格歧视。价格歧视分为一级价格歧视、二级价格歧视和三级价格歧视。

9. 垄断竞争市场有三个特点:许多企业、有差别的产品和自由进出。

10. 垄断竞争的长期均衡有两个特点:第一,垄断竞争市场上的每个企业有多余的生产能力;第二,每个企业的经济利润等于零。

11. 寡头垄断指在某一行业中少数几家企业控制了该行业大部分产品的生产和销售,他们对该行业的价格和产量决定有着举足轻重影响。

12. 弯折的需求曲线模型解释了寡头市场上的价格刚性现象,"囚徒困境"博弈解释了寡头企业之间的竞争策略及其结果。价格领导制是寡头企业非公开串谋的体现。

关键术语

完全竞争　　价格接受者　　停止营业点　　长期行业供给曲线　　完全垄断　　自然垄断　　价格歧视　　垄断竞争　　寡头垄断　　纳什均衡　　占优策略

复　习

（一）思考题

1. 完全竞争市场有哪些基本特征？
2. 为什么完全竞争企业的需求曲线、平均收益曲线和边际收益曲线是重叠的？
3. 竞争企业如何决定其利润最大化产量？
4. 如果竞争行业的企业获得经济利润，供给、价格和利润在长期里会发生什么变化？
5. 完全垄断形成的原因是什么？
6. 完全垄断条件下企业的边际收益和价格存在什么关系？
7. 用图形说明垄断企业短期和长期均衡的形成和条件。
8. 垄断竞争市场为什么有垄断因素和竞争因素？
9. 什么是理想产量和过剩生产能力？
10. 寡头垄断的特点是什么？
11. 用图形说明弯折的需求曲线模型。
12. 什么是纳什均衡？

（二）选择题

1. 以下最接近于完全竞争市场的产品是（　　）。
   A. 汽车　　　　B. 香烟　　　　C. 报纸　　　　D. 农产品
2. 在完全竞争条件下，个别企业的需求曲线是一条（　　）。
   A. 与横轴平行的线　　　　B. 向右下方倾斜的曲线
   C. 向右上方倾斜的曲线　　D. 与横轴垂直的线
3. （　　）不是完全竞争市场的特征。
   A. 市场上有许多买者和卖者　　B. 销售的产品相同
   C. 企业可以自由进入和退出　　D. 企业在长期中有经济利润
4. 价格等于平均成本的点，叫（　　）。
   A. 收支相抵点　　　　B. 亏损点
   C. 停止营业点　　　　D. 获取超额利润点

5. 当产品的价格为6元,平均成本为11元,平均可变成本为8元时,竞争企业在短期内( )。
   A. 停止生产且亏损　　　　　　B. 继续生产且存在利润
   C. 继续生产但亏损　　　　　　D. 停止生产且不亏损

6. 与完全竞争相比,垄断市场通常引起( )。
   A. 高价格和高产量　　　　　　B. 高价格和低产量
   C. 低价格和低产量　　　　　　D. 低价格和高产量

7. 自然垄断产生的原因是( )。
   A. 专利法　　　　　　　　　　B. 自然资源的控制
   C. 版权　　　　　　　　　　　D. 规模经济

8. 当垄断企业在价格为8元时,可以出售3单位产品,为了出售4单位产品,价格必须降低为7元。出售第4单位产品的边际收益是( )。
   A. 6元　　　B. 4元　　　C. 2元　　　D. 1元

9. 当垄断企业确定其产量后,它收取的价格( )。
   A. 由边际收益和边际成本曲线的交点决定　　B. 与产量无关
   C. 等于它的平均总成本　　　　　　　　　　D. 由其需求曲线决定

10. 下列情形中,( )属于价格歧视。
    A. 基于不同的产品成本收取不同的价格
    B. 对夹克衫和西服收取不同的价格
    C. 向商务乘客收取比旅游乘客更高的飞机票
    D. 以上都不是

11. 在垄断竞争市场中,( )。
    A. 少数企业销售有差异的产品　　B. 许多企业销售相同的产品
    C. 少数企业销售同质产品　　　　D. 许多企业销售有差异的产品

12. 垄断竞争企业面临的需求曲线( )。
    A. 向右下方倾斜　　　　　　　　B. 向右上方倾斜
    C. 是垂直的　　　　　　　　　　D. 是水平的

13. 垄断竞争企业在利润最大化产量上生产,因此有( )。
    A. 价格等于边际收益　　　　　　B. 价格等于边际成本
    C. 边际收益等于边际成本　　　　D. 需求等于边际成本

14. 寡头垄断企业的产品( )。
    A. 是同质的　　　　　　　　　　B. 有差异的
    C. 既可以同质,也可以有差异　　D. 以上都不对

15. 下面更接近于寡头垄断的产业是( )。

A. 餐饮　　　　B. 汽车　　　　C. 服装　　　　D. 农产品
16. 如果寡头进行勾结,并成功地形成一个卡特尔,市场结果是(　　)。
A. 和垄断起作用时一样　　　　B. 和竞争起作用时一样
C. 有效的,因为合作提高了效率　　D. 纳什均衡

应　　用

1. 下列饮料分别属于哪种市场结构类型?为什么?
① 自来水;② 瓶装饮用水;③ 可乐;④ 啤酒。
2. 假设图书印刷行业是垄断竞争的,而且,开始时处于长期均衡。
① 画出描述该行业中一个典型企业的图形。
② 某高技术印刷公司发明了大幅度降低印刷成本的新工艺。当该公司的专利阻止其他企业使用该项专利新技术时,该公司的利润和短期中书的价格会发生什么变动?
③ 长期中,当专利到期而且其他企业可以自由使用这种技术时,会发生什么变动?
3. 在国内外教科书市场上,经济学教科书可谓品种繁多。然而,1998年当美国哈佛大学教授曼昆推出《经济学原理》之后,在美国初次印刷发行即达20万册,1999年该书中文版问世后不到半年内就销售了8万册。在竞争激烈的经济学教科书市场上,曼昆的《经济学原理》为什么能一枝独秀?试分析之。
4. 某出版商出版一本著名作家的新小说,其固定成本是200万元。市场需求预测表明,该小说有两类读者群,一类是崇拜者,有10万人;另一类是普通读者,有40万人。崇拜者愿意支付30元,普通读者愿意支付5元。假设,多印一本书的边际成本为0。如何定价使出版商利润最大化?
5. A、B 两家寡头共同占有一个市场。如果 A、B 都做广告,则各获得利润30亿元;如果两家都不做广告,则各获得利润40亿元;如果一家做广告,而另一家不做广告,则做广告者得到50亿元利润,不做广告者得到20亿元利润。试分析两家寡头的广告策略会有什么结果?

第六章 生产要素市场

学习目标

学习本章后,你应该能够:
➤ 解释生产要素价格与要素收入之间的联系
➤ 解释劳动市场中工资如何决定
➤ 解释资本市场中利率如何决定
➤ 解释土地市场中地租如何决定

人们通常以各种方式获得收入,工人以工资和福利津贴的形式得到收入,土地和资本的拥有者以地租、利息和利润的形式得到收入。但一名幼儿园教师的工资比一名职业篮球队员的工资要低得多。据资料,CBA本土球员的工资至少每年20~50万元,而上海的一名幼儿园高级教师每年的工资为6~7万元,这个事实并不会让你吃惊,但其中的原因却并不是显而易见的。当然,不同幼儿园教师的工资也是不同的,不同的职业球员的工资也是有差别的。例如,CBA的外籍球员的工资要比本土球员工资高很多。那么,为什么幼儿园教师的工资比职业球员的工资低?为什么本土球员的工资比外籍球员的工资低?正如经济学中的大部分问题一样,对这些问题的回答仍取决于供给和需求。劳动、土地和资本的供给和需求决定了支付给工人、土地所有者和资本所有者的价格,要素价格形成了人们收入的基本来源。为了回答上述问题,我们需要考察要素市场。

本章的任务是考察如何决定生产要素价格以及如何判断收入分配状况。学习本章有助于你了解企业的人力资源使用决策以及其他要素价格的决定机制。

第一节 生产要素价格与要素收入

生产要素是指生产物品与服务的资源。生产要素可以分成四类:土地、劳动、资本和企业家才能。就像物品和服务一样,生产要素可以在市场中交易。以生产要素为交易对象的市场就是生产要素市场。对于一个竞争性生产要素市场,同样包括生产要素需求和生产要素供给两个方面。需求和供给是理解竞争性要素市场的主要工具。

与一种物品的需求来自于消费者不同,生产要素的需求来自于企业,是企业对生产要素的购买。生产要素的需求是指企业在不同的要素价格下愿意并且能够购买的要素数量。同消费者的产品需求相比较,生产要素需求有以下特点:① 企业对生产要素的需求是派生需求或引致需求。产品市场上,消费者为了直接满足自己的吃、住、行等需要而购买产品的需求是直接需求。要素市场上,企业购买要素不是为了自己的直接需要,而是为了生产和出售产品以获得收益。企业对生产要素的需求是由于消费者对于产品的需求而引起的,因此称为"派生需求"。例如,由于人们对服装的需求而派生出对生产服装的机器、劳动和土地等要素的需求,没有服装需求,就没有生产要素的需求。② 企业对生产要素的需求是联合需求或共同需求。所谓"联合需求"是指同时对多种生产要素的需求。企业要进行生产活动,必须把所有的生产要素同时购买才能够进行生产,通常只拥有一种或两种生产要素无法生产。企业对某种生产要素的需求,不仅取决于这种要素本身的价格,也取决于其他要素的价格。

需求定理适用于生产要素。在其他条件保持不变时,要素价格越低,这种要素的需求量越大;反之,要素价格越高,这种要素的需求量越低。要素需求曲线是一条向右下方倾斜的曲线,如图 6.1 中的 D 线。

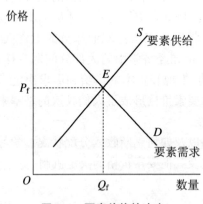

图 6.1　要素价格的决定

与一般的物品供给来自于企业不同,生产要素是由家庭提供的。供给定理也适用于生产要素的市场供给。在其他条件不变时,一种要素的供给量取决于它的价格。要素价格越高,要素的供给量越大;反之,要素价格越低,要素供给量越小。要素供给曲线是一向右上方倾斜的曲线,如图 6.1 中的 S 线。

生产要素价格是指为使用生产要素而支付的价格,它又分为两种价格:购买价格和租赁价格。生产要素的购买价格是一个人为无限期地拥有那些生产要素而支付的价格,例如为获得一块土地的所有权而支付的价格就是购买价格。租赁价格是一个人为了在有限时期内使用那些生产要素而支付的价格,例如租用别人土地 1 年的租金就是租赁价格。购买价格和租赁价格的区别反映了生产要素本身和生产要素提供服务的区别。社会对生产要素的价格和使用量决定于生产要素市场的供给和需求的均衡。也就是说,生产要素价格和使用量不是由任何一个要素供给者或需求者决定的,而是由市场上所有的要素供给者(要素所有者)和要素需求者(企业)共同决定的。图 6.1 表示生产要素市场的需求和供给的均衡。

在图 6.1 中,横轴表示要素的数量 Q,纵轴表示要素的价格 P,要素的市场需求曲线 D 和要素的市场供给曲线 S 相交于 E 点,决定了要素的均衡价格和均衡数量分别是 P_f 和 Q_f。

生产要素所有者获得的收入是其出售的要素量与要素价格的乘积。从事不同工作的人们所获得的不同收入主要是由他们提供的生产要素量和该生产要素的价格决定的,如果要素的供给或需求发生变化,人们能提供的生产要素的数量和价格也会发生变化,进而人们获得的收入也会随之改变。

第二节 劳动市场与工资

一、劳动的需求

为使分析简化,我们考察一个典型的企业。我们对这个企业有两点假设:第一,该企业在产品市场上(作为卖者出现)和在要素市场上(作为买者出现)都是完全竞争的。这意味着,该企业是价格接受者,不仅接受产品市场决定的产品价格,还要接受要素市场决定的要素价格。企业唯一要做的是决定出售多少产品和使用多少要素。第二,该企业以利润最大化为目标。因此,企业并不直接关心它生产的产品数量和使用多少要素。它只关心利润,企业的产量和要素需求量都基于利润最大化这个目标。

企业使用劳动的决策原则 劳动的市场需求产生于企业对劳动的需求。企业在一定的要素价格水平上,对要素的需求量取决于要素的边际生产力。边际生产力这一术语,是 19 世纪末美国经济学家克拉克首创并进一步用于其分配论之中。它指的是在其他条件不变前提下每增加 1 单位要素投入所增加的产量。边际生产力有两种表达方式,一种是边际物质产量(MP),即每增加 1 单位要素投入所增加的产量。另一种是边际收益产量(MRP),即增加 1 单位要素投入带来的产量所增加的收益。一般多用边际收益产量表示边际生产力,边际收益产量等于边际物质产量与边际收益的乘积,即 $MRP = MR \times MP$。

企业在决定投入多少生产要素时,必须比较生产要素使用的成本和收益,即追加1单位生产要素所获得的收益能否补偿他为使用该单位要素所需支付的成本。以劳动为例,劳动的边际收益产量是多使用1单位劳动所带来的总收益的变化。在完全竞争条件下,因为 $MR = P$,所以,劳动的边际收益产量是边际物质产量与产品价格的乘积,即 $MRP = MP_L \times P$。由于竞争企业的的产品价格不变,随着劳动数量的增加,劳动的边际产量在递减,因此,劳动的边际收益产量随着劳动量的增加而递减。

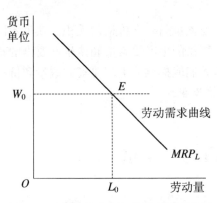

图 6.2 边际收益产量与劳动的需求曲线

我们用图 6.2 表示企业使用劳动的决策。在完全竞争条件下,企业接受的要素价格不变,多增加1单位劳动的成本等于工资率 W。图 6.2 中从 W_0 出发的水平线代表工资水平,向右下方倾斜的 MRP_L 线表示劳动的边际收益产量。为了使利润最大化,企业的劳动使用量要达到两条曲线相交的那一点 E。在 E 点的左边,劳动的边际收益产量大于劳动的工资率,企业增加劳动量会增加利润;反之,在 E 点的右边,劳动的边际收益产量小于劳动的工资率,企业减少劳动量可以增加利润。在 E 点,劳动的边际收益产量等于工资,企业不能通过改变劳动的使用量来增加利润,这时企业获得了可能的最大利润。所以,一个竞争性的、利润最大化企业使用的劳动量要达到边际收益产量和工资率相等的那一点,用公式表示如下:

$$MRP_L = W$$

劳动需求曲线 根据企业使用劳动的决策原则,企业在某一工资水平上的劳动需求量是工资率等于劳动的边际收益产量时的需求量。在不同工资上,边际收益产量曲线都表示了相应的劳动需求量,因此企业的边际收益产量曲线也就是企业的劳动需求曲线。因为,边际收益产量曲线向右下方倾斜,劳动需求曲线也向右下方倾斜,它表示在其他条件不变时,工资率越低,企业雇用的劳动量越多。图 6.2 中的边际收益产量曲线 MRP_L 同时代表了企业的劳动需求曲线。

企业的劳动需求曲线会因为产品价格的变化和技术变革而发生移动。边际收益产量是边际物质产量与产品价格的乘积。因此,当产品价格变动时,边际收益产量发生变动,从而劳动的需求曲线发生移动。例如,对于一个生产小麦的农场来说,小麦价格的上升提高了每个农场工人的边际收益产量,这会增加生产小麦的农场的劳动需求,劳动需求曲线(即边际收益产量曲线)向右移动。反之,小麦价格下降,降低了边际收益产量,也减少了劳动需求,劳动需求曲线向左移动。

技术进步通常增加了劳动的边际产量,从而增加了劳动的需求,劳动需求曲线向右移动。当然,有些技术进步也可能减少劳动的需求量。例如,节约劳动的技术进步就使劳动需求曲线向左移动。但是,历史表明,大多数技术进步是增加劳动需求的。

以上讨论的是企业的劳动需求,劳动的市场需求是所有企业劳动需求的总和。劳动的市场需求是把每一个工资水平上所有企业的需求量加总而产生的。因为每个企业的劳动需求曲线向右下方倾斜,劳动的市场需求曲线也向右下方倾斜。

二、劳动的供给

个人的劳动供给反映了劳动者如何根据机会成本的变动做出工作和闲暇的取舍决策。一般而言,消费者的总效用由收入和闲暇所提供。收入通过消费品的购买为消费者带来满足:收入越多,消费水平越高,效用满足越大。同样,闲暇也是一种消费品,闲暇时间越长,效用水平越高。然而,可供劳动者支配的时间是既定的,所以,劳动者需要在既定的时间约束条件下,合理地安排劳动和闲暇时间,以实现最大的效用。在既定时间内,劳动者供给多少劳动?这是由工资变动的替代效应和收入效应决定的。假定工资率是闲暇的机会成本,劳动供给量用工作时间表示。

替代效应 如果工资率较高,那么,劳动者享受闲暇的机会成本就越高。于是劳动者将减少闲暇的消费,闲暇时间的减少意味着劳动时间增加,也就是说,较高的工资促使劳动者更多地工作而放弃闲暇。因此,工资率的上升所产生的替代效应就是:在其他条件不变时,工资率越高,劳动者提供的劳动数量越多。

收入效应 工资率的提高,使得劳动者收入水平提高。这时,劳动者就会增加闲暇的消费。闲暇的增加意味着工作时间的减少,也就是说,当工资率提高以后,劳动者不必提供更多的劳动就可提高生活水平。所以,工资率上升的收入效应就是:在其他条件不变时,工资率越高,劳动者提供的劳动数量越少。

向后弯曲的劳动供给曲线 替代效应和收入效应是工资率上升对劳动供给量所产生的两个方面的影响。当工资率提高时,替代效应使劳动的供给量增加,而收入效应使劳动的供给量减少。因此,当工资率发生变化时,劳动供给量如何变动要取决于替代效应和收入效应的大小和对比。如果替代效应大于收入效应,那么,工资率提高使得劳动数量增加,即劳动的供给曲线向右上方倾斜;反之,工资率的提高会使劳动数量减少,劳动供给曲线向左上方倾斜。一般来说,在工资率较低的条件下,劳动者的生活水平较低,闲暇的成本相应也就较低,从而,工资率提高的替代效应大于收入效应,劳动的供给曲线向右上方倾斜。但是,当工资率持续提高时,闲暇的成本进一步增加,收入效应最终比替代效应更大,结果劳动供给数量减少。因此,劳动的供给曲线呈现出向后弯曲的形状。如图6.3所示,横轴表示劳动的供给量 L,纵轴表示工资水平 W,向后折弯的曲线 S 就是劳动的供给曲线。

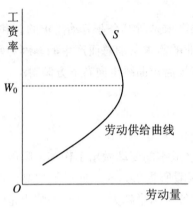

图6.3 劳动的供给曲线

劳动的市场供给曲线是个别劳动供给曲线的总和,把所有个人的劳动供给曲线水平相加就得到劳动的市场供给曲线,劳动的市场供给曲线一般向右上方倾斜。

三、工资的决定

(一) 工资概念

工资是指使用劳动所支付的价格。劳动者的劳动包括体力劳动和脑力劳动,现代社会,劳动总是体力劳动和脑力劳动某种程度的结合。工资有多种多样的形式。根据支付的方法,工资可分为计件工资和计时工资。计件工资是按照完成工作的数量计算的,计时工资是按照劳动的时间计算的,有日薪、周薪、月薪、年薪等。根据工资的形式,又可分为名义工资和实际工资。名义工资即货币工资,是指劳动者单位时间内由于付出劳动所得到的货币收入。实际工资是指劳动者用货币工资实际买到的各类生活资料和服务的数量。名义工资包括了物价上涨的因素,实际工资则扣除了物价上涨的因素。名义工资和实际工资有密切的联系,在其他条件不变的情况下,两者变动是一致的,即名义工资越高,实际工资也就越高,反之亦然。但两者的变动也经常不一致,即名义工资不变甚至提高,而实际工资却可能降低,这是因为,实际工资的水平不仅取决于名义工资的高低,还取决于物价的高低。如果名义工资不变,物价上涨,或者名义工资的提高赶不上物价上涨的速度,实际工资就会下降。

(二) 完全竞争条件下的工资决定

劳动的需求与供给共同决定了完全竞争条件下的工资水平和就业量,这可用图6.4说明。图6.4中,劳动的需求曲线与劳动的供给曲线相交于 E 点,表示劳动市场均衡。在均衡点上,均衡工资水平为 W_0,均衡的劳动量为 L_0。

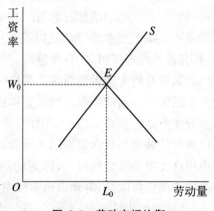

图6.4 劳动市场均衡

劳动的供给和需求的任何变化都会引起均衡工资水平变化。现在假定产品价格上升,这种价格上升并没有改变劳动的边际物质产量,但它增加了边际收益产量,使劳动的需求曲线向右移动,在供给不变时,均衡的工资水平上升,均衡就业量增加。例如我国新疆地区2010年棉花销售价格由原来的5元/公斤上涨到10.3元/公斤,结果,在新疆棉农的收入大幅度增加的同时,劳动的成本也上升了。2011年雇1个摘棉工从2010年的每小时9元上涨到每小时14元。同样,如果劳动的供给发生变动,也会导致工资和就业量的变化。

(三)不完全竞争条件下的工资决定

劳动市场往往并不是完全竞争市场,既可能存在着企业对劳动需求的垄断,也可能存在着工会对劳动供给的垄断。

买方垄断与工资的决定　在许多劳动市场上,对劳动的购买并非处于完全竞争的情况,而是处于买方垄断的状态。所谓买方垄断是指在劳动市场上只有一个雇主。该雇主对劳动的购买具有垄断性,例如在某些城镇或地区只有一家大的企业,该地区绝大部分的劳动者受雇于这家企业,在一些社区,大型超市是售货员的主要雇主。在这些情况下,企业对劳动的购买具有市场力量。和其他企业一样,买方垄断企业有一条向右下方倾斜的边际收益产量曲线,即图6.5中的MRP。这条曲线表示在不同的劳动量上企业所得到的收益情况。买方垄断企业面临的劳动供给曲线向右上方倾斜,如图6.5中的S曲线。这是因为企业是劳动的唯一需求者,要雇用到更多的劳动,就必须支付更高的工资,同样,它通过减少雇用的劳动量,可以支付更少的工资。向右上方倾斜的劳动供给曲线又决定了买方垄断企业的劳动的边际成本曲线是向右上方倾斜,并且位于劳动供给曲线的上方,即图6.5中的MFC曲线。这是因为买方垄断企业在多雇用1单位劳动时必须支付更高的工资,而对原来低价雇用的劳动必须支付同样较高的工资,否则就难以雇用到需要的劳动量。例如,假定企业雇用第1个工人的工资率是10元,雇用第2个工人时的工资率是12元,但是,正在雇用第2个工人时必须同样支付给第1个工人12元,而不是10元。在这种情况下,雇用第2个工人的边际成本就不仅仅是12元,而是要加上多支付给第1个工人的2元工资,即14元,其余以此类推。所以,买方垄断企业每增加1单位劳动的成本要大于劳动的价格,劳动的边际成本曲线(MFC)位于劳动供给曲线的上方。

为了实现利润最大化,买方垄断企业按照劳动的边际成本等于劳动的边际收益产量决定雇用的劳动量。这就是说,企业想使雇用最后一个工人的成本等于它带来的收益。在图6.5中,劳动边际收益产量曲线和劳动的边际成本曲线的交点的劳动量就是企业雇用的利润最大化劳动量。为雇用这个劳动量,企业必须支付的工资由劳动的供给曲线决定,即W_1。与竞争性劳动市场相比较,买方垄断企

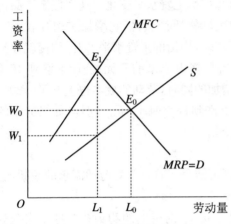

图 6.5 买方垄断的劳动市场

所雇用的劳动量较少,支付的工资率也较低。图 6.5 中,E_0 点代表了竞争性劳动市场的均衡点,其工资率为 W_0,雇用的劳动量是 L_0。不难看出,$L_1 < L_0$,$W_1 < W_0$。

工会与工资的决定 从当前西方国家的情况来看,工会在工资的决定中起着重要的作用。工会对工资决定的影响主要体现在如下三点。

第一,增加对劳动的需求。在劳动供给不变的条件下,通过增加对劳动需求的方法来提高工资,不但会使工资增加,而且可以增加就业。工会通过议会或其他活动来增加出口、限制进口、实行保护贸易政策等办法来扩大对商品的需求,从而提高对劳动的需求,也可以提高工资。如图 6.6 所示:需求曲线 D_0 和供给曲线 S_0 相交于 E_0 点,工资水平在 W_0 的水平。由于工会实施了以上措施,会使对劳动的需求增加,需求曲线 D_0 则会向右移动,形成新的需求曲线 D_1,和供给曲线有了一个新的交点 E_1,工资水平上升到 W_1。工会的这种做法是在供给不变的情况下,刺激需求,使需求曲线向右移动。

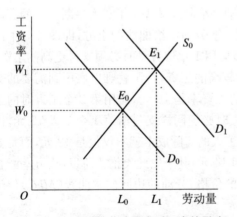 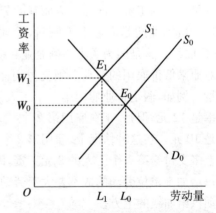

图 6.6 工会增加劳动需求对工资的影响　　图 6.7 工会减少劳动供给对工资的影响

第二,减少劳动的供给。在劳动需求不变的条件下,通过减少劳动的供给同样也可以提高工资,但这种情况会使就业减少。工会可以通过限制非会员受雇、迫使政府通过强制退休、禁止雇用童工、限制移民、减少工作时间的法律等方法来减少劳动的供给,以提高工资。如图 6.7 所示:S_0 曲线和 D_0 相交于 E_0 点,此

时工资水平在 W_0。在工会采取以上措施后,劳动的供给减少,致使 S_0 曲线向左移动,形成新的供给曲线 S_1,它和需求曲线 D_0 相交于 E_1 点,此时工资水平上升到 W_1,而劳动雇用量为 L_1。工资是由劳动的供给和需求共同决定的,在假设需求不变的情况下,供给变化必定会影响工资水平的变化,它向左移动,供给曲线和需求曲线的交点也会随之向上移动,也就会造成工资水平的上升,工人收入的增加。

第三,最低工资法。工会迫使政府通过立法规定最低工资,这样,在劳动的供给大于需求时也可以使工资维持在一定的水平上。这种方法对工资和就业的影响可以用图 6.8 来说明。在图中,劳动的需求曲线 D 和劳动的供给曲线 S 相较于 E 点,决定了工资水平为 W_0,就业数量为 L_0。最低工资法规定的最低工资是 W_1,W_1 大于 W_0,这样能使工资水平维持在较高的水平。但在这种工资水平上,劳动的需求量为 L_2,劳动的供给量为 L_1,有可能出现失业现象。

以上是西方工会通过自己的努力对工资形成的影响。工会对工资的影响也是有限度的,一般的,它取决于工会本身力量的大小、工会与企业双方力量的对比、整个社会的经济状况及政府的干预程度等。但从长远来看,劳动的供求仍然是决定工资的关键因素。我们这里分析的工会对工资的影响,也是做了很大程度的假设,在忽略其他因素对工资的影响的前提下,对于工会这个维护工人利益的组织,它从自身角度出发所能做到,并积极努力去做到的事情。我们应该清楚地认识到,工会的以上这些

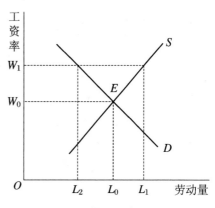

图 6.8 最低工资法限制

做法在很大程度上会提高工人的工资,但也会带来其他对工人不利的问题,比如限制供给的方法,会给社会带来的问题是就业水平的下降,也就是说在一部分人工资上升的同时,一部分人会失去工作,成为失业者。所以它的工作是需要不断发展和完善的。

【即问即答】
◇ 举例说明边际收益产量与边际收益的区别。
◇ 列举出使劳动需求移动的例子,并解释为什么能够这样。

第三节 资本市场与利息

一、资本与利息概念

"资本"一词有很多种含义,在不同场合有不同的用法。从企业生产的角度看,资本是指资本物,即生产过程中使用的各种物品,包括工具、机器、设备、建筑物和原材料等。资本物品的数量用某个时点上的实物数量表示,这个实物数量也称存量。存量每年都在变化,它随着旧的资本物的逐渐消耗而减少,并随着企业购买新的资本物品而增加。企业购买资本物品的行为称为投资。资本存量变化的一个重要来源就是企业的投资。企业用于购买资本物品的货币称为货币资本或金融资本。

资本市场是企业获得货币资本或金融资本的渠道和场所。交易资本物品的市场不是资本市场,它们是产品市场,类似于面包这样的市场。例如,推土机的交易数量和交易价格是由推土机市场决定的,而不是资本市场决定的。资本市场的交易对象不是物质资本,而是货币资本。对于很多人来说,需要在资本市场中借贷以购买住宅,或在资本市场中贷出资金获得资本收益。资本市场的具体形式,有股票市场、债券市场、银行信贷市场等。

利息是资本市场中货币资本的价格。作为货币资本的价格,利息通常用相对数——利率来表示。利率是利息在每一单位时间内(例如一年内)在货币资本中所占的比例。例如,货币资本为10000元,利息1年为1000元,则年利率为10%。之所以存在利息,一种解释是,人们具有一种时间偏好,即在未来消费和现期消费中,人们是偏好现期消费的。人们现在消费一单位商品比未来消费一单位商品的效用大。之所以这样,是因为未来是难以预期的。因此,要使人们放弃现在消费,把货币作为资本,就应该给予消费者一定补偿,这种补偿即利息。

利息在这里是资本所有者收入的一种简化形式,资本所有者的收入有多种具体形式。资本所有者向企业提供资本有两种方式:一是借贷,二是投资入股。资本所有者如果将资本借贷给企业使用,企业将以利息形式支付资本的收入,例如债券持有者和银行储户获得的是利息。资本所有者如果在企业投资入股,企业将以红利的形式支付资本的收入,甚至以"留存收益"的形式在未来为家庭赚得更多的收入。

二、资本的需求

资本市场的需求者包括家庭、企业和政府。这三者需要资本的原因并不相同,但以企业的需要最有代表性,所以我们以企业的资本需求作为分析对象。企业对货币资本的需求产生于它对物质资本的需求,也就是说,企业之所以需要货币资本,是因为它要购买机器设备等。在给定时期内,企业计划借贷的数量由计划投资的数量决定。这种投资决策的目的是获得利润。利润大,企业的投资数量多;反之,利润小,企业投资的数量少。一般来说,决定企业投资和借贷数量的因素是资本的边际收益产量和利率。

资本的边际收益产量是多使用1单位资本所带来的总收益的变化。例如,企业购买一台新电脑及其配套软件。它在接下来的2年时间里每年为企业增加了2万元的收入,我们就说这台电脑的边际收益产量是每年2万元。随着资本数量的增加,资本的边际收益产量减少,在这方面资本与劳动类似。如果企业购买第2台电脑,企业总收益的增加额将低于第1台电脑所带来的2万元。利率是企业投资的成本,包括使用自有资金和借贷资金的成本。很显然,利率越高,在资本市场中计划投资和借贷的数量将越少。利率越低,企业在资本市场中计划投资和借贷的数量越大。

企业的资本需求曲线表示在其他条件不变时,企业对货币资本的需求量与利率之间的关系。资本的市场需求曲线是所有企业的需求曲线的水平加总,如图6.9所示。在图中,KD表示资本的市场需求曲线,它向右下方倾斜,反映了资本的市场需求量与利率之间的反方向变化关系。

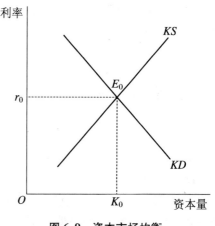

图6.9 资本市场均衡

三、资本的供给

企业用来购买资本物品的货币资本直接或间接地来自家庭的储蓄。储蓄是把当前的收入转化为未来消费的行为。当一个家庭决定其收入的一部分不消费时,它就在储蓄,并且通过资本市场把这些储蓄转移给使用它们进行投资的企业。例如,假设某企业打算购买一台价值10000元的机器,同时某个家庭决定在其收入中储蓄10000元。这个储蓄就是通过银行信贷市场或股票市场、债券市场,转化为企业的投资。所以,资本的供给来自于人们的储蓄决策。决定人们储蓄决策的主要要素是收入水平、预期的未来收入和利率。我们来看看这些因素是如何影响人们的储蓄决策的。

人们的收入总是被分为储蓄和消费两个部分。储蓄代表了未来的消费,要增加未来的消费,现在就要储蓄。当人们收入增加时,会倾向于增加当前和未来的消费。因此,在其他条件不变时,人们的收入越高,储蓄也越多。

如果人们当前的收入很高,而预期的未来收入很低,那么他的储蓄水平将会很高。如果人们当前的收入较低,而预期的未来收入很高,他的储蓄水平将会很低。这就是说,预期的未来收入高低与储蓄反方向变化。

在资本市场上,人们会把现在的支出和未来的收入做比较。今天储蓄1元钱在明天就会增长为1元加上利息。利率越高,今天储蓄的1元在未来的收入就越大。因此,利率越高,当前消费的机会成本就越大,所以,随着利率的上升,人们的储蓄越来越多。

资本的供给曲线表示在其他条件不变时,资本的供给量与利率之间的关系。图6.9中的 KS 是资本的供给曲线,它向右上方倾斜,意味着利率的提高导致资本的供给量增加。

四、利率的决定

利率的高低由资本市场的供求决定。在图6.9中,横轴表示资本的数量 K,纵轴表示利率 r,向右上方倾斜的曲线 KS 代表资本的供给曲线,向右下方倾斜的曲线 KD 代表资本的需求曲线。在资本的供给曲线和需求曲线的交点实现资本市场的均衡,如图6.9中的 E_0 点所示。r_0 代表均衡利率,K_0 代表均衡资本量。如果利率高于均衡利率,高利率使得资本的需求量减少,资本的供给量增加,结果导致利率下降,直到市场利率等于均衡利率。如果利率低于均衡利率,较低的利率使得资本的需求量增加,而资本的供给量减少,结果导致利率上升,直到等于均衡利率。

如果因为某种原因使得资本的需求增加,资本的需求曲线向右移动,在资本供给曲线不变时,均衡利率提高;反之,资本的需求减少,资本的需求曲线向左移动,均衡利率下降。同样,如果资本的供给增加,资本供给曲线向右移动,均衡利率下降;反之,资本供给减少,资本供给曲线向左移动,均衡利率上升。

利率在市场经济中具有"牵一发而动全身"的效应,对经济的发展发挥着至关重要的作用。

利率在宏观经济活动中的作用　① 利率能够调节社会资本供给。利率提高,国民储蓄率上升,借贷资本增多,社会资本供给就增加;反之,社会资本供给就会减少。② 利率可以调节投资。利率对投资在规模和结构两方面都具有调节作用。企业进行投资使用借贷资本时,如果利率降低,企业贷款成本降低,投资成本相对减少,就会增加投资,从而使整个社会投资规模扩大;反则反之。③ 利率可以调节社会总供求。利率对供求总量的平衡具有一定的调节作用。总需求与市场价格水平、利率之间有着相互联系、相互作用的机制。由于生产者和消费者进入市场从事经济活动,市场机制通过价格水平和利率水平的变动在一定程度上能够调节各个企业和消费者的投资与储蓄活动,有利于实现总供给和总需求的平衡。

利率在微观经济活动中的作用　对企业来说,利率能够促进企业加强经济核算,提高经济效益。企业利润＝销售收入－(产品成本＋利息＋税金)。应付利息的多少影响企业利润,而利息的多少,又与企业占有信贷资金的多少、占用的时间长短以及利率高低有关。对个人而言,利率影响其经济行为,利率能够诱发和引导人们的储蓄行为。利率可以引导人们选择金融资产,金融商品主要由利率决定收益率高低。

> 【即问即答】
> ◇ 举例说明资本物品与货币资本的区别和联系。
> ◇ 什么决定利率的大小?

第四节　土地市场与地租

一、土地的概念与特点

土地是一个含义广泛的概念,它泛指生产中使用的自然资源,不仅包括土地,还包括江河、山川、海洋、矿藏、阳光等。土地是大自然所赋予的。在经济学传统里,把可以人为进行再生产的物质称为资本,而把那些非人为的自然界赋予的东西称为土地。

土地有两个基本的特点:① 土地的地理位置是固定的,不能移动的。这就导致土地在分布、天然肥沃程度等方面有很大差别。土地位置的固定性影响到人们生产生活的便利程度,进而影响到土地的收益。② 土地的数量是固定不变的。土地的特点被描述为"原始的和不可毁灭的"。说它是原始的,因为它不能被生产出来;说它是不可毁灭的,因为它在数量上不会减少。土地数量既不能增加,也不能减少,因而是固定不变的。或者也可以说,土地的"自然供给"是固定不变的,它不会随着土地价格的变化而变化。

二、土地市场均衡与地租的决定

地租是土地的租赁价格,它是土地所有者提供土地生产要素所得到的报酬。地租也是由土地市场的供求均衡决定的,如图6.10。

土地的需求反映了土地的边际生产率。和使用劳动要素一样,企业租用土地的数量一直到土地的边际收益产量等于土地的租赁价格时为止。因此土地的需求曲线也就是土地的边际收益产量曲线,它向右下方倾斜,如图6.10中的 LD 曲线所示。

为简单起见,土地的供给被假设为没有弹性,即不管土地的租赁价格如何,土地的供给量都保持不变。因此土地供给曲线是一条不能移动的垂直线,如图6.10中的 LS 曲线所示。

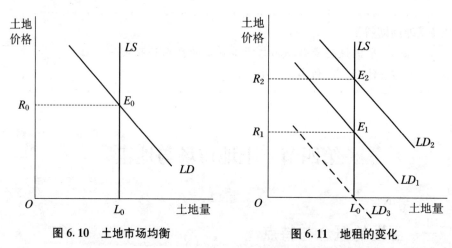

图 6.10　土地市场均衡　　　　图 6.11　地租的变化

图 6.10 中,横轴代表土地量,纵轴代表土地价格,土地供给曲线和土地需求曲线相交于 E_0 点,决定了地租为 R_0,土地使用量为 L_0。

随着经济的发展,人口的不断增长,对土地的需求不断增加,而土地的供给既定,这样,地租就有不断上升的趋势,可用图6.11说明。土地的需求曲线由 LD_1 移动到 LD_2,表明市场对土地的需求增加了,但土地的供给仍为 LS,LS 与 LD_2 相交于 E_2 点,决定了地租为 R_2,R_2 高于原来的 R_1,说明由于土地需求增加,地租水平上升。而如果土地的需求曲线移动到 LD_3,则地租等于零。由此,也可以得出一个结论:地租产生的直接原因是土地需求的增加,或者说,土地需求曲线的右移。

土地需求曲线向右移动的原因可能是土地产出价格的提高,也可能是土地的边际生产力提高。如果假定技术不变,从而土地边际生产力不变,则地租仅由土地产品的价格的上升而产生,并且随着产品价格的上涨而不断上涨。

三、准地租与经济租金

依照上面的分析,地租是当土地供给固定时的土地服务价格,这里土地服务价格只与固定不变的土地有关。但在很多情况下,不仅土地可以看成不变的,还有许多其他资源在某些情况下也可以看成固定不变的。例如某些人的天赋才能,就和土地一样,其供给是自然固定的。这些固定不变的资源也有相应的服务价格,这种服务价格与土地的地租类似,一般把这种供给数量固定不变的资源的服务价格叫做租金,地租就是土地这种资源的租金。

准租金 进一步来看,租金意义上的资源固定显然是相对的。在现实中有些生产要素在长期中是可变的,但在短期使用中却是固定的。例如由于企业短期中生产规模不变,其固定生产要素对企业而言就是固定供给的,它不能从现有用途中退出而转到利润较高的其他用途中去,也不能从其他地方得到补充。这些生产要素的服务价格在某种程度上类似于租金,被称为准租金。准租金又称准租,是指对供给量暂时固定的生产要素的支付,即短期内固定生产要素所带来的收益。在短期内,不论这种固定生产要素是否取得收入,都不会影响其供给。只要产品的销售价格能够弥补平均可变成本的支出,就可以利用这些固定生产要素进行生产。在

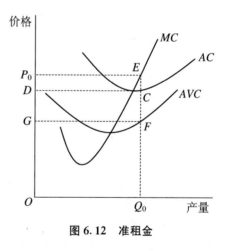

图 6.12 准租金

这种情况下,产品价格超过其平均可变成本的余额,代表固定生产要素的收入。如图 6.12 所示,价格为 P_0,产量为 Q_0,这时的总可变成本为矩形 $OGFQ_0$ 的面积,它是企业对生产 Q_0 产量所投入的可变生产要素的支出。固定生产要素得到的支付是矩形 P_0EFG 的面积,这部分称为准租金。如果从准租金中减去固定总成本矩形 $DCFG$ 的面积,则得到的经济利润为矩形 P_0ECD 的面积。可见,准租金是固定总成本与利润之和。当经济利润等于零时,准租金等于固定成本,当有经济亏损时,准租金小于固定成本。

经济租金 经济租金指生产要素所有者所得到的实际收入高于他所希望得到

的收入的部分。例如,一块土地可能被所有者以每年3万元租给一家工厂,有可能以每年2万元租给一个农民放牛。在所有者把土地租给企业建立工厂的情况下,租金是3万元,这是要素收入。该土地在其他场合的收入是2万元,这是机会成本。经济租金是1万元,即3万元减去土地次优使用时的2万元。一个足球运动员每年挣得30万元,如果做其他工作,他可能得到6万元。在这种情况下,他得到的经济租金是24万元。经济租金与准租金不同的是,准租金只是在短期内存在,而经济租金则长期存在。经济租金的几何解释类似于所谓的生产者剩余。图6.13中,S曲线为要素供给曲线。在要素供给曲线以上、要素价格R_0以下的$\triangle R_0 EF$的面积为生产要素得到的经济租金。按照要素供给曲线,要素所有者提供L_0要素愿意接受的最低要素收入是梯形$FEL_0 O$的面积。因此,即使去掉经济租金,也不会影响要素供给量。

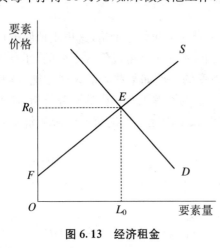

图 6.13 经济租金

经济租金的大小与要素供给曲线的形状有关。供给曲线越陡峭,经济租金部分就越大。极端地说,当要素供给曲线垂直时,全部要素收入变为经济租金。在另一个极端,如果要素供给曲线是水平的,则经济租金完全消失。总之,经济租金是要素收入的一部分,该部分并非是获得该要素用于当前用途之中所必需的,它代表了要素收入中超过其在其他场合所可能得到的收入部分。简单说,经济租金是要素收入与其机会成本之差。

【即问即答】
◇ 举例说明地租由需求决定的原理。
◇ 举出经济租金的一个实例。

第五节 收入分配平等程度的衡量

以上从生产要素价格的角度介绍了收入的市场分配原理,但由于人们提供的生产要素数量、种类以及生产要素价格的不同,市场在决定人们收入时往往会造成收入分配的不平等。本节介绍两个有关收入分配平等程度衡量的概念:洛伦兹曲线和基尼系数。运用洛伦兹曲线与基尼系数,衡量一个国家的社会收入分配,或进行国家间收入分配状况比较,是目前世界上通用的做法。

一、洛伦兹曲线

洛伦兹曲线是用来反映社会收入分配(或财产分配)平均程度的一条曲线,它是美国统计学家 M·O·洛伦兹在 1905 年提出的。洛伦兹将社会总人口按收入由低到高的顺序平均分成 5 个等级,每个等级均占 20%的人口,再计算每个等级的收入占国民收入的比重,制成收入分配表。假定一国收入分配情况如表 6.1 所示。

表 6.1 某国收入分配情况

级别	人口百分比(%)	人口累计	收入百分比(%)	收入累计
1	20	20	6	6
2	20	40	12	18
3	20	60	17	35
4	20	80	24	59
5	20	100	41	100

根据表 6.1 可作图 6.14。以横轴代表人口百分比(P),纵轴代表收入百分比(I),分别在横坐标和纵坐标上标明每个等级的人口占总人口的百分比和每个等级的人口的收入占社会总收入的百分比,连接各等级的这两个百分比率的坐标点所形成的一条曲线,就是洛伦兹曲线。图中的 45°线 OY 为收入分配绝对平均线。因为在这条线上,各级人口得到的收入完全相等,即线上的任何一点都表示各级人口占总人口的百分比与各级人口的收入占总收入的百分比都相等,每 20%的人口都得到 20%的收入。图中的 OPY 线是收入分配绝对不平均线,这条线表示全社会成员中,除了最后一个人占有全部收入外,其余人的收入都为零。而反映了实际收入分配状况的洛伦兹曲线介于绝对平均曲线与绝对不平均曲线之间。在这条线上,除了起点(O)和终点(Y)以外,线上的任何一点到两轴的距离都是不相等的。

从洛伦兹曲线的形状可以看出,实际收入分配曲线与绝对平均线越接近,表明社会收入分配越接近平等;反之,实际收入分配曲线越接近绝对不平均曲线,则表明社会收入分配越不平等。如果把收入改为财产,洛伦兹曲线反映的就是财产分配的平均程度。

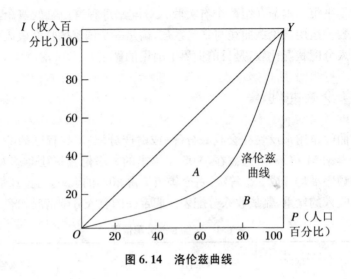

图 6.14 洛伦兹曲线

二、基尼系数

基尼系数是指根据洛伦兹曲线计算出的反映社会收入分配均等化程度的指标,是意大利经济学家基尼提出的。在图 6.14 中,设实际收入分配曲线与收入分配绝对平均线之间的面积为 A,实际收入分配曲线与收入分配绝对不平均曲线之间的面积为 B,则基尼系数 G 为:

$$G = \frac{A}{A+B}$$

当 $A=0$ 时,基尼系数 $=0$,表明社会收入分配绝对平均;当 $B=0$ 时,基尼系数 $=1$,表明社会收入分配绝对不平均。而实际上,基尼系数通常介于 0 和 1 之间,基尼系数越小,表明社会收入分配越趋于平等;基尼系数越大,表明社会收入分配越趋于不平等。

基尼系数是国际上常用的一种收入差距的测量指标。按照国际通常标准,基尼系数在 0.3 以下为最佳的平均状态,0.3～0.4 为正常状态,超过 0.4 为警戒状态,达到 0.6 则属于危险状态。一般发达国家的基尼指数在 0.24 和 0.36 之间,美国偏高,为 0.4。中国内地和香港的基尼系数都超出 0.4。

改革开放以来,我国在经济增长的同时,贫富差距逐步拉大,综合各类居民收入来看,基尼系数越过警戒线已是不争的事实。我国基尼系数已跨过 0.4,达到了 0.46。中国社会的贫富差距已经突破了合理的限度,总人口中 20% 的最低收入人口占总收入的份额仅为 4.7%,而总人口中 20% 的最高收入人口占总收入的份额高达 50%。突出表现在收入份额差距和城乡居民收入差距进一步拉大、东中西部地区居民收入差距过大、高低收入群体差距悬殊等方面。将基尼系数 0.4 作为监控贫富差距的警戒线，应该说，是对许多国家实践经验的一种抽象与概括，具有一定的普遍意义。但是，各国、各地区的具体情况千差万别，居民的承受能力及社会价值观念都不尽相同，所以这种数量界限只能用作宏观调控的参照系，而不能成为禁锢和教条。目前，我国共计算三种基尼系数，即农村居民基尼系数、城镇居民基尼系数和全国居民基尼系数。基尼系数 0.4 的国际警戒标准在我国基本适用。从我国的客观实际出发，在单独衡量农村居民内部或城镇居民内部的收入分配差距时，可以将各自的基尼系数警戒线定为 0.4；而在衡量全国居民之间的收入分配差距时，可以将警戒线上限定为 0.5，实际工作中按 0.45 操作。

据国家统计局统计指标表明，近年中国居民的基尼系数为：1995 年 0.389，1996 年 0.375，1997 年 0.379，1998 年 0.386，1999 年 0.397；其中，改革开放以来，从 1978 年到 1999 年农村居民的基尼系数分别为：0.2124，0.2407，0.2406，0.2417，0.2416，0.2439，0.2267，0.3042，0.3045，0.3026，0.3099，0.3099，0.3072，0.3134，0.3292，0.3210，0.3415，0.3229，0.3285，0.3369，0.3361；同期城镇居民基尼系数为：0.16，0.16，0.15，0.15，0.15，0.16，0.19，0.19，0.20，0.23，0.23，0.23，0.24，0.25，0.27，0.30，0.28，0.28，0.29，0.30，0.295。

三、洛伦兹曲线与基尼系数的运用

通常可以用洛伦兹曲线与基尼系数来分析比较各个国家之间，或一个国家各个时期之间的社会收入分配的平等程度，以及收入分配各种政策的效应。作为一种分析工具，洛伦兹曲线与基尼系数是很有用的。如图 6.15 所示，a,b,c 这 3 条洛伦兹曲线分别代表收入分配的不平均程度。如果这 3 条曲线分别表示 A,B,C 这 3 个国家的收入分配状况，B 国收入分配介于两者之间。如果这 3 条曲线分别表示的是一个国家在不同时期的收入分配状况，假设 a 为最近时期的，c 为最早时期的，则该国收入分配呈现出越来越均等化的趋势。如果这 3 条曲线中任意两条曲线表示一国实施某项经济政策

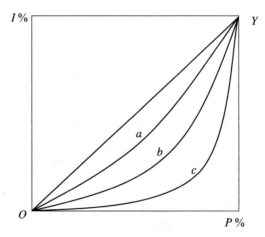

图 6.15 洛伦兹曲线与基尼系数的应用

前后的收入分配状况,假定 a 为实施政策前的,b 为实施政策后的,则说明该项经济政策的收入效应使差距有所扩大。

图 6.15 是用洛伦兹曲线比较收入分配状况。同样地,我们也可以根据由洛伦兹曲线计算的基尼系数进行比较。按照国际上通用的标准,基尼系数 $G<0.2$,社会收入分配绝对平均;$0.2<G<0.3$,社会收入分配基本平均;$0.3<G<0.4$,社会收入分配基本合理;$0.4<G<0.5$,社会收入分配差距较大,$G>0.5$ 表示收入分配差距悬殊。

内容提要

1. 生产要素价格是指为使用生产要素而支付的价格。它又分为两种价格:购买价格和租赁价格。

2. 生产要素的需求是一种派生需求,它产生于用这些生产要素生产出来的产品的需求。

3. 生产要素的价格是由其供求关系决定的,劳动市场决定工资,资本市场决定利息,土地市场决定地租。

4. 用洛伦兹曲线与基尼系数可以衡量社会收入分配的平等程度。

关键术语

生产要素　　边际收益产量　　工资　　利息　　地租　　洛伦兹曲线　　基尼系数　　经济租金

复　习

(一) 思考题

1. 生产要素需求有什么特性?
2. 为什么企业的劳动需求曲线是劳动的边际收益产量曲线?
3. 劳动的供给曲线有什么特点?
4. 利率是如何决定的?
5. 地租由什么因素决定?
6. 什么是洛伦兹曲线和基尼系数?

(二) 选择题

1. 最重要的生产要素是(　　)。
　　A. 货币、股票和债券　　　　B. 劳动、资本和土地
　　C. 管理、财务和营销　　　　D. 水、土地和矿产

2. MRP 曲线向右下方倾斜是因为(　　)。

A. MR 随产量增加而递减　　　　B. MR 随要素增加而递减的

C. MR 是不变或递减的,且 MP 是递减的

D. 以上都不是

3. 汽车价格上升使汽车工人的需求(　　)。

A. 向右移动,工资增加　　　　B. 向左移动,工资减少

C. 向右移动,工资减少　　　　D. 向左移动,工资增加

4. 随着工资水平的提高,(　　)。

A. 劳动的供给量会一直增加

B. 劳动供给量先增加,但工资提高到一定水平后,劳动的供给量不仅不增加反而减少

C. 劳动的供给量增加到一定程度后就不会增加也不会减少了

D. 劳动的供给量会一直减少

5. 地租不断上升的原因是(　　)。

A. 土地的供给与需求共同增加

B. 土地的供给不断减少,而需求不变

C. 土地的需求日益增加,而供给不变

D. 土地的需求与供给共同减少

6. 洛伦兹曲线如果是对角线,则表明该国家的收入分配(　　)。

A. 绝对不平均　　B. 较为不平均　　C. 较为平均　　D. 绝对平均

应　用

1. 一位研究管理的专家到青岛海尔公司调查,海尔一位负责人告诉他,"很多国外的留学生想到海尔工作,一见面就提出工资待遇、住房标准,对此海尔的回答是:请证明你给公司带来的收益能够超过公司支付给你的工资"。这段话体现的要素使用原则是什么?

2. 假设政府准备提出一项旨在减少医疗成本的新法律:要求每个国人每天吃一个苹果。

① 每天吃一个苹果的法律将如何影响苹果的需求与价格?

② 该法律将如何影响摘苹果工人的边际物质产量和边际收益产量?

③ 该法律将如何影响摘苹果工人的需求和工资?

3. 某集团在 2010 年以大约 18 亿元的价格销售了位于某省会城市二环路的建筑和一块空地。十年前该集团公司在一次房地产衰退中,以不足 1 亿元的价格获得这块土地。为什么在过去十年间该城市二环路沿线的土地价格上涨了?

第七章 市场失灵与政府作用

学习目标

学习本章后,你应该能够:
- 区分正负外部性,并说明为什么外部性会导致市场失灵
- 区分公共产品的不同类型,并解释政府提供公共产品的必要性
- 解释垄断的无谓损失
- 解释逆向选择和道德风险的原因

20世纪初的一天,列车在绿草如茵的英格兰大地上飞驰。车上坐着英国经济学家庇古。他边欣赏风光,边对同伴说:列车在田间经过,列车喷出的火花(当时是蒸汽机)飞到麦穗上,给农民造成了损失,但铁路公司并不用向农民赔偿。这正是市场无能为力之处。将近70年后,1971年美国经济学家乔治·斯蒂格勒和阿尔钦同游日本。他们在高速列车(这时已是电气机车)上见到窗外的禾田,想起了庇古当年的感慨,就问列车员铁路附近的农田是否受到列车的损害而减产。列车员说,恰恰相反,飞速驰过的列车把吃稻谷的飞鸟吓走了,农民反而受益。当然铁路公司也不能向农民收"赶鸟费"。这同样是市场无能为力之处。

在第二章,我们考察了市场如何通过供求的力量配置稀缺资源,并说明了供求均衡是一种有效率的资源配置。用亚当·斯密的著名比喻,就是市场中的"看不见的手"引导着市场上的买者和卖者,使社会从市场得到总利益的最大化。市场做了许多好事,但并不能做好每件事。上述例子表明,市场不能阻止铁路公司给农民带来损失,也不能促使铁路公司为农民驱赶更多的鸟,这意味着市场是失灵的,即市场在某些场合不能有效地配置资源。当市场失灵时,政府可以改善市场运行的结果。

本章的任务是考察导致市场失灵的几种原因以及政府如何改善市场运行的结果。学习本章有助于你了解市场失灵情况下政府的政策以及企业、个人应采取的对策。

第一节 外部性

一、外部性概念与分类

外部性,也称外部效应、外部影响,指人们的生产或消费行为给他人带来非自愿的收益或损失,而施加这种收益或损失的人并没有为此付出代价或得到收益。在存在外部性时,社会对市场结果的关注扩大到参与市场的买者和卖者的福利之外,包括那些间接受到影响的第三者的利益。但是买者和卖者在决定其需求量和供给量时却忽视了他们行为的外部效应,因此在存在外部性时,市场均衡并不总是有效的。

外部性可以由生产活动产生,也可以由消费活动产生。按照生产或消费活动给他人带来的影响是有利还是不利,外部性分为负外部性和正外部性。负外部性是指某人的生产或消费活动对他人的影响是不利的,而他自己没有承担相应的成本。正外部性是指某人的生产或消费活动对他人的影响是有利的,而他自己没有得到相应的补偿。因此,有四种类型的外部性:生产的负外部性、生产的正外部性、消费的负外部性和消费的正外部性。

生产的负外部性 2010年福建紫金矿业公司因连日暴雨导致生产污水漫堤排入汀江,鱼类和植物大量死亡,下游人们无法取水饮用,在政府未加干预之前,该公司并未对自己的行为影响他人的福利付出代价。这种负外部性带来外部成本。

生产的正外部性 一个林场种植了大量树木,这种行为可以改善生态环境,使别人不付代价地享受到新鲜空气或水土保持的利益,但林场主要得到木材和果实的收益,而不能占有种树的全部好处。这种正外部性带来外部收益。

消费的负外部性 一个人在公共场所吸烟,虽然自己获得了某种享受,却使周围的人被动吸烟,对身体健康造成损害;乱扔烟头污染环境甚至引起火灾。抽烟的人并没有对吸烟影响他人的福利承担所有成本。

消费的正外部性 消费者的消费活动也可能给他人的福利带来影响。例如,同学们平时上课穿着得体或时尚,除了可以使自己满足、增加自信之外,还可以使他人产生一种愉悦感。

图7.1是其他一些外部性的例子。

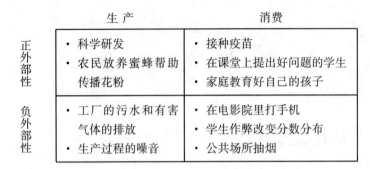

图 7.1 外部性举例

二、外部性和市场无效率

(一) 社会成本与社会收益概念

在没有政府干预时,竞争性市场的产品价格会自发调整,使产品的供求达到均衡。在这种均衡状态下,市场使得生产者和消费者的福利达到最大,实现资源的有效配置。但这种情况是以企业和个人的生产和消费不存在外部性为假设条件,或者说,私人成本等于社会成本,私人收益等于社会收益。如果考虑外部性的存在,则竞争性市场可能不能够达到社会资源最优配置的境界。因为生产者和消费者的决策可能只考虑了自己的成本和收益,而没有考虑他们的行为给其他人的成本和收益造成的影响。

社会成本是指社会为某项生产和消费活动付出的全部成本,它是私人成本和外部成本之和。私人成本是生产者或消费者自己为某项活动付出的代价,如个人购物的成本涉及商品的价格、去商店的交通费用以及购物所消耗的时间。外部成本是指其他人为某项活动付出的代价,如企业污染给居民带来的健康损害。显然,外部成本是负外部性的必然结果。

社会收益是指社会从某项生产和消费活动中得到的全部收益,它是私人收益和外部收益之和。私人收益是生产者或消费者自己从某项活动中得到的收益,如个人接受教育的私人收益是全面提升个人素质和个人生产率,并获得高工资的利益。外部收益是其他人从某项活动中得到的收益。例如,个人接受良好的教育,会改良社会风气,甚至建立更好的政府;减少社会的犯罪率,增加其他人的安全感;促进技术进步和扩散,给其他人带来更高的生产率和工资。

与我们从边际角度分析私人成本与私人收益一样,社会成本也有社会边际成本和社会边际收益的概念。社会边际成本指生产或消费增量所导致的社会成本的增量,社会边际收益指生产或消费增量所带来的社会收益的增量。社会边际成本等于社会边际收益,是存在外部成本和外部收益的情况下资源实现最优配置的条件。如果社会边际成本大于社会边际收益,说明生产或消费的数量过多,减少生产或消费的数量将有助于增加社会福利;如果社会边际成本小于社会边际收益,说明生产或消费的数量过少,增加生产或消费的数量将有助于增加社会福利。

(二) 负的外部性和市场无效率

现在假设:一家造纸厂在生产过程中向附近的河流排放了废水等污染物。由于这种污染物对河流下游的渔民造成了损害,因此它产生了负的外部性。这种外部性如何影响市场的效率呢?

由于这种外部性,生产纸张的社会成本高于造纸厂的私人成本。每生产一单位纸张,社会成本都包括造纸厂的私人成本加上受到污染影响的河流下游渔民的成本。图 7.2 中的 SC 曲线表示造纸的社会成本。因为考虑到了造纸厂给社会带来的外部成本,所以纸张的社会成本曲线在市场供给曲线 S(以私人成本为基础形成)之上,两条曲线之间的差别反映造纸厂排放污染物的外部成本。

从造纸厂实现利润最大化的角度来说,均衡数量应该是私人边际收益等于私人边际成本时的产量,即 $Q_{市场}$。而从整个社会的角度来看,由于纸的社会成本大于造纸厂的私人成本,所以要实现社会收益最大,必须选择需求曲线和社会成本曲线相交的产量水平,如图中的 $Q_{最适}$。如果低于这个产量,对纸张的消费者评价(用需求曲线来衡量)大于生产它的社会成本。而高于这

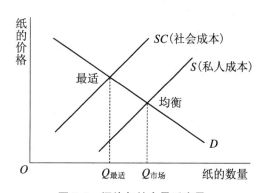

图 7.2 污染与社会最适产量

个产量,生产纸张的社会成本就大于消费者的评价。通过政府采取一些措施,将纸张的生产和消费量降低到最适产量,就会增加社会总的经济福利水平。

纸张市场的均衡数量(即 $Q_{市场}$)大于社会的最适量(即 $Q_{最适}$),表明市场是无效率的,这是因为市场均衡仅仅反映了生产者的私人成本。如果将纸张的生产量和消费量降到均衡水平之下,就会增加社会的总福利。那么如何达到这种最适结果呢?一种方法是对纸张的生产销售征税。税收使纸张的供给曲线向上移动,移动规模为税收规模。如果税收准确地反映了排放到河流中污染的外部成本,新的供给曲线就和社会成本曲线重合。在达到新的市场均衡时,纸张生产企业将生产社会最适量的纸张。

(三) 正的外部性与市场无效率

虽然一些活动给第三方带来了成本,但也有一些活动给第三方带来了收益。

一个例子是公民接受教育的情况。在相当大的程度上,教育的收益是私人的:接受教育使消费者成为高生产率的就业者,从而以高工资形式获得大部分的利益。但是在产生这些私人利益之外,教育还产生了正外部性。其一,受教育使人们参政议政的意愿增加,提高了政府执政水平;其二,接受教育使更多的人成为文明和理智的人,增进了社会的和谐稳定;其三,受教育多的人能够促进专利技术的开发与应用,这推动了生产率的提高和他人收入水平的增加。因此,人们更喜欢受过良好教育的同胞。

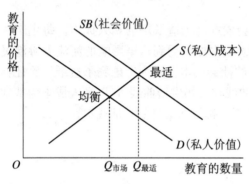

图 7.3 教育与社会最适产量

对正外部性的分析与对负外部性的分析类似,如图 7.3 所示,市场需求曲线并不反映一种物品和服务的社会价值。教育的这种正外部性使教育的社会收益大于私人收益,因此社会收益曲线在市场需求曲线之上。社会收益曲线和供给曲线(以私人成本为基础)相交之处表示生产和消费的最适量,即 $Q_{最适}$。市场供给曲线(S)和私人价值曲线(D)相交之处表示的是市场的均衡量,即 $Q_{市场}$。社会最适量($Q_{最适}$)大于私人市场的均衡数量($Q_{市场}$),意味着市场在配置教育资源方面是无效率的。政府也可以通过使市场参与者把外部性内在化来纠正市场失灵。

总之,负外部性使得市场生产的数量大于社会最适量,正外部性使市场生产的数量小于社会最适量。为了解决这个问题,政府可以通过对有负外部性的物品征税,并给予有正外部性的物品补贴,来使外部性内在化。

三、解决外部性问题的对策

外部性的存在导致市场失灵,它使市场机制无法实现资源的最优配置。此时,无论公共决策者还是私人都会采取各种方式和方法对外部性做出适当的反应,目的是使资源的配置接近于社会的最优状态和数量。

(一)针对外部性的公共政策

通常情况下,政府通过两种方式进行干预:以命令与控制政策直接对行为进行管制;以市场为基础的政策激励。

管制 政府可以通过规定和法律禁止某些行为来解决负外部性的允许数量,

这是以命令与控制政策直接对行为进行管制的公共政策。例如,把有毒的化学物质倒入供水系统是一种犯罪行为,在这种情况下,社会成本远远大于私人收益,因此,政府可以制定完全明令禁止此种行为的政策。

但是,大多数污染情况并非如此简单,有些生产活动虽然污染环境,但要完全禁止所有污染活动做不到。例如,现在很多交通工具在给人们带来出行方便的同时,也随之产生不如意的环境污染,然而,政府要完全禁止使用所有交通工具是不可能的。所以政府不是要完全消除污染,而是在权衡污染成本和社会利益,政府在得到有关行业信息和治理污染的技术后,规定相应的污染物排放标准,允许部分污染。

征税和补贴　　对于外部性,政府除了采取管制之外,还可以采取以市场为基础的激励政策。一方面,对产生负外部性的企业征收排污税,其数额等于该企业给社会其他成员造成的损失,从而使得企业的私人成本等于社会成本。在利润最大化的动机下,企业从自身利益出发,调整产量至社会最优状态,从而实现社会福利的最大化。例如在生产造成污染的情况下,政府向污染者征税,其税额等于社会治理污染所需要的费用。另一方面对有正外部性的经济活动,政府可以给予补贴,使私人利益等于社会利益,以鼓励生产或消费,从而使其产量扩大到对社会最优的水平。例如,通过给予补贴来鼓励居民在自己的住宅周围养花种树。

用于纠正负外部性影响的税收被称为矫正税。作为解决污染的方法,经济学家对矫正税的偏爱通常大于管制,因为矫正税可以以较低的社会成本减少污染。考虑一个例子。假设某市位于长江边上有一家造纸厂和一家钢铁厂,每年各自向长江排放5000吨的污水,为了加强长江水质的治理,减少长江水质的恶化,环保部门考虑两种解决办法:① 采取管制措施:可以把每个企业年排放量减少为3000吨。② 征收矫正税:可以对每个工厂排出的每吨废物征收1万元的税收。管制控制了污染水平,税收则给企业所有者一种减少污染的经济激励,那么,哪一种方法更好?

大多数经济学家在两种措施之间偏向于税收手段。因为,第一,在降低长江污染总水平上,税收和管制同样有效。环保部门会同税务部门可以把税收确定在一个适当的水平,来达到想达到的任何污染水平。税收越高,减少的污染也越多。如果税收足够高,企业就会停产关门,污染就减少为零。第二,虽然管制和税收都可以减少污染,但税收在实现这个目标上更有效率。管制要求每个企业等量减少污染,但等量减少污染并不一定是净化江水的成本最低的方法。如果造纸厂减少污染的成本比钢铁厂低,那造纸厂对税收的反应将是大幅度减少污染排放,以便少缴税,而钢铁厂的反应则是小幅度减少污染排放,多交税。第三,经济学家还认为,矫正税对环境更有利,在管制政策下,一旦企业排污量减少为3000吨,就没有理由再减少排污了,但税收会激励企业开发和应用更环保的治污技术,从而减少企业不得不支付的排污税。

可交易的污染许可证 污染许可证是政府对付污染造成的外部性的手段,它在确定最优污染水平的前提下,规定只有拥有许可证的企业才能排污,并且许可证可以交易。例如,造纸厂和钢铁厂要排放污染,需要从政府手里购买污染许可证。如果造纸厂排污费用较低,而钢铁厂排污费较高,那么造纸厂和钢铁厂之间可以就污染许可证进行交易。从经济效率的观点看,允许这一交易是一种好政策。这一交易必然会使两个交易者的状况都变好,因为他们是自愿达成交易的。而且,这种交易没有任何外部影响,因为污染总量仍然是相同的。因此,通过允许造纸厂把自己的排污权出售给钢铁厂可以提高社会福利。

虽然用污染许可证减少污染看起来可能与矫正税十分不同,但实际上这两种政策有许多相同之处。在这两种情况下,企业都要为污染付费。在使用矫正税时,排污企业必须向政府交税;在使用污染许可证时,排污企业必须为购买许可证进行支付。即使自己拥有许可证的企业也必须为排污进行支付:排污的机会成本是它们在公开市场上出卖其许可证所能得到的收入。矫正税和污染许可证都是通过使企业排污产生成本而把污染的外部性内在化。

(二) 针对外部性的私人解决办法:科斯定理

科斯定理是以经济学家罗纳德·科斯的名字命名的经济学原理。根据科斯定理,无论最初权利如何分配,如果私人之间可以无成本地就资源配置进行协商,使每个人的状况都变好,那么私人市场总能解决外部性问题,并有效地配置资源。

为了说明科斯定理如何发挥作用,考虑一个例子。假定一个工厂周围有5户居民户,工厂的烟囱排放的烟尘污染居民户晒在户外的衣物而使每户损失75元,5户居民总共损失375元。解决此问题的办法有三种:一是在工厂的烟囱上安装一个防尘罩,费用为150元;二是给每户配一台烘干机,烘干机价格为50元,总费用是250元;第三种是每户居民户有75元的损失补偿,补偿方是工厂或者是居民户自身。假定5户居民户之间,以及居民户与工厂之间达到某种约定的成本为零,即交易成本为零,在这种情况下:如果法律规定工厂享有排污权(这就是一种产权规定),那么,居民户会选择每户出资30元去共同购买一个防尘罩安装在工厂的烟囱上,因为相对于每户拿出50元钱买烘干机,或者自认75元的损失来说,这是一种最经济的办法。如果法律规定居民户享有清洁权(这也是一种产权规定),那么,工厂也会选择出资150元购买一个防尘罩安装在工厂的烟囱上,因为相对于出资250元给每户居民户配备一台烘干机,或者拿出375元赔偿给居民户,购买防尘罩也是最经济的办法。因此,在交易成本为零时,无论法律是规定工厂享有排污权,还是相反的规定即居民户享有清洁权,最后解决烟尘污染衣物导致375元损失的成本都是最低的,即150元,这样的解决办法效率最高。通过这个例子说明,在交易成本为零时,无论产权如何规定,资源配置的效率总能达到最优。这就是"科斯定理"。

虽然科斯定理从理论上阐述了私人之间通过协商解决外部性所引起的市场失灵,但现实生活中,协商方式往往并不总是奏效,因为各方在达成协议和遵守协议时存在交易成本,即交易各方在达成协议与遵守协议过程中所发生的成本。特别是利益各方人数众多时,达成有效率的协议就更加困难,协调每个人的代价更加高昂。例如,考虑一个造纸厂排污污染了附近的河水,污染给当地的渔民带来了负外部性,按照科斯理论,污染是无效率的,造纸厂和渔民之间可以达成一个协议,造纸厂要为自己的排污行为支付渔民的损失,但是如果渔民太多,和造纸厂协商起来就非常困难。当私人协商无效时,政府有时可以发挥作用。

【即问即答】
◇ 举出你身边发生的负外部性和正外部性例子,解释其市场效率并提出可能的解决办法。

第二节 公 共 产 品

在我们的经济中,大部分物品是在市场中配置的,买者为了得到这种物品而付出价钱,卖者因提供这种物品而得到价钱。在这里,价格是引导买者和卖者决策的信号,而且这些决策会带来有效的资源配置。但是,当一些物品可以免费得到时,在正常情况下配置资源的市场力量就不存在了。在本节我们将考察当存在没有市场价格的物品时,所产生的资源配置问题。

一、公共产品概念

在现实经济生活中,大多数物品都是由市场进行配置的私人产品,另一部分物品就是公共产品。私人产品和公共产品之间的区别在于它们是否具有利益上的排他性和消费上的竞争性。物品的排他性是指一种物品具有的可以阻止另一个人使用该物品的特性。竞争性是指一个人使用一种物品将减少其他人对该物品的使用的特性。根据这两个特性,我们可以将物品分为四种类型,如图7.4所示。

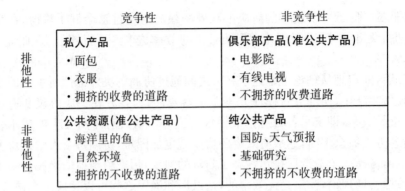

图 7.4　私人产品与公共产品

私人产品　私人产品是指在消费中既有排他性又有竞争性的产品。例如面包就是私人产品。面包的排他性在于,只有支付过价格的人才能得到这块面包并吃掉它。面包的竞争性在于,某人吃了这块面包,其他人就不能再吃这块面包了。大多数物品都是像面包一样的私人物品,除非你花钱购买,否则你得不到它,而且,一旦你得到了它,你就是唯一的受益人。我们在分析竞争性市场的效率时,就是隐含地假定物品既有排他性又有竞争性。

纯公共产品　纯公共产品是指具有利益上的非排他性和消费上的非竞争性的物品。非排他性是指它一旦生产出来就难以或不可能把任何一个人从享有它们的利益中排除出去。因此,不能阻止人们共同使用或消费一种公共产品。非竞争性是指一个人对公共产品的消费并不妨碍别人对它的消费。这意味着物品的利益是集体性的,它们使每个人受益。例如,城市道路两边的路灯照明是公共产品,晚上路灯亮起来时要想阻止它照亮任何一个走在街上的市民都是不可以的,而且一个人享用路灯带来照明的益处时并没有减少其他市民的利益。例如,国防使我们每个人都受益,我受到的保护绝不损害你所受到的保护。

当然在确定一种物品是不是公共产品时,必须确定受益者的人数,以及能否把这些受益者排除在享用这种物品之外。如果一个灯塔使许多船长受益,他就是一种公共产品。但如果主要受益者是一个港口所有者,它就更像一种私人产品。在一些情况下,灯塔也可以接近于私人产品。例如,19 世纪英国海岸上有一些灯塔是由私人拥有并经营的。但是,当地灯塔的所有者并不向享有这种服务的船长收费,而是向附近的港口所有者收费。如果港口所有者不付费,灯塔所有者就关灯,而船只也不到这个港口。

公共资源　公共资源是指有竞争性但无排他性的物品。例如,海洋中鱼有消费的竞争性:当一个人捕到鱼时,留给其他人的鱼就减少了。但海洋里的鱼并不具有排他性,你阻止一个人在海洋里捕鱼是非常困难的。

俱乐部产品 俱乐部产品是指在消费中有排他性但无竞争性的物品。例如，考虑有线电视业务，要排除某人收看有线电视节目是很容易的，你不缴纳有线电视费你不能开通它。但你开通后收看某个频道的电视节目时，并不影响和减少其他人看电视节目。

需要注意的是，虽然我们对产品做了上述分类，但物品在消费中的排他性和竞争性往往是一个程度问题。例如，如果有足够多的海洋渔业监管队伍，海洋里的鱼也会有排他性。同样，如果海洋里鱼的数量足够多，竞争性就很小了。相对于纯公共产品的非排他性和非竞争性，我们将只具有非排他性或非竞争性的公共资源和俱乐部产品称为准公共产品。

公共产品的最重要特性是非排他性，因此下面着重考察没有排他性的物品：纯公共产品和公共资源。

二、公共产品与搭便车问题

一个小镇上的居民喜欢在节日的晚上看烟花表演。根据经验，全镇 500 个居民每个人对看烟花都给予 10 元的评价，总的评价（利益）是 5000 元。放烟花的成本是 1000 元。由于 5000 元的利益大于 1000 元的成本，小镇居民在节日的晚上观看烟花表演是有效率的。那么一个企业能够像出售面包一样提供这种烟花燃放服务吗？

可以设想有一个企业家准备提供这种烟花表演服务，为获得收益以弥补成本，该企业家决定出售门票以获取收益。但企业家肯定会在出售门票时遇到困难，作为一个私人企业，它不能强迫任何人为烟花服务支付，尽管有人愿意支付。而对于一个烟花表演服务的潜在消费者而言，烟花表演是一种公共产品，没有排他性和竞争性。小镇居民很容易就想到：第一，如果节日的晚上烟花表演服务被生产出来，小镇所有的居民都受益，无论我是否付钱购买门票，也能看见烟花表演。第二，即使我支付了门票，我的支付对于提供该种服务所必须收集的数量而言也是微不足道的。因此，一个按他自身利益行事的消费者不具有自愿为公共产品生产捐助的动机，相反人们有搭便车的激励。所谓搭便车，就是指某些个人虽然参与了公共产品的消费，但却不愿意支付公共产品的生产成本，完全依赖于他人对公共产品生产成本的支付。搭便车的存在使得该企业家没有办法收回提供烟花表演的成本，烟花表演服务无利可图，因此，企业家必然做出不举行烟花表演这种从私人来看是理性的、但从社会来看是无效率的决策。可见，在排他性不可能存在的地方，公共产品的私人提供失灵。

尽管私人市场不能提供小镇居民需要的烟花表演，但解决这个问题的办法可以是：小镇政府向每个居民征收2元的税收支持烟花表演活动。小镇的例子是简化的，但其中蕴含的道理是普遍的，那就是：由于公共产品没有排他性，搭便车问题的存在使得私人市场无法提供公共产品。但是，政府可以提供该公共产品，并用税收收入进行支付，从而使每个人的状况变好。

由以上分析可知，由于公共产品的性质，市场并不能有效地生产销售公共产品，在许多情况下必须由政府对公共产品的生产进行管理。如果公共产品由政府提供，一方面政府通过税收获得生产公共产品的资金，这等于是搭便车者以另一种形式为公共产品买了票，另一方面，政府将公共产品提供给全体社会成员，使公共产品得到最大限度的使用。注意这里的政府提供公共产品，意思是指政府供给公共产品，它与政府生产公共产品是有区别的。

政府在运用成本-收益方法进行公共产品供给管理的时候，公共产品的特性使政府无法像分析私人产品那样，来确定公共产品的最优数量。首先，单个消费者通常并不很清楚自己对公共产品的需求价格和数量，更不用说去准确地陈述他对公共产品的需求与价格的关系；其次，即使单个消费者了解自己对公共产品的偏好程度，他们也不会如实地说出来。为了少支付价格或不支付价格，消费者会低报或隐瞒自己对公共产品的偏好。因此，政府对公共产品的供给管理也可能出现低效率。

三、公共资源与公地的悲剧

公地的悲剧 在古老的北方，一群牧民同在一块公共草场放牧。每一个牧民都想多养一只羊，以增加个人收益，虽然他知道草场上羊的数量已经太多了，再增加羊的数目，将使草场的质量下降。但从自己的个人利益出发，每个牧民选择多养羊以获取更多收益，因为草场退化的代价由大家负担。结果草场持续退化，直至无法养羊，最终导致所有牧民破产。这被称为"公地的悲剧"。为什么会出现"公地的悲剧"呢？

草场属于公共资源。公共资源与纯公共产品一样，在消费中也没有排他性，想使用公共资源的任何一个人都可以免费使用。而当一个家庭的羊群在草场上吃草时，它降低了其他家庭可以得到的土地质量。由于人们在决定自己养多少羊时，并没有考虑这种负外部性，结果羊的数量过多，从而造成公地的悲剧。从公地的悲剧中得出的一般性的结论是：当一个人使用公共资源时，他就减少了其他人对这种资源的使用。而由于这种负外部性，公共资源往往被过多使用。

公共资源的管理 公地的悲剧提出了如何管理公共资源的要求。公共资源管理的目标是实现公共资源的最优利用。公地的最优使用量是由什么来决定的呢？公共资源的最优利用是指达到这样一种程度：资源利用的边际成本等于从中得到的边际社会收益。如果公共资源使用的边际社会收益超过了相应的边际成本,则这意味着,增加公共资源的使用量能够给整个社会带来更多的好处;反之,如果公共资源使用的边际社会收益小于相应的边际成本,则这意味着,减少使用量对整个社会来说更有利。对整个社会来说,能够使得整个社会的利益达到最大的公共资源使用量应当使得边际社会收益恰好等于边际成本。

如何实现公共资源的最优使用? 可以采取两种方法。这里以在乡村集体公共草场放牧为例加以说明。

(1) 用行政手段直接限制公共资源的使用量。通过乡村集体决策,来规定每个家庭在公地上放牧的羊群数量,任何人不得放牧超过所规定的数量。

(2) 可以把公共资源变成私人物品,即产权明晰到个人。公共资源不属于任何人所有,大家都可以免费使用。与此相反,私人产权是指资源归个人所有,个人有激励按照利益最大化方式使用资源。如果把乡村的公地分给每个家庭所有,每个家庭可以把自己的草地用栅栏圈起来,并且像乡村集体决策时一样也对羊群数量进行限制,他可以购买恰当数量的羊群来实现自己的利润最大化。由于在这种情况下,公地的利益就是公地所有者的个人利益,故此时使公地所有者利润最大化的放牧量也就是公地的最优放牧量。此时实际上就是把草地变成私人物品而非公共资源了,从而避免"公地的悲剧"发生。

【即问即答】
◇ 定义纯公共产品和公共资源,并各举出一例。
◇ 为什么政府要努力限制公共资源的使用?

第三节 垄断和信息不对称

一、垄断的影响

在现实经济生活中,并不是所有的市场都具有激烈的竞争。例如,美国微软公司的视窗操作系统的版权一度垄断全球视窗软件市场,柯达公司控制了胶卷市场,而美国波音公司和欧洲空客公司控制着世界飞机市场。垄断现象到处存在,他们会或多或少地破坏市场机制运行的效率。垄断究竟给社会福利带来了什么影响呢？它是如何导致市场失灵的？应采取哪些对策来减少垄断所带来的福利损失？

（一）垄断带来的影响：低效率

如前所述，与竞争性企业相反，垄断收取高于边际成本的价格。从消费者角度看，这种高价格是不合意的。但从垄断企业的角度看，垄断者从高价格中获得了利润，因而是合意的。那么，从全社会来看，垄断是合意的吗？或者说，垄断有效率吗？判断垄断这种市场结构是否带来了低效率，我们可以使用社会总剩余概念来分析。社会总剩余是消费者剩余与生产者剩余之和，它衡量市场上买者和卖者的经济福利。消费者剩余表示消费者愿意支付的价格与实际支付的价格之差，生产者剩余是生产者出售一种物品得到的价格与生产这种产品的成本之差。

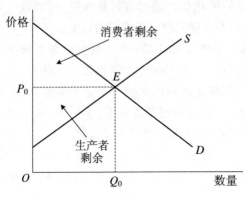

图7.5 竞争市场的社会总剩余

在竞争性市场上，供求均衡不仅是一个自然而然的结果，而且是一个合意的结果。市场中看不见的手使消费者剩余和生产者剩余之和所表示的社会福利达到最大。可以用图7.5来说明。

在图7.5中，当供求相等时，均衡价格为P_0，均衡数量为Q_0。此时消费者剩余是均衡价格线以上和需求曲线D以下的三角形面积，生产者剩余是均衡价格线以下和供给曲线S以上的三角形面积。这两块面积之和为社会福利，这时社会福利达到最大，表示市场对配置资源达到了最优。

在现实经济中，由于种种原因会引起垄断，垄断会引起资源配置效率降低，造成社会福利损失。也就是说，在垄断存在的情况下，资源配置不能通过价格机制调节，当市场出现垄断时，垄断者利用其对市场的控制把价格提高到均衡价格P_0以上，这就引起消费者剩余和生产者剩余的损失，从而资源配置没有达到最优，可以利用图7.6说明这一点。

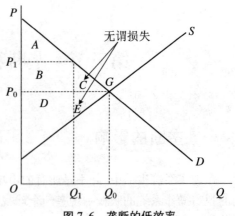

图7.6 垄断的低效率

在图7.6中，Q_0是对社会来说有效率的均衡产量，P_0是与效率产量对应的均衡价格。垄断者把价格提高到 P_1，P_1 高于均衡价格 P_0，这时消费者的需求量减少为 Q_1。$(A+B+C)$ 是完全竞争条件下的消费者剩余，$(D+E)$ 是完全竞争条件下的生产者剩余，$(A+B+C+D+E)$ 是社会总剩余，即社会经济福利。当价格为 P_1、均衡数量为 Q_1 时（注意，此时垄断者生产的产量小于社会有效产量 Q_0）消费者剩余减少为 A，生产者剩余为 $(B+D)$，总剩余为 $(A+B+D)$。在原来的消费者剩余中，B 通过高价格转向生产者，但 C 是垄断引起的消费者的无谓损失，E 是垄断带来的生产者的纯粹损失，$(C+E)$ 称为垄断引起的无谓损失，即社会福利的净损失。无谓损失是由于价格较高和产量较低引起的，表示由于垄断造成的低效率配置而带来的经济损失。

与完全竞争企业相比，垄断企业收取高额的垄断价格，从消费者角度来看，这种高价格显然使垄断不受欢迎。但是同时垄断企业却从这种高价格中赚到了高额利润，因此，从企业所有者角度看，高价格使垄断极为合意。但对整个社会来说是不合意的。不仅如此，垄断企业为了获得和维持垄断地位从而获取超额经济利润，垄断厂商常常也要付出一定的代价，例如，垄断企业向政府官员行贿，或雇用律师向政府游说，等等。这是一种纯粹的浪费，它没有用于生产，没有创造任何有益的产出，完全是一种非生产性的寻租活动，现实的经济生活证明，寻租活动造成的经济损失要远远超过传统垄断理论中的"无谓损失"三角形。

（二）减少垄断不利影响的对策

由于垄断者生产的产量小于社会合意的产量，收取的价格高于社会边际成本，垄断市场带来社会福利的损失，不能有效地配置资源。政府往往通过如下努力来解决。

反垄断法 政府解决垄断的方法之一是通过立法，对人为垄断加以限制。西方许多国家都不同程度地制定了反托拉斯法，其中美国最为典型。这些法规主要包括：禁止企业缔结固定价格或分割市场的协议；禁止一个企业垄断一个产业；禁止以强迫手段使买者或卖者只能与某家企业进行交易；禁止企业用不正当竞争手段或欺骗手段做生意；禁止企业搞价格歧视。当企业违反这些法律时，要受到罚款、警告、变更公司结构、对受损人进行赔偿等处罚。

例如，如果可口可乐公司和百事可乐公司想合并，那么，这项交易在付诸实施之前肯定会受到联邦政府的严格审查。司法部的律师和经济学家会有力地确认，这两家大软饮料公司之间的合并会使美国软饮料市场的竞争性大大减弱，从而引起整个国家经济福利减少。如果是这样的话，司法部将对合并提出诉讼，而且，如果法院判决同意，这两家公司就不能合并。正是这种诉讼阻止了微软在 1994 年购买图文公司。

管制 政府解决垄断问题的另一个方法是管制垄断者的行为。在自然垄断的情况下,例如自来水和电力公司中,这种解决方式是常见的。不允许这些公司收取它们想收取的任何价格。相反,政府机构管制它们的价格。

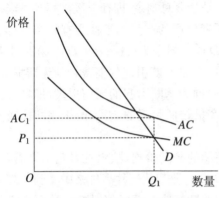

图 7.7　自然垄断的边际成本定价

政府应该为自然垄断者确定多高的价格呢?这个问题并不像乍看起来那么容易。垄断企业收取的价格一般高于边际成本,很多经济学家认为,垄断企业的价格不应该定得过高,管制价格应该反映垄断者生产的边际成本,如图 7.7 所示。P_1 是等于边际成本的管制价格,AC_1 是按边际成本定价时的平均成本。如果管制价格等于边际成本,消费者就可购买使总剩余最大化的垄断者产量 Q_1,资源配置将是有效率的。但是,按边际成本定价作为一种管制制度也存在弊端,如果管制者要确定等于边际成本的价格,价格就将低于企业的平均总成本,而且,企业将出现亏损。在收取如此之低的价格时企业就会离开该行业。

管制者可以用各种方式对这一问题作出反应。一种方法是补贴垄断者。实际上,政府承担了边际成本定价固有的亏损。但为了支付补贴,政府需要通过税收筹集收入,这又引起税收本身的无谓损失。另一种方法,管制者可以允许垄断者收取高于边际成本的价格。如果受管制者的价格等于平均总成本,垄断者正好可以赚到零利润。但平均成本定价引起了无谓损失,因为垄断者的价格不再反映生产该物品的边际成本。

公有制　政府用来解决垄断问题的第三种政策是公有制。这就是说,政府不是管制由私人企业经营的自然垄断,而是自己经营自然垄断企业。这种解决方法在欧洲国家是常见的,在这些国家政府拥有并经营公用事业,如电话、供水和电力公司。在美国,政府经营邮政服务,普通一类邮件投递常常被认为是自然垄断。

经济学家通常喜欢把公有制的自然垄断私有化。关键问题是企业的所有权如何影响生产成本。只要私人所有者能以高利润的形式得到部分利益,他们就有成本最小化的激励。如果企业管理者在压低成本上不成功,企业所有者就会解雇他们。与此相比,如果经营垄断企业的政府官僚做不好工作,损失者是顾客和纳税人,他们只有求助于政治制度。官僚有可能成为一个特殊的利益集团,并企图阻止降低成本的改革。简而言之,作为一种保证企业良好经营的方法,投票机制不如利润动机可靠。

二、信息不对称的影响

(一) 信息不对称

完全竞争模型的一个重要假定是完全信息,即市场的供求双方对于所生产和销售的商品具有充分的信息。例如,消费者充分地了解自己的偏好,了解在什么地方、什么时候存在何种质量的、以何种价格出售的产品;生产者充分地了解自己的生产函数,了解在什么地方、什么时候存在何种质量的、以何种价格出售的生产要素以及商品等。在现实经济中,信息常常是不完全的,在这里,信息不完全不仅是指那种绝对意义上的不完全,即由于认识能力的限制,人们不可能知道在任何时候、任何地方发生的或将要发生的任何情况,而且是指"相对"意义上的不完全,即市场经济本身不能够生产出足够的信息并有效地配置它们。

信息不对称是现实生活中信息不完全的一种表现。"我知道一些你不知道的事。"这是孩子们中常听到的调侃的话。所谓信息不对称是指交易双方获得相关信息的差别。有些人往往拥有比别人更多的信息,处于比较有利的地位,而信息贫乏的人,则处于比较不利的地位。例如,商品的卖方要比买方掌握更多的关于商品质量和数量等方面的信息。某种商品的内在品质,卖者知道,但买者不知道,买者只有在花代价购买并使用之后才知道。在经济活动中,一些成员拥有其他成员无法拥有的信息,由此造成信息的不对称,会影响他们作出的决策以及他们如何相互交易,甚至产生交易关系和契约安排的不公平或者市场效率降低问题。

(二) 信息不对称的影响

信息不对称会引起道德风险与逆向选择,减少市场交易量,最终导致市场失灵。

道德风险 一般地说,道德风险是指从事经济活动的人在最大限度地增进自身效用的同时做出不利于他人的行动。或者说是:当签约一方不完全承担风险后果时所采取的自身效用最大化的自私行为。如果从委托-代理双方的信息不对称的角度来看,道德风险是指一个人(通常是代理人)利用其拥有的信息优势采取另一个人(通常是委托人)所无法观测和监督的隐蔽性行为,从而导致委托人损失或代理人获利的可能性。以2001年诺贝尔经济学奖获得者美国经济学家约瑟夫·斯蒂格利茨提出的例子为例:美国一所大学学生自行车被盗比例约为10%。有几个有经营头脑的学生发起了一个对自行车的保险,保费为保险标的的15%。按常理,这几个有经营头脑的学生应获得5%左右的利润。但该保险运作一段时间后,这几个学生发现自行车被盗比例提高到15%以上。为什么会这样呢?事后了解,因为自行车投保后学生们对自行车的安全防范措施明显减少。在这个例子中,投保的学生由于不完全承担自行车被盗的风险后果,因而采取了对自行车安全防范的不作为行为,而这种不作为的行为又是无法观察的,是一种隐蔽性行为,于是出现道德风险问题。可以说,只要市场经济存在,道德风险就不可避免。

道德风险产生的原因是事后信息的不对称,即在交易后出现了一方比另一方拥有更多的信息。在现实经济中事后信息不对称是普遍存在的。为了解决道德风险问题,缺乏信息的一方需要在事前设计一些有效的制度,激励掌握私人信息的一方克服道德风险倾向。例如,为了防止参加车辆保险的人疏于对自己车辆保管的问题,保险公司可设计和实行一种由保险公司和车主共同承担事故损失的保险合同。

逆向选择 信息不对称产生的另一个问题是逆向选择。逆向选择是指由交易双方信息不对称和市场价格下降产生的劣质品驱逐优质品,进而出现市场交易产品平均质量下降的现象。在现实的经济生活中,存在着一些和常规不一致的现象。本来按常规,降低商品的价格,该商品的需求量就会增加;提高商品的价格,该商品的供给量就会增加。但是,由于信息的不对称,降低商品的价格,消费者也不会做出增加购买的选择,提高价格,生产者也不会增加供给。所以叫"逆向选择"。

假设在一个二手车市场上,卖者有 400 辆质量不同的车供出售,同时买者对二手车的需求量也正好是 400 辆。400 辆车中,200 辆是高质量车,卖者愿意接受的最低价格为 10000 元,买者愿意支付的最高价格为 12000 元;另外 200 辆是低质量车,卖者愿意接受的最低价格为 5000 元,买者愿意支付的最高价格为 6000 元。若买卖双方拥有完全的信息,二手市场一定会出清。然而二手车的质量高低是一种私人信息,只有卖主知道,而买主不知道。假定买者根据经验知道 400 辆二手车中大约一半是高质量车,在交易中买到好车的概率是 0.5,于是每一位买者对要购买的二手车所愿意支付的最高价格为 9000 元($12000 \times 0.5 + 6000 \times 0.5$)。在这种低价格下,好车必然退出市场。当买者知道市场上都是低质量的二手车时,他们所愿意支付的最高价格就是 6000 元。于是,二手车市场上进行交易的都是低质量二手车,高质量的二手车因无法进行交易并逐渐退出市场。

这个例子尽管简单,但给出了逆向选择的基本含义:

(1) 在信息不对称的情况下,市场的运行可能是无效率的。因为二手车的卖者知道自己汽车的缺陷,而买者通常并不知道。由于质量最差的二手车主比那些拥有最好质量的二手车主更可能出售自己的车,买者就担心出高价得到一个"次品"。结果,许多人都不去二手车市场买车。市场这只"看不见的手"并没有实现将好车从卖主手里转移到需要的买主手中。

(2) 这种"市场失灵"具有"逆向选择"的特征,即市场上只剩下次品,也就是形成了人们通常所说的"劣币驱逐良币"效应。传统市场的竞争机制导出的结论是——"优质商品驱逐劣质商品"或"优胜劣汰";可是,信息不对称导出的是相反的结论——"劣质商品驱逐优质商品"或"劣胜优汰"。

为了解决逆向选择问题,需要解决如何获取私人信息的问题。从卖方角度看,可以通过卖方发信号的方式让买方知道,以解决信息不对称问题;从买方角度看,可以通过买方的积极筛选的方式获取卖方的私人信息,以解决信息不对称问题。当然,对于信息较少的一方而言,获取信息要付出一定的成本。如果获得这种信息付出的成本大于由这种信息得到的收益,缺少信息的一方就不会去寻找私人信息,但如果获得这种信息付出的成本小于这种信息得到的收益,缺少信息的一方就会去寻找私人信息。

发现能反映真实私人信息的信号,有时是一项专业性的工作,如果要信息不充分的一方去做,成本可能会相当高,这时就需要专门从事这种收集信息、分析信号的机构。这些机构为许多人进行相同的信息搜索工作,实现了专业化和规模经济,使搜寻私人信息的成本降低。例如,银行要寻找关于每一个贷款者的偿还能力的真实信息,成本是高的。但社会上的中介机构,专门从事个人信用等级评估工作,为不同的银行服务,这样就大大降低了寻找私人信息的成本。这种机构收集许多能反映个人信用程度的资料,并进行分析,根据设计好的一套评估标准进行评估。他们从这项工作中获益,因此不能弄虚作假。这种中介机构的存在使许多信息不对称市场仍在正常运作。

【即问即答】
◇ 如何比较垄断企业的产量和总剩余最大化的产量?
◇ 举出生活中的逆向选择和道德风险的例子,并解释其原因。

内容提要

1. 外部性、公共产品、垄断与信息不对称的存在会引起市场失灵,出现这种情况,单靠市场这只"无形的手"来调节无法实现资源的最优配置,必须发挥政府"有形的手"的力量。

2. 外部性是指人们的生产或消费行为给他人带来非自愿的收益或损失,而施加这种收益或损失的人并没有得到收益或为此付出代价。如果一项活动产生了负外部性,社会最适量将小于市场均衡量;如果一项活动产生正外部性,社会最适量将大于市场均衡量。

3. 可以通过市场交易来使外部性内部化,当市场无法解决时,政府通过立法、行政或税收的方式解决。

4. 公共产品相对于私人产品而言,具有消费的非排他性和非竞争性。公共产品引起搭便车的现象,政府通过征税来提供公共产品;公共资源往往引起公地悲剧,政府采用限制使用的措施来保护公共资源。

5. 垄断的生产量小于社会最优数量,引起社会福利的无谓损失和寻租行为,政府通过管制、反垄断法和公有制来消除垄断。

6. 在市场经济活动中,由于买卖双方之间存在信息不对称,往往引起道德风险和逆向选择,通过市场加大信息披露和政府监管来解决。

关键术语

市场失灵　　外部性　　矫正税　　交易成本　　科斯定理　　公共产品
搭便车　　公共资源　　公地悲剧　　信息不对称　　道德风险　　逆向选择

复　习

(一) 思考题

1. 什么是市场失灵?哪些情况会导致市场失灵?
2. 什么是外部性?政府解决外部性的对策有哪些?
3. 什么是公共产品?依靠市场本身能有效提供公共产品吗?
4. 什么是公共资源?引起公地悲剧的原因是什么?如何解决?
5. 垄断引起的无谓损失是什么?

(二) 选择题

1. 以下不属于市场失灵原因的是(　　)。
   A. 垄断　　　　B. 公共产品　　C. 信息完全　　D. 外部性
2. 某人的吸烟行为属于(　　)。
   A. 生产的正外部性　　　　　B. 生产的负外部性
   C. 消费的负外部性　　　　　D. 消费的正外部性
3. 某种经济活动有负外部性时,该活动的(　　)。
   A. 私人成本大于社会成本　　B. 私人成本小于社会成本
   C. 私人利益大于社会利益　　D. 私人利益小于社会收益
4. 为了使负外部性内部化,适当的公共政策是(　　)。
   A. 禁止所有负外部性产品的生产　　B. 政府控制引起外部性的产品生产
   C. 补贴这种产品的生产　　　　　　D. 对这种物品征税
5. 下列物品最有可能是公共产品的是(　　)。
   A. 公海上的一个灯塔　　　　B. 国家森林公园内树上的果子
   C. 故宫博物院内的国宝　　　D. 大熊猫
6. 如果一个人消费一种物品减少了其他人对该物品的使用,这种物品是

( )。

    A. 公共资源　　　B. 俱乐部产品　　C. 竞争性的　　D. 排他性的

7. 私人市场难以提供公共产品是由于( )。

    A. 搭便车问题　B. 竞争性问题　C. 公地悲剧　D. 公共产品问题

8. 卖主比买主知道更多关于商品的信息,买主无法区别出商品质量的好坏,这种情况被称为( )。

    A. 道德陷阱　　B. 排他经营　　C. 不对称信息　D. 搭售

9. 交易双方信息不对称,比方说买方不清楚卖方一些情况,是由于( )。

    A. 卖方故意要隐瞒自己一些情况　　B. 买方认识有限

    C. 完全掌握情况所费成本太高　　D. 以上三种情况都有可能

10. 如果上游工厂污染了下游居民的饮用水源,按科斯定理,问题可得到妥善解决的条件是( )。

    A. 不管产权是否明确,只要交易成本为零

    B. 只要产权明确,且交易成本为零

    C. 只要产权明确,不管交易成本为多大

    D. 不论产权是否明确,交易成本是否为零

应　　用

1. 近年来相继发生"毒奶粉"、"瘦肉精"、"地沟油"、"染色馒头"等事件,这些恶性的食品安全事件足以表明,诚信的缺失、道德的滑坡已经到了非常严重的地步。

① 运用有关经济学理论解释为什么会发生这种现象;

② 你认为政府应该采取什么样的措施来有效遏制类似情况的发生。

2. 大多数公路边都有垃圾堆放,而居民家的院子里却很少有垃圾。对这一事实给出一个经济学的解释。

3. 在快乐山谷有三家企业 A,B,C,三家企业的污染及其治理污染的成本如下表。现在政府想把污染减少为 120 单位,所以它给每个企业 40 单位的可交易的污染许可证。

企业	最初的污染水平(单位)	减少一单位污染的成本(元)
A	70	20
B	80	25
C	50	10

① 谁出售许可证？出售多少？谁购买许可证？购买多少？简单解释为什么卖者与买者愿意这样做。

② 交易许可证时减少污染的总成本是多少？如果许可证不能交易，减少污染的成本会多高？

4. 实地考察当地的一个旧车市场，要求：① 了解旧车市场的销售情况，包括价格和销售量。② 分析旧车市场是否存在逆向选择现象。③ 如果存在逆向选择问题，解释其原因。

第八章　宏观经济指标

学习目标

学习本章后,你应该能够:
➢ 解释国内生产总值的含义
➢ 从支出角度解释GDP的构成
➢ 区分实际GDP和名义GDP
➢ 知道价格总水平的衡量方法
➢ 计算失业率

　　经验告诉我们,一个人要找一份全职工作,不仅仅取决于他个人的才能,还在很大程度上受当时经济状况好坏的影响。比如,当整个经济的企业都在扩大生产时,找一份工作很容易,因为到处都在招聘员工。反之则很困难。一个企业在决定是否要扩大生产规模或引进新的生产线的时候,都会对宏观经济状况对企业扩张的影响做出评估。另外,我们也知道,拥有一份好的工作,是决定你拥有较高生活水平的一部分因素,另一部分因素是生活成本。如果生活成本持续升高,你的生活水平也会下降。由于整体经济状况的健康与否深深地影响我们每一个人的生活和企业的经营,所以,新闻媒体广泛报道反映经济状况变动的统计数字。这些统计数字衡量经济的总产量(GDP)的变化、物价水平(CPI)上升的比率,劳动力中失去工作的人数、国家的进出口数字等。所有这些统计数字都是对宏观经济的衡量。

　　本章的任务是考察经济学家和决策者用来监测宏观经济状况的三个统计指标——国内生产总值、价格总水平及失业率,并由此开始经济学宏观部分的学习。学习本章有助于你准确掌握和判断宏观经济运行状况。

第一节　国内生产总值

　　诺贝尔经济学奖获得者萨缪尔森和诺德豪斯在《经济学》教科书中把GDP

称为"20世纪最伟大的发明之一"。在他们看来,与太空中的卫星能够描述整个大陆的天气情况非常相似,GDP能够提供经济状况的完整图像,帮助总统、国会和联邦储备委员会判断经济是在萎缩还是在膨胀,是需要刺激还是需要控制,是处于严重衰退还是处于通货膨胀威胁之中。如果没有像GDP一样的灯塔般的总量指标,政策制定者就会陷入杂乱无章的数字海洋而不知所措。那么,什么是GDP呢?

一、国内生产总值的概念

(一) 国内生产总值的定义

国内生产总值(简称GDP)是指一个国家或地区在一定时期内(通常以年为单位)生产的所有最终产品与服务的市场价值的总和,此定义包含如下五个关键词。

市场价值 国内生产总值是对一国总产出的衡量。为了衡量总产出,我们必须将苹果、计算机、汽车、尿不湿和冰激凌的产量加在一起。但正如谚语"橘子和苹果是不能比较的"所说的,我们不能比较"100个苹果与50个橘子"和"50个苹果与100个橘子"哪个产量更大。而GDP通过产品的市场价格把许多不同的物品进行加总,来衡量产出的总量。由于市场价格衡量人们愿意为各种不同物品支付的量,所以市场价格反映了这些物品的价值。如果一个苹果的价格是0.5元,100个苹果的市场价值就是50元,如果一个橘子的价格是0.3元,50个橘子的市场价值就是15元,通过市场价格来衡量产量,就可以将苹果和橘子加总了。如果一个苹果的价格是一个橘子价格的两倍,那么一个苹果对GDP的贡献就是一个橘子的两倍。

最终产品和服务 最终产品(或服务)是特定时期内最终使用者购买的产品(或服务)。与之相比较的是中间产品,即一家企业生产的、被另一家企业购买并被作为投入品的产品。例如,一台联想电脑是最终产品,而它的奔腾处理器芯片就属于中间产品。在实际经济中,许多产品既可以作为最终产品使用,又可以作为中间产品使用,要区分哪些是最终产品、哪些是中间产品是很困难的。例如,煤炭在用作冶金和化工等行业的原料或燃料时就是中间产品,而用在人们日常生活时就是最终产品。因此,某种产品是属于最终产品还是中间产品取决于它的用途,而非产品本身。如果将中间产品的价值计入GDP之中,将会出现重复计算问题,即同一件产品将被计算多次。因为,中间产品的价值已经包含在最终产品当中了。所以,为了准确计算GDP,我们只衡量最终产品和服务的市场价值。也就是说,GDP只包括最终产品和服务的价值。我们以表8.1为例说明。

表 8.1 从棉花到服装的增值过程

生产阶段	产品价值	中间产品价值	增值
棉花	20	—	20
棉纱	23	20	3
棉布	32	23	9
服装	<u>42</u>	32	10
合计	117	75	<u>42</u>

在表 8.1 中,服装是最终产品,其价值为 42,其中包含了棉花、棉纱和棉布这些中间产品的价值,如果计算它们的价值,则会有 75 单位的重复计算。实际上,宏观意义上的企业产出不是其产品价值,而是它在产品上的增加值。所有企业的增加值之和才是宏观意义的总产出。上表的例子也说明,各企业的增加值之和为 42,这是总产出的量。它恰好和最终产品服装的价值相等,所以,我们只要计算服装的价值就可以得到 GDP 的量,而且不会造成重复计算。

现期生产 国内生产总值是指现期生产的物品与服务的总值,不包括以前所生产的物品与服务的价值。例如,计算 2011 年的 GDP 时,凡之前年份所生产而在 2011 年售出的物品的价值不能计入 2011 年的 GDP 之中。2011 年的 GDP 只包括 2011 年生产的物品和服务的价值。同样,当一个人把一辆二手车出售给另一个人时,二手车的价值不包括在 GDP 中,但支付给经纪人的中介费计入 GDP。

一国境内生产 国内生产总值衡量的生产价值局限于一个国家的地理范围之内。当一个美国通用汽车公司在中国境内开办企业,它的产出是中国 GDP 的一部分;当中国海尔集团在德国设立分公司所生产的冰箱就不能计入中国当年的 GDP,而应该计入德国国内生产总值。因此,如果产品是在一国境内生产的,无论生产者的国籍如何,都包括在该国的 GDP 之中。

一定时期内 GDP 衡量一定时期内的产值,这个时期通常是一年或一个季度。

(二) GDP 与人均 GDP

国内生产总值是衡量一个国家经济状况的重要指标,它有助于了解一个国家的经济实力与市场规模的总量。如果与一国人口相联系,可求得人均 GDP,它有助于了解一个国家的经济发展水平,包括国民的富裕程度和生活水平。

人均国内生产总值是用当年的国内生产总值除以国内总人口数量。用公式表示,即:

$$某年人均国内生产总值 = 某年国内生产总值 \div 某年人口数$$

这里所用的人口数量是当年年初与年底的人口数平均值,或者是年中(当年 7

月 1 日 0 时)的人口数。

按可比口径计算,2010 年,中国的国内生产总值达到 58786 亿美元,日本 2010 年国内生产总值为 54742 亿美元,中国超过日本成为世界第二经济大国。这显然是以 GDP 总量衡量和比较的结果。如果按人均 GDP 计算,2010 年中国人均 GDP 不足 4500 美元(仅排世界第 94 位),只是日本人均 GDP 的 1/10,因为中国人口是日本的 10 倍有余。这说明从人均 GDP 角度看,中国还是一个发展中国家。

二、国内生产总值的计算

统计部门通常用不同的方法来计算国内生产总值,主要有支出法和收入法。我们简单介绍这两种计算国内生产总值的方法。

(一) 支出法

支出法,又称最终产品法,是指通过把一年内整个社会购买最终产品和服务的各项支出加总来计算 GDP。在现实生活中,最终产品和服务的最终使用主要是居民的消费、企业的投资、政府的购买和出口。因此,最终产品的购买支出相应地包括四个部分:消费支出(C)、投资支出(I)、政府购买(G)和净出口(NX)。GDP 就是这四部分的总和,可用公式表示,即:

$$GDP = C + I + G + NX$$

下面我们进一步考察这四个部分。

消费支出(C) 消费支出是指居民家庭除购买新住房之外用于物品和服务的支出。这部分在一个国家总支出中占有很大比重,而且比较稳定。消费支出通常包括购买汽车和家用电器等耐用消费品的支出以及食品、服装等非耐用消费品的支出。还包括交通、医疗、教育等服务支出。居民购买新建住宅的支出并不包括在此项中,它是投资支出的一部分。

投资支出(I) 这里的"投资"与日常生活中常说的"投资"是不同的。我们日常生活中所讲的"投资"泛指任何以盈利为目的的支出行为,而这里所讲的"投资支出"指企业为了扩大经营规模在厂房、设备和存货上的支出以及家庭购买新住宅的支出。它可以做如下分类:① 企业固定投资,即企业用于经营活动的厂房、办公楼等建筑物和机器设备方面的投资。② 居民固定投资,是家庭用于新住房和公寓建筑的支出。③ 存货投资,即企业持有的存货数量,包括企业使用的原材料、燃料、零部件、半成品以及企业尚未销售出去的库存产成品。需要强调的是将企业存货作为投资支出来处理,是为了使企业的支出和投入的生产要素所得到的收入相一致,如果企业的存货增加,存货投资为正,相反存货投资为负。企业当年存货投资支出等于当年年终存货数量减去上年年终存货数量。

政府购买(G)　政府购买是指各级政府购买物品和劳务的支出总和,包括:① 政府购买办公用品、军事设备等。② 政府建设学校、医院、道路等。③ 军人、公务人员的工资薪金。需要指出的是政府购买支出只是政府总支出的一部分,有些政府支出如"转移支付"就不计入 GDP。转移支付包括政府支付给退休人员的退休金、对残疾人员的补助金以及政府支付的公债利息等。这些转移支付之所以不计入 GDP,是因为取得这些收入的人并没有提供相应的产品和劳务。

净出口(NX)　净出口是外国对本国国内生产的物品和劳务的购买(出口)减去国内对外国物品和劳务的购买(进口),即出口与进口的差额。之所以要减去进口,是因为 GDP 的其他组成部分,如消费支出、投资支出和政府购买都可能包括了进口的物品和服务。例如,一个家庭向瑞典汽车制造商沃尔沃公司购买了一辆价值 40 万元的汽车。很明显,这个交易增加了 40 万元的消费,因为购买汽车是消费的组成部分。但由于汽车是进口产品,这个消费是不能作为本国 GDP 的一部分的,因此,必须从出口部分减去。这样出口就变成了净出口。由于这个进口在消费、投资和政府购买中是增加的,而在出口部分是减少的,所以,进口交易并不影响本国 GDP 的计算。

表 8.2 是美国 2007 年 GDP 及其构成情况。

表 8.2　美国 2007 年 GDP 及其组成部分

	总量(10 亿美元)	人均量(美元)	占总量的百分比(%)
国内生产总值,Y	13843	45838	100
消费支出,C	9732	32225	70.3
投资支出,I	2132	7061	15.4
政府购买,G	2691	8912	19.4
净出口,NX	-712	-2360	-5.1

资料来源:曼昆.经济学原理[M].5 版.北京:北京大学出版社,2009.

(二) 收入法

收入法是用生产要素所得到的各种收入加总来计算 GDP 的方法。生产要素的收入——工资、地租、利息等也是企业的生产成本,收入法也是用企业的生产成本来核算 GDP。严格来说,最终产品的市场价值除了生产要素收入构成的成本,还包括间接税、折旧、公司未分配利润,因此,用收入法计算 GDP 应包括以下内容。

工资、利息、租金　工资包括所有工作的酬金、津贴和福利费,也包括雇员必须缴纳的所得税及社会保险税。利息指居民给企业提供的货币资金所收取的利息收入,包括银行存款利息、企业债券利息等,但政府公债利息及消费信贷利息不包括在内。租金包括出租土地、房屋租赁收入及专利、版权等收入。

非公司企业主收入 非公司企业主收入如医生、律师、农民和小店铺主的收入。他们拥有自有资金，自我雇用，其工资、利息、利润、租金经常混在一起作为非公司企业主收入。

公司税前利润 公司税前利润包括公司所得税、社会保障税、股东红利及公司未分配利润等。

间接税 它是企业向政府缴纳的销售税、货物税等，这些税虽然不是生产要素创造的收入，但要通过产品价格转嫁给消费者，因此也视为成本。

折旧 它是对一定时期内因经济活动而引起的固定成本消耗的补偿。资本折旧虽然不是要素收入，但因其包括在总投资中，所以也应该计入GDP。

这样，按照收入法计算的国内生产总值为：

$$GDP = 工资 + 利息 + 利润 + 租金 + 间接税 + 折旧$$

按支出法和收入法计算所得出的GDP，从理论上说是相等的，因为它们是从不同的角度来计算同一国内生产总值。对一个整体经济而言，收入必定等于支出。一个经济中的收入必定等于支出的原因在于每一次交易都有买方和卖方。某个买方支出的1元正是某个卖方的1元收入。所以，GDP既是对经济中人们获得的总收入的衡量，也是对用于经济中物品和服务的总支出的衡量。例如，对于一笔100元的交易来说，你从收入角度计算GDP是100元，同样你从支出角度计算GDP也是100元。

三、与GDP相关的其他指标

在国民收入核算中，除了国内生产总值之外，还有与之相关的重要指标：国民生产总值、国民生产净值、国民收入、个人收入、个人可支配收入。

国民生产总值 国民生产总值（GNP）是一国常住居民（即国民）所生产的最终产品和服务的价值的总和。它与GDP的不同之处在于：它包括本国公民在国外获得的收入，而不包括外国人在本国获得的收入。例如，一个美国人在中国工作时，他的产出是中国GDP的一部分，但不是中国GNP的一部分，而是美国GNP的一部分。总之，GNP是以一国国民为计算依据，GDP以地理国境为计算依据。我们可以从国内生产总值中推算出国民生产总值，其公式如下：

$$国民生产总值 = 国内生产总值 + 得自国外的要素收入 - 付给国外的要素收入$$

国民生产净值（NNP） 国民生产净值是一国国民生产总值减去折旧，它代表了经济中新生产出来的产品价值，即：

$$国民生产净值 = 国民生产总值 - 折旧$$

折旧是补偿生产中固有资产消耗的投资。在计算国民生产总值时，折旧费用是包括在最终产品的市场价值之内的。但是,由于固有资产(厂房、机器设备等)不是当年生产出来的,且通常能够使用许多年,使用国内生产总值指标不能准确反映当年新创造的价值,因此,人们在理论上提出国民生产净值的概念。另一方面,国民生产总值(或国内生产总值)与国民生产净值(或国内生产净值)在数据上相差不是很大,由于前者更便于统计,在实际生活中比后者使用更加普遍。

国民收入(NI) 国民收入指一国国民在物品与服务生产中获得的总收入,即工资、利息、租金和利润的总和。企业的间接税不是与生产要素对应的收入,所以要从国民生产净值中减去,但国民收入中包括补贴。国民收入的计算公式为:

$$国民收入 = 国民生产净值 - 间接税$$

个人收入(PI) 个人收入是一个国家所有个人和非公司业主得到的收入。个人收入被包括在国民收入中,但不是所有国民收入都是个人收入。其中,首先要扣除公司未分配利润,即公司获得的但没有支付给其所有者的收入;其次,它还要减去公司所得税和对社会保障的支付;此外,个人收入还包括持有债券得到的利息收入,以及从政府转移支付项目中得到的收入,如福利和社会保障。公式表示如下:

$$个人收入 = 国民收入 - 公司未分配利润 - 企业所得税$$
$$- 社会保险税 + 转移支付 + 个人利息$$

个人可支配收入(PDI) 个人可支配收入是指个人收入扣除个人所得税后剩下的收入。个人可支配收入可以分解为两个部分,即消费和个人储蓄。个人可支配收入可用公式表示为:

$$个人可支配收入 = 个人收入 - 个人所得税 = 消费 + 储蓄$$

四、实际 GDP 与名义 GDP

由于 GDP 是用市场价格来计算的,GDP 的变动会受到两个因素的影响:物品、服务的数量和物品、服务的价格。如果从这一年到下一年的 GDP 增加了,可能是生产了更多的物品和服务,也可能是物品和服务的价格变高了。为了了解和分析随着时间的推移,比较一国在不同的年份生产产品和提供服务能力的变化,经济学家提出了按照不变的价格来计算物品和服务的价值,这就是实际 GDP 指标。实际 GDP 回答的问题是:如果我们以过去某一年的价格来确定今年生产的物品和服务的价格,那么这些物品和服务的价值是多少呢?

实际 GDP 是用不变价格(称为基年价格)计算最终物品和服务的价值,名义 GDP 是用当年价格计算最终产品和劳务的市场价值。

假定某经济生产 A、B 两种产品,两种产品在 2001 年和 2004 年的产量、价格见表 8.3,设以 2001 年产品价格为基年价格,实际 GDP 和名义 GDP 的计算如下

表8.3。

表 8.3　实际 GDP 与名义 GDP 举例

	A 产品		B 产品	
	产量(个)	价格(元)	产量(个)	价格(元)
2001 年	100	1	50	2
2004 年	150	2	100	3

2001 年:名义 GDP = (100×1) + (50×2) = 200
2001 年:实际 GDP = (100×1) + (50×2) = 200
2004 年:名义 GDP = (150×2) + (100×3) = 600
2004 年:实际 GDP = (150×1) + (100×2) = 350

上表中,在 2001 年,我们把 100 个 A 产品乘以它 2001 年的价格 1 元,加上 50 个 B 产品乘以它 2001 年的价格 2 元,得到 200 元。在 2004 年,把 150 个 A 产品乘以它 2004 年的价格 2 元,加上 100 个 B 产品乘以它 2004 年的价格 3 元,得到 600 元。可见,在按当年价格计算,2001 年的名义 GDP 是 200 元,2004 年的名义 GDP 是 600 元。2001 年到 2004 年,名义 GDP 增长 200%。这种增加,部分是由于 A 产品和 B 产品数量的增加,部分是由于 A 产品和 B 产品价格的上升。

为了得到不受价格变动影响的产量的衡量指标,我们需要计算实际 GDP。实际 GDP 的计算,首先要指定基年,然后用基年的价格计算所有各年的物品和服务的价值。上表以 2001 为基年,2001 年产品价格为基年价格,为计算 2004 年的实际 GDP,用 2001 年价格乘以 2004 年 A 产品和 B 产品的数量,计算结果表明,2004 年的实际 GDP 为 350 元,2001 年的实际 GDP 是 200 元,2001 年到 2004 年,实际 GDP 增长 75%[(350 − 200)/200 = 75%]。显然,这种增加只是由于生产量的增加,因为价格被固定在基年的水平上。

由于实际 GDP 不受价格变动的影响,实际 GDP 的变动只反映生产量的变动,或者说反映经济物品生产能力的变动,反映国民经济满足人们需要和欲望的能力的变动。因此,实际 GDP 作为衡量经济福利的指标要优于名义 GDP。例如,经济增长率的计算通常依据的是实际 GDP。这是因为名义 GDP 既反映了实际产量的变动,又反映了价格的变动。而实际 GDP 只反映产量的变动。以实际 GDP 为基础的经济增长率能准确地反映经济的实际增长情况。

五、GDP 的作用与局限性

GDP 作为对社会总产出(也包括总收入)的衡量指标,主要用于经济福利的跨期比较、经济周期变化的预测和经济福利的国际比较。

（一）经济福利的跨期比较

我们通常使用实际 GDP 衡量一国不同时期人们的经济福利变化。经济福利是对一般经济健康状况的一种全面的衡量。当所有物品和服务的产出增加的时候，经济福利就会提高。这也是我们愿意使用实际 GDP 衡量经济福利的原因。然而，GDP 并不是衡量福利的完美指标，因为经济福利还取决于许多其他并不被 GDP 全面衡量的因素。从物质意义上说，幸福来自我们经济活动中所创造的一切产品与劳务。但按现行的统计方法，GDP 中有许多遗漏。

GDP 用市场价格来衡量和评价物品和服务，但经济中许多活动属于非市场活动，没有统计在 GDP 之内。比如自己在家料理家务也是一种能给我们带来幸福的经济活动，但它不通过市场交易，不在 GDP 之内；同样，托儿所提供的对孩子的照顾是 GDP 的一部分，而父母在家照料孩子就不属于 GDP 了。市场交换越不发达，这部分活动的比例越大。

GDP 按市场价格计算，但市场价格与产品质量和数量并没有直接关系。人们的幸福程度与产品的质量和数量相关，而与价格关系不大。例如，电脑质量在提高，数量在增加，但价格在急剧下降。按价格计算也许电脑的产值没有增加多少，但质量与数量的提高给人们带来的幸福是巨大的。现代社会中，许多产品的趋势是质量提高的同时价格下降。仅仅按价格计算无法反映这种趋势。

GDP 在统计时是根据生产出来的最终产品，但并不是这些产品都与我们的福利利益相关。例如，军火生产是 GDP 中重要的一部分，但许多军火产品与我们的福利利益无关。相反，多生产了军火，使用了本来能生产消费品的资源，还会减少我们的幸福。两个 GDP 相同的国家，一个实行国民经济军事化，另一个奉行和平中立。前一个国家的 GDP 中军火占了相当大的比例，后一个国家军火生产很少。这两个国家人民幸福的程度肯定不同。如过去法西斯德国和日本的 GDP 也曾经相当高，但它们的人民幸福吗？

环境是影响人们经济福利和幸福程度的重要因素，但 GDP 统计中无法正确反映这些因素。经济活动会带来环境污染，如果以环境污染为代价发展生产，GDP 无疑增加了。但人们呼吸污浊的空气，喝受污染的水，经济活动带来污染，治理污染又增加了 GDP。但这种情况下，环境恶化导致的福利利益减少大于生产所带来的福利利益。

人们的幸福程度、经济福利的大小还取决于一个社会的收入分配状况。无论是 GDP 也好，人均 GDP 也好，反映不出收入分配的状况。我们考察一个社会的幸福状况，不是看一部分人甚至少数人是否幸福，而是看所有的人是否幸福。衡量经济福利也不是少数人的经济福利，而是整个社会的经济福利。一个社会如果收入悬殊过大,少数人花天酒地,多数人难以为生,即使这个社会 GDP 高,人均 GDP 高,也不能说是一个幸福的社会。美国经济学家克鲁格曼认为,社会经济福利取决于生产率、失业率与收入分配平等程度。GDP 可以反映出生产率与失业率,但完全反映不出收入分配状况。其实收入分配差别太大、社会不安定,即使高收入的少数人也谈不上幸福二字。

正因为 GDP 不能反映出社会经济福利,美国经济学家托宾和诺德蒙斯提出了经济福利衡量指标,经济活动的最终目的是幸福或经济福利,福利更多地取决于消费而不是生产。GDP 是生产的衡量,而经济福利衡量指标是要衡量对福利做出贡献的消费。因此,这个指标要在 GDP 之上减去某些不能对福利做出贡献的项目,加上某些对福利做出了贡献而没有计入 GDP 的项目。具体来说,减去 GDP 中没有对福利做出贡献的项目(如超过国防需要的军备生产),减去对福利有负作用的项目(如污染、都市化的影响),加上不通过市场的经济活动的价值(如家务劳动、自给性产品),加上闲暇的价值(用所放弃的生产活动的价值作为机会成本来计算)。

(二) 经济福利的国际比较

使用 GDP 指标进行经济福利的国际比较时,需要注意两点:第一,两国的 GDP 必须换算为同一货币单位。第二,必须使用同样的价格来对所比较的不同国家的产品和服务进行评价。我们以中国和美国的比较为例。

2006 年,中国的人均 GDP 是 15500 元人民币,美国的人均 GDP 是 44000 美元。在 2006 年,1 美元值 9.9 元人民币。用这个汇率将 15500 元人民币转换为美元就是 1566 美元,这样比较的话,2006 年美国的人均实际 GDP 是中国的 28 倍。但这里要注意,美国的 GDP 是按美国的现行价格计算的,中国的 GDP 是按中国的现行价格计算的,而中美两国的相对价格差别很大。一些在美国很贵的物品在中国很便宜。如果两国使用同一种价格进行比较,就会消除这种影响。这种比较用的价格现在叫做购买力平价。根据购买力平价比较,2006 年美国的人均实际 GDP 是中国的 5 倍,而不是根据市场汇率计算出来的 28 倍。这个例子说明,当采用不同的比较基础来进行经济福利的国际比较的时候,比较的结果并不相同。

(三) 经济周期的预测

经济周期表现为实际 GDP 相对于潜在 GDP 的上升(扩张)或下降(收缩或衰退)过程的交替。用实际 GDP 衡量的经济活动的波动是对经济周期阶段的一个合理估计。当实际 GDP 增长时,经济处于扩张期;当实际 GDP 持续两个季度下降,经济处于衰退期。同时,随着实际 GDP 的波动,生产和就业情况也在波动。

总之,GDP 是幸福与经济福利的基础,大多数情况下,GDP 是衡量经济福利的一个好指标。这里可用上一句俗话:GDP 不是万能的,但没有 GDP 是万万不能的。

【即问即答】
　　◇ 生产一瓶饮用水和生产一条钻石项链哪个对GDP的贡献更大？为什么？
　　◇ 中国公民在国内买了一瓶价值500元的法国红葡萄酒。这对中国的GDP计算有影响吗？

第二节　价格总水平与失业率

一、价格总水平

（一）价格总水平的概念

价格总水平也叫一般价格水平，是指一个国家或地区在一定的时期内所有商品和服务价格的平均数。它有如下特点：

① 它是一个宏观总量概念，不具体指某一种或某几种商品与服务价格的水平；

② 它是一个大范围的地域概念，不具体指某一集市或某一摊位商品服务的价格水平，而是一个国家或一个地区范围内的价格水平；

③ 它是一个时间段的价格平均数，而不是一个静止的某一时某一分的价格。

价格总水平是对一个国家、一个地域范围内商品服务价格水平进行观测、计算和比较的结果，是一定时期内全社会所有商品和服务价格的加权平均水平。价格总水平用来监测生活费用如何随时间的推移而发生的变动。同时，它也是宏观经济发展基本状态一个侧面的反映，是国民经济运行是否健康有序的一个重要标志。

目前，衡量价格总水平的方法主要有两种：一是编制各种价格指数，如消费者价格指数、生产者价格指数等；二是计算国内生产总值平减指数。

（二）价格指数

价格指数是反映不同时期商品和服务价格水平变动程度和变动趋势的动态相对数。它通常用百分数来表示，指数大于100%，说明计算期价格比基期价格上升了；如小于100%，则表示计算期价格比基期价格下降了。根据对比基期的不同，价格指数可分为：环比价格指数、定基价格指数。环比价格指数，是指以报告期的前一期为基期而计算的价格指数，用以对价格的变动程度和趋势，做出阶段性观察。定基价格指数,是以某一固定时期为基期而计算的价格指数,其目的是在此基础规定的前提下,统观价格变动趋势和规律。

消费者价格指数 消费者价格指数,简称 CPI,是普通消费者所购买的物品和服务总费用的衡量指标。计算消费价格指数的基本步骤是:

① 固定篮子。即有选择地选取一组固定的物品和服务并确定其权重。我国 CPI 的物品构成及其比重为:食品 31.79%,烟酒及用品 3.49%,居住 17.22%,交通通讯 9.95%,医疗保健个人用品 9.64%,衣着 8.52%,家庭设备及维修服务 5.64%,娱乐教育文化用品及服务 13.75%。

② 找出价格。找出每个时点上篮子中每种物品的价格。

③ 计算固定篮子中物品的费用。用不同时期的价格计算一篮子物品与服务的总费用。这里,物品的种类和数量是不变的,不同时期的价格是不同的。

④ 选择基年并计算价格指数。指定一年为基年,它是其他年份与之比较的基准。选择基年后,指数的计算如下:

$$当年消费者价格指数 = \frac{当年固定篮子物品与服务的价格}{基年固定篮子物品与服务的价格} \times 100$$

假设一个经济中计算物价指数时所选的一篮子物品为 10 个面包和 20 瓶饮料。2005 年每个面包价格为 1 元,每瓶饮料的价格为 2 元。这两种物品的总费用是 50 元(1 元×10 + 2 元×20)。在 2006 年,每个面包价格为 2 元,每瓶饮料价格仍为 2 元,这两种的总费用是 60 元(2 元×10 + 2 元×20),设 2005 年为基年,基年固定篮子的物品和服务的价格是 50 元,2006 年固定篮子的物品与服务的价格是 60 元,则 2005 年的价格指数为 100,2006 年的物价指数是 120(60 元/50 元)。

⑤ 计算通货膨胀率。通货膨胀率是一个时期到另一个时期的价格总水平变动的百分比。用公式表示如下:

$$某年的通货膨胀率 = \frac{某年的 CPI - 上一年的 CPI}{上一年的 CPI} \times 100\%$$

我们用这个公式计算 2006 年的通货膨胀率。2006 年的 CPI 是 120,2005 年的 CPI 是 100,因此,2006 年的通货膨胀率为:

$$通货膨胀率 = \frac{120 - 100}{100} \times 100\% = 20\%$$

如果消费者价格指数升幅过大,表明通货膨胀明显,会带来经济不稳定,因此,该指数过高的升幅是不受欢迎的。例如,在过去 12 个月,消费者价格指数上升 2.3%,表示生活成本比 12 个月前平均上升 2.3%。当生活成本提高,你的金钱价值便随之下降。也就是说,一年前收到的一张 100 元纸币,今日只可以买到原 100 元货品及服务的 97.7%。一般说来当 CPI 的增幅≥3%时,我们称之为通货膨胀。

生产者价格指数(PPI) 生产者价格指数是对一组固定物品的成本的衡量。

生产者价格指数的计算方法与消费价格指数(CPI)相似,不过所选的物品是生产资料。这些物品构成厂商成本的一部分,因此,PPI 成为表示价格总水平变化的一个信号,PPI 上升往往意味着未来一段时间 CPI 将上升的先行信号。

GDP 平减指数　GDP 平减指数又称 GDP 矫正指数,是用名义 GDP 与实际 GDP 的比率乘以 100 计算的价格水平衡量指标。其计算公式为:

$$\text{GDP 平减指数} = \frac{\text{某年的名义 GDP}}{\text{某年的实际 GDP}} \times 100$$

例如,假设 2000 年的名义 GDP 为 5 万亿元,实际 GDP 为 4 亿万元,则 GDP 平减指数为(5 万亿元÷4 万亿元)×100＝125。换句话说,2000 年的物价水平比基年上升了 25%,即这些年间的通货膨胀率为 25%。

以上三个价格指数反映了价格水平变动的情况,它们所反映的价格水平变动趋势(上升或下降)是相同的。但由于选取的物品与服务不同,而各种物品与服务的价格变动又不同。所以,这三个指数计算出的价格指数并不同。GDP 平减指数包括所有的物品和服务,最全面的反映出经济中价格水平的变动,但消费物价指数与人民的生活费用指数变动关系最密切,为人们所关心,也是根据价格水平变动调整工资、养老金、失业津贴、贫困补贴等的依据。

(三) 价格指数的两个应用

不同时期的收入比较　人们在不同时期获得的收入高低受当时价格水平的影响,因此,在比较不同时期人们收入水平时,需要考虑价格总水平的变化对人们收入的影响。具体做法是用今天的价格水平把过去时期的收入换算成今天的收入。一般地,把 T 年的收入(名义收入)换算成今天的收入的公式如下:

$$\text{今天的收入数量} = T \text{ 年收入数量} \times \frac{\text{今天的价格水平}}{T \text{ 年的价格水平}}$$

上式中的价格水平用消费价格指数表示。

例如,美国胡佛总统 1931 年的薪水是 7.5 万美元,而美国乔治·布什总统 2007 年的薪水是 40 万美元。乍看起来,今天在美国当总统的确是个不错的选择,但真是这样吗? 我们可以对两个不同时期总统的薪水进行换算对比。1931 年美国的价格指数是 15.2,而 2007 年为 207,价格总水平上升了 13.6 倍。按照上面的换算公式,胡佛总统的薪水相当于 2007 年的 1021382 美元,这大大高于乔治·布什总统的薪水。

实际利率与名义利率　当你把钱存入银行时,你在未来会得到银行偿还的存款和利息。例如存入银行 1000 元,银行利率为 10%。一年以后,你的利息加上存款是 1100 元,比原来多出了 100 元的利息。有人说你变富了,这是真的吗? 对这个问题的回答取决于我们对"变富"的理解。一般来说,我们并不关心拥有的货币数量本身,而关心用这些货币能买到多少物品和服务,即购买力大小。如果钱存入银行时价格水平上升了,现在1元钱买到的东西比一年前少了。在这种情况下你的购买力并没有上升10%,购买力的上升幅度由实际利率决定。

实际利率是与名义利率相对应的一个概念。名义利率是反映货币量变化的利率,如前文提到的10%。实际利率是根据通货膨胀率矫正的利率。名义利率、实际利率和通货膨胀率之间存在如下关系:

$$实际利率 = 名义利率 - 通货膨胀率$$

实际利率是名义利率和通货膨胀率之间的差额。名义利率告诉你,随着时间的推移,你的银行账户中的货币数量增加多少;而实际利率告诉你,随着时间的推移,你的银行账户中货币购买力提高多少。

以存入银行1000元、银行利率为10%为例,如果通货膨胀率为8%,你的实际利率就是2%,它意味着货币购买力提高2%;反之,如果通货膨胀率是12%,你的实际利率就是负的2%,你的购买力降低了2%,换句话说,你变穷了。国家统计局2011年8月9日发布的数据显示,该年7月份全国居民消费价格总水平(CPI)同比上涨6.5%,而同期银行一年期存款利率仅为3.5%,实际利率为-3%。负利率使存款者的财富相应缩水。

二、失业率

根据国际劳动组织的定义,失业者是指一定年龄范围内能够工作、愿意工作又正在寻找工作、但仍然没有工作的人。失业率是反映人们愿意而又找不到工作的程度的指标。它是劳动力中失业人口的百分比,即:

$$失业率 = \frac{失业人数}{劳动力人数} \times 100\%$$

$$劳动力人数 = 就业人数 + 失业人数$$

假设,一个国家总人口为2亿,16岁以下未成年人数为1500万,65岁以上人口为500万,则该国工作年龄人口为1.8亿。在这1.8亿中,全日制学校学生1300万人,无劳动能力者200万人,不愿意参加工作者500万人,则劳动力总数为1.6亿人。假设劳动力中就业人数为1.5亿人,失业人口为0.1亿人,则失业率为6.25%。

失业率指标是判断宏观经济运行好坏的一个重要指标。一般情况下,失业率下降,代表整体经济健康发展;失业率上升,代表经济发展放缓甚至衰退。若将失业率配以同期的通胀指标来分析,则可知当时经济发展是否过热,是否会构成加息的压力,或是否需要通过减息以刺激经济的增长。

我国从20世纪80年代开始建立登记失业制度,登记失业率作为国家宏观调控的重要指标,主要有两方面的作用:一是可以作为失业人员领取失业保险待遇的前提条件,登记失业前如果参加过失业保险可以享受一定期限的失业保险待遇;二是作为登记失业人员寻求政府帮助的依据。但是,这个指标在一定时间内反映总体失业状况的敏感程度不是很强。此外,有一部分失业人员没有进行登记,不可能很全面反映就业状况。

人力资源和社会保障部发布的城镇登记失业率是我国目前官方正式公布的唯一失业率指标,也是中央政府和各级地方政府在制定经济社会发展规划时所采用的重要调控指标之一。为了及时、真实、全面反映中国劳动力资源和失业状况,我国从 2005 年开始进行劳动力调查。但由于失业率统计的方法比较复杂,还缺乏经验的积累,需要有一个完善和改进的过程,所以目前调查失业率仅供内部使用。

"登记失业率"和"调查失业率"是有差别的。"登记失业率"主要是指在报告期末城镇登记失业人数占期末城镇从业人员总数与期末实有城镇登记失业人数之和的比重。分子是登记的失业人数,分母是从业的人数与登记失业人数之和。"城镇调查失业率"是反映城镇常住经济活动人口中,符合失业条件的人数占全部城镇常住经济活动人口的比率。国际上有一套严格的标准,包括年龄、求职意向等等,满足一定的条件才能判定为失业人员。要经过科学的抽样,一般要求在大量的、一定规模的样本前提下开展调查。由于两个失业率在统计方法、指标定义和统计范围上都不相同,一般不好直接进行对比。如果只从数据本身来看,我国的几次调查失业率和城镇登记失业率相比大体上高一个百分点左右,这两个失业率反映的就业和失业变化趋势是一致的。

【即问即答】
◇ 如何计算通货膨胀率?
◇ 如何计算失业率?

内容提要

1. 衡量一国宏观经济状况的最重要指标是国内生产总值(GDP)。国内生产总值是指一个国家或地区在一定时期内(通常以年为单位)所生产的最终物品与服务的市场价值总和。

2. 国内生产总值(GDP)可以用支出法或收入法计算。支出法从产品的使用出发,把一年内购买各项最终产品的支出加总,计算出该年产出的最终产品市场价值的总和。即:$GDP = C + I + G + NX$。收入法从收入的角度出发,把生产要素在生产中所得到的各种收入相加计算 GDP。

3. 名义 GDP 是用现期价格计算物品和服务的价值;实际 GDP 用不变的价格来计算物品和服务的价格。

4. GDP 是衡量经济福利的一个良好指标,但不是一个完美的指标。

5. 价格总水平是指一个国家或地区在一定的时期内,在全社会范围内各种商品和服务价格变动的加权平均或综合,通常用消费价格指数、生产者价格指数和 GDP 平减指数表示。

6. 失业率是失业人数与劳动力人数之比,失业率指标是判断宏观经济运行好坏的一个重要指标。

关键术语

国内生产总值　　最终产品　　中间产品　　支出法　　收入法　　消费支出　　投资支出　　政府购买　　净出口　　国民收入　　个人收入　　个人可支配收入　　实际 GDP　　名义 GDP　　价格总水平　　消费者价格指数　　生产者价格指数　　GDP 平减指数　　失业率

复　习

(一) 思考题

1. 什么是国内生产总值？GDP 有哪些计算方法？
2. 什么是最终产品和中间产品？
3. 按支出法说明 GDP 的构成。
4. 按收入法说明 GDP 的构成。
5. 为什么一个经济的收入必定等于支出？
6. 为什么经济学家在判断经济福利时用实际 GDP,而不是用名义 GDP？
7. 什么是价格总水平和失业率？它们分别是如何衡量的？

(二) 选择题

1. "面包是最终产品,面粉是中间产品"这句话(　　)。
　　A. 一定是对的　　　　　　　　B. 一定是不对的
　　C. 可能正确　　　　　　　　　D. 在任何情况下都无法判断
2. 下列各项,(　　)不列入 GDP 的核算。
　　A. 出口到国外的一批货物
　　B. 经纪人为一座旧房买卖收取的一笔佣金
　　C. 政府给贫困家庭发的一笔救济金
　　D. 保险公司收到的一笔家庭财产保险费
3. 在有进出口的情况下,GDP 是(　　)的总和。
　　A. 消费、投资和政府购买　　　B. 消费、投资和净出口
　　C. 消费、投资、政府购买以及净出口　　D. 工资、利润、利息和地租

4. 今年的名义国内生产总值大于去年的名义国内生产总值,说明( )。
   A. 今年的价格总水平一定比去年高了
   B. 今年生产的物品和劳务的总量一定比去年增加了
   C. 今年的价格总水平和实物产量水平一定都比去年提高了
   D. 以上三种说法都不一定正确
5. 一般用来衡量通货膨胀的价格指数是( )。
   A. CPI   B. PPI   C. GDP 平减指数   D. 以上均正确
6. 失业率是指( )。
   A. 失业人口占劳动力人口的百分比   B. 失业人数占人口总数的百分比
   C. 失业人数占就业人数的百分比   D. 以上都对

应　用

1. 请判断下列各种交易会影响 GDP 的哪一部分(如果有影响的话),并简单加以解释。
   ① 家庭购买一台新冰箱。
   ② 大众汽车公司从其存货中出售了一辆宝来汽车。
   ③ 你家新建或新购买了一套住宅。
   ④ 你的父母买了一瓶法国红葡萄酒。
   ⑤ 海尔公司扩大其在美国的工厂。

2. 1950 年,教授的平均工资为 320 元;2000 年,教授的平均工资为 4000 元。假定 1950 年的价格指数为 100,2000 年的价格指数为 2100,那么,教授的实际平均工资是增加了还是减少了?

3. 访问国家统计局网站,收集我国近年来的 GDP、CPI 及失业情况数据,综合判断我国的宏观经济运行情况。

4. 美国参议员罗伯特·肯尼迪 1968 年竞选总统时在演讲中有一段关于 GDP 的话:"(GDP)并没有考虑到孩子们的健康、他们的教育质量或者他们游戏的快乐。它没有包括我们的诗歌之美好或婚姻之稳固,没有包括我们关于公共问题争论的智慧或者我们公务员的正直。它既没有衡量出我们的勇气与我们的智慧,也没有衡量出我们对祖国的热爱。简言之,它衡量一切,但并不包括使我们的生活有意义的东西,它可以告诉我们有关美国的一切,但没有告诉我们,为什么我们以作为美国人而骄傲。"罗伯特·肯尼迪这段话对吗?为什么?

第九章 总支出与总收入

> **学习目标**
>
> 学习本章后,你应该能够:
> - 解释消费与收入之间的关系
> - 说出三部门、四部门经济中计划支出的构成及收入决定条件
> - 根据计划支出的变化预测 GDP 的变化
> - 解释投资乘数的含义、原因及其作用条件
> - 说明货币供给变化对利率的影响
> - 说明利率、投资与总收入之间的关系
> - 描述 IS 曲线和 LM 曲线的移动对收入和利率的影响

世界历史上最严重的一次经济衰退是 1929 年爆发的经济大萧条,这次大萧条使经济停滞持续了近 10 年。以美国经济为例,1929 年到 1933 年,失业人数由 150 万增加到 1300 万,而美国整个劳动力是 5100 万。直到 1940 年失业率一直保持在 14% 以上,最高时达 25%。GDP 由 1030 亿美元下降到 550 亿美元,下降了近 50%。物价下跌,物价指数为 -10%。大萧条发生的原因是什么?如何解释 GDP、失业率以及物价的变化?这是困扰当时经济学家的一个世纪难题。面对大萧条,宏观经济学的创始人凯恩斯从《蜜蜂的寓言》中悟出了有效需求的重要性,他看到蜂群的兴旺发达,正是由于他们的挥霍奢侈,创造了足够的需求,而当他们变得节俭以后,由于有效需求不足,所以经济衰落,凯恩斯认为我们的社会也和蜂群一样。

本章的任务是考察消费、投资、政府支出、出口等总支出如何决定社会的总产出,以及货币市场如何决定利率,利率又是如何影响总产出。学习本章有助于你把握社会的总支出对 GDP 变化的决定作用。

第一节 计划总支出

由 GDP 核算的支出法可知,一个国家的 GDP 是消费支出、投资支出、政府购

买以及净出口四部分之和。表 9.1 是我国 2006 年 GDP 的构成情况。

表 9.1 中国 2006 年 GDP 及其构成

	总量(万亿元)	占 GDP 比例(%)
GDP(Y)	21.09	
消费支出(C)	8.01	38.0
投资支出(I)	8.88	42.1
政府购买(G)	1.48	7.0
净出口(NX)	2.72	12.9

表 9.1 中的消费支出、投资支出、政府购买以及净出口是 GDP 统计意义上的事后支出项目,并不是事前意义上的计划支出。计划支出是一种事前支出,是指家庭、企业、政府及国外部门在目前总收入水平上计划购买商品和服务的数量。计划总支出(AE)是计划的消费(C)、计划的投资(I)、计划的政府购买(G)以及计划的净出口(NX)之和。其中,计划的消费取决于人们的可支配收入(或实际 GDP)水平,而计划的投资、计划的政府购买以及计划的净出口与收入水平无关,称为自发支出。

一、消费支出

(一) 消费函数

消费(C)是家庭用于购买物品和服务的支出。家庭的消费决策受到许多因素的影响。在现实生活中,影响人们消费的因素很多,如消费者的可支配收入水平、商品的价格水平、消费者的偏好、利率水平、家庭财产状况、消费信贷状况、文化和风俗习惯等。在这些因素中,最重要的是可支配收入。

一般来说,在其他条件不变的情况下,消费与可支配收入之间是同方向变动的关系,即可支配收入增加时,消费增加;可支配收入减少时,消费减少。消费与可支配收入之间的关系称为消费函数,用公式表示如下:

$$C = C(Y) \tag{9.1}$$

假定某家庭的消费与可支配收入之间的关系如表 9.2 所示。

表 9.2 的数据表明:当收入是 10000 元时,消费为 10100 元,入不敷出。出现这样的情况是因为即使一个家庭在某一时期内收入为零,但人要生存,吃住行的必要开支是必不可少的,这时这个家庭通过使用以前的积累或借贷进行消费(负储蓄),消费支出大于可支配收入。当收入为 11000 元时,消费为 11000 元,收支平衡即收支相抵。当收入依次增至 12000 元、13000 元、14000 元、15000 元和 16000 元

时,消费依次增加到 11880 元、12610 元、13160 元、13800 元和 14240 元。这就是说,收入增加时,消费随之增加,但增加得越来越少。

表 9.2 某家庭消费表

	收入(Y)	消费(C)	边际消费倾向(MPC)	平均消费倾向(APC)
A	10000	10100		1.01
B	11000	11000	0.9	1
C	12000	11880	0.88	0.99
D	13000	12610	0.73	0.97
E	14000	13160	0.55	0.94
F	15000	13800	0.64	0.92
G	16000	14240	0.44	0.89

消费与收入并不一定按同一比例变动,一般情况下,消费的增加不及收入的增加多。消费和可支配收入之间的关系可以通过消费倾向概念来分析说明。消费倾向是指人们用于消费的支出在可支配收入中所占的比重,分为平均消费倾向和边际消费倾向。

平均消费倾向(APC)是指平均每单位可支配收入中消费所占的比重,其计算公式如下:

$$APC = \frac{C}{Y} \qquad (9.2)$$

边际消费倾向(MPC)是指在增加的可支配收入中消费部分所占的比重,或者说是增加一单位的收入所引起的消费的增加量,即消费增量与收入增量的比值,其计算公式如下:

$$MPC = \frac{\Delta C}{\Delta Y} \qquad (9.3)$$

式中,ΔC 代表消费增量,ΔY 代表收入增量。

边际消费倾向在几何上是消费曲线的斜率,其取值范围为 0~1,说明消费依赖于收入,随着收入的增加而增加,但增加的幅度小于收入。从长期来看,边际消费倾向并不是一个常数,而是随着收入的增加而逐渐减小的。这种边际消费倾向随收入增加而呈现递减的趋势,被称为边际消费倾向递减规律,是导致有效需求不足的三大原因之一。

假定消费与可支配收入之间是线性关系,即边际消费倾向为常数,则消费函数可用下式表示:

$$C = a + bY \qquad (9.4)$$

式中,C代表消费,Y代表可支配收入,a代表自发消费,即可支配收入等于零时的基本消费,b表示边际消费倾向,bY代表引致消费,即随着可支配收入增加而增加的消费。$C = a + bY$的经济含义是:消费等于自发消费与引致消费之和。例如,对于消费函数$C = 300 + 0.8Y$来说,300为自发消费,$0.8Y$是引致消费。

消费函数可用消费曲线来表示,消费曲线是表示消费与收入之间关系的一条曲线。当消费与可支配收入的关系是线性时,消费曲线就是一条向右上方倾斜的直线,如图9.1所示。

图9.1中,横轴代表收入(Y),纵轴代表消费(C),$C = a + bY$的图形——消费曲线是一条向右上方倾斜的曲线,表明消费与收入同方向变动,收入越多,消费越多。在45°线和消费曲线的交点E代表收入等于消费。在E点的左边,消费大于收入;在E点的右边,消费小于收入。

(二) 储蓄函数

储蓄是指收入中未被消费的部分。以S表示储蓄,储蓄与收入的关系可以表示为:

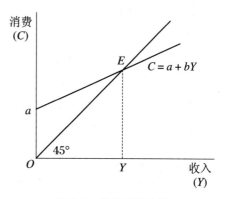

图9.1 线性消费曲线

$$Y = S + C \quad \text{或} \quad S = Y - C \tag{9.5}$$

影响储蓄的因素很多,但收入是最主要的因素。一般而言,在其他条件不变的情况下,储蓄随收入的变动而同方向变动,即收入增加,储蓄增加;收入减少,储蓄减少。

储蓄函数是反映收入与储蓄之间的依存关系的函数,其表达式如下:

$$S = S(Y) = Y - (a + bY) = -a + (1 - b)Y \tag{9.6}$$

由公式(9.6)可知,收入一定时,储蓄的大小还取决于储蓄倾向的大小。储蓄倾向是指储蓄在人们收入中所占的比例,它分为平均储蓄倾向(APS)和边际储蓄倾向(MPS)。

平均储蓄倾向(APS)表示平均每单位收入中储蓄所占的比重,其计算公式如下:

$$APS = \frac{S}{Y} \tag{9.7}$$

边际储蓄倾向(MPS)是指增加一单位可支配收入时,用于储蓄的部分所占的比重,即储蓄增量与收入增量的比值,其计算公式如下:

$$MPS = \frac{\Delta S}{\Delta Y} \tag{9.8}$$

边际储蓄倾向也是储蓄曲线的斜率,其取值范围通常为 0～1,且随着收入的增加而增加,所以边际储蓄倾向是递增的。

某家庭的储蓄情况如表 9.3 所示。数据表明:收入增加时,储蓄随之增加,而且增加得越来越快。

表 9.3　某家庭储蓄表

	收入 (Y)	消费 (C)	储蓄 (S)	边际储蓄倾向 (MPS)	平均储蓄倾向 (APS)
A	10 000	10 100	−100		−0.01
B	11 000	11 000		0.1	
C	12 000	11 880	120	0.12	0.01
D	13 000	12 610	390	0.27	0.03
E	14 000	13 160	840	0.45	0.06
F	15 000	13 800	1200	0.36	0.08
G	16 000	14 240	1760	0.56	0.11

储蓄与收入的关系,也可以用储蓄曲线表示。储蓄曲线是表示储蓄与收入之间关系的一条曲线,如图 9.2 所示。

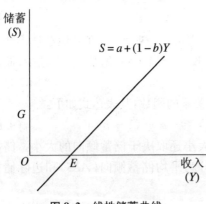

图 9.2　线性储蓄曲线

图 9.2 中,横轴代表收入(Y),纵轴代表储蓄(S),$S=-a+(1-b)Y$ 为储蓄函数。E 点是储蓄曲线与横轴的交点,在交点 E 处储蓄为零,收入全部用于消费;E 点左侧,储蓄为负,消费支出大于收入;E 点右侧,储蓄为正,消费支出小于收入。储蓄曲线是一条向右上方倾斜的曲线,表明储蓄与收入同方向变动,收入越多,储蓄越多。

消费函数和储蓄函数分别说明了消费与收入以及储蓄与收入的依存关系,决定消费和储蓄的最基本因素都是收入,因此消费函数和储蓄函数之间也存在着相互联系和相互补充的关系:

① 消费函数与储蓄函数互为补数,两者之和等于总收入。全部收入可以分为消费与储蓄,即 $C+S=Y$。全部收入增量可以分为消费增量与储蓄增量,即 $\Delta C + \Delta S = \Delta Y$。消费函数为 $C=a+bY$,储蓄函数为 $S=-a+(1-b)Y$。

② MPC 和 APC 都随收入增加而递减,MPS 和 APS 都随收入增加而递增。

③ MPC 和 MPS 互为补数，APC 和 APS 也互为补数。消费函数与储蓄函数的关系决定了平均消费倾向与平均储蓄倾向、边际消费倾向和边际储蓄倾向之间的对应关系，即二者之和均恒等于1，即：

$$APC + APS = 1 \tag{9.9}$$

$$MPC + MPS = 1 \tag{9.10}$$

我国"十一五"时期，城镇居民的平均消费倾向有下降的态势。2010年城镇居民平均消费倾向为70.5%，比2005年下降5.2个百分点。2010年城镇居民净储蓄率为11.1%，比2005年上升7.6个百分点。"十一五"时期，除2009年受经济危机的影响，净储蓄率略有下降、消费倾向略有上升外，其余4年净储蓄率均逐年攀升，而平均消费倾向则逐年下降。城镇居民净储蓄率上升较多，消费意愿有所下降。扩大内需、刺激消费仍是未来需要继续关注的问题。

二、投资支出

（一）投资的概念及分类

投资是指一定时期内实际资本的增加，也称资本形成。这里所说的实际资本包括厂房、设备、存货和住宅。因此，投资也可说是厂房、设备、存货和住宅的增加。投资和资本是有区别的。资本是某一时点厂房、设备、存货和住宅的总和，是存量；而投资是指某一定时期内用于增加或维持资本存量的支出，是流量。需要注意，它与我们通常所说的购买股票债券的行为并不是一个概念。个人购买股票往往只是发生财产权的转移，并不能实际增加社会的资本总量，因此，这不是经济学意义上的投资。

投资可按不同的标准进行分类：

从投资的计划性来看，投资分为实际投资和计划投资。由于实际存货量与计划存货量可能存在厂商难以控制的差别，投资被区别为实际投资和计划投资。计划投资表示对厂房和设备的计划购买和计划存货变动，实际投资是指厂商已经进行的投资。

根据投资包括范围的不同，可分为重置投资、净投资和总投资。重置投资又称折旧的补偿，是用来补偿资本存量中已耗费部分的投资，重置投资的多少决定于原有资本存量的数量、构成与寿命等情况，它不会导致原有资本存量的增加。净投资是指为增加资本存量而进行的投资支出，即实际资本的净增加。重置投资与净投资之和为总投资，是维持和增加资本存量的全部投资支出。一般地，净投资是一个正数，但在特殊年份里，也可能出现净投资为负数，或总投资小于折旧的情况。

根据投资内容的不同,可以划分为固定投资、存货投资和住宅投资。固定投资是企业购买厂房和设备的支出,存货投资是指已生产出但尚未销售的产品存量的增加。

根据投资形成的原因不同,可以划分为自发投资和引致投资。自发投资是指人口、技术、资源等外生因素的变动所引起的投资;引致投资是指由于国民收入的变动所引起的投资。自发投资与引致投资之和就是总投资。

(二) 资本边际效率

企业投资的目的是获取利润,在充分考虑各种风险的前提下,决定企业是否投资主要取决于资本品的预期利润率和资本市场的利率水平。资本品的预期利润率可由资本品的净收益和购买资本品的成本决定,但是,资本品往往在一定时期内发生作用,所以,投资一项资本品带来的净收益与支出发生的时间不一致。例如,企业第1年投资1000万元建立一工厂,第2年开始制造并销售产品,第2年净收益100万元,第3年净收益150万元……衡量一项资本品的预期利润率通常用资本的边际效率。

资本边际效率实际是指一个贴现率,该贴现率恰好使得一项资本品带来的各项预期收益的贴现值之和等于该项资本品的价格,一般用 MEC 来表示。

假定某企业花费5万元购买一台设备,该设备使用期为5年,这5年里各年预期净收益分别为12000元、14400元、17280元、20736元和24883元。如果贴现率为20%,则:

$$R_0 = \frac{12000}{(1+20\%)} + \frac{14400}{(1+20\%)^2} + \frac{17280}{(1+20\%)^3} + \frac{20736}{(1+20\%)^4} + \frac{24883}{(1+20\%)^5}$$
$$= 50000(元)$$

上例中,20%的贴现率正好使5年的全部预期收益的现值正好等于这项资本品的供给价格。因此,这一贴现率就是资本边际效率,它表明一个投资项目的收益应按何种比例增长才能达到预期的收益,因此,它也代表该投资项目的预期利润率。

如果一项资本品在未来一定时期内的预期收益依次为 $R_1, R_2, \cdots, R_n$,而此项资本品的供给价格为 R_0,则满足下列等式的 r 即为该项资本品的边际效率:

$$R_0 = \frac{R_1}{1+r} + \frac{R_2}{(1+r)^2} + \cdots + \frac{R_n}{(1+r)^n} \tag{9.11}$$

上式中,$R_1, R_2, \cdots, R_n$ 为投资品在各年预期收益,R_0 是资本品的价格,r 为资本的边际效率。

由上述公式可知,MEC 的大小取决于资本品的供给价格 R_0 和预期收益 R_i ($i=1,2,\cdots,n$)。在其他条件相同时,供给价格越低,r 越大;预期收益越大,r 也越大。

投资者之所以愿意投资,是因为资本边际效率高于利率。当资本边际效率高于利率时,投资者购买资本品所获得的收益将大于放款所得到的利息。只要资本边际效率高于利率,投资会继续增加,直到资本边际效率和利率相等为止。

如果利率不变,资本边际效率越高,则越能鼓励人们进行投资。但是,资本边际效率是递减的,即任何一项资产的资本边际效率,都会随着投资数量的不断增加而递减。资本边际效率递减的原因有两个方面:一方面,随着投资的增加,对资本品的需求扩大,也就使资本品价格上升,从而使投资成本提高。另一方面,随着投资的不断增加,未来产品供给越多,供过于求,因而会使产品价格降低,或者不能销出所有产品,从而使预期收益下降,结果使预期利润率或资本边际效率递减。而资本边际效率递减,反过来又使投资者减少投资,这就使得投资者对资本品的需求不足,导致经济危机和失业。

(三) 投资函数

企业投资是为了利润,因此,决定投资的因素主要是预期利润率和利率。与居民购买消费品不一样,企业是否要对新的实物资本如机器、设备、厂房等进行投资,取决于这些新投资的预期利润率与为购买这些资产而必须借进的款项所要求的利率的比较。前者大于后者时,投资是值得的;前者小于后者时,投资就不值得。一般来说,在投资的预期利润率既定时,利率上升,投资就会减少;利率下降,投资就会增加。这是因为,企业用于投资的资金多半是借来的,利息是投资的成本。即使投资的资金是自有的,投资者也会把利息看成是投资的机会成本。因此,利率上升时,投资者自然就会减少对投资品(如机器设备)的购买。投资与利率之间的这种关系称为投资函数,投资函数可写成:

$$I = I(r) \tag{9.12}$$

例如,假定 $I = I(r) = 1250 - 250r$。这里,1250 表示利率 r 即使为零能有的投资量,称自发投资;250 是系数,表示利率每上升或下降一个百分点,投资会减少或增加的数量,是投资量对利率的敏感程度,称投资需求的利率弹性。如果把投资函数看成是线性函数,则写成:

$$I = I(r) = e - dr \tag{9.13}$$

式中 e 为自发投资,$-dr$ 即为投资需求中与利率有关的部分,d 为投资需求的利率弹性。投资与利率之间的这种函数关系可用投资需求曲线表示。

图 9.3 中,横轴 I 代表投资,纵轴 r 代表实际利率。可以看出投资需求曲线是一

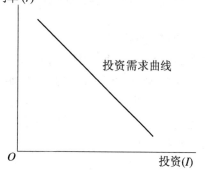

图 9.3 投资需求曲线

条向右下方倾斜的曲线,表明投资与实际利率呈反方向变动,即利率下降,投资增加;利率上升,投资减少。由此可见,在资本边际效率既定的条件下,经济社会中投资的规模取决于实际利率(扣除通货膨胀率之后的利率)。

投资需求曲线反映的是当其他条件一定时投资支出与利率的关系。但当利率一定时,投资支出还会受到其他因素的影响。非利率因素对投资支出的影响在图形上表现为投资需求曲线的左右移动。当利率一定时,投资支出因投资收益的上升而扩大,因投资收益的下降而缩小。投资收益的升降与经济周期密切相关。在繁荣时期,需求旺盛,存货出清迅速,设备利用率高,增加投资有利可图。而在衰退时期,既有资本存量利用不足,市场疲软,投资支出也会相应萎缩。

投资是现期支出在未来得到收益。未来会有许多不确定因素,如果人们对未来的预期是乐观的,在既定的利率条件下,投资也会增加。如果人们对未来的预期是悲观的,在既定的利率条件下,投资也会减少。但什么决定预期则是难以确定的,因此投资的不稳定性在一定程度上来自预期的不确定性。

由于自发投资不受国民收入影响,为了简化分析,在简单国民收入决定模型中,往往把投资看作一个外生变量,即投资是个不随国民收入变化而变化的常量。根据这个假设,投资是一个固定常数 $I = I_0$,自发投资曲线如图 9.4 所示。在图 9.4 中,横轴表示收入,纵轴表示投资。由于自发投资是固定常数,因此,自发投资曲线是一条与横轴平行的直线。

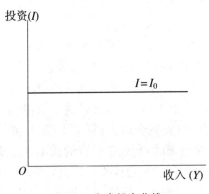

图 9.4　自发投资曲线

三、计划总支出线

计划总支出线表示计划总支出与收入之间的关系,即在每一收入水平上的消费、投资、政府购买和净出口的总和,如图 9.5 所示。假定投资、政府购买及净出口与收入无关,计划总支出线与消费曲线平行,两者的斜率都等于边际消费倾向。

在图 9.5 中,横轴表示收入,纵轴表示支出,AE 曲线就是计划总支出曲线。经济

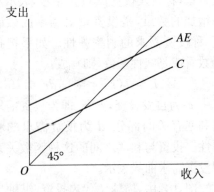

图 9.5　计划总支出线

中的各种使家庭、企业、政府和国外部门在每一种收入水平上多支出一些或少支出一些的因素变化，都会引起总支出曲线的移动。接下来我们将发现，计划总支出曲线是我们理解短期中宏观经济运行的关键概念和主要工具。

【即问即答】
◇ 在线性消费函数中，消费由哪些部分构成？
◇ 资本边际效率的含义是什么？
◇ 利率与投资有什么关系？

第二节 收入-支出分析

在本节中我们假定经济处于短期，价格总水平不变。当社会总需求发生变动时，企业首先考虑是调整产量，而不是价格。或者说，当总需求增加时，只会引起产量和收入的增加。为了和总供求模型中的总需求概念相区别，本节用计划总支出概念替代总需求概念。

一、两部门经济的收入决定

两部门经济是指仅由企业和家庭构成的经济体系。这里要注意，家庭是指全体家庭，企业是指全体企业。家庭和企业作为两个不同的集团在经济社会中是相互影响的，其中很多都涉及收入和支出。比如，家庭向企业提供各种生产要素，得到相应的收入，并用这些收入购买和消费各种产品与服务；企业购买家庭提供的各种生产要素进行生产，并向家庭提供各种产品和服务。说明这种相互影响的一个有用方法是考察收入流量循环图，两部门经济的流量循环图如图9.6所示。

（一）均衡收入

说明一个国家的总产出或总收入如何决定，仍然要使用均衡概念。在上述假定下，经济社会的产量或者说国民收入就决定于总支出（即计划总支出）。和计划总支出相等的产出称为均衡收入。也就是说，经济社会的总收入正好等于全体家庭和企业想要有的支出。假定企业生产100亿元的产品，企业和家庭想要购买产品的支出也是100亿元，则100亿元的产出就是均衡收入。

如果以 AE 表示计划总支出，以 Y 表示总收入，收入均衡的条件就是：

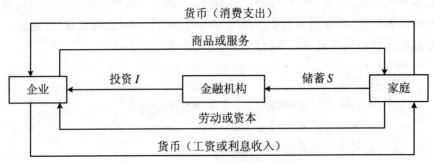

图9.6 两部门经济的收入流量循环

$$Y = AE$$

将收入(产出)与总支出联系起来决定均衡收入的分析,称为收入-支出分析,收入-支出分析本质上是均衡分析。均衡是指一种不再变动的情况。要使经济的产出水平维持在计划水平上,就有必要使实际的收入水平引起一个相等的计划支出量,才能使均衡收入得到保持。当产出水平超过总支出时,企业不愿意有过多的存货增加,企业就会减少生产,直到产出量等于均衡水平时为止;反过来,如果企业生产量低于总支出,企业的库存就会减少,企业将增加生产,直到产出量等于均衡水平。总之,企业总是根据产品销路安排生产,最终会把生产定在和产品的需求相一致的水平上,这就是均衡收入形成的内在机理。

消费函数与收入的决定 在两部门经济中,计划总支出是由消费支出与投资支出构成,即 $AE = C + I$,其中,消费 $C = a + bY$。自发投资是一个固定常数 $I = I_0$,它不随收入的变化而变化。根据这一假定,通过均衡条件和消费函数可得到均衡收入,即:

① 均衡条件:$Y = AE = C + I$;
② 消费函数:$C = a + bY$;
③ 投资函数:$I = I_0$。

联立以上各式,可求出均衡收入为:

$$Y = \frac{a + I_0}{1 - b} \tag{9.14}$$

可见,如果知道了消费函数和投资量,就可得均衡收入。

假定消费函数 $C = 100 + 0.8Y$,自发投资 $I_0 = 300$ 亿元,则均衡收入为:

$$Y = \frac{100 + 300}{1 - 0.8} = 2000(亿元)$$

下面结合列表说明均衡收入的决定。表9.4显示消费函数 $C = 100 + 0.8Y$,自发投资 $I = 2000$ 亿元时的均衡收入决定的情况。

表 9.4 均衡收入的决定

收入(Y)	消费(C)	储蓄(S)	投资(I)	$AE = C+I$	总收入的变动	原因
3000	2500	500	300	2800	收缩↓	$Y>AE$ 或 $I<S$
2500	2100	400	300	2400		
2000	1700	300	300	2000	均衡	$Y=AE$ 或 $I=S$
1500	1300	200	300	1600	扩张↑	$Y<AE$ 或 $I>S$
1000	900	100	300	1200		

从表 9.4 中可以看出,当 $AE>Y$ 时,国民收入水平是扩张上升的;当 $AE<Y$ 时国民收入水平是收缩下降的;当 $Y=AE$ 时,国民收入水平达到均衡状态。

均衡收入的决定也可以用图形来分析,现在利用 45°线和总支出曲线来分析总收入的决定,见图 9.7。

图 9.7 中,横轴 OY 表示国民收入,纵轴表示支出(消费、投资)。45°线上的点表明总支出等于总收入。在消费曲线 C 上加上投资 I_0,得到计划总支出线 $(C+I_0)$。它与 45°线的交点 E 所决定的收入水平 Y_0 就是均衡收入水平。

在均衡点 E 上,经济体系处于均衡状态。这时,家庭部门计划的消费支出与企业部门计划的投资支出之和构成的计划总支出恰好等于总收入,企业部门生产的产品都能销售出去,生产既不过剩也不短缺。

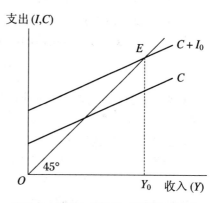

图 9.7 消费加投资和 45°线决定收入

如果经济体系离开了均衡点 E,也不会长期维持下去。如果收入水平高于均衡收入水平,则总收入大于总支出,会出现存货增加,生产过剩,企业将减少生产,使总收入不断减少,一直达到均衡收入为止。如果收入水平低于均衡收入水平,则总支出大于总收入,企业出现存货减少,生产供不应求,企业增加生产,使总收入不断提高,一直达到均衡收入水平为止。

储蓄函数与均衡收入的决定 均衡收入的决定,也可以用储蓄函数来说明。在两部门经济中,均衡收入的条件 $Y=AE$ 也可以用 $I=S$ 表示。因为计划总支出等于计划消费加计划投资,即 $AE=C+I$。而生产所创造的收入等于计划消费加计划储蓄,即 $Y=C+S$。

因此,在两部门经济中,收入均衡的条件 $Y=AE$ 可以表示为:

$$C + I = C + S \tag{9.15}$$

两边同时消去 C，即得：

$$I = S \tag{9.16}$$

可见，经济要达到均衡，计划投资必须等于计划储蓄。如果 $I \neq S$，即计划的投资不等于计划的储蓄，经济将处于非均衡状态，所以，计划的投资等于计划的储蓄是国民收入的均衡条件。注意，在国民收入核算中的储蓄等于投资，是指实际发生的投资（包括计划和非计划存货投资在内）始终等于储蓄，由于实际投资和实际储蓄是根据定义而得到的实际数字，从而必然相等。而这里投资和储蓄可能出现不相等的情况。

当国民收入处于均衡状态时，投资等于储蓄，即 $I = S$。已知储蓄函数为 $S = -a + (1-b)Y$，仍然假定投资为自发性投资，即 $I = I_0$。通过储蓄函数，可得均衡收入如下：

① 收入均衡条件：$I = S$；
② 储蓄函数：$S = -a + (1-b)Y$；
③ 自发投资：$I = I_0$。

联立以上各式，可求得均衡的国民收入为：

$$Y = \frac{a + I_0}{1 - b} \tag{9.17}$$

上式表明，通过储蓄函数求得的均衡收入与根据消费函数求得的均衡收入完全一致。

储蓄函数与均衡收入决定的关系，也可以用数据加以分析，具体数据可见表9.4。从表9.4中可以看出，当 $I > S$ 时，国民收入水平扩张上升；当 $I < S$ 时，国民收入水收缩平下降；当 $I = S$ 时，国民收入水平达到均衡状态。

用计划投资等于计划储蓄的方法决定收入，也可用图9.8来分析。

在图9.8中，横轴表示国民收入，纵轴表示投资和储蓄，S 为储蓄曲线，I 为投资曲线，由于投资是自发投资，因此，投资曲线在图上表现为一条平行于横轴的直线。投资曲线与储蓄曲线相交于 E 点，表示计划的投资等于计划的储蓄，E 点的国民收入即为均衡收入。如果经济体系离开了均衡点 E，也不会长期维持下去。可从两种情况分析：

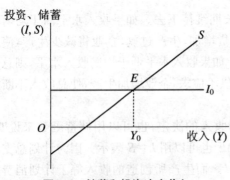

图9.8 储蓄和投资决定收入

当国民收入小于均衡收入 Y_0 时,经济中的投资大于储蓄,这意味着计划总支出大于总产出,企业会扩大生产,导致国民收入扩张,直至使实际收入等于均衡收入 Y_0 为止。

当国民收入大于 Y_0 时,经济中的储蓄大于投资,社会总产出大于计划支出,企业会减少生产,国民收入随之减少,直至减少到均衡收入 Y_0 为止。

因此,只有当计划的投资等于计划的储蓄,从而实际收入与均衡收入相等时,企业生产才会维持稳定下来。

(二) 均衡收入的变动

收入-支出分析的基本点是:均衡收入水平由计划总支出曲线和45°线的交点(或者投资与储蓄曲线的交点)决定。因此,如果某些因素的变动导致计划总支出曲线发生移动,从而它与45°线的交点也会发生移动,则均衡收入将会增加或减少。从计划总支出曲线发生移动的特点看,自发支出的变动和边际消费倾向的变动会使均衡收入发生变动。

自发支出的变化 自发支出是那些不随收入变动而变动的支出,包括自发消费、投资、政府购买等。自发支出的变化导致总支出曲线上下移动,从而使均衡收入增加或减少,如图9.9所示。假定原来的总支出曲线为 $C+I$,它与45°线的交点决定的均衡收入为 Y_1。如果现在由于利率下降,投资增加了 ΔI,计划总支出增加,计划支出曲线向上平行移动到 E_2 点。新的总支出曲线($C+I+\Delta I$)与45°线的交点决定

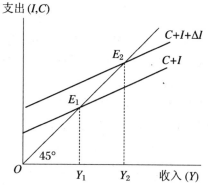

图 9.9 自发支出变化与收入变动

新的均衡收入为 $Y_2(Y_1+\Delta Y)$,其中 ΔY 是收入的增加部分。这个结果表明,投资增加 ΔI 导致收入增加 ΔY。相反,如果由于利率提高,投资减少了 ΔI,总支出曲线将向下移动,使均衡收入减少。

假定消费函数 $C=100+0.8Y$,若投资从300亿元增加到400亿元,均衡收入就会从2000亿元增加到2500亿元,即:

$$Y_1 = \frac{100+300}{1-0.8} = 2000(亿元)$$

$$Y_2 = \frac{100+400}{1-0.8} = 2500(亿元)$$

$$\Delta Y = Y_2 - Y_1 = 2500 - 2000 = 500(亿元)$$

边际消费倾向的变化 边际消费倾向是消费曲线的斜率,也是计划总支出曲线的斜率。边际消费倾向的变动使总支出曲线的斜率变大或变小,总支出曲线的

位置发生改变,从而均衡收入也随之变大或变小,如图9.10所示。假定人们的消费习惯改变,边际消费倾向增大,边际消费倾向增大使计划总支出曲线的斜率变大。在自发支出不变时,计划支出曲线从 E_1 点向上移动到 E_2 点,相应地,均衡收入由原来的 Y_1 增加到 Y_2。反之,如果边际消费倾向变小,计划支出曲线将向下移动,则会使计划收入减少。对比图9.9和图9.10可以看出,边际消费倾向变化与自发支出变化有同样的使均衡收入变化的效果。

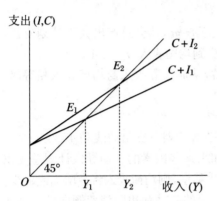

图9.10 边际消费倾向变化与收入变动

节俭的悖论 面对20世纪30年代的经济大萧条,凯恩斯认为:个人节制消费、增加储蓄,可以使个人财富增加,因此勤俭节约对于个人或家庭来说是美德;然而对整个社会来说,节约意味着减少消费,增加了储蓄,造成有效需求不足,造成国民收入减少,引起经济萧条,因而对整个经济来说是坏事。这种相互矛盾的结果被称为"节俭的悖论"。

如何看待"节俭的悖论"? 这涉及储蓄与国民收入之间的关系。在既定的收入中,消费与储蓄是成反方向变动的,即消费增加,储蓄减少;消费减少,储蓄增加。消费是总支出的一个重要组成部分,储蓄增加会使消费减少,总支出减少,从而国民收入减少;反之,储蓄减少使消费增加,总支出增加,从而国民收入增加。因此,储蓄的变动会引起国民收入反方向变动。因此说,在社会生产资源没有充分利用的情况下,节约的确会使整个社会的需求降低,减少国民收入,而增加消费的确可以增加总支出,提高国民收入。但从长期看,经济的增长还是要取决于储蓄以增加生产能力。

"9·11"恐怖袭击事件后,美国人一度陷入悲痛与绝望中,对政局的稳定和经济的发展失去信心,不敢轻易投资和消费,个人储蓄增多,以防不可预测的因素。这种保守消费心态的蔓延一时间就使美国经济真正跌入低谷。后来美国一些知名企业家联合起来投资股票市场,并呼吁大家松开钱袋子,加大消费和投资,拯救美国经济。美国经济学家克鲁格曼在2010年5月3日表示:"节约对于个人来说是好事,是一种值得称赞的美德,但对于整个国家以及整体经济而言,却并不是好兆头"。"目前,消费者不负责任地消费倒是一件好事情。所以我希望消费者朴素、克制、节俭,但是不是现在"。

比起"储蓄是恶习"的说法,勤俭节约在我国一直作为传统美德被颂扬。事实上,对于生产力水平较低、经济比较落后的国家,迫切需要积累资金(资本),应该提倡节俭,鼓励储蓄,通过降低利率而增加企业对资金的需求,总支出不一定会下降。要解决"节俭的悖论",关键在于不要让储蓄的资金闲置起来,而是要把储蓄转化为投资,提高生产能力。因此重要的是银行应增加有效贷款,把钱用到刀刃上。

二、投资乘数

如上所述,自发支出的增加会引起国民收入的增加。例如,上一小节提到,自发投资是 300 亿元时,均衡收入是 2000 亿元,如果投资增加到 400 亿元时,均衡收入增加到 2500 亿元。这里投资增加 100 亿元,收入增加了 500 亿元,增加的收入是增加的投资的 5 倍。投资支出增加所引起的均衡收入增加的倍数称为投资乘数。如以 K_i 代表投资乘数,以 ΔI 代表投资的增加量,以 ΔY 代表国民收入的增加量,则投资乘数的公式为:

$$K_i = \frac{\Delta Y}{\Delta I} \tag{9.18}$$

假定投资增加 100 万元,国民收入增加 500 万元,则投资乘数是 5。它说明增加的国民收入是增加的投资的 5 倍。

我们首先以一个简单的例子来说明投资乘数发生的过程。假如由于利率的降低导致投资增加 100 万元,这 100 万元的投资增量对国民产出会产生怎样的影响呢?最初,这 100 万元的投资由于增加了需求,导致国民收入增加 100 万元。由于国民收入的增加会使居民的可支配收入增加,如果一国居民的边际消费倾向为 0.8,则增加的 100 万元收入中有 80 万元用于消费,这 80 万元新增的消费又会使国民收入和居民可支配收入增加 80 万元,这是经济对增加投资后的第二轮反应。接着,第二轮增加的 80 万元收入按 0.8 的边际消费倾向,会再增加 64 万元的消费,从而使产出和可支配收入增加 64 万元,这是经济中的第三轮反应。这个反应过程会一直继续下去。由于边际消费倾向小于 1,因此随着这种连锁反应过程的继续,收入的增量和消费的增量会一轮小于一轮,直到趋于 0,收入增量的总和将收敛于一个常数,即 500 万元,它是初始投资的 5 倍。表 9.5 展示了这一过程。

表 9.5 投资变动的乘数过程

反应的轮次	初始投资数量 ΔI（万元）	收入增量 ΔY（万元）	增量的计算过程
第 1 轮	100	100	100×1
第 2 轮		80	$100 \times 0.8 = 80$
第 3 轮		64	$100 \times 0.8^2 = 64$

续表

反应的轮次	初始投资数量 ΔI（万元）	收入增量 ΔY（万元）	增量的计算过程
第 4 轮		51.2	$100 \times 0.8^3 = 51.2$
…	…	…	…
合计	100	500	$\frac{1}{1-0.8} \times 100$

为什么投资的增加可导致国民收入成倍的增加？其原因是，当投资增加的时候，企业对投资品的需求就增加了；随着投资品需求的增加，生产生产资料的企业就会增雇工人来增产投资品；这样，该部门工人的货币收入就增加，即投资转化成收入；当工人的货币收入增加之后，他们用收入的一部分，按一定的消费倾向去购买消费品，从而又增加了对消费品的需求；随着市场对消费品需求的增加，生产消费品的企业就增雇工人来增产消费品，于是该部门工人的货币收入也增加了；当这个部门工人的货币收入增加之后，他们用这收入的一部分，按一定消费倾向去购买消费品，从而又引起了另一些生产消费品的企业增雇工人，增加他们的收入。依此类推，以至无穷，最后使增加的收入总量大大超过投资数量，即由投资所直接、间接地引起的收入增加总量为投资增量的若干倍数，这就是投资乘数的效应。据国家有关部门测算，高速公路建设投资乘数效应在 3 左右；即每增加 100 亿元投资，GDP 增加 300 亿元，高速公路建设成为区域经济发展的助推器。

上述乘数过程的例子表明：

$$\Delta Y = (1 + 0.8 + 0.8^2 + 0.8^3 + \cdots + 0.8^{n-1}) \times 100 = \frac{1}{1-0.8} \times 100 = 500 \tag{9.19}$$

从上面的例子不难看出

$$投资乘数 = \frac{1}{1-b} \tag{9.20}$$

上式中，b 表示边际消费倾向。这个乘数公式说明，乘数的大小取决于边际消费倾向。边际消费倾向越大，在每一轮增加的收入中，用于消费的比重就高，收入增加的倍数就大；反之，边际消费倾向越小，收入增加的倍数越小。例如，当边际消费倾向为 3/4 时，乘数为 4；当边际消费倾向为 1/2 时，乘数为 2。

一般说来，乘数作用反映了现代经济的特点，即由于经济各部门之间的密切联系，某一部门支出（即需求）的增加必然在经济中引起其他部门的连锁反应，从而使国民收入有更大的增加。从这种意义上说，乘数作用是不可否认的。但是，乘数作用的发挥是需要一定的条件的，这些条件是：

(1) 经济中存在没有充分利用的资源。只有闲置资源的存在,总需求的增加才会使国民收入增加,否则,国民收入的增加将会受到资源条件的限制,总需求起不到刺激经济的作用。有时经济中大部分资源没有得到充分利用,但由于某一种或几种重要资源处于"瓶颈状态",也会限制乘数作用发挥。这种资源的"瓶颈状态"使利用其他闲置资源成为不可能。

(2) 消费函数和投资函数要在长时期内保持稳定。因为投资乘数取决于边际消费倾向和边际储蓄倾向,只有消费函数和投资函数在长时期内保持稳定,投资乘数的作用才能稳定地发挥出来。

此外,乘数的作用是双重的,即当自发需求增加时,所引起的国民收入的增加要大于最初总需求的增加;当自发需求减少时,所引起的国民收入的减少也会大于最初总需求的减少。

三、封闭经济的收入决定

封闭经济是指没有进出口的三部门经济。三部门经济是指包括企业、家庭与政府的经济。政府在经济中的作用主要体现在政府的支出与税收上,政府支出包括政府购买和转移支付两个部分,政府的税收来自于家庭和企业。

封闭经济的运行情况如图 9.11 所示。

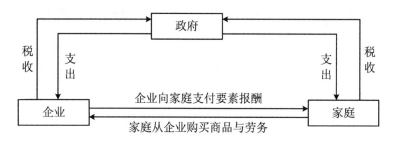

图 9.11　三部门经济的中收入流量循环

在有政府部门起作用的三部门经济中,总支出包括家庭的消费支出、企业的投资支出和政府的购买支出,即 $AE = C + I + G$。总收入则被分解为消费、储蓄和税收(这里的税收是指扣除转移支付后的净税收,用 T 表示),即 $Y = C + S + T$。根据均衡收入的一般条件,应该有 $Y = AE$,即:

$$C + S + T = C + I + G$$

如果两边同时消去 C,则可得出:

$$S + T = I + G \qquad (9.21)$$

等式(9.21)为三部门经济中的收入均衡条件。其含义是:储蓄和税收的总和应该等于投资与政府购买的总和。只有当 $S+T=I+G$ 时,三部门经济才能实现均衡。

为了简便起见,假定净税收为定量税,即 $T=T_0$。可支配收入 Y_d 等于总收入 Y 减去净税收,即 $Y_d=Y-T_0$。

前面考察两部门模型时,因为没有个人所得税,消费函数是 $C=a+bY$。在三部门经济体系中,收入(Y)不再是总收入,而是扣除税收后的个人可支配收入(Y_d)。所以,这时的消费函数成为:

$$C = a + bY_d \tag{9.22}$$

在加入政府部门后,政府税收对消费的影响可以表示为:

$$C = a + bY_d = a + b(Y - T_0) \tag{9.23}$$

三部门经济的收入决定如下:

① 消费函数:$C = a + bY_d = a + b(Y - T_0)$;
② 投资函数:$I = I_0$;
③ 政府购买:$G = G_0$;
④ 均衡条件:$Y = C + I + G$。

将①~③代入④,可求得三部门经济的均衡收入值:

$$Y = \frac{a - bT_0 + I_0 + G_0}{1 - b} \tag{9.24}$$

假定消费函数 $C=100+0.75Y_d$,政府税收 $T_0=40$ 亿元,投资 $I_0=300$ 亿元,政府购买 $G_0=130$ 亿元,则均衡收入为:

$$Y = \frac{a - bT_0 + I + G}{1 - b} = \frac{100 - 0.75 \times 40 + 300 + 130}{1 - 0.75} = \frac{500}{0.25} = 2000(亿元)$$

假定上例中,$G_0=230$ 亿元,其他不变,则均衡收入为:

$$Y = \frac{a - bT_0 + I + G}{1 - b} = \frac{100 - 0.75 \times 40 + 300 + 230}{1 - 0.75} = \frac{600}{0.25} = 2400(亿元)$$

假定上例中,$T_0=80$ 亿元,其他不变,则均衡收入为:

$$Y = \frac{a - bT_0 + I + G}{1 - b} = \frac{100 - 0.75 \times 80 + 300 + 130}{1 - 0.75} = \frac{470}{0.25} = 1880(亿元)$$

可见,均衡收入随着政府购买的增加而增加,随着税收的增加而减少,即政府购买增加使得国民收入增加,而政府税收增加使得国民收入减少。

三部门经济中均衡国民收入的决定也可以用图9.12表示。

图9.12中,在两部门经济的消费和投资基础上,加上政府购买,形成三部门经济的总支出曲线 $C+I+G$,它与45°线相交于 E_2 点,决定了均衡收入是 Y_2。

在三部门经济中,除投资乘数外,还有政府购买乘数、税收乘数、政府转移支付乘数、平衡预算乘数,因为政府购买、税收以及转移支付都影响消费,进而影响收入。现将它们的简化公式列举如下：

政府购买乘数：

$$K_g = \frac{1}{1-b} \quad (9.25)$$

税收乘数：

$$K_t = \frac{-b}{1-b} \quad (9.26)$$

政府转移支付乘数：

$$K_{tr} = \frac{b}{1-b} \quad (9.27)$$

平衡预算乘数：

$$K_b = 1 \quad (9.28)$$

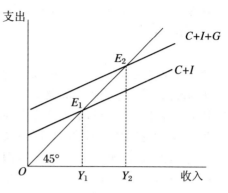

图 9.12　三部门经济的收入决定

四、开放经济的收入决定

当今世界各国的经济都是不同程度的开放经济，即与外国有贸易往来或其他经济往来的经济。在开放经济中，一国均衡的国民收入不仅取决于国内消费、投资和政府支出，还取决于进出口。开放经济是包括了企业、家庭、政府和国外部门的四部门经济体系。在这种经济中，国外部门的作用是：作为国外生产要素的供给者，向国内各部门提供产品与服务，对国内来说，这就是进口；作为国内产品与服务的需求者，向国内进行购买，对国内来说，这就是出口，如图 9.13 所示。

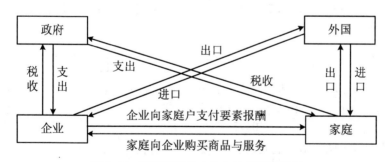

图 9.13　四部门经济中收入流量循环模型

在开放经济中，一国的总支出不仅包括消费、投资和政府购买，还包括净出口。如果以 X 代表出口，M 代表进口，$X-M$ 代表净出口，则总支出就可以写成：

$$AE = C + I + G + X - M$$

根据均衡收入的一般条件 $Y = AE$，可以得到四部门经济的收入均衡条件，即：

$$Y = C + I + G + X - M \quad (9.29)$$

因为，$Y = C + S + T$，所以有 $C + S + T = C + I + G + X - M$，如果两边同时消去 C，则可得出：

$$I - S = (T - G) + (M - X) \tag{9.30}$$

公式(9.30)表示投资储蓄的差额等于政府收支差额与进出口差额之和。它意味着在四部门经济中，当投资和储蓄之间存在缺口时，政府收支差额加上进出口差额之和正好弥补这个缺口，宏观经济仍然可以达到均衡状态。

在四部门经济中，本国的出口即外国的进口，它主要由外国的购买愿望和购买力所决定，因此，假定出口为外生变量，即 $X = X_0$。而进口则由两部分构成：一部分是自主性(自发性)进口，它与收入水平无关，不随收入的变动而变动，如有关国计民生的进口产品；另一部分为引致性进口，它由收入水平决定，收入水平越高，这部分进口需求越大。为了简化分析，假定进口为自发性进口，即 $M = M_0$。

四部门经济的均衡收入决定如下：

① 消费函数：$C = a + bY_d = a + b(Y - T_0)$；
② 投资函数：$I = I_0$；
③ 政府购买：$G = G_0$；
④ 净出口：$X - M = X_0 - M_0$；
⑤ 均衡条件：$Y = C + I + G + (X - M)$。

将①~④代入⑤求解，可得四部门经济的均衡收入为：

$$Y = \frac{a + I_0 + G_0 - bT_0 + (X_0 - M_0)}{1 - b} \tag{9.31}$$

假定 $C = 100 + 0.75Y_d$，$T_0 = 40$ 亿元，$I_0 = 300$ 亿元，$G_0 = 130$ 亿元，$X_0 = 150$ 亿元，$M_0 = 50$ 亿元，则均衡收入为：

$$Y = \frac{100 - 0.75 \times 40 + 300 + 130 + (150 - 50)}{1 - 0.75} = \frac{600}{0.25} = 2400(亿元)$$

假定上例中，$X_0 = 250$ 亿元，其他不变，则均衡收入为：

$$Y = \frac{100 - 0.75 \times 40 + 300 + 130 + (250 - 50)}{1 - 0.75} = \frac{700}{0.25} = 2800(亿元)$$

假定上例中，$M_0 = 100$ 亿元，其他不变，则均衡收入为：

$$Y = \frac{100 - 0.75 \times 40 + 300 + 130 + (150 - 100)}{1 - 0.75} = \frac{550}{0.25} = 2200(亿元)$$

显然，均衡收入随着出口的增加而增加，随着进口的增加而减少，即出口增加使得国民收入增加，而进口增加使得国民收入减少。

四部门经济的均衡收入决定还可以用图9.14表示。在封闭经济条件下，均衡收入是由 $C + I + G$ 曲线与 $45°$ 线的交点 E_1 决定的产出水平。在开放经济中，加入净出口后的总支出曲线 $C + I + G + (X - M)$ 就会上移到 E_2 点(净出口是正值时)。这时,均衡收入就由 $C+I+G+(X-M)$ 曲线与 45°线的交点 E_2 决定,即 Y_2。

很明显,净出口的数额对于国内产出是有影响的。当出口大于进口,即净出口为正值时,收入水平高于没有对外贸易情况下的均衡产出。当进口大于出口,即净出口为负值时,收入水平将低于没有对外贸易情况下的均衡产出。

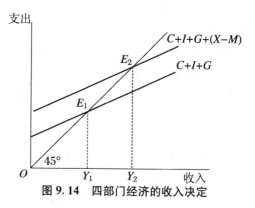

图 9.14　四部门经济的收入决定

【即问即答】
◇ 如果实际的收入小于均衡收入,那么企业的存货会怎样变动?
◇ 在短期内,增加储蓄会对 GDP 产生什么影响?
◇ 自发支出减少会有乘数效应吗?

第三节　货币、利率与总收入

以上分析了总支出如何决定总收入。总支出的一个重要组成部分——投资被假定为不变。其实,投资是变化的,它取决于利率的变动。利率的变化是由货币市场决定的,因此,利率把货币市场和实物市场联系起来。换句话说,货币对经济产生了重要的影响。

一、货币与银行

(一) 什么是货币

我们每天用货币购买自己所需要的商品与服务,如当你在餐馆饱餐一顿后,你会递给餐馆老板几张破旧的,上面印有特定符号和中国人民银行字样的纸片,但你不一定了解货币到底是什么。例如,我们经常议论某人赚了多少钱,有时我们说某人有许多钱。在前一种情况下,钱是指那个人的收入;在后一种情况下,钱是指那个人的财富。货币是钱吗?

货币是指在商品与服务交易或债务清偿中,作为交易媒介与支付工具并被人们普遍接受的东西。货币的本质在其职能中体现出来。货币主要有交易媒介、价值标准、价值储藏以及延期支付四种职能。

交易媒介 即货币充当物品交换的媒介或流通手段。在货币作为交易媒介的条件下,买与卖的过程分开了,即"商品到货币"与"货币到商品"分离。货币作为所有商品的等价物成为人们普遍接受的媒介,从而使交易过程变得顺利,交易费用也大为降低。

价值标准 即货币是表示物品价格的标准或尺度。在货币作为交易媒介的条件下,一切商品和服务的价值均以货币形式表现出来。货币与商品(或劳务)的交换比率即是该商品(或劳务)的价格。

价值储藏 即货币作为保存价值的手段。人们在获得货币以后,可以用来购买商品,也可以将其储存起来,到其认为最需要的时候购入商品。因此,当货币退出流通领域而处于一种静止状态时,它就发挥着价值储藏的功能。而且,财产以货币形式加以存储,其安全性较大,不像股票等证券大起大落,容易使个人财产受到损失。

延期支付 即货币可以用于未来的支付需要。在现实经济生活中,除了商品交易过程中需要货币充当交换媒介外,货币还可为信用交易活动和借贷充当延期支付的标准。当商品交易过程中出现先售货后付款的情况时,商品的出售者以赊销形式向购买者提供信用,而购买者则按合约期向出售者支付货币,这就是延期支付。

在上述的四个职能中,交易媒介与价值标准是货币的基本功能,而价值储藏与延期支付功能则是由基本功能延伸出来的。

货币是商品生产和交换发展到一定阶段的产物,并随着商品经济发展不断变换其形式。在人类活动的早期,由于分工的发展,出现了"物物交易"制度。但物物交易制的最大缺陷是,在交易过程中,必须耗费巨大的物力、人力和时间。因为物物交易是一种直接交易,完成此交易必须具备两个必要条件:即"需要的双重巧合"和"时间的双重巧合"。显然,这种交易方式在满足这两个条件方面,不仅效率低而且成本高。随着分工的深化和人们需求的日益复杂,物物交易面临无法克服的困难。货币便是为解决这些困难,在不同国家或地区的历史发展中,以不同的形式出现的。最早的货币就是商品本身,称为商品货币。几乎所有的商品都曾被用来当作货币。例如贝壳、家畜、毛皮、酒、钻石,甚至是人(奴隶)。由于作为货币的商品有些不能分割(如家禽);有些虽能分割,但一经分割价值则不等(如一颗钻石被分割为两半,其价值总和将贬低很多,因为钻石的价值与其重量并非成等比例关系);有些则不易保存;有些不方便携带。随着社会的发展,实物货币逐渐过渡到金属货币。金属货币主要有铜、金、银、铁等。最初的金属货币只是在金属上做一记号,后来为了防止有人窃割而使金属货币分量减少,便固定形状,例如把金属货币做成方形、圆形、三角形等等。但做成特定形状的金属货币仍不能避免被窃割,金属货币继而被纸币所代替。纸币有两种类型:一种是有一定量的金银等价值保证,可以随时向发行银行兑换一定金银的银行券;另一种是由国家或其中央银行发行的,没有价值担保物,也不能兑换金银,而是由法律强制流通的法定货币——纸币。纸币克服了商品货币的许多缺点,为人类的社会经济活动带来了很大的方便。现在,纸币又进一步发展为银行货币,包括广泛使用的支票和电子货币。

根据货币的流动性,即货币的变现能力,可将货币分成以下三类:

通货 通货包括纸币和硬币。纸币是由国家中央银行发行的法定的不兑现货币,是公共的和私有的一切债务的法定偿债物。硬币是为方便小额支付和找零而铸造。纸币和硬币都是国家法定的流动货币,故称为通货或现金。

存款货币 它是指可以开出支票的活期存款。存款人可以开出支票提取存款,银行见票即付现金。使用支票周转不受数额限制,大大减少了银行间的现金需要。存款货币是现代发达市场经济中非常重要的货币形式。现在,存款货币的使用量已占货币总使用量的 90% 以上,硬币和纸币已成为次要货币。

近似货币 又称准货币或资产货币,它包括定期存款、储蓄存款、政府公债、信誉高的商业票据等。它们本身不是货币,不能用作无限制的交换媒介。但在短时期内(定期存款可以在提前通知的条件下转为活期存款,股票、债券随时可在市场上出售)可转化为现金,起到货币作用。

为了测定经济体系中的货币数量,需要对货币所包括的范围作出具体的规定。通常将货币区分为狭义货币和广义货币。现金和存款货币属于"狭义的货币",用 M_1 表示;狭义货币加上准货币称为广义货币,用 M_2 表示。即:

M_0 = 现金(硬币 + 纸币)

M_1 = M_0 + 商业银行活期存款

M_2 = M_1 + 准货币(定期存款 + 储蓄存款 + 其他存款)

(二)商业银行与货币创造

以上我们了解了什么是货币。但经济中有多少货币可供持有?谁供给货币以及如何供给货币?这些问题与现代银行制度有密切关系。在现代市场经济社会,货币供给是由中央银行和商业银行体系共同决定的。下面分别介绍商业银行和中央银行对货币供给数量的影响。

商业银行的职能 商业银行是以最大限度地获取利润为目的、办理各种存贷款及中介业务的企业。它是金融中介机构的主体,也是一国金融活动的主体和基础。商业银行的主要职能有:

(1) 作为融通资金的信用中介。在现代信用关系高度发展起来后,货币经营业务成为银行业务的一个重要组成部分,吸收存款与经营贷款等信用业务则成为银行的主体业务。银行成了引导资金从盈余单位流向需求单位的中介。

(2) 创造信用货币。早期的商业交易以金属货币为流通手段和支付手段,现代银行则创造出信用工具,执行货币支付手段和流通手段职能。银行最初造的信用工具是银行券,在中央银行收回货币发行权后,商业银行的支票成为当今经济社会最主要的支付工具,目前,信用卡和"电子货币"等新的信用支付手段的地位也日益重要。

(3) 创造存款、扩张信用。银行吸收的存款,在留足法定准备金后,银行出于盈利的动机,利用超额准备金进行贷款,形成存款的增加和信用的扩张。

(4) 提供广泛的金融服务。经济的高度发展和社会生活现代化,使得工业、商业、服务业甚至家庭生活都对金融业提出了更多更高的服务需求,如代转工资、代理支付、咨询服务等,银行也通过开展广泛的中间业务来扩大利润。

银行如何创造货币　　由货币分类可知,大多数货币是存款而不是通货。银行能够创造存款,所以它能创造货币,即存款货币。具体来说,银行之所以能够创造货币是因为准备金制度使得银行拥有超额准备金,从而通过贷款创造存款。

银行在吸收客户存款的时候都要留下足够的现金以备储户提取和其他支付需要,这种银行留下的以满足储户的现金要求并支付其他银行的现金称为准备金。实际上,由于银行存取款的特点,银行不会把全部吸收来的存款都留为准备金,如果那样做,银行将不会有任何利润。银行在总存款中作为准备金持有的比例称为准备金率。在现代银行制度下,银行被要求以在国家中央银行存款的形式保留一部分存款作为准备金,其比例称为法定准备金率。例如,一家商业银行吸收了100元的存款,按照法定准备金率10%,必须留下10元作为准备金,其余的90元可以用来发放贷款。法定准备金制度,一方面是为了防止银行因挤兑风潮而倒闭,另一方面是为了控制银行贷款的速度和数量,从而控制货币供应量。在普遍使用支票的社会里,银行的存款准备金大部分是存放在中央银行,只有少部分留存在自己手中。银行实际持有的准备金与法定准备金的差额称为超额准备金,它是银行贷款的基础。其实,由于银行都想赚取更多的利润,它们会把法定准备金以上的那部分存款作为超额准备金贷出去,在银行体系的作用下创造出货币。下面举例说明。

假设法定准备金率为20%,最初 A 银行吸收100万元存款,除去20万元的法定准备金,该银行可以贷款80万元。获得80万元现金的客户把这笔钱存入 B 银行,B 银行获得80万元的存款,到这时,货币供给增加了,货币供给(A 银行的最初存款加 B 银行的存款)等于180万元。B 银行除去16万元的法定准备金,剩下的

64万元用于贷款;获得64万元贷款的客户再把这笔钱存入 C 银行,C 银行的存款增加64万元,留下12.8万元的法定准备金,还可贷款51.2万元……如此不断存贷下去,直到增加的贷款数量越来越少,最后为零。可以发现,储户每存入一笔存款,银行就会发放一定数量的贷款。而银行每发放一笔贷款,相应的存款货币就被创造出来。这个经济中最后创造出了多少货币呢?整个商业银行体系最终的存款总和是:

$$100 + 80 + 64 + 51.2 + \cdots$$
$$= 100(1 + 0.8 + 0.8^2 + 0.8^3 + \cdots + 0.8^{n-1})$$
$$= 100 \times \frac{1}{1 - 0.8} = 500(万元)$$

就是说,银行用最初的100万元创造了500万元的货币供给。如果以 R 代表最初的存款,D 代表创造的存款总额,r 代表法定准备金率,则商业银行体系所能创造的货币量可由下列公式表示:

$$D = \frac{R}{r}$$

上式表明,商业银行体系能够创造的货币量(D)与法定准备金率(r)成反比,与最初的存款(R)成正比。从上例可见,银行最终创造的货币量是最初存款的5倍,这个倍数称为货币乘数,它代表了银行的货币创造能力大小。如果不考虑其他影响因素,货币乘数就是法定存款准备金率的倒数,即$1/r$。银行货币创造能力取决于法定准备金率,法定准备金率越高,银行的货币创造能力越小;反之,法定准备金率越低,银行的货币创造能力越大。

在实际中,法定准备金率是中央银行控制的,因此,我们通常从中央银行的角度观察货币乘数。中央银行提供的货币称为基础货币,或高能货币,包括通货和商业银行保留的准备金。如果中央银行提供1元准备金,银行体系就能创造多于1元的货币量。因此,货币乘数也可以表述为中央银行的基础货币所能引起的实际货币量增加的倍数。用 H 表示基础货币,用 M 表示最终增加的货币量,用 K_m 代表货币乘数,则有:

$$K_m = \frac{M}{H}$$

例如,如果基础货币增加了10万元,货币量增加25万元,则货币乘数是2.5,它意味着中央银行的1元基础货币能够创造出2.5元的货币。

(三) 中央银行与货币控制

中央银行作为一国金融体系的核心,在各个国家的经济活动中担负着管理金融机构及金融市场的任务,实施货币政策以影响经济,从而对整个国民经济发挥着不可替代的宏观调控作用。每个国家都会设立中央银行,例如美国的联邦储备委员会、英国的英格兰银行、日本的日本银行、我国的中国人民银行等。

中央银行作为一国金融体系的领导和监管者,其发挥的独特作用是任何其他机构无法替代的。一般认为,中央银行具有三个主要职能:① 发行的银行,它垄断本国的法定货币的发行;② 银行的银行,它以债务方式接受存款机构缴存的存款准备金,以垫款或票据再贴现方式对存款机构发放贷款,承担金融机构之间的票据交换和结算业务,并为各商业银行和非银行金融机构提供有关金融信息;③ 国家的银行,它代理国库,即经办政府的收支,管理国家的外汇,制定和实施国家的金融政策。

中央银行的一个重要职责就是控制一个国家的货币量。中央银行通常通过调整银行体系的准备金数量来控制商业银行体系的货币创造能力,进而最终控制全社会的货币供给。中央银行主要利用三种政策工具来达到其目标:即公开市场操作、法定准备金率和贴现率。三种政策工具的具体运用见本书第十一章有关内容。

二、货币市场与利率

利率决定投资,并进而影响国民收入,然而,利率又是怎样决定的呢?货币供求理论认为,利率是由货币的供给和货币的需求所决定的。我们已经知道了商业银行如何创造货币以及中央银行如何控制货币,明白了货币供给规律后,现在的任务是学习货币的市场需求,以及货币市场的均衡。

(一)货币供给

货币供给量是一定时点上公众持有的通货和存款数量。货币供给量决定于政府的货币政策,因此,短期内,货币供给量可以看成是一个外生变量,它不受利率的影响。

一般来说,经济分析中的货币供给量是指实际货币供给量而非名义货币供给量。如果用 M、m、P 分别表示名义的货币供给量、实际的货币供给量、价格指数,则三者的关系为:

$$m = \frac{M}{P}$$

货币供给曲线表示实际货币供给量与利率的关系。因为货币供给量决定于货币政策,与利率的变动无关,所以,如以纵轴表示利率,横轴表示货币量,货币供给曲线是一条垂直于横轴的直线,如图9.15所示。如果因货币政策使货币供给量变动,货币供给曲线会发生移动,货币供给量增

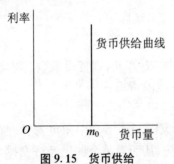

图9.15 货币供给

加,货币供给曲线向右移动;货币供给量减少,货币供给曲线向左移动。

(二) 货币需求

货币需求是指一定时期经济主体(家庭、企业等)在不同的利率水平下能够并愿意持有的货币数量。货币需求是一种派生需求,派生于人们对商品的需求。如果人们不需要商品,也就不会有对货币的需求。人们对货币有需求是因为它最具方便性、灵活性和流动性。持有货币能满足人们对货币的流动性偏好,说到底是因为货币可以用于购买物品和服务。

货币需求的动机 家庭、企业等持有货币是出于不同的动机,它包括交易动机、预防性动机和投机性动机等。与此相对应,货币需求也可以分为交易性货币需求、预防性货币需求和投机性货币需求等。

第一,交易动机。交易动机的货币需求是指人们为了应付日常交易需要而产生的货币需求。交易动机可以分为个人的收入动机和企业的营业动机,其强度的大小主要取决于经济主体收入的多少和收支时间间隔的长短。另外,影响交易需求的因素还有支出习惯、金融制度、经济预期等。这些影响因素中,除了收入因素外,其他因素可视为在短期内不变的常量。假定其他条件不变,交易动机主要取决于收入水平(即名义 GDP),并同收入成正比。收入越多,因交易动机产生的货币需求量也越多。

第二,预防动机。预防动机是指人们为应付可能突然发生的意外支出,或者突然出现的有利时机而产生的货币需求。如消费者和企业为了应付事故、失业、医疗等意外事件的出现,都要事先保持一定的货币。个人在预防动机支配下所需要的货币量,主要取决于个人对意外事件的看法,但是,如果从整个社会看,这部分需求的货币量与收入密切相关。因此出于预防动机所需的货币量大致也是收入的函数,二者呈正相关关系。

交易动机和预防动机支配下所需要的货币量通称货币的交易性需求,用 L_1 表示,收入用 Y 表示,这种货币需求量和收入的关系可表示为:

$$L_1 = L_1(Y) = kY \tag{9.32}$$

公式(9.32)中,k 表示出于上述两种动机所需货币量同实际收入的比例关系,Y 为具有不变购买力的实际收入。例如,若实际收入 $Y=200$ 万美元,交易和预防动机需要的货币量占实际收入的 25%,则 L_1 为 50 万美元。

第三,投机动机。投机动机的货币需求是指人们为了捕捉投资的有利时机以赚取利润而持有的闲置货币余额,人们这时持有的货币是作为一种资产来对待的。人们之所以持有这部分的闲置货币余额,是因为经济主体相信自己的判断比别人高明,持有这种流动性最强的资产——货币,能够比持有其他类型的资产更能使自己的财富保值增值。

例如，人们买进债券以取得利息收益，而且债券的收益是固定的。假定一张债券一年可获利10元，而市场利率若为10%，则这张债券的市场价格就为100元；若市场利率为5%，则这张债券的市价就为200元。因为200元在利率为5%时，若存放到银行也可得利息10元。可见，在债券收益固定的情况下，债券价格高低和利率的高低成反比，即

$$债券价格 = \frac{债券收益}{利率}$$

由于债券市场的价格是经常波动的，凡预计债券价格将上涨（即预期利率将下降）的人，就会用货币买进债券以备日后以更高价格卖出；反之，凡预计债券价格将下跌的人，就会卖出债券保存货币，以备日后债券价格下跌时再买进。这种预计债券价格将下跌（即利率上升）而需要把货币保留在手中的情况，就是对货币的投机性需求。

投机动机的货币需求对利率的变化极为敏感，与利率成反方向变化，是利率的递减函数。利率越高，投机动机的货币需求就越少；利率越低，投机动机的货币需求就越多。可见，对货币的投机性需求取决于利率，如果用L_2表示货币的投机需求，用r表示利率，则这关系可表示为：

$$L_2 = L_2(r) = -hr \tag{9.33}$$

公式(9.33)中，h表示货币投机需求的利率系数，负号表示货币投机需求与利率变动有负相关关系。

流动偏好陷阱 以上分析说明，对利率的预期是人们调节货币和债券配置比例的重要依据，利率越高，货币需求量越小。当利率极高时，这一需求量等于零，因为人们认为这时利率不大可能再上升，或者说有价证券价格不大可能再下降，因而人们将所持有的货币全部换成有价证券。反之，当利率极低，人们会认为这时利率不大可能再下降，或者说有价证券市场价格只会跌落，因此会将持有的有价证券全部换成货币。

在极端情况下，当利率低到所有人都认为它将上升，从而有价证券的价格将下降时，人们都希望持有货币而不愿持有有价证券，这时投机动机的货币需求趋于无穷大，这种现象被称为"流动性陷阱"，它也是导致有效需求不足的三大原因之一。

货币需求曲线 人们对货币的需求是由以上三大动机共同促成的。货币总需求是三种动机的货币需求之和，可表示如下：

$$L = L_1 + L_2 = L_1(Y) + L_2(r) = kY - hr \tag{9.34}$$

从公式(9.34)中可以看出，影响人们货币需求量的因素主要有收入（实际GDP乘以价格水平）和利率。货币需求可以表述为：在影响人们货币需求量的其他因素不变时，实际货币需求量与利率之间的关系。货币需求曲线如图9.16

所示。

如果利率不变,其他因素变化使得货币需求量增加或减少,货币需求曲线发生移动。例如,实际 GDP 的增加,会使人们需要持有更多的货币量;价格水平的提高,也会使人们需要持有更多的货币量。这两种情况都会使货币需求曲线向右移动。反之,则向左移动。

（三）货币市场均衡

当货币市场的供给与需求相等时,货币市场就达到了均衡,如图 9.17 所示。图 9.17 中的 E 点就是货币市场的均衡点,该点对应的利率水平 r_0 就是货币市场的均衡利率。如果市场的利率大于 r_0,如图中的 r_1 水平,那么货币需求就会小于货币供给,人们买入债券,提高了债券价格,降低了利率,使利率向 r_0 水平靠近。反过来,如果市场的利率低于 r_0,如图中的 r_2 水平,人们将卖出债券,降低债券价格,提高了利率,使利率向 r_0 水平靠近。

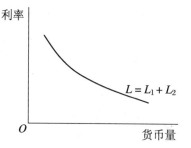

图 9.16 货币需求曲线

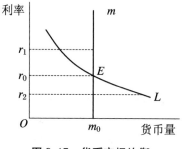

图 9.17 货币市场均衡

当政府增加货币供给时,货币供给曲线 m 向右移动,如果货币需求不变,那么利率就会降低;反过来,如果政府减少货币供给而需求不变,那么利率就会上升。

当实际 GDP 增加,或价格水平上升,货币需求将会增大。在政府的货币供给不变的情况下,货币需求的增加会使货币需求曲线 L 向右移动,从而导致利率的上升;反之,如果实际 GDP 减少,或价格水平降低,货币需求下降,会使需求曲线向左移动,利率下降。当货币供给与货币需求同时变动时,利率的变化则取决于供给与需求变化的方向以及幅度的对比。表 9.6 列出了各种情况下均衡利率的变动情况。

表 9.6 均衡利率的变动

变动项目		货币需求曲线变动方向	货币供给曲线变动方向	均衡利率	均衡货币量
货币需求	增加	右上方	不变	↑	不变
	减少	左下方	不变	↓	不变
货币供给	增加	不变	右方	↓	增加
	减少	不变	左方	↑	减少

续表

变动项目		货币需求曲线变动方向	货币供给曲线变动方向	均衡利率	均衡货币量
货币需求和货币供给	同时增加	右上方	右方	不确定	增加
	同时减少	左下方	左方	不确定	减少
	需求增加供给减少	右上方	左方	↑	减少
	需求减少供给增加	左下方	右方	↓	增加

三、利率变化对总收入的影响

以上我们假定利率和投资不变,分析了总支出决定总收入的关系。现在引入货币市场,考虑利率的变化对收入的影响。

利率变化的来源是货币市场中货币供给和货币需求的变化。现在假定中央银行通过货币政策扩大货币供给量,在货币需求不变的条件下,货币供给增加的结果是货币市场的供求不平衡,由于货币供给量大于人们愿意持有的货币量,均衡利率下降。货币市场的这个变化会影响到产品市场。利率下降,使得产品市场中的计划投资支出增加。计划投资的增加必然增加计划总支出,计划总支出促使总产量增加,如图9.18所示。

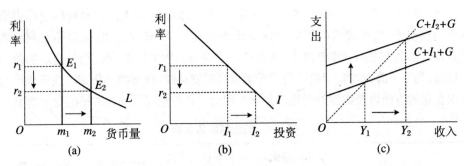

图 9.18 利率变化对收入的影响

首先,在图 9.18(a)中,货币供给增加导致了利率下降,从 r_1 降到 r_2。其次,在图 9.18(b)中,较低的利率使投资支出上升,从 I_1 增加到 I_2。第三,在图 9.18(c)中,较多的计划投资支出意味着较多的计划总支出,计划总支出曲线向上移动,从 $C+I_1+G$ 移动到 $C+I_2+G$,结果总收入增加,从 Y_1 增加为 Y_2。利率变化对收入的这种影响过程可以概括如下：

货币供给增加 ——→ 利率下降 ——→ 投资增加 ——→ 总收入增加

货币供给减少导致的利率上升时对总收入的影响，与以上情况相反。

四、IS-LM 模型

一方面，利率影响投资，投资影响总支出，总支出决定收入水平；另一方面，收入水平影响货币的需求，货币的需求影响利率。IS-LM 模型用于说明产品市场与货币市场同时达到均衡时，总收入与利率的之间的相互关系。

（一）产品市场均衡与 IS 曲线

产品市场均衡是指产品市场上投资与储蓄相等。IS 曲线是指产品市场均衡时，利率和收入组合关系的轨迹。其中，I 表示投资，S 表示储蓄。

在两部门经济中，均衡收入是 $Y = \dfrac{a + I_0}{1 - b}$。在这里，投资 I_0 是一个既定的量。如果引入货币市场，投资不再是一个既定的量，而是利率的减函数，即 $I = e - dr$。在这种情况下，均衡收入就是 $Y = \dfrac{a + e - dr}{1 - b}$ 或 $r = \dfrac{a + e}{d} - \dfrac{1 - b}{d} Y$。可以看出，在产品市场保持均衡，即投资等于储蓄时，收入和利率之间存在着反向变化的关系。

假设投资函数 $I = 1250 - 250r$，消费函数 $C = 500 + 0.5Y$，或储蓄函数 $S = Y - C = -500 + 0.5Y$，根据 $I = S$ 的均衡条件可得：

$$Y = \frac{a + e - dr}{1 - b} = \frac{500 + 1250 - 250r}{1 - 0.5} = 3500 - 500r \qquad (9.35)$$

根据公式（9.35）可得到 IS 曲线，如图 9.19 所示。

图 9.19 中，横轴代表收入，纵轴代表利率，向右下方倾斜的曲线就是 IS 曲线。IS 曲线上任何一点都代表一定的利率与收入的组合，在任何一个组合点上，投资与储蓄都相等，即 $I = S$，从而产品市场是均衡的，因此这条曲线称为 IS 曲线。

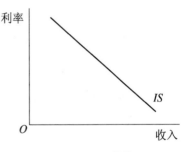

图 9.19　IS 曲线

IS 曲线向右下方倾斜，表明在商品市场上实现均衡时，利率与国民收入成反方向变动，利率高则国民收入低，利率低则国民收入高。之所以存在这种关系，是因为利率与投资反方向变动。当利润既定时，投资取决于利率。如果利率降低，投资成本下降，利润增加，从而投资增加；因为投资是总支出的一个组成部分，投资增加，总支出增加，而总支出增加，则均衡收入增加。因此，利率降低最终导致了收入增加。

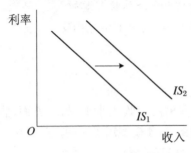

图 9.20　IS 曲线移动

在利率不变时,如果总支出发生变动,会使 IS 曲线平行移动,如图 9.20 所示。当总支出增加时,IS 曲线向右移动,即从 IS_1 移动 IS_2。具体来说,增加计划支出的财政政策使 IS 曲线向右移动,减少计划总支出的财政政策使 IS 曲线向左移动。反之,当总支出减少时,IS 曲线向左移动,即从 IS_2 移动到 IS_1。

(二) 货币市场均衡与 LM 曲线

货币市场均衡是指货币供给等于货币需求,即 $L=M$。LM 曲线是表示货币市场达到均衡时收入与利率之间关系的曲线。LM 曲线中 M 是指货币的供给,L 是指货币的需求。

货币供给用 m 表示,货币需求为 $L=L_1+L_2=L_1(Y)+L_2(r)=kY-hr$,货币市场的均衡条件是 $L=m$,即 $m=kY-hr$。在 m 既定时,L_1 与 L_2 是此消彼长的关系。因为,货币供给不变时,如果收入增加,货币交易需求(L_1)增加,利率上升,利率上升使货币投机性需求(L_2)相应减少。

当货币市场均衡时,收入与利率之间的关系由下式表示:

$$Y = \frac{h}{k}r + \frac{m}{k} \quad \text{或} \quad r = \frac{k}{h}Y - \frac{m}{h} \tag{9.36}$$

假定货币的交易需求函数 $L_1=0.5Y$,货币的投机需求函数 $L_2=1000-250r$,货币供给量 $m=1250$(亿元)。货币市场均衡时,$m=L=L_1+L_2$,即:

$$1250 = 0.5Y + 1000 - 250r$$

整理得:

$$Y = 500 + 500r \tag{9.37}$$

根据公式(9.37)可画出 LM 曲线,如图 9.21 所示。图中向右上方倾斜的曲线是 LM 曲线。

LM 曲线表示在货币市场上实现均衡时,利率与收入同方向变动,即利率高则收入高,利率低则收入低。为什么在货币市场上利率与国民收入同方向变动呢?当货币供给既定时,如果收入增加使货币的交易需求(L_1)增加,为了保持货币市场均衡,货币的投机需求(L_2)必然减少,这要求利率的上升来配合。所以,在收入的增加使货币的交易需求增加时,利率必须相应提高,以使货币的投机需求减

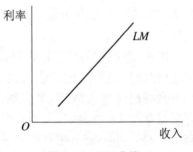

图 9.21　LM 曲线

少,货币市场才能保持均衡。相反,收入减少时,利率必须相应下降。因此,在货币市场实现均衡时,国民收入与利率之间必然是同方向变动的关系。

货币供给量的变动会使 LM 曲线平行移动,如图 9.22 所示。当货币供给量增加时,LM 曲线向右移动,即从 LM_1 移动到 LM_2;当货币供给量减少时,LM 曲线向左移动,即从 LM_2 移动到 LM_1。

（三）收入与利率的同时决定

产品市场和货币市场是相互影响、相互制约的关系,因此,必须把两者联系起来考虑收入和利率的决定。把 IS 曲线与 LM 曲线放在一个图中,就可得到产品市场和货币市场同时均衡时,利率与国民收入之间的关系,这就是 IS-LM 模型。如图 9.23 所示。

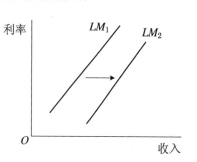

图 9.22 LM 曲线的移动

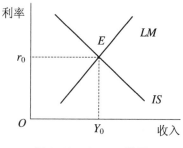

图 9.23 IS-LM 模型

IS 曲线和 LM 曲线相交于 E 点时,两个市场同时均衡,得到均衡的利率水平 r_0 和均衡的收入 Y_0,而在 E 点之外的任何一点,都不能实现两个市场的同时均衡。

自发支出变动对收入和利率的影响 从 IS 曲线移动的因素分析中可知,自发总支出变动会引起 IS 曲线的移动,从而影响国民收入与利率的变动。在 LM 曲线不变的情况下,自发总支出增加,则 IS 曲线将向右移动,从而收入增加,利率上升;反之,自发总支出减少,则 IS 曲线将向左移动,从而收入减少,利率下降。如图 9.24 所示。

在图 9.24 中,IS_0 与 LM 相交于 E_0,决定了均衡利率为 r_0,均衡收入为 Y_0。当自发总支出增加时,IS 曲线由 IS_0 移到 IS_1,IS_1 与 LM 相交于 E_1,国民收入从 Y_0 增加到 Y_1,利率从 r_0 上升到 r_1。反之,当自发总支出减少时,利率和收入变动情况相反。据此,我们可以分析财政政策变动对利率和收入的影响。

货币量变动对收入和利率的影响 从前述关于影响 LM 曲线位置的因素分析中

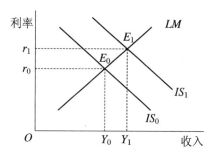

图 9.24 自发支出变动对收入和利率的影响

我们已经知道,货币供给量变动会引起 LM 曲线的移动,从而影响收入与利率的变动。在 IS 曲线不变的情况下,货币供给量增加,则 LM 曲线将向右移动,从而收入增加,利率下降;反之,货币供给量减少,则 LM 曲线将向左移动,从而收入减少,利率上升。如图 9.25 所示。

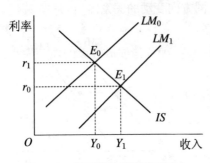

图 9.25　货币供给量变动对收入和利率的影响

在图 9.25 中,IS 与 LM_0 相交于 E_0,决定了均衡利率为 r_0,均衡收入为 Y_0。当货币供给量增加时,LM 曲线由 LM_0 移到 LM_1,LM_1 与 IS 相交于 E_1,收入从 Y_0 增加到 Y_1,利率从 r_0 下降到 r_1。反之,当货币供给量减少时,利率和收入变动情况相反。据此,我们可以分析货币政策变动对利率和收入的影响。

【即问即答】
◇ 货币供给减少如何影响利率?
◇ 利率、投资和收入之间存在怎样的关系?
◇ 扩大政府购买会对利率和收入产生什么影响?

内容提要

1. 消费函数是关于消费支出与可支配收入之间关系的函数。收入增加时,消费随之增加,但增加得越来越少。储蓄是指收入中未被消费的部分。影响储蓄的主要因素是收入,收入增加时,储蓄随之增加,而且增加得越来越快。消费函数和储蓄函数之间存在着相互联系和相互补充的关系。

2. 投资是指在一定时期内社会的实际资本的增加。投资主要取决于资本的边际效率和利率,资本的边际效率高于利率时,投资才有利可图。但是,资本边际效率是递减的,即任何一项资本的边际效率,都会随着投资数量的不断增加而递减。在资本边际效率既定的情况下,投资与利率存在反向变化的关系。

3. 均衡收入是指与计划总支出相等的总产出。经济均衡的条件是计划总支出等于总收入,即 $Y = AE$。计划支出变动导致均衡收入变动。

4. 投资乘数是指国民收入增加量与投资增加量的比率。自发消费、投资、政府购买、税收、出口和进口都存在乘数作用,但是乘数作用的发挥需要一定的条件,而且乘数作用具有双面性。

5. 货币是指在商品与服务交易或债务清偿中,作为交易媒介与支付工具并被人们普遍接受的东西。货币具有交易媒介、价值标准、价值储藏和延期支付等职能。

6. 商业银行体系因为部分准备金制度而创造货币,其创造货币的能力大小由中央银行控制,中央银行代表政府来实施货币政策。

7. 利率由货币的供求决定。货币供给量取决于货币政策,货币需求量由交易需求和投机需求决定。利率极低时,人们的投机性货币需求趋于无穷大,这叫"流动性陷阱"。

8. IS 曲线是描述物品市场达到均衡时,国民收入与利率之间存在着反方向变动关系的曲线;IS 曲线上的点才代表商品市场的均衡状态。LM 曲线是指货币市场达到均衡时,国民收入与利率之间存在着同方向变动关系的曲线,LM 曲线上的点才代表商品市场的均衡状态。

9. IS-LM 分析把 IS 曲线与 LM 曲线结合在一起,当产品市场和货币市场同时均衡时,可以得到均衡利率和均衡国民收入;自发总支出的变动引起利率和收入的同方向移动,货币量的变动引起利率的反方向移动以及收入的同方向移动。

关键术语

计划总支出　　消费函数　　边际消费倾向　　边际储蓄倾向　　资本边际效率　　均衡收入　　投资乘数　　三部门经济　　货币　　货币乘数　　货币需求　　货币供给　　流动偏好陷阱　　IS 曲线　　LM 曲线

复　习

(一) 思考题

1. 什么是消费?什么是储蓄?它们分别与可支配收入有何关系?
2. 投资的决定因素有哪些?这些因素是如何影响投资的?
3. 什么是计划总支出曲线?使总支出曲线移动的可能因素有哪些?
4. 均衡收入是如何决定的?它又是如何变动的?
5. 什么是投资乘数?现实中是否存在投资乘数?
6. 银行如何创造货币?
7. 货币供给和货币需求的变化分别使利率如何变动?
8. IS 曲线和 LM 曲线的含义分别是什么?
9. 在 IS-LM 模型中,当政府购买增加时,利率和收入有什么变化?
10. 在 IS-LM 模型中,当货币供给增加时,利率和收入有什么变化?

(二)选择题

1. 根据收入-支出分析,引起国内生产总值减少的原因是( )。
   A. 消费减少 B. 储蓄减少 C. 消费增加 D. 总供给减少

2. 下列情况中,( )不会使收入水平增加。
   A. 自发性支出增加   B. 自发性税收下降
   C. 自发性转移支付增加   D. 净税收增加

3. 引致消费取决于( )。
   A. 自发消费   B. 边际储蓄倾向
   C. 收入   D. 收入和边际消费倾向

4. 收入由 100 元增加到 120 元,消费由 80 元增加到 94 元,边际消费倾向为( )。
   A. 0.6   B. 0.7   C. 0.8   D. 0.9

5. 在资本边际效率既定的条件下,利率与投资量的关系是( )。
   A. 利率越高,投资量越少   B. 利率越低,投资量越小
   C. 利率越高,投资量越大   D. 投资是利率的增函数

6. 如果边际储蓄倾向为 0.3,投资支出增加 60 亿元,可以预期,这将导致国民收入增加( )亿元。
   A. 20   B. 60   C. 180   D. 200

7. 在四部门经济中,若投资、储蓄、政府购买、税收、出口和进口同时增加,则均衡收入( )。
   A. 不变   B. 趋于增加
   C. 趋于减少 D. 变化趋势不能确定

8. 中央银行有多种职能,下列不是其职能的是( )。
   A. 制定货币政策   B. 为成员银行保存储备金
   C. 发行货币   D. 为政府赚钱

9. 按照凯恩斯的观点,人们减少持有货币是由于( )。
   A. 交易动机 B. 预防动机 C. 想获得利息 D. 投机动机

10. 当利率降得很低时,人们购买债券的风险将会( )。
    A. 变得很小   B. 变得很大
    C. 可能很大,也可能很小 D. 不发生变化

11. 下列说法中,正确的是( )。
    A. 货币需求随收入增加及利率提高而增加
    B. 货币需求随收入增加及利率下降而增加
    C. 货币需求随收入减少及利率提高而增加

D. 货币需求随收入减少及利率下降而增加

12. 在 IS 曲线上,储蓄和投资相等的收入和利率的组合点有( )。

   A. 一个　　　　B. 无数个　　　　C. 一个或无数个　　D. 以上均可能

13. LM 曲线上的每一个点都表示使( )。

   A. 货币供给等于货币需求的收入和利率的组合

   B. 货币供给大于货币需求的收入和利率的组合

   C. 产品供给等于产品需求的收入和利率的组合

   D. 产品供给大于产品需求的收入和利率的组合

14. IS 曲线和 LM 曲线相交,表示( )。

   A. 产品市场均衡而货币市场非均衡

   B. 产品市场非均衡而货币市场均衡

   C. 产品市场和货币市场同时达到均衡

   D. 产品市场和货币市场都不均衡

应　用

1. 上网了解我国去年的 GDP 变动和投资、消费、净出口等资料,解释不同支出项目对 GDP 增长的作用。

2. 假设某经济体的有关数据是:自发消费支出为 500 亿元,投资为 2000 亿元,政府购买支出为 2500 亿元,边际消费倾向是 0.7,净税收是 2500 亿元,假定净税收是一个常数。出口是 5000 亿元,进口是 4500 亿元。

   ① 给出该经济体的消费函数。

   ② 给出计划总支出的方程。

   ③ 计算均衡收入。

   ④ 如果投资减少到 1500 亿元,均衡收入的变动量是多少?

   ⑤ 描述经济移动到新均衡的过程。

   ⑥ 计算投资乘数。

3. 假设某经济的消费函数为 $C = 100 + 0.8Y$,投资为 $I = 50$(单位:亿元)。

   ① 求均衡收入、消费和储蓄。

   ② 如果投资增加 100,求增加的均衡收入。

   ③ 若消费函数变为 $C = 100 + 0.9Y$,投资仍为 50 单位,均衡收入和储蓄是多少? 投资增加 100 单位时,均衡又有何变化?

   ④ 消费函数变动后,乘数有何变化?

4. 下面给出中国人民银行在 2007 年和 2008 年的人民币贷款基准利率调整表。

金融机构人民币历次贷款基准利率调整表

调整时间	六个月以内（含六个月）/%	六个月至一年（含一年）/%	一至三年（含三年）/%	三至五年（含五年）/%	五年以上/%
2007.03.18	5.67	6.39	6.57	6.75	7.11
2007.05.19	5.85	6.57	6.75	6.93	7.20
2007.07.21	6.03	6.84	7.02	7.20	7.38
2007.08.22	6.21	7.02	7.20	7.38	7.56
2007.09.15	6.48	7.29	7.47	7.65	7.83
2007.12.21	6.57	7.47	7.56	7.74	7.83
2008.09.16	6.21	7.20	7.29	7.56	7.74
2008.10.09	6.12	6.93	7.02	7.29	7.47
2008.10.30	6.03	6.66	6.75	7.02	7.20
2008.11.27	5.04	5.58	5.67	5.94	6.12
2008.12.23	4.86	5.31	5.40	5.76	5.94

根据上表所给的资料，利用网络查阅 2007～2008 年国际及国内的经济形势，结合利率与收入的关系，回答下列问题：

① 为何央行在 2007 年采取加息政策，而在 2008 年采取降息政策？

② 加息或降息对一国的国民收入产生什么影响？

③ 除了央行直接调整基准利率外，还可以采用哪些方法来加息或降息？

第十章 总需求与总供给

> **学习目标**
> 学习本章后,你应该能够:
> ➢ 列出总需求曲线向右下方倾斜的原因
> ➢ 解释长期总供给曲线和短期总供给曲线的区别
> ➢ 区分宏观经济的长期均衡和短期均衡
> ➢ 用总需求-总供给模型解释现实经济的短期波动

中国 2008 年国内生产总值为 300670 亿元,比 2007 年增长 9.0%,这也是自 2002 年以来首次年增长率低于 10%。分季度看,一季度增长 10.6%,二季度增长 10.1%,三季度增长 9.0%,四季度增长 6.8%,第四季度经济增长出现减速。12 月份 PPI 出现 6 年来首次负增长,CPI 创 29 个月新低,房价出现公布数据以来首次负增长,人们开始担心它们接下来会向哪个方向发展。那么,是什么原因引起 GDP 增长的下滑和物价水平的下跌?

上一章我们是在价格总水平固定不变的条件下,说明了总支出如何决定一国的 GDP 水平,而没有说明价格总水平变化的条件下总产出的决定问题,这显然是不够的,因为价格水平往往和 GDP 一起变化。本章的任务是考察总需求-总供给模型如何解释价格水平变化条件下总产出的决定。学习本章有助于你分析和判断经济短期波动中 GDP 和价格总水平的同时变化,分析各种事件和政策的短期效应。

第一节 总需求曲线

一、总需求的概念

总需求量是经济社会想要购买的物品和服务总量,它通常以实际 GDP 表示。

经济社会包括家庭、企业、政府部门和国外部门,因此,总需求量就是家庭、企业、政府部门和国外部门计划购买的实际 GDP 的总和。这些购买计划取决于许多因素,其中一些因素是:价格水平、预期、财政政策和货币政策以及世界经济等。我们特别关注对实际 GDP 的需求量和价格水平之间的关系,为此,我们假设其他所有影响总需求量的因素不变。总需求是一个关于总需求量与价格水平之间关系的概念,它是指在其他因素不变条件下,在每一种价格水平上家庭、企业、政府和国外部门想要购买的物品和服务的总量。

总需求按照需求主体划分,可分为家庭的需求、企业的需求、政府的需求、国外部门的需求。如果以 AD 表示总需求,则总需求可以被看作是这些方面的需求总和,即:

总需求(AD) = 消费(C) + 投资(I) + 政府购买(G) + 净出口(NX)

必须注意,在概念上,作为总需求组成部分的消费(C)、投资(I)、政府购买(G)以及净出口(NX)都是在其他影响因素不变条件下随价格总水平变动而变化的总量,这是它们和计划总支出概念相区别的地方。

二、总需求曲线的形状

总需求曲线 AD 是表示在各种价格水平上,家庭、企业、政府和国外部门想要购买物品与服务总量的曲线。在图形上,总需求曲线是一条向右下方倾斜(斜率为负)的曲线。如图 10.1 所示,横轴代表总收入,纵轴代表价格水平,AD 就是向右下方倾斜的总需求曲线。总需求曲线的这种形状表明,在其他因素不变的条件下,价格水平的变动导致对物品和服务的需求数量的反方向变动,即价格水平越高,总需求量就越小;反之,价格水平越低,总需求量就越大。例如,在图 10.1 中,当价格水平为 P_1 时,对物品和服务的需求总量是 Y_1;而当价格水平下降为 P_2 时,对物品与服务的总需求量增加到 Y_2。

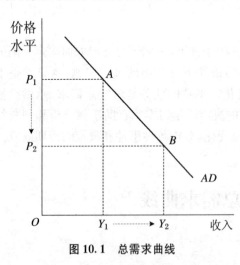

图 10.1 总需求曲线

为什么价格水平变动会引起物品与服务的需求量反方向变动呢?或者说,总需求曲线为什么向右下方倾斜呢?总需求是由消费、投资、政府购买及净出口四部分构成,每个部分都对物品和服务的需求做出了贡献。政府购买是一个政策变量,直接受财政政策的影响,所以,这里假定政府购买量固定。总需求的其他三个组成部分则取决于经济状况,特别是价格水平。从价格水平对消费、投资和净出口的影响,我们可以发现总需求曲线向右下方倾斜是由以下三个方面的原因引起的。

价格水平与消费:财富效应　　当价格水平下降而其他条件不变时,人们拥有的货币量的实际价值增加。这是因为货币的名义价值和实际价值并不一致,货币的名义价值用货币本身衡量,货币的实际价值用货币所能购买的物品和服务来衡量。货币的名义价值是固定的,而货币的实际价值并不固定,它随着价格水平的变动而变化。当价格水平下降时,一元货币的名义价值就是一元,但一元货币的实际价值会增加,因为同样多的货币现在可以购买到更多的物品和服务,这就增加了实际财富和购买能力。

因此,总需求曲线向右下方倾斜的第一个原因是:价格水平下降使消费者感觉到更富有,这会鼓励他们更多地支出,支出增加意味着物品和服务的需求量更大。相反,价格水平上升降低了货币的实际价值,并使人们变穷,于是增加储蓄,减少消费以及对物品和服务的需求总量,这就是财富效应。经济学家阿瑟·庇古强调了这种效应,因此也被称为"庇古效应"。

价格水平与利率:凯恩斯效应　　价格水平是货币需求量的一个决定因素。较低的物价水平,会减少人们的货币持有量,因为,购买同样数量的物品和服务只需要较少的货币。当价格水平下降时,人们会通过增加购买有利息的证券或储蓄,来减少货币持有量。其他条件不变,货币需求减少将降低利率。另一方面,利率是影响投资的一个重要因素。利率下降,会鼓励企业更多地借款并投资于新工厂和设备,也鼓励家庭更多地投资于新住房。因此,低利率增加了物品和服务的需求。

因此,总需求曲线向右下方倾斜的第二个原因是:价格水平下降降低了利率,鼓励投资,增加物品和服务的需求量。相反,价格水平上升,提高利率,使投资下降,从而降低了物品和服务的需求量,这就是利率效应。经济学家约翰·梅纳德·凯恩斯强调了这种效应,人们称之为"凯恩斯效应"。

价格水平与净出口:汇率效应　　如上所述,当一国价格水平降低时,其利率下降。作为对低利率的一个反应,本国投资者通过在国外投资而寻求更高的收益,结果对本国货币的需求就会减少,而增加了外汇市场上本国货币的供给。在外汇市场上,本国货币供应上升导致本国货币贬值,从而有利于出口不利于进口。汇率变化使出口上升、进口下降,即本国货币贬值刺激了该国的净出口,从而增加了物品和服务的需求量。

总需求曲线向右下方倾斜的第三个原因是:当价格水平下降使利率下降时,本国货币在外汇市场上贬值。这种贬值刺激本国的净出口,从而增加了物品和服务的需求量;相反,当价格水平上升使本国利率上升时,本国货币升值,这种升值减少了本国的净出口,从而减少了物品和服务的需求量,这就是汇率效应。经济学家罗伯·蒙代尔和马库斯·弗莱明强调了这种汇率效应。

总结 当其他条件不变时,物价水平下降通过三个方面增加了物品与服务的需求量,即:① 物价降低使消费者感到更富有,刺激了消费;② 利率下降,刺激了投资需求;③ 本国货币贬值,刺激了净出口。

三、总需求曲线的移动

总需求曲线是在假设其他条件不变的情况下,对价格水平与物品和服务的需求总量反方向变化关系的一种反映。但是其他因素不会不变,也会影响物价水平为既定时的需求量,当这些因素中的一种变动时,总需求曲线就会发生移动,如图10.2所示。

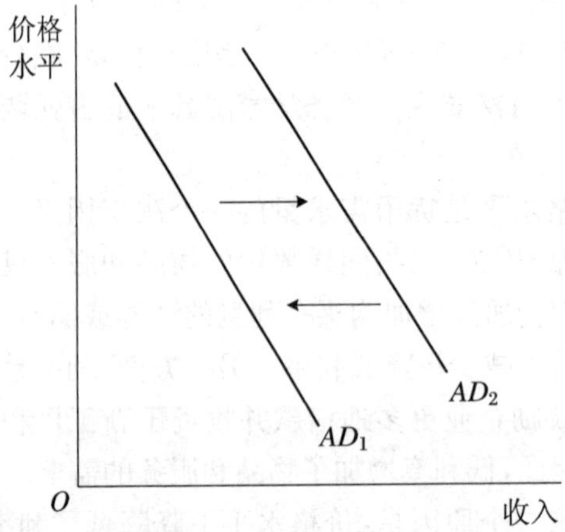

消费引起的总需求曲线移动 在价格水平既定时任何一个改变人们想消费多少的事件,都会使总需求曲线移动。具有这种效应的政策变量之一就是税收。例如,假设政府降低了税率,家庭的可支配收入增加,居民就会增加物品和服务的消费,总需求曲线向右移动。相反,如果政府增加税收,人们会减少消费,总需求曲线向左移动。

图 10.2 总需求曲线的移动

投资引起的总需求曲线移动 在价格水平为既定时任何一个改变企业想投资多少的事件,都会使总需求曲线发生移动,例如货币供给的变动。短期中货币供给增加降低了利率,这使借款成本减少,刺激了投资支出,使总需求曲线向右移动;相反利率上升,增加了企业的借款成本,抑制了投资,使需求曲线向左移动。又例如,电脑技术进步了,出现了更加先进的电脑,企业决定投资于新的电脑。这样,在价格水平既定时,物品和服务的需求量增加了,所以,总需求曲线向右移动。

政府购买引起的总需求曲线移动 政府使总需求曲线移动的最直接方法是增加政府购买。为拉动经济的发展,中国在2009年大规模的启动基础设施建设,大力发展铁路和公路,增加了总需求,这使总需求曲线右移。

净出口引起的总需求曲线移动 在价格水平既定时任何一个改变净出口量的

事件也会使总需求曲线移动。当2008年欧美经济衰退时,他们从中国购买的物品减少,使中国经济的需求曲线向左移动。

总之,在物价水平既定时,任何使消费、投资、政府购买、净出口增加的事件,都会使总需求曲线向右移动;在物价水平既定时,任何使消费、投资、政府购买、净出口减少的事件,都会使总需求曲线向左移动。

【即问即答】
◇ 总需求和总支出的区别是什么?
◇ 举出一个使总需求曲线移动的事件,并说明曲线移动的方向。

第二节 总供给曲线

一、总供给的概念

总供给与总需求是宏观经济分析中的一对基本概念。从概念上讲,也存在总供给量与总供给之分。总供给量是指给定现行价格水平、生产能力和成本,所有企业想要生产并销售的产品和服务总量(即实际GDP)。总供给是指在不同的价格水平上所有企业想要生产并销售的物品和服务总量,它反映的是价格水平与实际GDP之间的关系。总供给量取决于经济社会的劳动量、资本量(包括物质资本和人力资本)以及技术水平的拥有量和使用情况。

一个国家只有生产出大量的物品和服务,她的国民才能享受到更高的生活水平。正如我们现在所看到的,美国、日本的人均GDP远远大于尼日利亚和印度尼西亚的人均GDP,所以美国和日本的生活水平就远远高于尼日利亚和印度尼西亚的生活水平。不同国家供给水平的差异可以从各国生产率的差异上得到解释。影响生产率的因素主要有物质资本、人力资本、自然资源和技术知识。例如,如果工人用工具进行工作,就能提高生产效率。当木工制造家具时,他们用的锯、车床和电钻都是资本,工具越多,工人越能迅速而准确地工作。人力资本也能提高生产效率。人力资本是指人们通过教育、培训和经验而获得的知识和技能,包括在早期儿童计划、小学、中学、大学和成人劳动力在职培训中所积累的技能。虽然教育、培训和经验没有车床、推土机和建筑物那样具体,但人力资本在许多方面与物质资本相同,人力资本提高了一国生产物品与服务的能力。像物质资本一样,人力资本也是一种生产要素,人力资本要求以教师、图书馆和学习时间为形式的投入。技术进步更是决定生产率高低的重要因素。一百多年前,大多数美国人在农场工作,这是因为当时的技术要求大量的劳动力投入才能生产出足够多的粮食供他们食用。现在由于技术进步,少数人就可以生产出足够多的粮食供美国人食用,多余的劳动力可以从事其他行业的生产。

总供给是由经济社会的基本生产资源生产的,而生产资源的利用状况与时间长短有关。我们需要区分总供给的两种时间框架:长期和短期。长期是指资本存量、生产技术、人口以及一切生产要素都可以改变的时期,长期的一个重要特点是在这个时期内货币工资有足够的弹性能够使劳动市场实现充分就业。短期是指资本存量、人口及生产技术等生产资源保持不变的时期,短期的一个重要特点是某些物品的价格和货币工资等具有黏性。与长期和短期划分相对应,总供给分为长期总供给和短期总供给。

二、总供给曲线的形状

总供给曲线是用来表示价格水平和生产的实际 GDP 之间关系的曲线。与总是向右下方倾斜的总需求曲线不同,总供给曲线的形状取决于所考察时间的长短。在长期中,总供给曲线是垂直的;在短期中,总供给曲线向右上方倾斜;而在凯恩斯的短期内,总供给曲线是水平的。下面分别进行阐述。

(一) 长期总供给曲线

在长期中,一个经济的物品与服务供给只取决于资本、劳务和自然资源,以及用来把这些要素变为物品和服务的生产技术。由于物价水平并不影响这些实际 GDP 的长期决定因素,所以长期总供给曲线是垂直的,如图 10.3 所示。换句话说,在长期中,经济的资本、劳动、自然资源和技术水平决定了物品和服务的总供给量,而无论物价水平如何变动,总供给量都是相同的。长期总供给曲线位于潜在产量或自然产量水平上。所谓潜在产量是指在现有资本和技术水平条件下,经济社会实现充分就业时生产的最大产量。沿着长期总供给曲线,随着价格水平的变动,例如从

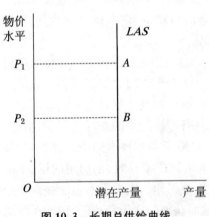

图 10.3 长期总供给曲线

P_1 下降到 P_2，实际产量仍保持在潜在产量处。

在经济学文献中，垂直的总供给曲线有时候可能是指一种特殊的短期总供给曲线，即当短期内货币工资和产品价格能够迅速调整到充分就业水平时，总供给曲线也是垂直的现状。这里为使问题简化，我们是在长期意义上使用垂直的总供给曲线概念。

（二）短期总供给曲线

短期中的经济与长期中的经济之间的关键差别是总供给的状况不同。长期总供给曲线是垂直的，因为长期中价格水平并不影响经济生产物品与服务的能力。与此相反，在短期中价格水平则影响经济的产量。这就是说，在1年或2年的时间内，经济中的价格水平上升会增加物品和服务的总供给量，而价格水平的下降会减少物品和服务的总供给量。结果，短期总供给曲线如图10.4所示是一条向右上方倾斜的曲线。例如，价格水平上升，从 P_1 上升到 P_2，总产出从 Y_1 增加到 Y_2，价格水平与总产出是同方向变化的。

造成物价水平与产出水平正相关的原因主要有两个方面。

（1）从产出水平对物价水平的影响看，在总产出水平较低时，使用的生产要素的量也较少。由于企业总是首先使用效率较高的生产要素，最早使用的那部分生产要素都是企业精心选择后才使用的，因此其效率较高。较高的效率导致的结果是生产成本相对较低，这时产品的价格也较低。相反，在总产出水平较高时，需要投入的生产要素的量也较多，这时就不可避免地将那些生产效率较低的要素投入使用，从而造成生产的平均成本上升，价格水平也随之上升。

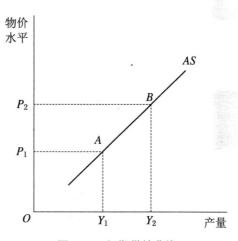

图 10.4 短期供给曲线

（2）从价格水平对产出水平的影响看，对于短期总供给曲线斜率为正的解释有两种。一种解释是假设在短期内，当产品和服务的价格发生变化时，生产要素的价格不变或变化幅度较小，变化速度较慢。在这种情况下，当价格水平下降时，企业的利润率就会下降，企业就会压缩生产规模，造成总供给减少。反之，当价格水平上升时，企业的利润率就会上升，从而刺激企业生产更多的产品和服务。另一种解释是假设产品和服务的价格与生产要素的价格同步变化。在短期内，人们常常只注意到自己生产的产品和服务的名义价格变化，而容易忽略其他方面的变化，认识不到总体价格的实质性变化。这样当所有价格都同步提高时,厂商一般只注意到自己的产品名义价格上升,从而做出增产的决定。劳动者也只注意到自己名义工资的提高,从而愿意增加劳动力的供给。因此当价格水平上升时,总供给就会增加。相反,当价格水平下降时,厂商和劳动者都会注意到自己的产品价格下降或名义工资的下降,从而减少供给。这样,当价格水平下降时,总供给就会减少。

(三) 凯恩斯总供给曲线

凯恩斯的最重要著作《就业、利息和货币通论》出版于 1936 年,那时整个西方世界都处于严重的大萧条时期,经济社会存在着大量的失业人口和生产能力,企业愿意在现有的价格水平上提供社会所需求的任何数量的产品,因此,总供给曲线是一条水平线,如图 10.5 所示。水平的总供给曲线的含义是:由于货币工资和价格水平都不会变动,所以,在既有的价格水平 P_0 上,经济社会能提供任何数量的产量。另外,该图还表明,在达到充分就业产量(Y_f)之后,社会已经没有多余的生产能力,从而不可能生产出更多的产量,此时,增加总需求不但不会增加产量,反而会引起价格水平的上升,如图 10.5 中的垂直线所示。

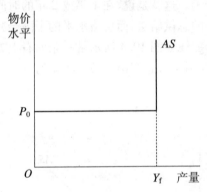

图 10.5 凯恩斯总供给曲线

三、总供给曲线的移动

(一) 长期总供给曲线的移动

长期总供给曲线位于潜在产量之上。潜在产量也称充分就业产量,或自然产量,因为它表示当失业率为自然失业率时经济的产量。自然产量是长期中经济所趋向的生产水平。

经济中如果潜在产量变动,就会使长期总供给曲线移动。由于潜在产量取决于劳动、资本、自然资源和技术知识,所以我们可以认为长期总供给曲线的移动是由这些因素引起的,如图 10.6 所示。

劳动引起的长期总供给曲线的移动

假设一个国家由于移民的增加,工人的数

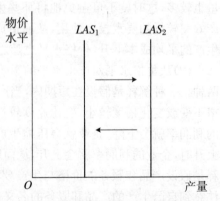

图 10.6 长期总供给曲线的移动

量增加了,整个社会生产的物品和服务量也会增多,结果使长期总供给曲线向右移动,如图10.6中的LAS_1移动到LAS_2。相反,如果许多工人离开这个国家到国外,长期总供给曲线将向左移动,如图10.6中的LAS_2移动到LAS_1。

长期总供给曲线的位置还取决于自然失业率。因此,自然失业率的任何变动都会使长期总供给曲线移动。假设国家大幅度提高工人最低工资,自然失业率就会上升,经济生产的物品和服务量就会减少,长期总供给曲线将向左移动。相反,如果一个高福利国家进行失业保障制度改革,鼓励失业工人更努力地寻找新工作,自然失业率就会下降,长期总供给曲线将向右移动。

资本引起的长期总供给曲线的移动 经济中资本存量的增加提高了生产率,从而增加了物品与服务的供给量,使长期总供给曲线向右移动;相反经济中资本存量的减少会降低生产率,从而减少物品和服务的供给量,使长期总供给曲线向左移动。

要注意的是,无论是物质资本还是人力资本,它们数量的增加都会使长期总供给曲线向右移动。因此,大力投入教育经费,增加大学的数量和质量,提高国民素质,会使经济生产能力提高,从而增加物品和服务的供给量,使长期总供给曲线向右移动。

研究表明,教育对长期总供给曲线移动有明显的贡献。教育,或者说人力资本投资,对一个国家的长期经济影响至少和物质资本投资同样重要。在美国,从历史上看,每一年正规教育使人的平均工资增加10%左右。在人力资本特别稀缺的发展中国家,受过教育的工人与未受过教育的工人之间的工资差距甚至更大。因此,政府可以提供良好的学校,并鼓励人们利用这些学校,是提高人们生活水平的一种极好的方法。人力资本对经济增长特别重要,因为人力资本能带来正外部性。外部性是一个人的行为对旁观者的福利影响。例如一个受过教育的人会产生一些有关如何更好地生产物品与服务的新思想,如果这些新思想进入社会的知识宝库,从而每一个人都可以利用,那么这种思想就是教育的外部收益。在这种情况下,正规教育的社会收益就远远大于个人收益,从而产生正外部性。当然人力资本和物质资本投资一样也有机会成本,当学生上学时,他们放弃了本可以赚到的收入。在发展中国家,尽管增加正规教育的收益非常高,但家庭需要儿童的劳动帮助养家糊口,从而使得他们往往在很小的年龄就失学了。

自然资源引起的长期总供给曲线的移动 经济的生产取决于自然资源,包括土地、矿藏和天气,新的矿藏发现会使长期总供给曲线向右移动;干旱或洪涝灾害使农业减产,会使长期总供给曲线向左移动。在许多国家,重要的自然资源主要靠进口,这些资源的可获得性的变动也会引起长期总供给曲线移动,历史上几次世界石油事件都是总供给曲线移动的原因。

技术知识引起的长期总供给曲线的移动 今天的经济较以前产量更高的重要原因也许归功于技术知识的进步。例如,电脑的发明使我们可以用更少的劳动、资本和自然资源生产出更多的物品和服务,结果使总供给曲线向右移动。

还有许多其他事件,尽管字面上不是技术,但也像技术变动一样起作用。例如随着改革开放,对外交流和贸易的增多使物品和服务的产量增加,长期总供给曲线向右移动。相反,如果政府认为某些生产方法对工人的危害太大,阻止企业利用这些方法,会使长期总供给曲线向左移动。

(二) 短期总供给曲线的移动

影响短期总供给曲线移动的因素很多,其中最主要的是成本的变化、劳动生产率的变化和生产要素供给的变化。

(1) 工资的上涨和原材料价格的上升会引起生产成本的提高,如果这时产品和服务的价格不变,企业的利润率就会下降,企业就会减产。如果市场状况允许企业在不降低产量的情况下提高价格,那么在既定的产出水平上,价格将上升。因此,在成本上升的情况下,无论是产品售价不变而减少产量,还是产出水平不变而提高价格,都意味着短期总供给的减少,从而导致总供给曲线向左上方移动。反之,如果生产成本降低,则短期总供给曲线就会向右下方移动。

(2) 劳动生产率的变化也会引起短期总供给曲线的移动。劳动生产率的提高意味着单位投入将生产出更多的产品和服务,也意味着生产单位产出的成本下降。在这种情况下,企业为扩大市场份额,挤垮竞争对手,就会采取削价竞争的方式,从而导致价格水平下降。如果这时市场需求较旺,企业则会大量增产,从而使短期总供给曲线向右移动。相反,如果劳动生产率下降,则意味着单位产出的成本提高,短期总供给曲线向左移动。

(3) 除成本和劳动生产率变化的因素外,生产要素供给的变化也会引起短期总供给曲线移动。生产要素供给的增加,意味着在整个社会对生产要素需求量不变的情况下,生产要素的价格下降,从而造成生产成本的降低。这样,企业就可以在产出水平不变的情况下降低产品和服务的价格,从而使短期总供给曲线向右下方移动。反之,如果生产要素供给减少,则意味着在生产要素需求量不变的情况下,生产要素价格上升,从而导致企业生产成本上升,进一步导致产品和服务的价格上升,短期总供给曲线向左上方移动。

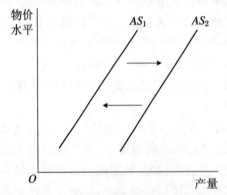

图 10.7 短期总供给曲线的移动

图 10.7 显示了短期总供给曲线的移

动。当劳动生产率上升、生产成本下降和生产要素供给增加时,将会引起短期总供给曲线向右移动,例如从 AS_1 移动到 AS_2。相反,当劳动生产率下降、生产成本上升和生产要素供给减少时,将会引起短期总供给曲线向左移,例如从 AS_2 移动到 AS_1。

【即问即答】

◇ 沿着短期总供给曲线移动和短期总供给曲线位置移动的区别是什么?

◇ 使长期总供给曲线移动的要素会使短期总供给曲线移动吗?为什么?

第三节 总产出、价格水平的决定

一、总需求曲线与总供给曲线的结合

现在我们把总需求曲线与总供给曲线结合在一起,得到总需求和总供给模型(AD－AS),如图10.8所示。在图中,纵轴表示经济中的价格水平,横轴表示经济中物品与服务的总产量。总需求曲线告诉我们每种价格水平下的实际GDP需求量,总供给曲线告诉我们每种价格水平下的实际GDP供给量。总需求曲线与总供给曲线的交点称为经济的均衡点,如图10.8中的 E 点。为了说明为什么 E 点是均衡的,可以考虑不均衡时会怎样变化。例如,如果价格水平高于均衡价格水平,即 $P_1>P_0$,那么经济对实际GDP的需求量就会小于实际GDP的供给量,企业将无法卖掉它们生产的东西,过多的存货迫使企业减少生产并且降低价格水平,生产和价格要一直降到企业能出售它们所有的产品为止。而只有当实际的GDP和价格水平都等于均衡的GDP和价格水平时这才可能。因此,总需求曲线与总供给曲线的交点决定经济的总产量和价格水平。

当短期总供给曲线(SAS)与总需求曲线(AD)相交时,称为宏观经济的短期均衡。如图10.8所示,在短期均衡上,实际总产出等于总需求量。当长期总供给曲线(LAS)、短期总供给曲线(SAS)与总需求曲线(AD)相交于一点时,称为宏观经济的长期均衡,如图10.9。在长期均衡上,实际总产出等于潜在总产出(Y_f)。

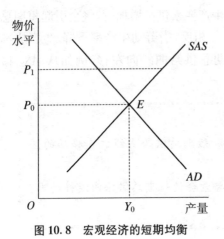
图10.8 宏观经济的短期均衡

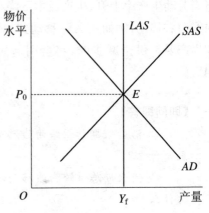
图10.9 宏观经济的长期均衡

二、总产出、价格水平的变化：总需求曲线移动的影响

假设由于某种原因,悲观的情绪突然袭击了经济,原因可能是政治事件、股票市场崩盘或者是海外爆发了战争。由于这些事件,许多人对未来失去信心并改变他们的计划,家庭削减他们的支出,延迟了重大的购买,企业则放弃了购买新设备。这些悲观的情绪减少了物品与服务的总需求,也就是说在物价水平为既定时,家庭和企业现在想购买的物品与服务少了,总需求曲线向左移动。这种移动会因总供给曲线的不同形状,使总产出和价格水平有不同的变化。

（一）凯恩斯总供给曲线与总需求曲线的移动

如图10.10所示,如果总供给曲线是凯恩斯总供给曲线,它与总需求曲线相交于 E_1 点,价格水平为 P_1,经济处于萧条状态,政府为了拯救经济,采取扩张性财政政策。如通过增加政府支出或通过减税等手段实施财政扩张政策,从而使需求曲线 AD 向右移动,即从 AD_1 移动到 AD_2,这时新的均衡点移动到 E_2,总产出增加到 Y_2。由于这时经济尚处于萧条时期,企业在价格水平 P_1 下愿意提供任意数量的物品与服务,因此产量增加对价格水平没有影响,财政扩张政策所导致的效果只是产量提高和就业增加。

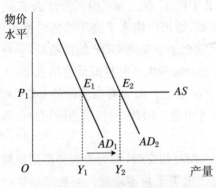
图10.10 凯恩斯总供给曲线与总需求曲线移动的影响

(二) 短期总供给曲线与总需求曲线的移动

假设这时由于某种因素导致股票市场崩溃,股价大幅度下降,消费者的信心就会受到影响,从而使总需求曲线向左移动。如 2008 年的美国"次贷"危机,导致全球股市价格大幅度下降,需求低迷。如图 10.11 所示,开始时总需求曲线 AD_1 与总供给曲线 AS 相交于 E_1 点,此时的物价水平为 P_1,均衡收入为 Y_1。经济危机爆发,总需求曲线向左移动到 AD_2,与总供给曲线 AS 相交于 E_2 点,此时的物价水平为 P_2,均衡收入为 Y_2,总产出下降,失业率上升,价格水平降低。面对这种衰退,政府可以采取增加政府支出或增加货币供给的措施,使总需求增加,迫使总需求曲线右移,从而提高均衡收入水平和就业率。

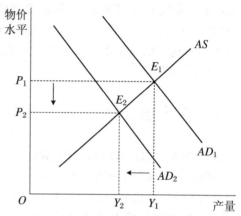

图 10.11 短期总供给曲线与总需求曲线移动的影响

在图 10.11 中,一般来说,如果 Y_1 代表充分就业的产量,那么,AD_1 曲线向左移动,则表明经济社会处于萧条状态,其产出和价格水平都下降,并且低于充分就业的水平。如果 AD_1 曲线向右移动,则表明经济社会处于经济过热的状态,这时产出和价格水平都将增加,但产出增加的幅度要小于价格水平的上升幅度,因为此时生产能力比较紧缺,产量增加的可能性越来越小。

(三) 长期总供给曲线与总需求曲线的移动

长期总供给曲线在充分就业的产出水平上垂直。这时无论价格水平如何变动,经济中企业可提供的产出量都为 Y_f。图 10.12 中总供给曲线 LAS 为一条垂直线,经济初始均衡点为 E_1 点。假设政府通过扩张性财政政策或扩张性货币政策使总需求曲线从 AD_1 移动到 AD_2,这时如果初始价格水平 P_1 不变,经济的总支出就会增加至 E_2 点。但由于资源已被充分利用,企业不可能再获得更

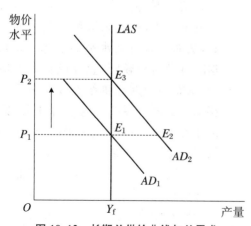

图 10.12 长期总供给曲线与总需求曲线移动的影响

多的劳动力来生产更多的产量,也就是说,物品供给对新增需求已无法做出反应。因此,增加的总需求只能导致更高的价格,而不能提高产量。

价格的上涨降低了实际货币存量并导致利率的上升和支出的减少,从而使经济沿着需求曲线 AD_2 不断向上移动,直到价格的上升和货币实际余额的下降所导致的利率提高和支出降低达到与充分就业相一致的水平,这一水平就是图 10.12 中的 E_3 点,这时的价格水平上升到 P_2,也就是说,总需求在更高的价格水平上再次与总供给相等。

三、总产出、价格水平的变化:总供给曲线移动的影响

(一) 短期总供给曲线移动的影响

短期总供给曲线的形状不仅决定着总需求变动的影响力,而且短期总供给曲线自身的变化也会影响国民产出和价格水平。影响短期总供给曲线变动的因素很多,其中主要因素是成本的变化、劳动生产率的变化和生产要素供给的变化。

工资上涨和原材料价格的上升会引起生产成本提高,如果这时企业提供的物品和服务的价格不变,企业的利润就会下降,企业就会减产。如果市场状况允许企业在不降低产量的情况下提高价格,企业为了不使利润率下降,价格水平将要上升。因此在成本上升的情况下,无论是产品售价不变而减少产量,还是产出水平不变而提高价格水平,都意味着短期总供给曲线向左上方移动。反之,如果生产成本降低,则短期总供给曲线就会向右下方移动。

劳动生产率的变化也会引起短期总供给曲线的移动。劳动生产率的提高意味着单位投入将生产出更多的物品和服务,也意味着生产单位产出的成本下降了,在这种情况下,企业为扩大市场份额,挤垮竞争对手,就会采取削价竞争的方式,从而导致价格水平的下降。如果这时市场需求较旺,企业就会大量增产,从而使短期总供给曲线向右下方移动。反之,如果劳动生产率下降,则意味着单位产出的成本提高,从而导致短期总供给曲线向左上方移动。

如图 10.13 所示,在总需求曲线不变的情况下,当成本上升、劳动生产率下降或其他生产要素的供给下降时,将会引起短期总供给曲线向左上

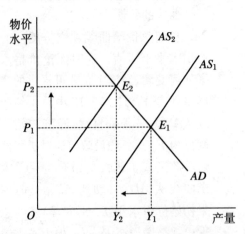

图 10.13 短期总供给曲线移动的影响

方移动,即总供给曲线从 AS_1 到 AS_2,这时总供给曲线与总需求曲线相交的均衡点则从 E_1 移动到 E_2,其均衡产量从 Y_1 减少到 Y_2,均衡价格从 P_1 上升到 P_2。这种情况被称为"滞涨"现象,即生产停滞、价格水平上涨。反之,当劳动生产率上升或成本下降都会使短期总供给曲线向右下方移动,均衡产量增加,均衡价格下降。

(二)长期总供给曲线移动的影响

长期总供给曲线表示在现有的经济资源得到充分有效利用的情况下,经济各部门可能向社会提供的物品与服务总量。但从更长的时期看,社会生产能力可能因为组织创新、结构调整、技术发明以及新材料的使用等而发生变化,长期总供给曲线可以发生移动。

如图 10.14 所示,假设原来的长期总供给曲线为 LAS_1,此时的价格水平为 P_1,潜在产出为 Y_1。如果社会中出现某种重大变革,导致潜在产出增加到 Y_2,此时的长期总供给曲线右移到 LAS_2,均衡的价格水平下降到 P_2。

现实生活中,物价的上升可能是需求曲线移动引起的,也可能是供给曲线移动引起的,也可能是两条曲线共同移动的结果。例如中国 2010 年的通货膨胀就是由两条曲线共同移动的结果。

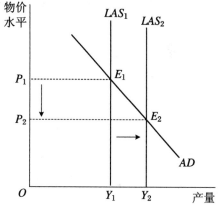

图 10.14 长期总供给曲线移动的影响

这里,以典型的 20 世纪 60 年代后的美国经济为例,进一步说明总需求移动和总供给移动对宏观经济的影响。

20 世纪 60 年代,美国经历了多次衰退后,约翰·肯尼迪当选为美国总统,他希望重振经济。在那个年代凯恩斯主义主宰着华盛顿,肯尼迪以及后来的约翰逊总统主张政府采取扩张性政策,国会批准了多种刺激经济的方案,内容包括 1963 年和 1964 年的大幅度削减个人所得税和公司税,联邦储备系统也以货币供给的快速增长和低利率来刺激经济增长。在 20 世纪 60 年代初期,GDP 每年增长 4%,失业率下降,物价水平保持稳定,到 1965 年美国经济已经达到其潜在的产出水平。遗憾的是政府低估了越南战争所需要的开支,从 1965 年到 1968 年国防开支增长了 65%,甚至当国内通货膨胀已经比较明显时,约翰逊总统仍然在推迟采取旨在降低经济增长速度的财政政策。直到 1968 年增税和减少民用开支的措施才得以出台,但这对缓解经济过热引起的通货膨胀来讲已经为时太晚。结果在 1966~1970 年的大部分时间里,经济都在大大高于潜在产出能力的水平上运行。在低失业和高负荷运转的压力之下,通货膨胀逐步升高,开始了从 1966 年到 1981 年持续的"通货膨胀时代"。

图 10.15 表明了这一时期的基本情况。减税和国防开支都增加了总需求,使总需求曲线从原来的 AD_1 向右移动到 AD_2。这导致均衡点从 E_1 移动到 E_2,产出和就业迅猛增加,而当产出超过生产极限时,物价水平快速攀升。

在20世纪70年代,世界经济受到一种新的冲击,那就是供给冲击。1973年美国经受农作物歉收、海洋环流转变、世界商品市场大规模投机、外汇市场剧烈波动以及由中东战争引起的世界原油价格猛涨,涨幅高达4倍,这些冲击导致批发价格大幅度上涨。原材料价格和燃料价格在1972年到1973年中的上涨幅度,比从第二次世界大战结束到1972年期间的涨幅还要大。供给冲击出现不久,通货膨胀率迅猛上升,实际产出下降,美国进入了滞涨期。

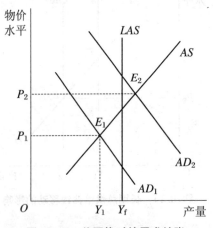

图 10.15 美国战时的需求扩张

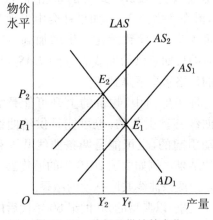

图 10.16 美国总供给的变化

如图 10.16 所示,石油、商品或劳动成本迅速提高,使企业经营成本增加,总供给曲线从 AS_1 左移到 AS_2,这时均衡点从 E_1 移动到 E_2,价格水平从 P_1 上升到 P_2,产出水平从 Y_f 下降到 Y_2,经济出现了双重的不良后果:失业率上升、价格总水平上升。直到1979年,美国经济才从1973年的供给冲击中恢复过来,实际产出回归到潜在的产出水平。

【即问即答】
◇ 什么是宏观经济的短期均衡与长期均衡?
◇ 如果石油大幅度涨价,会对国民经济产生什么影响?

内容提要

1. 总需求是指在其他因素不变条件下,在每一种价格水平上,家庭、企业、政府和国外部门想要购买的物品和服务的总量。

2. 总需求曲线向右下方倾斜的原因是:财富效应、利率效应和汇率效应。

3. 在物价水平既定时,任何使消费、投资、政府购买、净出口增加或减少的事件,都会使总需求曲线向右或向左移动。

4. 总供给是指在不同的价格水平上所有企业想要生产并销售的物品与服务总量,它反映的是价格水平与实际 GDP 之间的关系。

5. 与向右下方倾斜的总需求曲线不同,总供给曲线的形状取决于所考察时间的长短。在长期中,总供给曲线是垂直的;在短期中,总供给曲线向右上方倾斜;而在凯恩斯的短期内,总供给曲线是水平的。

6. 总需求曲线与总供给曲线的交点决定经济的总产量和价格水平。当短期总供给曲线与总需求曲线相交时,称为宏观经济的短期均衡。当长期总供给曲线、短期总供给曲线与总需求曲线相交于一点时,称为宏观经济的长期均衡。

7. 总产出和价格水平变化的原因,一是总需求曲线的移动,这种移动的效果随着总供给曲线的形状不同而不同;二是总供给曲线的移动,当总供给曲线向左移动时产量减少、价格水平上升。

关键术语

总需求曲线　　　总供给曲线　　　长期总供给曲线　　　短期总供给曲线　　　凯恩斯总供给曲线　　　潜在产量　　　滞涨

复　习

(一) 思考题

1. 总需求曲线为什么向右下方倾斜?

2. 什么因素会引起总需求曲线向右移动? 用总供求模型说明这种移动对价格水平和国民收入及就业量的影响。

3. 为什么长期总供给曲线是垂直线?

4. 什么因素会导致总供给曲线向左移动?

5. 哪些因素会引起总供给曲线向右移动?

6. 在政府不采取行动时,判断下列事件对物价水平和产出的影响。

① 股市急剧下跌,减少了消费者的财富。

② 技术进步提高了生产率。

③ 国外经济的衰退引起净出口的减少。

7. 假设经济的总供给曲线的方程为 $Y = 2000 + 300P$,总需求曲线的方程为 $Y = 1000 - 200P$,求总产出和价格水平。

8. 用本章的原理说明宏观经济中的萧条、过热以及滞涨的状态。

(二) 选择题

1. 其他条件不变时,( )引起 AD 曲线左移。
   A. 价格水平下降　　　　　　　B. 政府支出减少
   C. 税收减少　　　　　　　　　D. 名义货币供给增加

2. 总需求曲线向右下方倾斜的原因在于( )。
   A. 国外需求与价格水平呈反方向变动的趋势
   B. 消费需求与价格水平呈反方向变动的趋势
   C. 投资需求与价格水平呈反方向变动的趋势
   D. 以上都是

3. 假设已实现充分就业,且总供给曲线为一垂线,则税收减少会导致( )。
   A. 实际产出水平和价格水平上升
   B. 价格水平上升,而实际产出不变
   C. 实际产出上升,而价格水平不变
   D. 实际产出水平和价格水平均不变

4. 假设已实现充分就业,且总供给曲线为一垂线,当名义货币供给增加 20% 时,( )。
   A. 价格水平不变　　　　　　　B. 利率增加
   C. 名义工资增加 20%　　　　　D. 实际货币供给增加 20%

5. 若已实现充分就业,且短期总供给曲线为正斜率。税收降低会增加( )。
   A. 价格水平和实际产出　　　　B. 名义工资和实际工资
   C. 实际产出,但对价格水平无影响　D. 价格水平,但对实际产出无影响

6. 假设经济处于长期均衡,若政府购买减少,短期中( )。
   A. 物价将上升,产量将增加　　B. 物价将上升,产量将减少
   C. 物价将下降,产量将减少　　D. 物价将下降,产量将增加

7. 假设经济在萧条状态中运行,如果政府希望产量变动到潜在产量,那么它们应该努力( )。
   A. 使总需求曲线向右移动　　　B. 使总需求曲线向左移动
   C. 使短期总供给曲线向左移动　D. 使短期总供给曲线向右移动

8. 根据 AS－AD 模型,在长期中,货币供给增加将引起( )。
   A. 物价上升,产量增加　　　　B. 物价下降,产量减少
   C. 物价上升,产量保持不变　　D. 物价下降,产量保持不变

应　用

1. 假设企业对未来的经济状况极为乐观,并大量投资于新资本设备。

① 画出总需求曲线与总供给曲线并说明这种乐观主义对经济的短期影响,解释为什么总供给量会发生变动。

② 投资高涨会如何影响长期总供给曲线?

2. 假设经济处于长期均衡。

① 用图形说明经济的状态。

② 现在假设股市崩溃导致总需求减少,用图形说明短期中产量和价格水平发生了什么变动,失业率会发生什么变动。

3. 上网查找一些有关中国今年的 GDP 和 CPI 近期变动和预测的数据,尝试用 AD‐AS 模型对这些数据加以解释。

第十一章 财政政策与货币政策

> **学习目标**
>
> 学习本章后,你应该能够:
> - 描述宏观经济政策的四大目标
> - 分析政府实施财政政策的影响
> - 分析中央银行实施货币政策的影响

从1988年初开始,中国经济进入过热状态,经济高速增长,工业产值增幅超过20%;投资迅速扩张导致基建材料严重短缺,1988年固定资产投资额比1987年增长18.5%;市场销售旺盛,物价迅速上升,1988年10月份物价比1987年同期上升27.1%;金融形势紧张,货币回笼缓慢,净投放量大幅增加,当年流通中的货币净增679亿元,增长46.7%。针对这种情况,中央于1988年9月开始实行较紧的财政政策与较紧的货币政策组合,使经济增长速度大幅下降,从20%左右跌至5%左右,社会需求大幅度下降,通货膨胀得以遏制,物价上涨趋缓,1990年第三季度物价涨幅小于1%,宏观调控取得成效。那么,面对经济形势的变化,政府是如何运用这些政策干预经济的?财政政策和货币政策对经济产生什么影响?

在上一章中,我们用总需求-总供给模型解释了总产出和价格水平的决定,我们看到总需求曲线的移动对总产出和价格水平的变化有重要影响,而财政政策和货币政策都可以影响总需求。本章的任务是考察财政政策和货币政策的短期效应。学习本章有助于你了解财政政策和货币政策,以及分析它们对经济产生的影响。

第一节 宏观经济政策目标

一、宏观经济政策的四大目标

宏观经济政策的基本目标有四个,即充分就业、物价稳定、经济增长和国际收支平衡。也可以说,宏观经济政策就是政府为了达到这些目标而采取的手段和措施。

充分就业 充分就业是指包含劳动在内的一切生产要素都以愿意接受的价格参与生产活动的状态。充分就业包含两种含义:一是指除了摩擦失业和自愿失业之外,所有愿意接受各种现行工资的人都能找到工作,即消除了非自愿失业就是充分就业。二是指包括劳动在内的各种生产要素,都按其愿意接受的价格,全部用于生产,即所有资源都得到充分利用。失业是指有劳动能力并愿意就业的劳动者找不到工作的社会现象,其实质是劳动力不能与生产资料相结合进行社会财富创造。因此,失业意味着经济资源的浪费,从而使经济总产出下降,社会总福利受损。因此,失业的成本是巨大的,降低失业率、实现充分就业就成为宏观经济政策的首要目标。

物价稳定 物价稳定是指价格总水平的稳定,它是一个宏观经济概念。值得注意的是,物价稳定不是指每种商品的价格固定不变,而是指价格指数的相对稳定。由于各种物品价格变化繁杂,从而统计起来比较困难,一般用价格指数来表示一般价格水平的变化。常见的价格指数有消费物价指数(CPI)、批发物价指数(PPI)和GDP平减指数三种。物价稳定之所以成为宏观经济政策目标,是因为通货膨胀会对经济产生不良影响,为控制通货膨胀对经济的冲击,各国都把物价稳定作为宏观经济政策的一个目标。当然,物价稳定并不是要求通货膨胀率为零,而是允许保持一个低而稳定的通货膨胀率。所谓低,就是通货膨胀率在1%～3%之间;所谓稳定,就是指在相当时期内把通货膨胀率维持在大致相等的水平上。这种通货膨胀率能为社会所接受,对经济也不会产生不利的影响。实践证明,各国的通货膨胀已经无法完全消除,因此大部分国家已把轻微的通货膨胀看作是基本正常的经济现象。

经济增长 经济增长是指在一个特定时期内经济社会所生产的人均产量和人均收入的持续增长。它包括:一是维持一个高经济增长率;二是培育一个经济持续增长的能力。一般认为,经济增长与就业目标是一致的。经济增长通常用一定时期内实际国内生产总值年均增长率来衡量。经济增长会增加社会福利,但并不是增长率越高越好。这是因为经济增长一方面要受到各种资源条件的限制,不可能无限地增长,尤其是对于经济已相当发达的国家来说更是如此。另一方面,经济增长也要付出代价,如造成环境污染,引起各种社会问题等。因此,经济增长就是实现与本国具体情况相符的适度增长率。

国际收支平衡 国际收支是指在一定时期内一个国家(包括居民、企业和政府)与世界其他国家之间全部经济交易的系统记录。随着国际间经济交往的密切,如何平衡国际收支也成为一国宏观经济政策的重要目标之一。当一国国际收支失衡时，就会对国内经济形成冲击，从而影响该国国内就业水平、价格水平及经济增长。国际收支平衡的目标要求做到汇率稳定，外汇储备有所增加，进出口平衡。国际收支平衡不是消极地使一国在国际收支账户上经常收支和资本收支相抵，也不是消极地防止汇率变动、外汇储备变动，而是使一国外汇储备有所增加。适度增加外汇储备看作是改善国际收支的基本标志。同时由于一国国际收支状况不仅反映了这个国家的对外经济交往情况，还反映出该国经济的稳定程度。

以上四大目标相互之间既存在互补关系，也有交替关系。互补关系是指一个目标的实现对另一个目标的实现有促进作用，如为了实现充分就业水平，就要维护必要的经济增长。交替关系是指一个目标的实现对另一个目标的实现有排斥作用，如物价稳定与充分就业之间就存在两难选择。为了实现充分就业，必须刺激总需求，扩大就业量，这一般要实施扩张性的财政政策和货币政策，由此就会引起物价水平的上升。而为了抑制通货膨胀，就必须紧缩财政和货币，由此又会引起失业率的上升。又如经济增长与物价稳定之间也存在着相互排斥的关系，因为在经济增长过程中，通货膨胀是难以避免的。再如国内均衡与国际均衡之间存在着交替关系，这里的国内均衡是指充分就业和物价稳定，而国际均衡是指国际收支平衡。为了实现国内均衡，就可能降低本国产品在国际市场上的竞争力，从而不利于国际收支平衡。为了实现国际收支平衡，又可能不利于实现充分就业和稳定物价的目标。

由此，在制定经济政策时，必须对经济政策目标进行价值判断，权衡轻重缓急和利弊得失，确定目标的实现顺序和目标指数高低，同时使各个目标能有最佳的匹配组合，使所选择和确定的目标体系成为一个和谐的有机整体。

二、宏观政策目标选择的实践

市场经济各国从自由放任转向国家干预始于20世纪30年代，政府系统地调节经济的宏观政策起源于这时的大萧条而不是凯恩斯主义。这场史无前例的大萧条使市场经济各国的经济倒退回战前的水平，失业率高达25%，用当时一位经济学家的话来说，整个社会是"革命就在拐弯处"。面对这种形势，无论有没有凯恩斯主义或其他思想，政府都不能无动于衷，不得不"亲自"挽救经济。美国罗斯福新政、北欧国家的就业与社会福利政策、英国增加政府投资，都是病急乱求医的做法，并没有系统理论的指导。凯恩斯只不过是把政府已经做过的好事加以理论化、系统化，证明这种政府干预的必要性。这正如美国经济学家克莱因所说的，是先有国家干预的政策而后有凯恩斯主义，并不是相反。

在20世纪40年代二战快要结束时，一些经济学家预言，当战争结束，经济从战时经济转向和平经济时,由于总需求的减少会出现较长时期的萧条。提出这种长期萧条论的是当时著名的凯恩斯主义经济学家阿尔文·汉森,在这种悲观的气氛下,杜鲁门和艾森豪威尔执政时期,宏观经济政策的目标是要保持增长。为了实现这一目标,政府增加财政支出,用政府投资来弥补私人投资之不足。例如,艾森豪威尔执政时期政府大量投资于兴建高速公路(因此艾氏有美国高速公路之父的称号)。

但是,在托宾这样的凯恩斯主义者看来,美国政府在20世纪50年代的做法"胆子仍不够大,步子也迈得太小"。他们提出了"新经济学"的思想,强调美国经济能够而且应该实现充分就业的增长目标,他们把美国的潜在GDP定为每年增长3%,低于这一目标就要用宏观经济政策进行刺激。他们主张财政政策与货币政策双管齐下刺激经济,尤其是财政政策要从惧怕财政赤字的框框下解放出来,用赤字支出刺激经济。这种主张与雄心勃勃地要振兴美国经济的年轻总统肯尼迪的思想不谋而合,从而由理论变为政策实践,这时宏观经济政策的目标是增长。用宏观经济政策,尤其是赤字财政政策来刺激经济正是凯恩斯本人思想的原意,20世纪60年代美国的经济政策实现了这一点,所以,美国被称为"凯恩斯主义的实验室"。

以增长为目标的宏观经济政策的确实现了美国经济在20世纪60年代的高速增长,迎来了战后第一个繁荣时期,这也使凯恩斯主义迎来了它的全盛时期。但这种大好形势并没有持续下去,20世纪70年代的石油危机也引发了美国经济的危机,增长的好日子成为逝去的辉煌,现实是历史上从未有过的滞胀——高通胀与高失业并存,也许罪魁祸首应该是那些操纵世界石油市场的人,但板子还是打在凯恩斯主义者身上。政府刺激经济,国家干预和增长目标受到质疑,这引起20世纪80年代之后宏观经济政策目标转向稳定。

这种转变不仅是政府上的,而且也是实践中的。20世纪80年代之后,里根政府、撒切尔政府和许多国家政府的宏观经济政策都按这个方向进行了重大调整。风向的确变了,政府不再刺激经济繁荣,只是通过微调来实现稳定。像20世纪60年代那样大规模刺激经济的做法很少见了,80年代以后整个世界经济的繁荣主要靠的不是宏观经济政策刺激,而是市场经济本身的活力,以稳定为目标的宏观经济政策为市场机制正常发挥作用创造了良好的环境,这才是长期稳定增长之本。

这段历史告诉我们,在不同的时期有不同的宏观经济政策目标,目标不同宏观经济政策就应该相应改变。

【即问即答】
◇ 充分就业目标与经济增长目标之间存在什么关系?
◇ 经济增长目标与物价稳定目标之间存在什么关系?

第二节 财政政策

一、财政政策工具及运用

财政政策是指利用政府开支和税收来调节经济中的总需求水平以实现宏观经济目标的政策。从动态的角度看，可以说，财政政策就是为达到既定的宏观经济目标而确定税收和政府开支的过程。财政是由政府支出和政府收入两个方面构成，其中政府收入分为税收和公债。

（一）财政政策工具

财政政策工具，也称财政政策手段。根据财政的构成，财政政策工具有支出政策工具和收入政策工具。支出政策工具分为购买性支出政策和转移性支出政策，其中，购买性支出政策又有公共工程支出政策和消费性支出政策之别。收入政策工具主要是税收。

1. 政府支出

财政支出按支出方式可以分为政府购买和转移支付两部分。

政府购买是指各级政府对物品与服务的购买支出。例如购买军事装备、机关办公用品、政府雇员报酬、公共工程的支出等。政府购买是一种物品与服务的交易，因此会直接形成社会总需求，是 GDP 的重要组成部分，其规模直接关系到社会总需求的增减，对整个社会的总需求水平有十分重要的调节作用。所以，变动政府购买水平是财政政策的有力手段。

转移支付是指政府对社会福利、保险、失业补助与救济金等方面的支出。与政府购买不同，这是一种纯货币的单方面转移，并无物品和服务的交换产生。转移支付并不增加社会的总收入，但可以改变收入的分配，提高一些人的可支配收入，进而增加这些人的消费支出，社会总需求因此增加。所以，政府的转移支付也是一项重要的财政政策工具。

2. 税收

税收是政府支出的主要资金来源。由于政府在经济中发挥越来越重要的作用，税收作为提供资金的来源，在国民收入中所占的比重也呈上升的趋势。

根据征税对象的不同，税收可分为财产税、所得税和货物税。财产税是对房地产价值征收的税种，即对土地以及土地上的建筑物等征收的税种。所得税是对个人和公司的收入征收的税收，通常是按纯收入加以征收，征收所得税的目的是为政府活动提供资金,以及调节居民的收入分配状况,它在政府总税收中所占的比例很大,因而所得税率的变化会对经济体系产生很大的影响。货物税是对流通中的物品征收的税收。

根据纳税方式的不同,税收可分为直接税和间接税。直接税是指直接向个人或企业征收的税种,税额直接由纳税人负担,纳税人不能或不便于把税收转嫁给别人。间接税是指对物品和服务所征收的税收,原纳税人可以将其转嫁出去,如营业税、消费税和关税都属于间接税。

根据收入中被扣除的比例,税收可分为比例税和累进税。累进税是指随着收入数额的增加,税率相应提高的税种,如所得税。比例税是指不论课税对象大小,只按某一规定的税率征收的税种,如营业税、财产税等。

税收对经济活动和个人可支配收入有很大的影响。例如个人所得税的增减对个人可支配收入有减少和增加的作用,进而减少和增加人们的消费支出。正因为对企业经济活动和个人生活有重要的影响,变动税收成为一个重要的财政政策工具。它与政府购买、转移政府一样,有乘数效应。

3. 公债

公债是政府财政收入的另一组成部分,当政府税收不足以弥补政府支出时,就会发行公债。公债是政府对公众的债务,是政府运用信用形式筹集财政资金的特殊形式,包括中央政府的债务和地方政府的债务。政府借债一般有短期债、中期债和长期债三种形式,短期债一般是通过出售国库券取得,主要进入短期资金市场,利率较低,期限一般为3个月、6个月或1年;中长期债一般是通过发行中长期债券取得,期限在1年以上、5年以下的为中期债,5年以上的为长期债。因中长期债券时间长,风险也会较大。政府公债的发行,一方面能增加财政收入,影响财政收支,另一方面又能对货币市场和资本市场的扩张或收缩起到重要作用,影响货币需求,从而调节社会的总需求水平。因此,公债也是实施宏观调控的经济政策工具。

然而,政府发行了公债要还本付息,年末清偿的债务会逐渐累积成巨大的债务净存量,这些债务净存量所要支付的利息又构成政府预算支出中一个十分庞大的支出。面对庞大的并且增长着的政府债务,经济学家对公债提出了各自不同的看法,一些经济学家认为无论公债是内债还是外债,与税收一样都是政府加在人民身上的一种负担,而且公债不仅是加在当代人身上的负担,还会造成下一代人的负担,这是因为旧债往往是用发行新债来偿还。另一些经济学家认为外债对一国公民来说是一种负担,但内债则不同,因为内债是政府欠本国人的债务,也就是"自己欠自己的债",因此不构成负担,况且政府是长期存在的,会用发行新债的办法偿还旧债,即使是用征税的办法偿还公债,也只是财富再分配而已,对整个国家而言并没有财富损失。至于公债对子孙后代的影响,也不构成负担,因为公债发行可以促使更多的资本形成,加快经济增长的速度,从而给子孙后代带来更多的财富和消费。

(二) 财政政策的运用

1. 扩张性财政政策

当一国经济处于萧条时,社会总供给超过社会总需求,储蓄大于投资,一部分货币购买力溢出循环,使一部分产品卖不出去,价格下降,私人对未来看淡,不愿意消费,利率下降。这时政府可以采取增加财政支出、减少税收的政策,以增加有效需求,这种政策也称为扩张性财政政策。针对经济萧条时期的有效需求不足,一方面政府实行减税,居民户将留下较多的可支配收入,从而使消费增加。减税和居民增加消费的结果,使企业乐于增加投资,总需求就会上升,这样将有助于一国克服萧条,使经济走出低谷。另一方面,政府扩大支出,包括增加公共工程开支、政府购买和转移支付等,以增加居民的消费和促使企业投资,提高总需求水平,同样有助于克服萧条。

1964 年美国肯尼迪政府为了克服经济萧条、刺激经济增长,主动采取扩张性的财政政策,即通过了"肯尼迪-约翰逊减税法案",实行减税,这是美国历史上到那时为止的最大一次减税,个人所得税率大幅降低了,最高边际税率由 91% 削减到 70%。肯尼迪减税政策导致 20 世纪 60 年代中期美国经济保持快速增长。1964~1966 年,实际 GDP 以令人瞩目的 5.5% 的平均速度增长,失业率在 1965 年下降到 4.4%,通货膨胀率保持每年低于 3%。肯尼迪减税政策的成功因此被认为是凯恩斯主义经济学的伟大成就之一。

2008 年,为消除国际金融危机对我国经济带来的不利影响,我国政府推出了 4 万亿元的经济刺激计划。在 4 万亿元投资计划中,1.5 万亿元用于铁路、公路、机场、水利等重大基础设施建设和城市电网改造,1 万亿元用于汶川地震灾后恢复重建,0.4 万亿元投向廉租住房、棚户区改造等保障性住房,用于农村水电路气房等民生工程和基础设施的投资,以及用于自主创新和产业结构调整的投资分别为 0.37 万亿元。另外,0.21 万亿元投资投向节能减排和生态建设工程,0.15 万亿元用于医疗卫生、教育文化等社会事业发展。通过这一扩张性财政政策,有力地拉动了内需,保持了经济的稳定增长。

在实施扩张性财政政策时,如果财政支出的增加超过财政收入的增加,就出现了财政赤字。那么财政赤字如何弥补呢? 财政赤字的弥补主要靠发行公债。但是如果政府的公债由企业或居民用手头的现金来购买,那么就会减少企业或居民本来准备用来购买投资品与消费品的支出,结果政府通过公债获得的资金支出刚好与居民或企业支出相抵,社会总需求并没有增加,达不到"医治"萧条的目的。只有当企业和居民用闲置的资金(这些资金既不打算投资或又不打算购买商品)时,政府通过发行公债获取资金,才能扩大政府支出,从而使总需求扩大。如果政府把发行的公债卖给中央银行,中央银行给财政部支票,财政部就可以把支票作为货币使用来扩大支出,从而扩大总需求。

2. 紧缩性财政政策

当一国经济的总需求大于总供给,物价水平上升,通货膨胀。这时为稳定物价、控制通货膨胀,政府可以采取减少财政支出,相对增加财政收入,从而抑制社会总需求的增加,这就是紧缩性财政政策。在通货膨胀时期,一方面政府增加税收,使居民留下的可支配收入减少,导致居民消费减少;另一方面政府减少财政支出,两者共同作用的结果导致总需求减少,从而达到抑制总需求、控制通货膨胀的目的。

紧缩性财政政策的运用可能出现财政盈余,即财政收入大于财政支出。政府如何处理财政盈余呢?在通货膨胀时期,政府既不能花掉财政盈余,也不能用盈余偿还政府欠公众的债务,否则都会使通货膨胀更加严重。比较可行的方法是在通货膨胀期冻结这些盈余,待萧条时再投入使用。

二、财政政策的效果

政府财政政策的运用,一方面会对经济产生乘数效应,另一方面会产生挤出效应。乘数效应和挤出效应共同决定了财政政策的实际效果。

(一) 乘数效应

假设国防部向飞机制造商订购 200 亿元的新战斗机,这笔订货就增加了对飞机制造商的产品需求,这种需求的增加又使该制造商雇用更多的工人进行生产。由于飞机制造商是经济的一部分,所以对飞机需求的增加就意味着总需求增加了。这里,政府购买(以国防部的形式出现)产生了乘数效应。因为,政府购买飞机直接增加了飞机制造商的就业和利润。当工人收入增加、企业所有者利润增加时,他们对这种收入增加的反应是增加对消费品的支出。结果,政府向飞机制造商购买飞机还增加了经济中许多其他企业产品的需求,生产这些消费品的企业会雇用更多的个人,并获得更多的利润,更高的收入和利润又刺激了消费支出,如此循环下去。也就是说,政府支出的一元钱可以增加的物品和服务的总需求大于一元,政府购买对总需求有乘数效应。

根据前述的政府购买乘数公式,如果边际消费倾向为 0.5,那么,政府增加 200亿元购买飞机所增加的总需求或总收入就是:

$$\Delta Y = \frac{1}{1-0.5} \times 200 = 400(亿元)$$

同样,政府的税收、转移支付也存在这种乘数效应。

(二) 挤出效应

所谓挤出效应是指政府支出的增加会引起私人的消费或投资减少的现象。具体讲,政府财政支出增加,引起利率上升,而利率上升导致私人消费或投资的减少。假定政府实行一项扩张性财政政策,例如增加政府购买 ΔG。政府购买增加会引起社会的收入增加,收入增加提高了社会的货币需求。在货币市场上,由于中央银行没有变动货币供给,收入增加所导致的货币需求增加将进一步使利率提高。利率上升将减少企业的投资和人们的消费。这种挤出效应我们还可以用 IS-LM 模型加以说明,如图 11.1 所示。政府购买增加 ΔG 使 IS_0 曲线向右移动到 IS_1,移动的距离是 Y_0Y_2,它表示在政府购买乘数作用下,政府购买增加导致了收入的增加,其数量为 Y_0Y_2。但实际上,政府购买增加后,利率也随之上升,利率上升抑制了部分私人的投资和消费,结果使得收入增加没有 Y_0Y_2 那么多,最后的均衡点不是 E_2 点,而是 E_1 点。E_1 点表明,政府购买增加所引起的收入增加额只能是 Y_0Y_1,这就是挤出效应的结果,被挤出的部分是 Y_1Y_2。

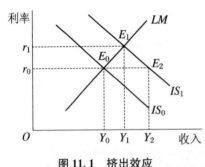

图 11.1 挤出效应

政府支出挤占私人支出的程度主要取决于以下几方面:

(1) 支出乘数的大小。乘数越大,政府支出所引起的产出增加越多,这时利率的上升对投资的影响越大,挤出效应大小与乘数大小成正比。

(2) 货币需求对产出水平的敏感程度。货币需求越敏感,政府支出增加所引起的产出水平的提高,对利率上升的压力也就越大,挤出效应也就越大。

(3) 货币需求对利率变动的敏感程度。敏感程度越大,政府支出增加引起货币需求增加所导致的利率上升幅度就越大,对私人投资的挤占也就越多。

(4) 投资需求对利率变动的敏感度。这一敏感度表现为投资的利率系数,这一系数越大,利率变动对投资水平的影响就越大,所导致的挤出效应越大。

经验研究表明:在短期内挤出效应是很少的,但是在长期中挤出效应是很大的,甚至达到百分之百的挤出。也就是说,财政政策在短期内有效,而在长期内几乎无效。

总之,当政府增加支出时,总需求增加或收入增加是大于或小于增加的支出额,这要取决于乘数效应与挤出效应的大小。乘数效应本身引起的总需求或收入增加会大于引起这个变化的政府支出额,但是,挤出效应使总需求或收入减少,而且这种减少如果足够大,可以导致总需求或收入的变动小于政府支出的增加额。

三、自动稳定器

财政政策的实施与否主要取决于政府决策机构对经济的主观判断,这种主观判断与客观现实的差距大小是判断政府能力的有效尺度。然而,即使再精明的政府,其对经济的判断也会被许多假象蒙蔽。因此,在实施财政政策的过程中,必须注意培育财政体制中起自动稳定器作用的因素,这些因素会随着经济周期性波动起到自动调节经济的作用。

自动稳定器又称内在稳定器,或内在灵活性,是指经济系统本身存在的一种会减少各种干扰对国民收入冲击的机制,能够在经济繁荣时期自动抑制通胀,在经济衰退时期自动减轻萧条,无需政府采取任何行动。财政政策的这种内在的稳定经济的功能,主要通过三项制度得以实现。

(1) 税收的自动变化。税收的变动会改变人们的边际消费倾向,从而导致乘数的变动。经济中的大部分税收依赖于经济活动的水平,随国内生产总值的波动而变动。当经济处于繁荣时期,经济大幅度增长,个人收入和公司利润也随之普遍增加,从而导致税收的自动增加,使消费和总需求自动地少增加一些;当经济处于萧条时期,经济产出水平下降,个人和公司的收入普遍减少,税收也会随之减少,人们的可支配收入自动地少减少一些,从而使消费和总需求也自动地少下降一些。由于税收的这种随经济周期的自动变化,即使政府不调整税率,现行的财税制度也会起到稳定经济的作用。经济中其他因素波动而引起的国内生产总值的波动中,有很大一部分将被税收吸收,使可支配收入的变动相对小一些,从而对稳定总支出水平有一定作用。

税收对经济的自动稳定作用主要取决于税收的大小、所得税起征的水平和税率的累进程度。一般地说,税率、所得税起征水平和税率的累进程度越高,税收的自动稳定作用就越大。

(2) 政府支出的自动变化。这里主要指政府的转移支付,它包括政府的失业救济和其他社会福利支出。转移支付的变动与经济周期变动的方向正好相反,在萧条时期转移支付增加,在繁荣时期转移支付减少。

社会保险基金是转移支付的主要项目。当人们失业时,他们可以领取失业救济金,老年人退休后可以领取养老金。由于就业人数是随着经济波动的周期而变化的,在经济繁荣时期,失业人数减少,转移支付也减少;而在经济萧条时期,失业人数增加,这部分转移支付也会相应增加。

转移支付中的各项福利性支出,如医疗补助、困难家庭补助等也具有相同的作用,这类福利支出的数额往往随家庭的收入水平而变动。当经济处于萧条时期,人们的收入水平下降,这类福利性支出就会增加;当经济处于繁荣时期,人们的收入水平上升,这类福利支出就会减少,从而抑制可支配收入和消费的增长。

(3) 农产品价格维持制度。经济萧条时,国民收入下降,农产品价格下降,政府依照农产品价格维持制度,按照支持价格收购农产品,可使农民收入和消费维持在一定水平上。经济繁荣时,国民收入上升,农产品价格上升,这时政府减少对农产品的收购并抛售农产品,限制农产品价格上升,也就抑制了农民收入的增长,从而也就减少了总需求。

四、财政政策的局限性

按照典型的凯恩斯学派的主张,当经济出现萧条,公众对经济前景悲观失望时,政府直接进行投资,或者减轻税负,将会弥补私人需求的不足,刺激有效需求,促进经济高涨;相反,当经济处于膨胀时期,则采取增加税收和减少支出的政策,来避免经济过热,因此财政政策通常被认为是调控经济周期的有力措施。但是,财政政策在战后的盛极一时,并不意味着它必定能挽救经济危机,特别是在西方国家已经出现了滞胀现象之后,财政政策能否稳定经济更是一个问题。

(1) 财政赤字及融资问题。政府扩大支出和减税不可避免地会导致预算失衡与财政赤字,凯恩斯之所以提出赤字财政主张,一是认为总供给对于价格是有无限弹性的,二是认为经济复苏后税基扩大,税收增加,财政预算就可以恢复平衡。但是,如果赤字财政政策并不是在极短的时期中实行,而是长期推行,则不仅总供给会受到冲击,而且赤字也会日积月累,难以摆脱。财政赤字总得找到办法来融通,除了用税收来支撑,还可以进行货币筹措,即财政部向中央银行借款,这在发展中国家非常普遍,而这种融资方式经常意味着通货膨胀融资。或者是财政部向公众借款,即进行债务融资。第三种方式是出售资产,这种方式以前不经常使用,但是在 20 世纪 80 年代的欧洲国家和许多发展中国家却非常重要,如政府出售公共土地或出售公共部门企业。但是赤字融资是需要支付利息的,随着时间的推移,赤字会越来越多,利息也会日积月累,如同一个靠借债为生的人一样,他不断地借新债还旧债,结果债务负担会越来越大。许多发展中国家就是因为大量举债,致使相对于其经济规模而言,债务的负担搞得不可收拾,即使是发达国家,在财政赤字和利息支付的双重压力下,也是困难重重,如在 1980～1984 年,美国的财政赤字为 GDP 的 1.6%,而利息支付却占 GDP 的 2.6%。

(2) 政府支出的使用方向问题。在主要西方发达国家的预算开支中,直接军费开支占 20%～30%,间接军费开支占 10%～20%。而在社会总投资中,政府直接投资所占比重却不断下降,在 20 世纪 70 年代中期,英国为 42%～44%,日本为

40%～42%，美国为 18%～20%，但在 20 世纪 80 年代却大为下降，比如美国就下降到 14.1%，在危机严重的时候，政府与其说进行有目的投资，不如说是"为支出而支出"，大量缺乏社会效益和经济效益的非生产性支出，不仅挤占了资金，而且扭曲了利率信号，破坏了市场经济的调节机制。

（3）时滞问题。任何一项财政政策从方案的提出，再经一定过程得到认可，到最后落实执行都需要有一个过程，难以立竿见影收到成效。然而与此同时，经济形势却在发展变化，由此限制了政策的有效性，甚至可能出现加剧而不是熨平经济波动的后果。

时间滞后具体包括三种滞后：一是认识时间滞后，政府对经济形势的判断与决策时间落后于现实发展。因为收集与分析经济资料需要时间，然后才能判断。二是执行时间滞后，决定采取行动到实施该行动有一个时间差，如政府购买的增加安排在下一财政年度就会比较从容，从而可以避免在本年度进行调整。三是反应时间滞后，一种政策付诸实施后到影响经济有一个时间差，公众和企业对政策变动有一个调整过程。

（4）开放经济条件下财政政策的失效问题。在开放经济的条件下，由于本国经济与国际经济的运行有着密切的联系，财政政策的运作也会因此受到很大影响，尤其是在浮动汇率制下，财政政策将在国际游资流动、汇率波动和商品贸易的冲击下归于失败。

【即问即答】
◇ 假设政府增加高速铁路建设支出 1000 亿元，这种支出增加会带来什么效应？
◇ 自动稳定器的存在是否意味着当出现经济萧条时政府可以不采取任何政策措施？

第三节　货 币 政 策

一、货币政策目标

（一）货币政策的含义

按一般的观点，货币政策是指中央银行通过控制货币供给量来调节利率，进而影响投资和整个经济以达到特定或维持政策目标——比如,抑制通胀、实现充分就业或经济增长。

货币政策一般分为扩张性的货币政策和紧缩性的货币政策,前者是通过增加货币供给来带动总需求的增长,后者是通过削减货币供给来降低总需求水平。货币供给增加时,利率就会降低,取得信贷更为容易,投资就会增加,因此经济萧条时多采用扩张性货币政策;货币供给减少时,利率就会上升,取得信贷比较困难,投资就会减少,因此在通货膨胀时,多采用紧缩性货币政策。

(二) 货币政策目标

货币政策的目标包括最终目标和中介目标。

最终目标 货币政策的最终目标是指货币政策在一段较长时期内所要达到的目标,也就是宏观经济目标,包括物价稳定、充分就业、经济增长和国际收支平衡。这些目标的解释我们在本章第一节已经讲过,这里不再赘述。根据《中国人民银行法》第三条规定,中国货币政策最终目标为"保持货币币值的稳定,并以此促进经济的增长"。

不同的国家或同一个国家在不同的时期,货币的最终目标是不一样的,表11.1显示了主要西方国家不同时期货币政策的最终目标。

表 11.1 主要西方国家不同时期货币政策的最终目标

国家	20 世纪 50~60 年代	20 世纪 70~80 年代	20 世纪 90 年代以后
美国	充分就业	稳定货币	无通货膨胀的经济增长
英国	充分就业兼顾国际收支平衡	稳定货币	稳定货币
加拿大	充分就业	稳定货币兼顾国际收支平衡	
德国	一直将稳定货币作为主要目标,兼顾国际收支平衡		
日本	稳定货币兼顾国际收支平衡	稳定物价为主,兼顾国际收支平衡	

中介目标 货币政策的中介目标又称为中期目标,是介于货币政策工具与货币政策最终目标之间的变量指标。中央银行并不能直接决定或控制货币政策的最终目标,而只能借助于一系列的货币政策工具,通过对短期变量和中期变量等中介目标的控制和调节,间接地影响最终目标。货币政策的最终目标是一个长期的、非数量化的目标,它能为中央银行制定具体政策措施提供指导思想,并没有为中央银行的日常操作提供现实的数量化的依据。中央银行必须选择一些短期性的、数量化的、能用于日常操纵的指标作为实现货币政策最终目标的中介或桥梁,并借助于这些中介指标,实现货币政策的最终目标。

中央银行在选择货币政策的中介目标时,需要考虑可测性、可控性以及相关性。

（1）可测性包括三层含义：一是中央银行选择的金融控制变量必须具有明确合理的内涵和外延；二是中央银行能够迅速而准确地收集到有关这些指标的数据、资料；三是中央银行能够对这些资料、数据进行有效的分析（包括定性分析和定量分析），并做出相应判断及科学预测。

（2）可控性包括两层含义：一是中央银行对中介指标有足够的控制能力，且在较短的时间内就能见效；二是中央银行通过对各种货币工具的运用，能顺利完成对中介指标的控制和调节，不会遇到困难和障碍。

（3）相关性是指中央银行选择的中介指标必须与货币政策最终目标之间的关系极为密切，当中央银行通过对中介指标的控制和调节达到某一预期水平时，最终目标也能达到或接近相应的预期。

具体来说，中介目标又分为两类：一类是远期中介目标，也称中间目标；一类是近期中介目标，也称操作目标。

货币政策的远期中介目标包括货币供给和长期利率。

（1）货币供给。货币供给有明确的内涵和外延，通过中央银行自身和金融机构的资产负债表对货币供给进行定量分析，满足可测性要求。货币供给一般由通货和各种存款货币构成，前者直接由中央银行产生并注入流通，后者由商业银行和其他金融机构负责，中央银行通过货币政策工具对其进行间接调控。

（2）长期利率。把长期利率作为货币政策的中介目标，一是因为中央银行在任何时候都可以观察到资本市场上的利率水平和结构，并能及时进行分析；二是因为中央银行可以通过公开市场业务来影响经济中的货币供给，从而引起短期利率的变化，并引起长期利率的相应变动，以达到对长期利率的控制；三是长期利率的变化对投资有较大的影响，而投资的变化直接导致产出的变化，并与最终目标发生联系。

货币政策的近期中介目标是中央银行货币政策工具的直接调控对象，可控性强，中央银行正是借助于近期中介目标影响远期中介目标并实现最终目标。近期目标主要包括短期利率和基础货币。

（1）短期利率。经常被选作近期中介目标的短期市场利率是银行同业拆借利率。中央银行随时可在货币市场上观察到短期利率的水平和结构，当中央银行打算提高同业拆借利率，以缩减货币供给时，它就通过公开市场操作卖出政府债券，以减少银行准备金，此时银行为弥补准备金不足就会增加在同业拆借市场上的融资，从而导致同业拆借利率上升。此外同业拆借利率的变化会引起资本市场利率的相关性变化，从而影响远期中介目标，所以短期利率是较好的近期中介目标。

（2）基础货币。基础货币又称高能货币，是流通中现金和银行准备金的总和。就可测性而言，基础货币表现为中央银行的负债，其数额随时反映在中央银行的资产负债表上，很容易为中央银行所掌握；其次基础货币中的通货可以由中央银行直接控制；再次中央银行可以通过公开市场操作控制银行准备金总量中的非借入准备金；最后借入准备金虽然不能完全控制，但可以通过贴现窗口进行目标设定，并进行预测。根据货币乘数理论，货币供给等于基础货币与货币乘数之积，只要中央银行能控制住基础货币的投放，也就等于间接地控制了货币供给，从而能够进一步影响到利率、价格及国民收入，以实现最终目标。

二、货币政策工具与运用

在发达的市场经济国家，可供中央银行选择的货币政策工具通常有两大类，即一般性政策工具和选择性政策工具。一般性政策工具是主要的，而选择性政策工具是辅助的，只能在特定条件下起作用。

（一）一般性货币政策工具

中央银行主要利用法定准备金率、贴现率和公开市场业务三种政策工具来达到其特定目标。

法定准备金率 法定准备金制度是中央银行对商业银行吸收的存款必须向中央银行缴纳一定准备金所制定的制度。法定准备金率是中央银行规定的所有存款银行都必须遵守的存款准备金率。法定准备金率的大小决定了商业银行的存款货币创造能力。因此，它是中央银行实施货币政策的重要工具。近年来，为应对国际金融危机导致的经济衰退和经济过热，我国中央银行多次使用存款准备金率这个工具，调节货币供应量。

当一国经济出现衰退或萧条时，中央银行降低法定准备金率，则商业银行产生超额准备金，扩大了商业银行的信贷能力，另外提高了货币乘数，使商业银行体系按更大的倍数创造货币供给量。货币供给量增加，利率下降，刺激投资，提高国民产出水平，摆脱衰退困境。

当一国经济出现通货膨胀时，中央银行提高法定准备金率，则商业银行信贷能力降低，另外货币乘数变小，使商业银行按更小的倍数创造货币供给量。货币供给量减少，利率就会上升，抑制投资，从而控制通货膨胀。例如，针对我国CPI不断上升的形势，从2011年1月20日至2011年6月14日，中央银行以每月一次的频率，连续六次上调存款准备金率，每次上调存款准备金率0.5个百分点。至此，我国大型金融机构存款准备金率高达21.5%的历史高位，中小金融机构的存款准备金率也高达18%。

法定准备金率是中央银行控制货币供给的一个有效的工具，其效果表现在几个方面：一是从对货币供给的影响看，法定准备金率的调整是一个非常强大的武器,因为商业银行一般都追求利润最大化,它自身通常不会保持太多的超额准备金,所以中央银行把法定准备金率作很小的调整,就会引起货币供给的巨大波动。二是对预期的影响而言,法定准备金率的调整也具有强烈的告示效应,法定准备金率的调整表明了强烈的政策意图,最能表现中央银行目的及货币政策的基本态势走向,商业银行和社会公众根据法定准备金率的调整状况来改变自己的融资行为及支出愿望,因此它的告示效应更直接、更有效。三是法定准备金率政策缺乏弹性,中央银行不能灵活操作,对商业银行持有的超额准备金及社会货币供给、公众心理预期等都有强烈的影响,而且中央银行也很难准确地把握调整法定准备金率的时机和幅度。

再贴现率 再贴现率是中央银行向商业银行贷款的利率。中央银行的职能之一就是充当最后贷款人,当商业银行信贷能力不足时,可以向中央银行借款以增加其准备金,进而增加其信贷能力。因此中央银行可以通过改变再贴现率的方式起到鼓励或限制商业银行借款的作用,来影响与调节商业银行的准备金和货币供给量。当一国经济出现衰退或萧条时,中央银行降低再贴现率以鼓励商业银行向中央银行借款,这样商业银行的准备金增加,信贷规模就可以扩大,从而刺激投资,总需求和收入增加;反之,当一国经济出现通货膨胀时,中央银行提高再贴现率以限制商业银行向中央银行借款,这样商业银行难以增加信贷规模,商业银行利率也会相应增加,从而抑制投资,降低收入和物价水平。

再贴现率工具的特点主要有三:一是再贴现率是一种官方利率,它在一定程度上反映了中央银行的政策意向,而不同于随市场资金供求状况变动的市场利率。二是再贴现率一般是一种短期利率,因为中央银行提供的贷款以短期为主,申请再贴现的合格票据期限一般不超过3个月,最长期限也在1年之内。三是再贴现率是一种标准利率,其他许多利率的形成都以此为标准。

改变再贴现率作为一项政策工具具有明显的局限性,表现在中央银行很难严格控制商业银行的准备金数量与水平。原因在于商业银行与中央银行发生的借贷关系是出于商业银行自身利益的考虑,商业银行借与不借、借多或借少,往往很难符合中央银行的意愿,不存在精确的因果关系。因此通过改变再贴现率难以对准备金和货币供给量进行严格的控制和精确的调节。

公开市场业务 公开市场业务是指中央银行在公开市场上买进或卖出政府债券,以增加或减少商业银行准备金,从而控制货币供给量及利率的一种政策工具。

当经济出现衰退或萧条时,失业因总需求不足而增加,中央银行这时通过买进政府债券,向社会投放货币。如果出售政府债券的是商业银行,则准备金就会随之增加,如果出售政府债券的是社会公众,由此获得货币的个人或企业则把钱存入商业银行,从而增加商业银行的活期存款。中央银行通过买进政府债券有两方面的作用：一是当商业银行拥有超额准备金时，为寻利就会扩大信贷规模，并通过商业银行的货币创造功能，产生更多的货币。货币供给量的增加导致利率降低，投资相应增加，通过投资乘数的作用引起总需求的扩大，从而引起收入、就业及价格水平的相应提高。二是中央银行买进政府债券，还将导致债券价格上涨。根据债券价格与利率之间反比例的变化关系可知，债券价格上升将引起利率下降，利率下降导致投资增加，从而使总需求增加。总之，货币供给量的增加通过利率的下降来刺激投资，扩张总需求，以带动经济走出萧条状态。

反之，当一国经济出现通货膨胀时，物价水平因总需求过量而持续上涨，中央银行则在公开市场上卖出政府债券，收回货币，减少社会中货币的投放量。如果买进政府债券的是商业银行，其银行准备金将会减少，如果买进政府债券的是社会公众，其存入商业银行的存款就会相应减少，商业银行的准备金也会减少。这样会有两方面的作用：一是当商业银行为满足法定准备金的要求，在准备金减少时势必会收缩信贷规模，由此在商业银行体系中通过货币创造（消失）过程即货币乘数的作用，而造成活期存款成倍的收缩。货币供给量减少的结果是利率上升，进而导致投资需求的下降，并通过投资乘数的作用引起总需求的收缩，从而引起国民收入、就业与价格水平的下降。二是中央银行卖出政府债券，导致债券价格下降，根据债券价格与利率之间反比例的变化关系可知，债券价格下降将引起利率上升，利率上升导致投资减少，从而使总需求收缩。总之，货币供给量的减少通过利率的上升来抑制投资，降低总需求，从而控制通货膨胀。

除上述影响外，公开市场业务还具有明显的告示效应，能强有力地影响社会公众的心理预期，从而影响到债券价格及其收益的变化，并且这种告示效应通常容易被商业银行及社会公众所理解，因此公开市场业务是对预期有良好影响的货币政策工具。

（二）选择性货币政策工具

选择性的货币政策工具是指能影响银行系统的资金运用方向和不同信用的资金利率的各种措施。这些措施旨在不影响货币供给的情况下，对某些具体用途的信贷数量产生影响，包括消费信贷控制、不动产信用控制、证券信用交易的法定保证金比率、直接信用控制及间接信用控制等。

消费信贷控制　消费信贷控制在经济过热时往往被使用，是中央银行对消费者在购买耐用消费品时的分期付款信用所采用的管制措施，包括规定分期付款的第一次最低付款金额、分期付款的最长期限、适合采用分期付款的耐用品种类。在经济过热时，如果中央银行提高法定的第一次最低付现金额，相当于提高了消费品的价格，势必减少公众对商品的需求；如果中央银行缩短分期付款的最长期限，就会增加未来偿还期内每期的支付额，同样也会减少对商品的需求。

不动产信用控制 不动产信用控制的目的在于控制不动产市场的信贷规模，抑制过度投机，减轻经济波动。因为不动产需求，特别是住房需求不同于一般耐用品的消费，投资额度大，投资期限长，并且与宏观经济走势紧密相关。该政策包括对金融机构的不动产贷款规定最高限额、对金融机构的房地产贷款规定最长期限以及规定首次付款的最低金额。

直接信用控制 直接信用控制是指中央银行根据有关法令，对银行系统的信用活动施以各种直接的干预，主要包括利率最高限额、流动性比率、信用分配。

间接信用控制 间接信用控制是指中央银行通过非法律的手段，传递货币政策意图，使商业银行主动采取措施，达到预期的目的。经常采取的方式主要有道义劝告、窗口指导等。道义劝告是指中央银行利用其特殊的声望和地位，对商业银行和其他金融机构经常发出通告、指示或与金融机构的负责人进行面谈，劝告其遵守和贯彻中央银行的政策。窗口指导是指中央银行根据产业政策的要求、物价走势和金融市场动向，规定商业银行每季度贷款的增减额，并要求其执行。

（三）货币政策的局限性

实施货币政策的基本目的是减少经济波动，促使经济持续、稳定增长，但是在各国货币政策的实施过程中，我们经常看到货币政策实施的效果并不能完全达到货币当局的预定目标，主要是因为货币政策在实际执行中同财政政策一样，也会遭遇各种条件的制约。

首先，是时间滞后问题。货币政策对经济的主要影响常常要经过一段时间才能表现出来，而此时经济运行状态或许已经发生较大的变化，以致在衰退时期实施的扩张政策见效时，却面对一个通货膨胀的经济态势；或者通货膨胀时期的紧缩性货币政策见效之时却面对一个衰退的经济状态，时间滞后有可能加剧经济波动而不是熨平经济波动。

其次，可能缺乏公众的配合。货币政策需要社会公众的配合，才能达到预期效果，否则便会降低其有效性。在经济衰退时期，中央银行采取鼓励贷款政策，但商业银行可能会出于对经营风险的担心，而不愿意扩大信贷规模，或者企业认为经营前景黯淡而不愿向商业银行借贷，使增加货币供给的政策大打折扣；在通货膨胀期，中央银行采取限制贷款的政策，但商业银行为高利率所驱动，仍愿扩大信贷，或企业认为经营前景乐观而向商业银行借贷，使减少货币供给的政策也难遂人愿。

再次，是政治和管理问题的影响，经济政策依据的假设是社会公众充分了解什么样的政策目标对他们最有利，并且宏观经济管理者将执行能够实现这些目标的政策。但是现实情况表明这一假设过于理想化，换而言之，公众可能并不知道什么样的政策目标对自己是最好的，特殊利益集团可能会对货币政策施加过度影响，使货币政策失去公正性。

最后，从货币市场的均衡看，如果要通过货币供给量的变化来影响利率，有一个前提条件，那就是货币的流通速度不变，如果流通速度发生变化则会减少对经济的影响，从而达不到预期目标。在通货膨胀时期，中央银行一般会采取紧缩货币供给的政策来抑制通货膨胀，但这时公众则会加快消费支出，特别是物价上升较快时，公众更不愿意把货币持在手上，希望尽快出去，货币的流通速度就会加快。假设货币流通速度增长一倍，这时即使中央银行将货币供给减少一半，在流通中的货币总量并没有发生变化，物价的快速上涨也难以抑制。

三、财政政策与货币政策的配合

根据前述分析，财政政策与货币政策均是实现宏观经济目标的手段，并且又各有优劣之处，如何依据不同的经济形势，将各项政策组合起来使用，以更好地达到预期效果，乃是政策运作过程中的一个极其重要的问题。政府在进行需求管理时，应根据不同的经济形势和各项政策的特点，机动地选择适当的政策工具，以形成合力来稳定经济。

1. 财政政策与货币政策协调的必要性

首先，财政政策与货币政策的作用机制不同。财政是国家集中一部分 GDP 来满足社会的公共需要，它直接参与国民收入的分配，并对集中起来的国民收入在全社会范围内进行再分配，财政可以从收入和支出两个方向影响社会需求的形成。而货币政策则以银行作为国家再分配货币资金的主要渠道，这种再分配除了收取一定的利息外，并不直接参与 GDP 的分配。

其次，财政政策与货币政策的作用方向不同。从消费需求的形成看，社会消费需求基本上是通过财政支出形成的，因而财政在社会消费的形成中起决定作用，而银行信贷在这一方面则显得无能为力；从投资需求的形成看，虽然两者都向生产过程提供资金，但侧重点不同，固定资产投资一般由财政供应资金，而流动性资金一般由银行供应。

再次，财政政策与货币政策在通货膨胀和经济紧缩方面的作用不同。在经济生活中，财政和信贷的分配情况经常会引起供给与需求失衡，财政赤字可以扩张需求，财政盈余可以紧缩需求，但是只有银行信贷才具有创造货币的功能，财政政策的扩张和紧缩效应要通过信贷机制的传导才能发生。

2. 财政政策与货币政策协调

为了达到理想的政策目的，必须将财政政策与货币政策进行协调搭配使用，政策的搭配有以下几种组合：

一是扩张性的财政政策与扩张性的货币政策配合使用，又被称为"双松"政策，

其目的是更有效地刺激总需求,以摆脱较严重的经济衰退;

二是紧缩性的财政政策与紧缩性的货币政策配合使用,又被称为"双紧"政策,其目的是更有效地收缩总需求,以摆脱较严重的通货膨胀;

三是扩张性的财政政策与紧缩性的货币政策配合使用,又被称为"一松一紧"政策,其目的是在刺激总需求的同时,又不至于引发严重的通货膨胀;

四是紧缩性的财政政策与扩张性的货币政策配合使用,又被称为"一紧一松"政策,其目的仍是刺激总需求,又要稳定物价,只不过此时总需求的扩张是通过降低利率以增加私人投资的货币政策实现的。

由此可见,前两种政策组合是对经济运行实施全面一致的影响,而后两种政策组合是对经济的不同部分实施不同的影响。从西方国家特别是美国的实际情况看,财政政策通常被用来克服衰退及失业问题,货币政策通常被用来医治通货膨胀。

【即问即答】
◇ 我国中央银行的货币政策目标是什么?
◇ 货币政策的一般性工具有哪些?

内容提要

1. 宏观经济政策的基本目标有四个,即充分就业、物价稳定、经济增长和国际收支平衡。也可以说,宏观经济政策就是政府为了达到这些目标而采取的手段和措施。

2. 财政政策是指利用政府开支和税收来调节经济中的总需求水平以实现宏观经济目标的政策。财政政策工具包括政府购买、转移支付和税收。乘数效应和挤出效应共同决定了财政政策的实际效果。

3. 货币政策是指中央银行通过控制货币供给量以及通过货币供应量来调节利率,进而影响投资和整个经济以达到特定或维持政策目标的政策。

4. 货币政策分为扩张性的货币政策和紧缩性的货币政策,前者是通过增加货币供给来带动总需求的增长,后者是通过削减货币供给来降低总需求水平。

关键术语

财政政策　　自动稳定器　　挤出效应　　货币政策　　再贴现率　　公开市场业务　　法定准备金率

复 习

（一）思考题

1. 宏观经济政策目标有哪些？
2. 财政政策工具有哪些？
3. 什么是自动稳定器？主要包括哪几种？
4. 中央银行的一般性货币政策工具有哪些？
5. 货币政策有哪些局限性？
6. 假设经济处于通货膨胀阶段，财政政策与货币政策如何配合才能达到控制物价的目标？

（二）选择题

1. 宏观经济政策四大目标之间存在矛盾，但其中（   ）是一致的。
   A. 充分就业与经济增长　　　　B. 经济增长与国际收支平衡
   C. 物价稳定与经济增长　　　　D. 充分就业与物价稳定

2. 财政政策是指（   ）。
   A. 政府管理价格的手段　　　　B. 周期性变动的预算
   C. 为使政府收支相抵的预算
   D. 利用税收和支出等政策来实现宏观经济目标

3. 属于紧缩性财政政策工具的是（   ）。
   A. 减少政府支出和减少税收　　B. 减少政府支出和增加税收
   C. 增加政府支出和减少税收　　D. 增加政府支出和增加税收

4. 假定政府没有实行财政政策，国民收入水平的提高可能导致（   ）。
   A. 政府支出增加　　　　　　　B. 政府税收增加
   C. 政府税收减少　　　　　　　D. 政府财政赤字增加

5. 扩张性财政政策导致利率上升，从而抑制私人部门投资和消费的经济现象称为（   ）。
   A. 汇率效应　　B. 财富效应　　C. 利率效应　　D. 挤出效应

6. 货币政策的主要工具不包括（   ）。
   A. 法定存款准备金率　　　　　B. 再贴现率
   C. 公开市场业务　　　　　　　D. 货币发行

7. 下列货币政策操作中，引起货币供给量增加的是（   ）。
   A. 提高法定准备金率　　　　　B. 提高再贴现率
   C. 降低再贴现率　　　　　　　D. 中央银行卖出债券

8. 中央银行在公开市场上大量抛售债券，意味着货币政策（   ）。

A. 放松　　　　B. 收紧　　　　C. 不变　　　　D. 不一定

9. 在通货膨胀时期,中央银行应当(　　)。

A. 买入国库券　　　　　　B. 降低再贴现率

C. 降低法定准备金率　　　D. 提高法定准备金率

10. 当经济出现萧条、通货紧缩或失业严重时,国家应采取的政策组合为(　　)。

A. 扩张性财政政策和扩张性货币政策组合

B. 紧缩性财政政策和紧缩性货币政策组合

C. 扩张性财政政策和紧缩性货币政策组合

D. 紧缩性财政政策和扩张性货币政策组合

应　　用

1. 上网浏览中国人民银行网站,搜集我国近期货币政策的具体实施情况,然后回答下列问题:

① 中央银行正尝试为经济加温还是降温? 为什么?

② 在最近时期里,中央银行采取了什么公开市场业务?

③ 你认为中央银行最近的一系列行动会对宏观经济带来怎样的影响?

2. 上网搜集 2008 年至 2011 年间我国政府采取的宏观经济政策资料,并回答下列问题:

① 归纳我国近年来宏观经济政策实施情况。

② 说明我国货币政策与财政政策的组合使用有什么特点? 为什么要采用这样的组合?

3. 假设经济处于高失业和低产量的衰退之中。

① 用 AD－AS 模型图形说明当前的经济状况(图中要有总需求曲线、短期总供给曲线和长期总供给曲线)。

② 确定能使经济恢复到潜在产量的公开市场业务操作。

③ 用货币市场图形说明这种公开市场业务对利率的影响。

④ 用 AD－AS 模型图说明公开市场业务对产量和物价的影响。

4. 假设经济很景气,并且通货膨胀也很严重。

① 政府可能采取的财政政策是什么? 为什么要采取这样的财政政策?

② 自动稳定器会发生什么作用?

第十二章　失业与通货膨胀

> **学习目标**
>
> 学习本章后,你应该能够:
> - 划分失业的类型,并解释其原因
> - 划分通货膨胀的类型,并解释其成因
> - 根据相关资料分析失业和通货膨胀的交替现象

20世纪70年代,美国经济学家阿瑟·奥肯提出了痛苦指数概念。他的痛苦指数就是失业率和通货膨胀率之和。失业和通货膨胀使我们痛苦,因为失业直接夺走了我们的工作,使我们失去了收入的一个基本来源;而通货膨胀使我们手中的货币财富贬值,且提高了我们的生活成本。失业与通货膨胀无疑与人们日常生活息息相关,我们想要低的失业和低的通货膨胀,以减轻我们的痛苦。那么,失业是如何造成的呢?通货膨胀又是如何产生的呢?

本章的任务是考察失业和通货膨胀问题以及政府可能采取的措施,说明失业和通货膨胀之间的短期关系。学习本章有助于你全面了解宏观经济运行可能出现的两个问题,分析其对经济生活的影响以及个人和企业的应对措施。

第一节　失　业

失业问题一直是政治家和公众关注的焦点。对整个社会来说,失业意味着人力资源的浪费,如果能充分利用这部分资源,全社会的产出水平就能得以提高。对失业者而言,失业意味着生活水准的下降,还要承受心理的折磨。因此,失业是一个重要的社会问题。如果一个国家或地区失业率居高不下,还会引起社会动荡,对社会稳定构成威胁。降低失业率一直以来都是宏观经济政策追求的主要目标之一。

一、失业与充分就业

失业是指达到就业年龄并且具有工作能力的劳动者谋求工作但未得到就业机会的经济现象。从这个定义，可以明确失业的几个条件：① 在就业年龄范围内。对于法定就业年龄，不同国家往往有不同的规定，美国为16~67周岁，中国为一般男性16~60周岁，女性16~55周岁。② 有工作能力。丧失劳动能力的人没有工作不算失业。③ 正在寻找工作。由于某种原因不愿意工作或不去寻找工作，也不算失业。

充分就业是与失业相对的一个概念。充分就业是指在某一工资水平之下，所有愿意接受工作的人，都获得了就业机会。充分就业并不等于全部就业或者完全就业，而是仍然存在一定的失业，但所有的失业均属于摩擦性的和季节性的，而且失业的间隔期很短。从整个经济来看，任何时候都会有一些正在寻找工作的人，经济学家把在这种情况下的失业称为自然失业，有时被称作"充分就业状态下的失业"。所以，也把失业率等于自然失业率时的就业水平称为充分就业。

二、失业的类型及原因

（一）自愿失业和非自愿失业

自愿失业是指劳动者不愿意接受当前的工资水平和工作条件所造成的失业。由于这种失业是由于劳动人口主观不愿意就业而造成的，所以被称为自愿失业，无法通过经济手段和政策来消除，因此不是经济学所研究的范围。非自愿失业是指劳动者愿意接受现在的工资水平和工作条件，但仍然找不到工作而造成的失业。这种失业是由于客观原因所造成的，因而可以通过经济手段和政策来消除，经济学关心的是非自愿失业，因此，在经济学里提到的失业，一般是指非自愿失业。

（二）自然失业和周期性失业

非自愿失业包括自然失业和周期性失业。其中，自然失业又包括摩擦性失业、结构性失业、季节性失业等。

摩擦性失业 摩擦性失业是指生产过程中由于劳动力流动或转换职业等原因而造成的短期性失业，这种失业的性质是过渡性的或短期性的。在市场经济中，各行业、各部门和各地区之间总会发生正常的劳动力流动，即人们不断地进入和离开劳动市场。在劳动力流动过程中会有一部分人处于失业状态，形成摩擦性失业。摩擦性失业，通常起源于劳动的供给一方，因此被看作是一种求职性失业，即一方面存在职位空缺，另一方面存在着与此数量对应的寻找工作的失业者，这是因为劳动力市场信息的不完备,厂商找到所需雇员和失业者找到合适工作都需要花费一定的时间。你浏览当地的报纸,就会发现有一些招聘广告。招聘广告的存在表明,企业和工人都会花一定时间寻找自己最适合的工人和岗位。

摩擦性失业的数量取决于人们进入和重新进入劳动市场的比率。例如人口出生高峰会导致摩擦性失业人数的增加。另外,摩擦性失业的数量也受失业救济金的影响。享受失业保险的人越多,他们得到的失业救济金越高,他们寻找工作的时间就越长,摩擦性失业人数就越多。

摩擦性失业在任何时期都存在,并将随着经济结构变化而有增大的趋势,但从经济和社会发展的角度来看,这种失业存在是正常的。

结构性失业 结构性失业是指劳动力的供给和需求不匹配所造成的失业,其特点是既有失业,也有职位空缺,失业者或者没有合适的技能,或者居住地点不当,因此无法填补现有的职位空缺。结构性失业在性质上是长期的,而且通常起源于劳动力的需求方。结构性失业是由经济变化导致的,这些经济变化引起特定市场和区域中的特定类型劳动力的需求相对低于其供给。结构性失业的劳动者通常需要进行再就业的岗位培训或技术培训后,才能重新就业,因此,结构性失业的时间一般较长,属于长期失业。

特定市场中劳动力的需求相对低可能有以下原因:第一是技术变化,原有劳动者不能适应新技术的要求,或者是技术进步使得劳动力需求下降。第二是消费者偏好的变化。消费者对产品和服务的偏好的改变,使得某些行业扩大而另一些行业缩小,处于规模缩小行业的劳动力因此而失去工作岗位。第三是劳动力的不流动性。流动成本的存在制约着失业者从一个地方或一个行业流动到另一个地方或另一个行业,从而使得结构性失业长期存在。

季节性失业 季节性失业是指由于某些部门的间歇性生产特征而造成的失业。例如,有些行业或部门对劳动力的需求随季节的变动而波动,如受气候、产品的式样、服务与商品的消费需求等季节性因素的影响,使得某些行业出现劳动力的闲置,从而产生失业,主要表现在农业部门或建筑部门,或一些加工业,如制糖业。

季节性失业是一种正常性的失业。它通过影响某些产业的生产或影响某些消费需求而影响对劳动力需求。季节性失业是一种自然失业,它给社会带来两个方面的不良影响:一是季节性雇员就业时间短,收入受到影响(尽管有补偿性工资差别);二是季节性失业不利于劳动力资源的充分利用。因此,对季节性失业人员应加强信息服务,指导和组织他们在淡季以灵活的形式(如非全日制工作)临时就业。

周期性失业 周期性失业是指经济周期中的衰退或萧条时,因社会总需求下降而造成的失业。当经济增长处于一个周期中的衰退期时,社会总需求不足,因而企业的生产规模也缩小,从而导致较为普遍的失业现象。周期性失业也是失业总量中超过摩擦性失业、结构性失业以及季节性失业以上的失业部分。

周期性失业产生的原因可以用紧缩性缺口来说明。紧缩性缺口是指实际总需求小于充分就业的总需求时,实际总需求与充分就业总需求之间的差额。图 12.1 说明了紧缩性缺口与周期性失业之间的关系。

在图 12.1 中,横轴 OY 代表总产出,纵轴代表总需求。当总收入为 Y_f 时,经济中实现了充分就业,Y_f 为充分就业的收入,实现这一国民收入水平所要求的总需求水平为 AD_f,即充分就业的总需求。但实际的总需求为 AD_0,它与充分就业的总需求之间的差额,即紧缩性缺口为 $E_f G$。实际的总需求 AD_0 决定的总收入为 Y_0,Y_0 小于 Y_f,较低的收入必然对应着较低的就业水平,这意味着当经济达到均衡时,与充分就业状

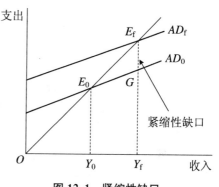

图 12.1　紧缩性缺口

态相比,还存在失业现象。这里,实际总需求 AD_0 与充分就业总需求 AD_f 之间的差额就是造成这种失业的根源。这种失业是由于总需求不足引起的,故而也称为"有效需求不足的失业"。

凯恩斯进一步把有效需求不足的原因归结为三大规律:边际消费倾向递减、资本边际效率递减和灵活偏好,正是这三大规律使得消费和投资不足,进而有效需求低于充分就业的需求,产生了失业。

周期性失业对于不同行业的影响是不同的,一般来说,需求的收入弹性越大的行业,周期性失业的影响越严重。也就是说,人们收入下降,产品需求大幅度下降的行业,周期性失业情况比较严重。

还有一种特殊的失业现象——隐蔽性失业。隐蔽性失业,也叫隐形失业,是指劳动者表面上就业而实际上从事与其教育水平或能力不相符的工作的一种社会现象。这些劳动者表面上有工作,但实际上对生产没有什么贡献,用经济学术语说就是,这些劳动者的边际生产力为零。当经济中减少就业人员而产量没有下降时,就表明存在隐蔽失业,它的存在给经济带来巨大损失。

在市场经济社会中,由于经济衰退等原因,熟练工人被迫去做半熟练的工作,或半熟练的工人被迫去做无需任何技能的工作,受过高等教育的人员找不到相应的工作,劳动者无法得到有效使用,甚至在繁荣时期,过分膨胀的就业也会出现机构臃肿的现象。或是在自然经济环境里被掩盖的失业,由于大家庭制度的存在,许多家庭成员依靠有限的土地产品在低于自给的水平下也可以生存下去,许多在工

资体系下本来要挨饿的人受亲属的维持而处于隐蔽性失业状态,这种情况主要表现在发展中国家。许多经济学家认为,不发达国家失业的特点之一就是"隐蔽性失业"。因为在这些国家里,人口压力问题是发生在货币工资经济发展之前的自给经济环境里的。不发达国家的隐蔽性失业现象往往比发达国家严重得多。

三、失业的影响与治理

(一) 失业的影响

失业会产生诸多影响,一般可以将其分成两种:社会影响和经济影响。

失业的社会影响难以估计和衡量,但它最易为人们所感受到。失业威胁着作为社会单位和经济单位的家庭稳定。没有收入或收入遭受损失,家庭的要求和需要得不到满足,家庭关系将因此受到损害。西方有关的心理学研究表明,解雇造成的创伤不亚于亲友的去世或学业上的失败。此外,家庭之外的人际关系也受到失业的严重影响。一个失业者在就业的人员当中失去了自尊和影响力,面临着被同事拒绝的可能性,并且可能要失去自尊和自信。最终,失业者在情感上受到严重打击。

失业的最大经济影响是产量的下降。当失业率上升时,经济中本可由失业工人生产出来的产品和服务就损失了。经济衰退期间的损失,就好像是将众多的汽车、房屋、衣服和其他物品都破坏掉了。从产出核算的角度看,失业者的收入总损失等于生产的损失,因此,损失的产量是计量周期性失业损失的主要尺度,因为它是经济处于非充分就业状态所产生的损失。

20世纪60年代,美国经济学家阿瑟·奥肯根据美国的数据,提出了经济周期中失业变动与产出变动的经验关系,即"奥肯定律"。"奥肯定律"用公式表示如下:

$$实际GDP变化率 = 3\% - 2 \times 失业率变化率$$

以上公式中的3%是经济正常情况下实际GDP的增长率。"奥肯定律"表明:失业率每增长1%,实际GDP下降2%。如果要使失业率下降2%,实际GDP的增长率必须达到7%,即实际GDP变化率$= 3\% - 2 \times (-2\%) = 7\%$。换一种方式说,相对于潜在GDP,实际GDP每下降两个百分点,实际失业率就会比自然失业率上升一个百分点。

"奥肯定律"的一个主要结论是:实际GDP必须保持与潜在GDP同样快的增长,才能防止失业率的上升。如果政府想让失业率下降,那么,实际GDP的增长必须快于潜在GDP的增长。

除了失业所产生的产量损失外,失业的经济影响还在于,失业增加后,由于家庭消费减少和厂商投资下降,使整个国民经济的增长受到抑制。同时,失业会影响到失业者的事业发展,并侵蚀人力资本,一方面,失业者已有人力资本得不到运用;另一方面,失业者无法通过工作增加自己的人力资本,长期的失业会大大降低人力资本的价值。

(二) 失业的治理

周期性失业的治理 周期性失业是由于总需求不足引起的,因此,对于这种失业现象,需要政府采取"需求管理政策",以保持经济稳定增长,即通过扩张性的财政政策和货币政策来刺激总需求,以消除需求不足的影响。主要措施包括:为企业投资创造条件,刺激个人消费;加大政府购买力度,增加政府支出;增加产品出口等。

摩擦性失业的治理 这类失业主要是由于劳动力市场不断变动和信息不完备造成的。因此,降低这部分失业率的措施就是解决劳动市场的信息不对称问题。主要的措施如增加规范的职业介绍机构、建立大学生就业信息服务制度等,力求提供充分的就业信息,帮助求职者顺利找到满意的工作岗位。

结构性失业的治理 结构性失业主要是劳动者不能适应经济结构变化所产生的,所以解决这部分失业问题的方法应该是提供职业培训,使结构性失业的劳动者转换工作技能,提高对劳动市场需求结构调整的适应能力。完善区域之间的劳动市场体系,以利于不同区域之间劳动力的充分流动,达到劳动力区域供求结构的匹配。

> 【即问即答】
> ◇ 充分就业是否就是有劳动能力的人都有工作的状态?
> ◇ 失业会有什么影响?

第二节 通货膨胀

通货膨胀是宏观经济运行中经常出现的一种现象。对一个国家或地区来说,经济的快速发展往往不得不忍受一定程度的通货膨胀,但严重的通货膨胀却又是任何一个国家或地区不能忍受的。因此,如何看待和治理通货膨胀是宏观经济管理的一个重要问题。如果一个国家或地区通货膨胀率居高不下,还会引起社会动荡,对社会稳定构成威胁。控制通货膨胀率也是宏观经济政策追求的主要目标之一。

一、通货膨胀的含义与类型

(一) 通货膨胀的含义

经济学文献中通货膨胀的定义一般是从以下几个方面得出的：一是从引起通货膨胀原因的角度下定义。如哈耶克认为："通货膨胀一词的原意和真意是指货币数量的过度增长，这种增长会合乎规律地导致物价的上涨。"再如J·罗宾逊认为："通货膨胀是由于对同样经济活动的工资报酬率的日益增长而引起的物价直升变动。"二是从通货膨胀导致的结果的角度下定义。如M·弗里德曼认为："物价的普遍上涨就叫通货膨胀。"再如萨缪尔森认为："通货膨胀的意思是：物品和生产要素的价格普遍上升的时期——面包、汽车、理发的价格上升；工资、租金等也都上升。"三是从通货膨胀过程的一些特征的角度下定义。如D·莱得勒和M·帕金认为："通货膨胀是一个价格持续上升的过程，也等于说，是一个货币价值持续贬值的过程。"

上述各种有关通货膨胀的定义，从不同的角度、在不同的程度上说明了通货膨胀这一经济现象。尽管以上通货膨胀定义强调的角度不同，但它们都将通货膨胀与物价水平的上涨和货币价值的贬值联系在一起。据此，我们将通货膨胀定义为：一个国家或地区在一段时间内，价格总水平持续地、较大幅度地上涨和由此引起的货币价值的下降。关于该定义需要说明的是：第一，这里讲的物价上涨不是个别物价或少数几种物品价格的局部上涨，而是各种物品价格水平的普遍上涨，是价格总水平的上涨；第二，物价的上涨不是暂时地、一次性地上涨，而是一贯地、持续地上涨，有一段较长时期的上涨过程；第三，物价的上涨需要有较大的幅度，至少应该能被"觉察到"；第四，这种物价上涨起因是货币的超经济发行，即货币供给量增加，因此，它总伴随着货币价值的下降。

(二) 通货膨胀的衡量

既然通货膨胀表现为价格总水平的上涨，那么，价格总水平的上涨速度与幅度就成为度量通货膨胀高低的尺度，即通货膨胀率。通货膨胀率是指从一个时期到另一个时期物价总水平变动的百分比。如用 P_t 表示 t 时期的物价水平，P_{t-1} 表示 $t-1$ 期的物价水平，则 t 期的通货膨胀率（π_t）为：

$$\pi_t = \frac{p_t - p_{t-1}}{P_{t-1}}$$

价格总水平是所有的商品和服务价格总额的加权平均数。目前各国根据需要主要采用三种物价指数，即 GDP 平减指数、消费者物价指数和生产者物价指数。

GDP 平减指数，是衡量各个时期所有商品和服务价格变化的指标，它等于某一时期的名义 GDP 除以这一时期实际 GDP。

消费者物价指数,又称零售物价指数,是反映各个时期居民个人消费的日常生活用品和服务零售价格变化的指标,通常是作为观察通货膨胀水平的重要指标,用于衡量消费者实际购买力,每月公布一次。

生产者物价指数,又称批发价格指数,是衡量各个时期生产资料和消费资料批发价格变化的指数。由于企业最终要把它们的费用以更高的消费价格的形式转移给消费者,所以,通常认为生产价格指数的变动对预测消费物价指数的变动是有用的,是反映经济周期的指示性指标之一。

(三) 通货膨胀的分类

从物价上涨的幅度和趋势,可将通货膨胀划分为:

① 温和的或爬行的通货膨胀,指年通货膨胀率保持在10%以内,其中爬行的通货膨胀率为2%～5%;

② 急剧的通货膨胀,指年通货膨胀率在10%以上和100%以内;

③ 恶性的通货膨胀,指年通货膨胀率在100%以上。

按人们对通货膨胀的预期与否,可将其划分为:

① 未预期的通货膨胀,即价格水平的上升速度超出人们的预料,或者人们根本就没有想到价格会上涨。例如,国际原料价格的突然上涨所引起的国内价格的上升。

② 预期到的通货膨胀。例如,当价格总水平年复一年地以5%的速度上升时,人们会预计到,下一期价格水平还会以同样的比例继续上升。在这种情况下,人们会根据物价的上升情况,做出一些相关的决策。

二、通货膨胀的原因

在长期中,通货膨胀是一种货币现象,它发生在货币量的增长快于潜在GDP增长之时。但是在短期,许多因素能引起通货膨胀,并且实际GDP和价格水平会相互作用。下面着重分析短期内引起通货膨胀的三个因素:需求因素、供给因素和结构性因素。由此形成三种通货膨胀类型:一是需求拉动型通货膨胀,二是成本推进型通货膨胀,三是结构型通货膨胀。

(一) 需求拉动型通货膨胀

需求拉动型通货膨胀,是指总需求过度增加引起的通货膨胀。有人把它定义为"太多的货币追逐较少的货物","物品与服务的需求超过按现行价格可得到的供给,所以一般物价水平便上涨"。换言之,当消费者、企业主、政府的总开支超过可得的总供给时,"需求拉动"的通货膨胀就会发生。需求拉动型通货膨胀可以由使总需求变动的任何一种因素引起,例如利率下降、货币量增加、政府支出增加、税收减少、出口增加，或者由于预期未来利润增加而刺激投资的增加。

需求拉动型通货膨胀可由总需求和总供给模型来说明，如图 12.2 所示。在图中，最初均衡点是 E_1，产量为 Y_1，价格水平为 P_1。在总供给不变的情况下，假定政府支出扩大了，使总需求增加，总需求由 AD_1 移动到 AD_2，产量增长到 E_2 点，相应地，价格水平上涨到 P_2 水平。如果总需求增加到 AD_2 就停止了，这不是通货膨胀，而是一次价格水平的上升。只有连续出现总需求的增加，导致价格总水平持续上升，才是需求拉动型通货膨胀。事实上，需求拉动型

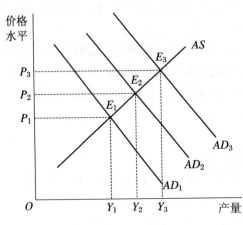

图 12.2 需求拉动型通货膨胀

通货膨胀就是由于总需求的持续增加所导致的。例如，如果总需求从 AD_2 增加到 AD_3，则价格总水平连续上涨到 P_3。

（二）成本推进型通货膨胀

成本推进型通货膨胀是指由于成本上升引起的通货膨胀。我们用总需求和总供给模型来说明成本推进型通货膨胀，如图 12.3 所示，假定初始的均衡状态在 E_1 点，价格水平和产量分别是 P_1 和 Y_1。现在假定由于工资的上升或原材料价格的上升，使总供给减少，从 AS_1 移动到 AS_2，经济的新均衡点为 E_2。此时，价格水平由 P_1 上升到 P_2，相应地，产量由 Y_1 减少到 Y_2。如果出现总供给的连续减少，例如，从 AS_2 移动到 AS_3，那么成本推进的通货膨胀就发生了。

成本上升的三个主要来源是：货币工资的上升、利润的上升和原材料价格的上涨。与此对应，成本

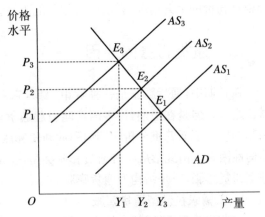

图 12.3 成本推进型通货膨胀

推进的通货膨胀主要分为三类：工资推进的通货膨胀、利润推进的通货膨胀和原料成本推进的通货膨胀。

工资推进的通货膨胀 即在强大的工会压力下,工资的增长超过劳动生产率的增长而引起的物价上涨。因为雇主在提高了工资后,再通过提高价格的方式把工资提高所引起的成本转嫁给消费者,从而引发通货膨胀。并且,在物价上涨后,工人又要求提高工资,再度引起物价上涨,会造成工资—物价的"螺旋上升",这样工资与物价的互动,会形成严重的通货膨胀。

利润推进的通货膨胀 即寡头垄断企业和垄断企业为了保证一定利润而抬高价格,由此引起通货膨胀。在不完全竞争市场上,具有垄断地位的企业控制了产品的销售价格,从而可以提高价格以增加利润。在这种情况下,企业对利润的控制形成了价格水平的上升。

经济学家认为,工资推动与利润推动的通货膨胀实际上是企业操纵价格的结果,所以,其根源是经济生活中的垄断。

原材料成本推进的通货膨胀 即由于原材料价格提高而引起的物价的普遍上涨。比较典型的是进口原材料价格上升,使本国生产成本提高,推动本国物价上涨而形成通货膨胀。在这种情况下,一国的通货膨胀通过国际贸易渠道而影响其他国家。如2007~2008年上半年国际市场原油价格上升导致许多国家出现严重的通货膨胀。

有些经济学家认为,纯粹的需求拉动和成本推进的通货膨胀在现实经济中是不常见的,长期的通货膨胀都是在需求因素和供给因素共同作用下产生的,故也称之为供求混合型的通货膨胀。

(三) 结构型通货膨胀

在总需求和总供给处于平衡状态时,由于经济结构方面的因素变化,也会使物价水平上涨,导致通货膨胀。结构型通货膨胀又可分为四类:

① 需求转移型通货膨胀,即在总需求不变的情况下,一部分需求转移到其他生产部门,而劳动和生产要素却不能及时转移,这样,需求增加的部门的工资和产品价格上涨,而需求减少的部门的工资和产品价格却未必相应下降,由此物价总水平上涨。

② 部门差异型通货膨胀,即产业部门和服务部门的劳动生产率、价格弹性、收入弹性是不同的,但两部门的货币工资增长却趋向同一,加之价格和工资的向上刚性,就引起了物价全面上涨。

③ 斯堪的纳维亚小国型通货膨胀。对于北欧一些开放经济小国来说,经济结构可分为开放经济部门和不开放经济部门。因小国在世界市场上一般是价格接受者,世界通货膨胀会通过一系列机制传递到小国的开放经济部门,使后者的通货膨胀率向世界通货膨胀率看齐。而小国的开放经济部门的价格和工资上涨后,又会带动不开放经济部门的价格和工资上涨,导致小国全面通货膨胀。这种通货膨胀

是一种输入性的通货膨胀。

④ 二元经济结构型通货膨胀。对于发展中的小国来说,传统农业部门和现代工业部门并存,在农业生产结构僵化、农产品供给弹性不足、资本短缺、需求结构变化迅速、劳动力自由流动程度低和货币化程度低等结构因素的制约下,要促进经济发展,必须要通过赤字预算,多发货币来积累资金,从而带动物价全面上涨。

三、通货膨胀的影响与治理

(一)通货膨胀对经济的影响

通货膨胀首先对社会经济带来一系列的影响,并且会扩散到社会生活的各个方面,因此,通货膨胀的影响总是体现在社会经济生活的各个方面。这里只从以下两个方面来考察通货膨胀的经济效应。

1. 通货膨胀的收入分配效应

从理论上说,在通货膨胀条件下,如果价格上涨一倍,那么,国民收入也应上涨一倍,结果实际国民收入保持不变。如果人们对未来具有准确的预期,并据以调整自己的经济行为,那么市场上的一切价格就会与物价水平同比例地变动,通货膨胀并不会给一些人以好处而使另一些人受到损害。但实际上,人们对未来的预期总是不能如愿以偿,同时,自身经济行为的调整也往往受到诸多限制,因此,市场上的不同价格难以完全按通货膨胀率进行调整,这就产生了通货膨胀的收入分配效应。

首先,通货膨胀导致有利于资本所有者而不利于工资收入者的分配。一般说来,资本所有者在通货膨胀中受益,而工资收入者则在通货膨胀中受损。因为在通货膨胀条件下,产品出售价格的调整要快于生产成本、工资的调整。资本所有者将以牺牲工资为代价取得更多的利润,价格上涨的好处由资本所有者占有。当然就资本所有者来说,通货膨胀对他们的影响也不一样。一般的,实力雄厚、处于垄断地位的厂商能自己决定产品的价格,对通货膨胀可以作出迅速的、十分充分的反应,如果有必要,它甚至可以将产品的涨价幅度提高到通货膨胀率之上,因此,它们能够从通货膨胀中获取较多的好处。而那些处于完全竞争市场的中小厂商,他们的产品价格是由市场决定的,如果产品的市场价格水平与通货膨胀同比例地增长,或者超过通货膨胀率增长,那么,厂商就可以不受损害或增加收益;否则,其产品市场价格水平低于通货膨胀率增长,那么,厂商也会在通货膨胀中蒙受损失。

通货膨胀对工资收入者的影响也不尽相同。一般的,那些靠固定收入维持生计的人,如救济金领取者、退休金领取者、公共雇员以及靠福利等其他转移支付取得收入的,其货币收入一般是固定的,即使有所变动往往也落后于上升的物价水平。他们的实际收入因通货膨胀而变少,他们是通货膨胀的受害者。而那些工会力量强大的行业中的工人,他们工资水平可以借助工会的力量迫使厂商按通货膨胀率作调整。通货膨胀给其带来的损失不大。如果行业处于扩张中,其工资增长有可能走在价格水平上涨之前。这样,它们就会在通货膨胀中受益。而那些非工会会员的工人,他们的工资增长得不到保护,就只好忍受通货膨胀带来的实际收入下降之苦。

其次,通货膨胀导致不利于债权人而有利于债务人的收入分配。债权人与债务人究竟谁在通货膨胀中受益,谁在通货膨胀中受损,这取决于利率增幅与通货膨胀率的相对变化。如果利率提高的幅度大于通货膨胀率,那么,债权人受益而债务人受损;反之,如果利率提高的幅度小于通货膨胀率,那么,债权人受损而债务人受益。一般的,债务契约是根据签约时的通货膨胀率规定名义利率,通货膨胀会使偿还期的通货膨胀率高于签约时的通货膨胀率,因此,一般认为,债权人在通货膨胀中受损,而债务人在通货膨胀中受益。在现实中,如果政府是债务人,而公众是其债权人,则通货膨胀会把收入从居民手中转移到政府手中。

再次,通货膨胀加重公众的税负,形成有利于政府而不利于公众的分配关系。通货膨胀引起公众的货币收入提高,使他们进入更高的累进税纳税级别。这样,公众就要以更高的税率支付税金。公众的实际收入下降,而政府的实际税收增加。政府借助于通货膨胀将公众的收入无形中转移到自己的名下,实际上是政府对公众的一种掠夺。

2. 通货膨胀的产量效应

通货膨胀的产量效应就是通货膨胀对整个经济的产量和就业的影响。如果通货膨胀是能够被预计的,那么,通货膨胀率与货币工资的增长率相同,通货膨胀对产量和就业没有什么影响;如果通货膨胀是不能被预计的,那么短期内通货膨胀率与工资的增长不会一致,就会产生通货膨胀的产量效应。但对其给出一般性的肯定或否定的回答却十分困难,必须在一定的附加条件下分析,才有意义。

许多经济学家认为,通货膨胀有增加产量和就业的效应。因为在这种通货膨胀条件下,产品价格的上涨快于工资和其他生产资源价格的上升,厂商的实际利润增加,从而刺激生产的扩大和就业的增加,产量也会因此增加。这一结论并不绝对,找出与它矛盾的情况并非难事:首先,如果社会资源已经充分利用,通货膨胀就没有增加产量、增加就业的效应。更进一步,如果社会资源已经充分利用,总需求既定,发生成本推进而不是需求拉动的通货膨胀,这不仅不会增加产量、减少失业,而且还会减少产量、增加失业。因为成本推进的物价水平的提高,会导致既定的总需求获得较少的实际产出,从而减少就业。其次,通货膨胀如果不能使资源配置有所改善,相反使资源配置恶化,尽管社会有闲置的资源,也不能增加产量和就业。如由于价格体系失常,价格的上升在各个行业不平衡,有的行业价格的上升相对于成本的增长迅速,而有的行业,特别是"瓶颈行业",价格的上升受到限制,社会资源的配置就会失调。再次,如果通货膨胀不是温和的或爬行的,而是奔腾式的或恶性的,那么,会破坏金融体系,扰乱经济秩序,最终导致经济的崩溃。因此,通货膨胀的产量效应不只表现为产量的增加和失业的下降,还表现为产量的下降和失业的增加,而后者更应当引起人们的注意和重视。

(二) 通货膨胀的治理

根据历史上的通货膨胀的事实,我们不难发现,通货膨胀达到一定程度时,会破坏资本的正常循环,到严重时也会引起政治危机。因此,采取一些消除通货膨胀的措施是有必要的。

1. 需求紧缩政策

需求拉动型通货膨胀发生时,政府一般都会采取需求紧缩政策。因为,这种通货膨胀的根本原因是货币供应量过多。因此,紧缩的财政、货币政策是需求紧缩政策的核心。财政政策方面,国家可以通过调整财政收支总额,减少财政支出,增加财政收入,调整财政收支项目压缩公共开支,开征新税种,提高税率,从而控制社会总需求。货币政策方面,主要通过提高利率、存款准备金率等,减少社会信用规模及货币供应量。

2. 供给管理政策

供给是影响物价的重要因素。因此,控制货币数量和控制社会总需求都是消除通货膨胀的有效措施。从长远看,发展生产、增加经济中有效供给是抑制物价水平上涨和控制通货膨胀的根本性措施。在面临通货膨胀时很多国家都注意到了压缩总需求的同时改善投资结构,集中资金优先发展占用资金不多、投产期限短、市场紧缺的产品。同时,鼓励企业技术创新,提高生产技术水平,提高资源的利用效率,从而较快地增加有效供给,减轻市场需求压力,改善产业结构。

3. 物价和收入政策

通货膨胀时,工资和物价都继续上升是推进通货膨胀的主要原因。这时有必要对各种生产要素的收入增长率进行限制,特别是工资增长率,使工资增长率不超过劳动生产率的增长幅度。这需要政府拟定物价和工资标准,劳资双方共同遵守。采取这种措施会降低通货膨胀率,保证一定的经济发展速度和就业水平。采取措施时可以采用自愿性和强制性两种方法。自愿性的做法是政府以劝导的形式使劳资双方自愿约束价格和工资的变动,它适用于通货膨胀程度较轻的情况。强制性的做法事实上是对工资的冻结。该方法对控制成本推进型和结构型通货膨胀较为有效。

4. 国际收支政策与国际紧缩政策

如今的通货膨胀与以往的相比更具有世界性和长期性,这对世界经济发展的负面影响很大,主要表现在国际收支不平衡方面。当某一个国家发生通货膨胀后,通过外贸等国际间的经济往来向其他国家传播,所以采用外贸与国际收支政策是有必要的。这样不仅能够制止本国通货膨胀,也能够遏制国际通货膨胀传播。但是,这种国际性的通货膨胀必须依赖国际性的紧缩政策来调整,仅靠一国的力量是不够的。

5. 货币改革政策

当通货膨胀已经成为恶性通货膨胀时,就应该通过货币改革加以制止。人们普遍认为,物价上涨率每月达到 50% 以上,每年达到 600% 以上,并且持续一段时间,才称为恶性通货膨胀。在此情况下,原来的货币已经失去了信用基础,通过货币改革废弃旧币,发行新币,制定保证新币币值稳定的措施,是制止恶性通货膨胀的有效措施。

总之,政府应针对通货膨胀期的不同阶段采取有效的货币政策、财政政策和收入政策来减少通货膨胀对经济社会发展的负面影响。

【即问即答】
◇ 通货膨胀时期人们会受到哪些不利影响?
◇ 需求拉动型通货膨胀和成本推进型通货膨胀是否会同时出现?

第三节　失业与通货膨胀之间的短期权衡

失业和通货膨胀是现代各个国家都会遇到的两大宏观经济问题,政府在解决这两个问题时往往会碰到两难的矛盾,即降低失业率和降低通货膨胀率是相互冲突的。因为在短期内,价格水平的上升和失业率的降低是由同样的经济因素——总需求变化决定的。如果财政政策和货币政策的决策者扩大总需求沿着短期总供给曲线向上移动,则可以在短期中扩大产量并减少失业,但这要以物价的上升为代价。反过来,如果决策者减少总需求,则可以降低通货膨胀,但这又要以产量的下降或高失业为代价。也就是说,社会面临着失业和通货膨胀之间的短期权衡取舍。在宏观经济学中,失业和通货膨胀的关系主要用菲利普斯曲线来说明。

一、菲利普斯曲线

菲利普斯曲线描述了失业与通货膨胀之间的短期关系:通货膨胀率高时,失业率低;通货膨胀率低时,失业率高。菲利普斯曲线是由新西兰经济学家 W·菲利普斯于1958年在《1861～1957年英国失业和货币工资变动率之间的关系》一文中最先提出。此后,经济学家对此进行了大量的理论解释,尤其是萨缪尔森和索洛将原来表示失业率与货币工资率之间交替关系的菲利普斯曲线发展成为用来表示失业率与通货膨胀率之间交替关系的曲线。

1958年,菲利普斯根据英国1867～1957年间失业率和货币工资变动率的经验统计资料,提出了一条用以表示失业率和货币工资变动率之间交替关系的曲线。这条曲线表明:当失业率较低时,货币工资增长率较高;反之,当失业率较高时,货币工资增长率较低,甚至是负数。根据成本推动的通货膨胀理论,货币工资增长率可以表示通货膨胀率。即失业率高表明经济处于萧条阶段,这时工资与物价水平都较低,从而通货膨胀率也就低;反之失业率低,表明经济处于繁荣阶段,这时工资与物价水平都较高,从而通货膨胀率也就高。这里,失业率和通货膨胀率之间存在着反方向变动的关系。所以,菲利普斯曲线又成为当代经济学家用以表示失业率和通货膨胀之间此消彼长、相互交替关系的曲线,如图12.4所示。

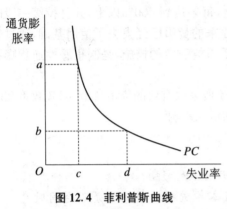

图12.4 菲利普斯曲线

在图12.4中,横轴代表失业率,纵轴代表通货膨胀率,向右下方倾斜的 PC 线即为菲利普斯曲线。这条曲线表明,当失业率高(d)时通货膨胀率就低(b),当失业率低(c)时通货膨胀率就高(a)。换句话说,如果一个经济愿意以较高的通货膨胀率为代价,它可以实现较低的失业率。

二、菲利普斯曲线的应用

由于失业率和通货膨胀率之间存在着交替关系,因此,菲利普斯曲线为政府实行需求管理提供了一份可供选择的菜单,即:可以运用扩张性的宏观经济政策,用较高的通货膨胀率来换取较低的失业率,也可以运用紧缩性的宏观经济政策,以较高的失业率来换取较低的通货膨胀率。

现实表明,任何宏观经济政策都不可能完全消除失业或通货膨胀现象,经济稳定只能是在失业率或通货膨胀率适度的情况下的稳定。只要是社会可以接受的,政府就不必要干预。只有当失业率或通货膨胀率超出了合理的范围时,政府才需要采取宏观经济政策加以调节。因此,一个社会确定适度失业率和通货膨胀率区域就显得尤为重要。

具体而言,一个经济社会首先要确立一个失业率和通货膨胀率的临界组合区域。如果实际的失业率和通货膨胀率在组合区域内,则决策者不需要采用调节措施;而如果在区域之外,则可以根据菲利普斯曲线所表示的关系进行调节。图12.5说明了这种调节过程。

在图12.5中,假定失业率和通货膨胀率都在4%以内,这是经济社会可以容忍的。这时在图中就得到一个临界点A,由此形成的一个四边形区域,被称为安全区域。如图中深色部分所示。其政策意义是,如果该经济的失业率和通货膨胀率组合落在安全区域内,则决策者无须采取任何政策措施进行调节。

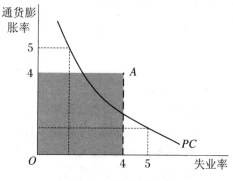

图12.5　菲利普斯曲线

如果实际的通货膨胀率高于4%,例如达到了5%,该经济的失业率还在可接受的范围内,经济决策者可以采取紧缩性政策,以抬高失业率为代价降低通货膨胀率。从图中可以看到,在通货膨胀率降到4%以下时,经济社会的失业率仍然在可接受的范围内。

而如果实际的失业率高于4%,例如为5%,这时根据菲利普斯曲线,决策者可采取扩张性政策,刺激总需求增加,以提高通货膨胀率为代价降低失业率。从图中可以看出,当失业率降到4%以下时,经济的通货膨胀率仍然在可接受的范围内。

【即问即答】
◇ 菲利普斯曲线表示失业与通货膨胀有怎样的关系?
◇ 通货膨胀对我们的生活有什么影响?

内容提要

1. 失业是指达到就业年龄并且具有工作能力的劳动者谋求工作但未得到就业机会的经济现象,失业分为摩擦性失业、结构性失业、周期性失业、季节性失业和隐蔽性失业等。

2. 通货膨胀是指一个国家或地区在一段时间内,价格总水平持续地、较大幅度地上涨和由此引起的货币价值的下降。

3. 从发生的原因看,通货膨胀分为需求拉动型通货膨胀、成本推进型通货膨胀和结构型通货膨胀。

4. 在短期内失业和通货膨胀之间存在此消彼长的关系,菲利普斯曲线描述了失业与通货膨胀之间的短期关系。

关键术语

失业　摩擦性失业　结构性失业　奥肯定律　通货膨胀　需求拉动型通货膨胀　成本推进型通货膨胀　菲利普斯曲线

复　习

(一) 思考题

1. 如何理解失业和充分就业概念?
2. 失业有哪些类型? 各有什么特点?
3. 通货膨胀对不同收入阶层的人产生的影响是否相同?
4. 通货膨胀的原因是什么?
5. 什么是失业和通货膨胀的社会可接受区域?

(二) 选择题

1. 企业因经济衰退而破产,劳动者被解聘属于(　　)。
   A. 周期性失业　B. 摩擦性失业　C. 结构性失业　D. 季节性失业
2. 技术进步后一些人的工作技能不适应岗位要求而失业属于(　　)。
   A. 自愿失业　B. 结构性失业　C. 周期性失业　D. 摩擦性失业
3. 当经济中只有(　　)时,该经济被认为实现了充分就业。
   A. 摩擦性失业和季节性失业　　B. 结构性失业和季节性失业
   C. 周期性失业　　D. 自然失业
4. 中央银行的紧缩性货币政策引起了(　　)。
   A. 总供给冲击,通货膨胀率上升　B. 总供给冲击,通货膨胀率下降
   C. 总需求冲击,通货膨胀率上升　D. 总需求冲击,通货膨胀率下降
5. 通货膨胀是指(　　)。
   A. 一般价格水平普遍而持续上涨
   B. 货币发行量超过了流通中的黄金量
   C. 货币发行量超过了流通中的商品的价值量
   D. 以上都是
6. 通货膨胀的受益者有(　　)。
   A. 工资收入者　B. 资本所有者　C. 政府　D. 养老金获得者

7. 货币工资上涨一定导致工资推进的通货膨胀,这句话(　　)。
   A. 肯定对　　　　　　　　B. 肯定不对
   C. 视具体情况而定　　　　D. 无法确定
8. 成本推进型通货膨胀是由于(　　)。
   A. 货币发行量超过流通中的黄金量
   B. 货币发行量超过流通中的价值量
   C. 货币发行量太多引起物价水平普遍持续上升
   D. 以上都不是
9. 造成通货膨胀的原因包括(　　)。
   A. 需求拉动　　　　　　　B. 成本推进
   C. 经济结构因素的变动　　D. 消费不足
10. 通货膨胀在经济上的影响有(　　)。
    A. 对产量、就业量的影响　B. 对收入分配的影响
    C. 对物价的影响　　　　　D. 对货币供给的影响
11. 为消除通货膨胀,收入政策的主要手段是(　　)。
    A. 税收　　　　　　　　　B. 工资价格管制
    C. 工资价格指导　　　　　D. 道德规劝
12. 根据通货膨胀的起因,通货膨胀可分为(　　)。
    A. 平衡的和非平衡的通货膨胀　B. 需求拉动型通货膨胀
    C. 成本推进型通货膨胀　　　　D. 结构型通货膨胀

应　用

1. 调查你所在城市的劳动力市场,通过现场询问或查阅统计资料的形式,了解一年来本地失业的主要类型,并分析其产生的原因。

2. 上网搜集近年来我国 CPI 指数的变动情况,选择通货膨胀明显的年份,分析通货膨胀发生的可能原因。

3. 下表是某个国家的经济信息。其中,B 栏是实际 GDP 数据,C 栏是价格总水平数据。

A	1993	1994	1995	1996	1997	1998	1999	2000	2001	2002	2003	2004
B	244	257	250	264	286	297	297	284	272	242	263	287
C	97.2	99.9	103.1	103.1	102.6	100.8	99.0	100.0	98.9	129.1	142.7	155.8

根据表中数据回答下列问题:

① 该国哪些年份经历了通货膨胀?哪些年份经历了通货紧缩?

② 该国哪些年份发生了衰退？哪些年份发生了扩张？
③ 该国哪一年的通货膨胀率最高？为什么？
④ 这些数据是否表明了该国的失业和通货膨胀之间的交替关系？

4. 上网获取我国实际 GDP 和价格总水平最近的变动和预测数据，请预测：
① 我国明年的实际 GDP。
② 我国明年的价格总水平的预测是多少？
③ 我国明年的通货膨胀率。
④ 我国明年的实际 GDP 增长率。
⑤ 我国明年会出现通货膨胀还是通货紧缩。

第十三章 经济增长与经济周期

> **学习目标**
>
> 学习本章后,你应该能够:
> - 解释经济增长的含义
> - 描述经济增长的源泉
> - 解释促进经济增长的公共政策
> - 判断经济周期性变化的趋势

在1978~2007年间,中国的人均GDP从1978年的381元上升到2007年的18934元,扣除价格因素,2007年比1978年人均实际GDP增长近10倍,年均增长8.6%。按照世界银行的划分标准,中国已经由低收入国家跃进世界中等偏下收入国家行列。同时,中国的GDP总量由1978年的3645亿元增加到2007年的249530亿元。30年前,人们认为轿车进入中国普通家庭是个梦,今天在城市里,小轿车已经成为大多数家庭的代步工具。是什么引起了生产、收入的增长和生活水平的提高呢?

本章的任务是考察促进经济增长的源泉和经济增长的理论,以及经济周期问题。学习本章有助于你把握和分析经济的长期变化趋势及其波动。

第一节 经济增长及其源泉

一、经济增长的含义与效应

(一)经济增长的含义

经济增长是指一个国家或地区在一定时期内(通常为一年)产品和服务的增加。通常以国内生产总值、国民收入及其人均值或增长率来表示。美国经济学家库兹涅茨也给经济增长下了一个内涵丰富的定义,他认为:一个国家的经济增长,可以定义为给居民提供种类日益繁多的经济产品的能力长期上升,这种不断增长的能力是建立在先进技术以及所需要的制度和思想意识的相应调整的基础上的。库兹涅茨对经济增长的定义包括以下多方面的含义:① 经济增长是产品生产能力的提高,即增加国内生产总值或国民收入能力的提高。如果价格波动,经济增长应以实际国内生产总值的增加来表示。考虑人口增长的影响,经济增长也以人均实际国内生产总值的增加来说明,这表示人民生活水平的提高和福利的增进。② 技术进步是实现经济增长的必要条件,即在影响经济增长的各种因素中,技术是最关键的,"先进的技术是容许经济增长的源泉",没有技术进步就没有持续的经济增长。③ 经济增长的充分条件是制度与意识形态的相应调整。技术进步只是为经济增长提供了一种潜在的生产能力,要使这种能力转变为现实,就必须有与之相适应的社会制度和意识形态,即社会制度与意识形态要能促进经济增长,技术才会被运用,商品的总供给才会增加。

库兹涅茨的经济增长定义是对各国经济增长历史经验的高度概括,集中体现了现代经济增长的最本质内容,因此该定义被经济学界广泛接受。

现代经济增长标志着一个特定的经济时代,表现出多种特征。根据库兹涅茨的总结,这些特征是:① 按人口计算的产量的高增长率和人口的高增长率。② 劳动和其他生产要素的生产率高速增长,这正是技术进步的标志与结果,它使得一定量的投入获得了愈来愈多的产出。③ 经济结构的迅速变革,主要包括产业结构的变化、就业结构的变化、消费结构的变化等。④ 社会结构和意识形态的迅速变化,如文化教育、宗教信仰、城市化等变化是整个现代化过程的组成部分。⑤ 经济增长在全世界范围内扩大。经济高速增长的国家把先进技术不断向周边国家扩散,如技术出口、国外办厂等,带动周边地区甚至全世界范围内的经济增长。⑥ 全世界的经济增长是不平衡的,经济发达国家向外扩散的仅是二流技术或国内淘汰的技术,以及国际贸易中的不平等条约,使得世界上 3/4 的国家处于落后状态,经济水平远远落后于现代技术的潜力可能达到的水平。

各国经济增长表明,持续数年的经济增长可以使一个贫穷的国家和地区转变为一个富裕的国家和地区。例如,被称为"亚洲四小龙"的韩国、新加坡、中国台湾和中国香港,从 20 世纪 60 年代开始,国民生产总值年平均增长速度都接近或超过 10%。而缓慢的经济增长或经济增长的停滞会使一个国家沦为贫穷,例如非洲的一些国家。

(二) 经济增长的效应

正面效应 经济增长产生的正面效应,归纳起来大致有以下几点:

(1) 经济增长有利于增强人类自身的生存能力,扩大了人类选择的范围。伴随着人类社会经济的增长,人类的死亡率不断下降,这一事实也充分说明了这一点。

(2) 经济增长使人们有了更多闲暇享受和用于发展自己的时间、机会和条件。例如,随着机械性乃至效能更高的自动化生产工具的使用及其增加,人们的劳动时间和强度得以大大减少;昔日需要 60%～70%的人口从事的农业生产,如今只需 12%～15%的人口从事同样的农业生产即可满足社会需求;伴随着经济增长,人们享受生活的内容形式也在发生着日新月异的变化;同时,人们用来发展自己的时间和方式将会更加充裕,更加丰富多样。

(3) 经济增长使妇女的解放程度大大提高。以服务行业为主要内容的第三产业的迅速发展,加上机器人的日渐普及,使妇女摆脱许多耗时长、体力支出大的家庭劳动之苦。

(4) 经济增长有利于实施更广泛的人道主义。正是凭借不断发展和增长着的经济,才会有了今天的"福利社会"。在这些国家里有足够的剩余产品来保障每个人的基本生活需求。

(5) 经济增长可以缓解社会矛盾,经济衰退的直接后果是失业的增加,这会引发和加剧社会矛盾,然而大多数经济学家都相信,刺激经济的迅速增长是维持政局稳定的首要条件。

负面效应 任何事物都有两面性,经济增长的效应也是如此。一个国家若仅仅把提高增长率当作安邦治国的唯一目标,就会牺牲很多有益的东西。20 世纪 70 年代意大利的"罗马俱乐部"就是对经济增长持悲观态度的典型,其《增长的极限》一书中的观点虽说有一些偏颇,却值得关注。归纳起来,经济增长的负面效应大致有以下几点:

(1) 经济增长有时也会与幸福代价的付出相关。有证据表明,一些较富裕的国家如美国,患精神分裂症、自杀等社会现象远比那些比较贫穷的国家严重。这可能是因为随着经济的发展与增长,社会竞争更激烈,一旦超过人的心理承受能力,便有可能造成所谓的"现代社会病"。当代高经济增长过程中,社会心理疾病日趋突出就是例证。

(2) 经济增长必然伴随生产专业化的发展,从而导致人与机器的异化。专业化使劳动者不得不重复性地、机械性地做同一件事,几乎成为机器的奴隶。这显然有悖于人类发展的最初愿望——在物质财富日益丰富以后,工作应成为一种享受。

(3) 自发的经济增长必然导致贫富两极分化。在经济增长过程中,经济增长会通过报酬差别及其激励效应使收入差距拉大,但是社会往往很难使收入差别与合适增长率趋于均衡,更难进行事实上的有效调节与矫正,便有可能导致贫富两极分化,导致社会动荡。

(4) 过度追求经济增长往往使社会公众实际生活质量的改善被忽视。随着时代的发展,人们的生活质量标准及其要求也随之发生变化,当人们满足了生存需要之后,便更加重视自然生态环境质量,绿色消费、生态消费、环境消费、旅游消费等新的消费方式便应运而生,这些方式的出现不仅标志着人类生活质量价值观的提高,而且对于增进人们的身心健康、提高人们的审美情趣、提升人们的精神品位等起着潜移默化的作用。然而,在经济增长过程中,人们过分相信科技利器的作用,过分地陶醉于"对自然界的胜利",在物欲引诱下,对自然界巧取豪夺,甚至"竭泽而渔",使自然生态"恶性透支"。酸雨、赤潮、沙尘暴、水土流失和空气污染等恶化了的生态环境降低了人类的生活质量,甚至危及人类的生存,这应引起人类社会的警觉。

二、经济增长的源泉

是什么因素决定了不同国家的经济增长呢?我们把所有影响实际 GDP 增长的因素划分为两类:总劳动量和劳动生产率,这两类因素也称为经济增长的源泉。

(一) 总劳动量

总劳动量是指一年中所有受雇用的人工作的总时数。它等于雇用人数总量乘以每个人的平均劳动时间。其中,雇用人数总量等于工作年龄人口的数量乘以就业-人口比率。因此,总劳动量的改变就取决于以下三个因素:工作年龄人口的增长、就业-人口比率的改变以及每个劳动者平均劳动时间的改变。一个国家的总劳动量是随着工作年龄人口的增长、就业-人口比率的提高以及每个劳动者平均劳动时间的延长而增长的。

一般来说,工作年龄人口的增长是与总人口数量的增长同步的。只要总人口是增长的,工作年龄人口就会随之增长,并对增加总劳动量做出贡献。但工作年龄人口并不都参与了工作,其对增加劳动量的贡献程度要取决于就业-人口比率的大小。就业-人口比率是指就业人数占工作年龄人口的百分比。例如,假定某时期,就业人数是 1.453 亿人,工作年龄人口 2.887 亿人,则就业-人口比率就是 50.3%。随着人们生活水平的提高和社会的进步,每个劳动者平均劳动时间有缩短的趋势。因此说,总劳动量的增加是主要由于人口的增长而不是每个劳动者平均劳动时间的改变。然而,人口增长进而总劳动量增长所导致的经济增长是有限的,更多的增长依赖于劳动生产率的增长。

(二) 劳动生产率

劳动生产率是指每小时劳动所生产的实际 GDP 的数量,它等于实际 GDP 除以总劳动时数。例如,如果实际 GDP 是 10 万亿元产品和服务,总劳动时间是

2000亿小时，则劳动生产率为每小时50元产品和服务。当劳动生产率增长时，人均实际GDP也会增长，人们的生活水平得到提高。

劳动生产率的增长依赖于以下三个因素：物质资本增长、人力资本增长和技术进步。这三项增长源泉的相互作用，是各国生产率超乎寻常增长的主要源泉。关于这点我们可以用总生产函数加以说明。总生产函数不过是一般生产函数的一个具体形式。我们用生产函数来描述投入与产出之间的数量关系。例如，假设 Y 表示总产量，L 表示劳动量，K 表示资本量，H 表示人力资本，N 表示自然资源，A 表示一个生产技术变量，那么我们可以用下式表示总生产函数：

$$Y = Af(L, K, H, N)$$

上式中，如果等式两边同除以劳动量 L，则有下式：

$$\frac{Y}{L} = Af\left(1, \frac{K}{L}, \frac{H}{L}, \frac{N}{L}\right)$$

上式中 Y/L 是劳动生产率的衡量指标。这个公式说明，劳动生产率取决于每个劳动者的物质资本（K/L）、每个劳动者的人力资本（H/L）以及每个劳动者的自然资源（N/L）。劳动生产率还取决于技术状况 A。

物质资本增长 物质资本是指用于生产物品与服务的设备和建筑物的存量。生产中使用的物质资本可以提高劳动生产率。例如，使用电脑可以使我们的工作效率成倍增长，而这些效率在过去是达不到的；一座跨江大桥可以节约大量的人工运输成本。随着每个工人人均资本量的增加，劳动生产率会得到显著提高。

物质资本的增长来源于储蓄和投资决策。

人力资本增长 人力资本是指劳动者通过教育、培训和经验而获得的知识和技能，也包括健康。包括在早期儿童教育、小学、中学、大学和成人学校在职培训所积累的技能。虽然教育、培训和经验没有物质资本那样的具体形式，但是人力资本在许多方面与物质资本相同。人力资本是经济增长的最基本源泉。健康的人比不健康的人更富有生产性，有技术的人比没有技术的人更富有生产性。例如，在1941~1944年间，美国造船厂生产一艘2500吨位的标准化的货船，在1941年需要120万个工时，到1942年需要60万个工时，而到1943年只需要50万个工时。这些年所用的资本没有发生多少变化，但积累了大量人力资本。数千名工人和管理者从经验中学习，并积累了人力资本，这使得生产率在两年中提高了两倍。

人力资本可通过多种途径生产出来。个人可通过上学进行投资，企业可以通过在职培训进行投资，政府可以改进健康的项目形式进行人力资本的投资。

技术进步 技术进步是指新知识创造、新技术发明在社会生产中推广运用和组织管理的改善，促进劳动力和资本效率的提高。就是说，技术进步使劳动和资本这两种生产要素任一给定的投入量所生产的产量比以前增加，或者说，生产既定数量的产品所需投入量比以前减少。物质资本与人力资本积累对经济增长做出了巨大贡献,但技术进步对经济增长的贡献更大。以美国农业为例,100年前,美国以54%的劳动力生产农产品,而今天由于农业技术的巨大进步,仅以3%的劳动力生产农产品。

图13.1总结了我们所讨论的经济增长的源泉。

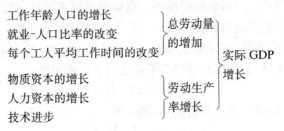

图 13.1　经济增长的源泉

三、丹尼森的经济增长因素分析

20世纪60年代初,美国经济学家丹尼森受美国经济发展委员会的委托,根据美国历史统计对美国1908~1929年和1928~1957年经济增长的因素作了对比分析和估算,后来又分析和估算了1928~1969年美国经济增长因素,并对某些发达资本主义国家经济增长要素进行了估算和比较。

丹尼森把经济增长的因素归纳为两大类,认为属于生产要素投入量方面的因素有:① 就业人数及其年龄性别构成;② 包括非全日工作的工人在内的工时数;③ 就业人员的教育年限;④ 资本存量的大小。属于生产要素生产率方面的因素有:① 资源配置的改善,主要指低效率工作使用劳动力比重的减少;② 规模经济;③ 知识进展。1985年丹尼森出版《美国经济增长趋势:1929~1982年》,对1929年以来经济增长来源进行分析,如表13.1所示。

表 13.1　1929 年以来经济增长来源

	引起经济增长的各种因素所占百分比			
	1929~1982 年	1929~1948 年	1948~1973 年	1973~1979 年
投入的增加	53	49	45	94
劳动量	20	26	14	47
物质资本	14	3	16	29
人力资本	19	20	15	18
生产率的提高	47	51	55	6

续表

	引起经济增长的各种因素所占百分比			
	1929~1982年	1929~1948年	1948~1973年	1973~1979年
知识进步	31	30	39	8
其他因素（规模经济、气候、资源配置等）	16	21	16	-2
总计	100	100	100	100
实际国民收入年增长率	2.8	2.4	3.6	2.6

在1929~1982年的50多年内，美国的产量增长有一半来自要素投入的增长，另一半来自生产率的提高。特别是知识进步发挥着重要的作用，占31%。

各种影响经济增长的因素，在不同的时期所做贡献的变化是相当大的，各个时期作为影响经济增长最重要的因素也不是固定不变的。例如：1929~1948年间资本的作用只占3%，比任何时期的作用均小；1973~1979年间知识进步不再是最重要的因素，其贡献降至比其他任何投入的贡献都小，只占8%；同时，生产率的提高所做的贡献也只有6%。

据此，丹尼森得出的结论是，知识进步是发达资本主义国家最重要的增长因素。丹尼森所说的知识进步包括的范围很广。它包括技术知识、管理知识的进步和由于采用新的知识而产生的结构和设备的更有效的设计在内，还包括从国内和国外的有组织的研究、个别研究人员和发明家、或者简单的观察和经验中得来的知识。丹尼森所谓的技术知识是关于物品的具体性质如何具体地制造、组合以及使用它们的知识。他认为，技术进步对经济增长的贡献是明显的，但是把生产率看成大部分是采用新的技术知识的结果则是错误的。他强调管理知识的重要性。管理知识就是广义的管理技术和企业组织方面的知识。在丹尼森看来，管理和组织知识方面的进步更可能降低生产成本，增加国民收入，因此它对国民收入的贡献比对改善产品的物理特性的影响更大。总之，丹尼森认为，要使经济增长，就要更勤奋地工作，节制消费，增加投资，改善流通环节，发展教育，开发智力，推进科学技术和管理技术的研究，并尽快推广应用其成果，使之变为生产力，最有效地配置生产资源等等。

【即问即答】
◇ 列出并说明劳动生产率的决定因素。
◇ 举出一些人力资本的例子。

第二节 经济增长理论与政策

我们已经知道,当劳动、物质资本和人力资本数量增加和技术进步时,实际GDP增长。当然这些因素中的某个因素可能是增长的原因,而其他因素是结果。经济增长理论实际上就是研究影响经济增长的因素如何作用于经济增长。从研究内容来看,经济增长理论研究影响经济增长的因素与经济增长之间的相互联系,探讨经济稳定增长的途径。

一、经济增长理论

(一) 哈罗德-多马经济增长模型

基本公式 在各种经济增长模型中,建立最早而且对当代影响最大的是20世纪40年代英国经济学家哈罗德与美国经济学家多马各自建立的经济增长模型。由于二者殊途同归,所以通称为哈罗德-多马模型。此模型以凯恩斯的储蓄投资分析为基础,以储蓄等于投资的原理为出发点,同时强调了投资的双重作用,即投资对增加有效需求和生产能力的双重作用,将凯恩斯理论长期化和动态化。

哈罗德增长模型有如下一些假定:① 社会的全部产品具有同质性,即全社会只生产一种产品,这种产品既可当作投资品也可当作消费品。② 全社会用于生产的只有两种生产要素,即劳动和资本。③ 规模报酬不变,即如果资本和劳动同比例增加一倍,产量也增加一倍。④ 资本与劳动的比率不变,从而资本与产量的比率也不变。⑤ 技术状态是一定的,不考虑技术进步对经济增长的影响,资本存量没有折旧。

哈罗德经济增长模型的基本公式是:

$$G = \frac{s}{k}$$

式中 G 表示经济增长率,也就是实际国民收入增长率;s 表示储蓄率,即储蓄在实际国民收入中所占的比例,$s = S/Y$;k 表示资本产量比率,即 $k = K/Y = \Delta K/\Delta Y = I/\Delta Y$(资本与产量的比率不变)。由于 $G = \Delta Y/Y$,$k = I/\Delta Y$,$s = S/Y$,所以:

$$\frac{\Delta Y}{Y} = \frac{S}{Y} \bigg/ \frac{I}{\Delta Y}, \quad \frac{\Delta Y}{Y} \cdot \frac{I}{\Delta Y} = \frac{S}{Y}$$

从而得到 $I = S$,这就是凯恩斯提出的储蓄等于投资的公式,可见 $G = s/k$ 与公式 $I = S$ 是一致的。因此,哈罗德说:"这个方程式($G = s/k$)是投资必然总是等于储蓄这一事实的动态化的表述法"。

多马的出发点与哈罗德相同,只是表达方法不同。多马在建立他的经济增长模型时,引入了投资效率或资本生产率概念,即增加单位投资所增加的收入或产量,以 σ 表示资本生产率,$\sigma = \Delta Y/I$。据此,投资所能引起的生产能力或供给量就是 $\Delta Y = \sigma I$。又因为 $I = S$ 和 $S = sY$,所以 $\Delta Y = \sigma I$ 可以表示为:

$$\Delta Y = \sigma s Y$$

即:

$$\frac{\Delta Y}{Y} = \sigma s$$

式中,s 表示储蓄率,$\Delta Y/Y = \sigma s$ 就是关于经济增长率的多马模型。这个模型也是建立在投资等于储蓄基础上的。它与哈罗德模型只是在概念上稍有不同,在形式上完全相同。因此常用以下公式表示哈罗德-多马经济增长模型:

$$G = \frac{s}{k} = \sigma s$$

哈罗德-多马经济增长模型的含义　首先,哈罗德-多马经济增长模型说明了经济长期稳定增长的条件是储蓄等于投资。凯恩斯用储蓄等于投资说明国民收入短期均衡的条件,哈罗德、多马则将之长期化,用来说明长期均衡的条件。在长期中经济增长率就由储蓄率决定,如果 G 的值能保证 $I = S$,则经济增长是稳定的。

其次,由于储蓄率与资本生产率共同决定经济增长率,这样既可在资本生产率既定的条件下,通过改变储蓄率的办法来改变经济增长率,又可在储蓄率不变的前提下,用改变资本生产率的办法来使经济增长率发生变动。

例如,在公式 $G = s/k$ 中,如果 $k = 5$(即每增加 1 单位产量需增加 5 单位资本),$s = 0.25$(即储蓄占收入的 25%),那么,$G = 0.25/5 = 0.05$,即经济增长率为 5%。

再次,哈罗德-多马模型强调了加速原理的作用,即上期收入对本期投资的影响。这可从模型中推出。因为 $k = I/\Delta Y$,得 $I = k \cdot \Delta Y$,此式为加速模型,k 为加速系数。从这点上看,哈罗德经济模型的含义就是:如果本期的储蓄率足以吸收上期产量增加所引致的投资,经济可以持续增长。

经济稳定增长的条件　哈罗德提出了有保证增长率、自然增长率的概念,并与实际增长率进行了比较分析,提出了经济长期稳定增长的条件。有保证增长率也指均衡增长率,即投资等于储蓄的增长率,因为一定的储蓄水平限定了投资,所以这一增长率反映了储蓄水平对增长的约束。

现假定消费倾向 $C/Y = 0.75$,资本生产率 $\sigma = 0.2$,年增长率 G 为 5%。第一期产量或收入为 100,如表 13.2 所示。

表13.2 均衡经济增长率

时期	G	Y_D	C	$S=I$	ΔY	ΔC	$\Delta S=\Delta I$
t	5%	100	75	25	5	3.75	1.25
$t+1$	5%	105	78.75	26.25	5.25	3.94	1.31
$t+2$	5%	110.25	82.69	27.56	5.51	4.13	1.38
$t+3$	5%	115.76	86.82	28.94	5.79	4.34	1.45

表中各期的产量或收入是用下列公式计算出来的，$Y_{t+1}=Y_t+(I_t\cdot\sigma)$，其中 $G=5\%$ 就是均衡增长率。上表计算考虑了投资增加引起生产能力增加时经济稳定增长的条件。在这种情况下不但每年要有净投资（I_t），而且净投资必须逐年增加，如 t 年的净投资为25，增加的潜在生产量（ΔY）为5（即 25×0.2）。因此 $t+1$ 时期的 Y 应增至105，投资增加到26.25，净投资1.25。当 $\sigma=0.2$ 时，净投资增加导致的收入增加为5。收入的增加导致吸收了生产能力扩大所增加的产量，使 $t+1$ 时期的总需求与总供给达到平衡，以下以此类推。

在 σ 和 s 不变的情况下，只要每期的储蓄量都转化为投资，那么每期的投资 I_t 都会使资本存量按一个固定比例增加，同时国民收入或产量按同一比例增加，而 Y 的增加又会使 I 按同一比例增加，这样既能实现经济增长，又能使每一期的需求与供给达到平衡。

有保证的增长率是出自人们意愿，即愿意继续维持下去的增长率，可用下式表示：$G_w=S_w/K_w$，式中 S_w 表示合意的储蓄率，K_w 表示合意的投资与产量比率。

自然增长率，指长期中人口增长和技术进步允许达到的最大增长率，也就是潜在增长率。又叫社会最适宜的增长率。它是既能适应劳动力增长和技术进步，又能实现充分就业的增长率，它由最适宜的储蓄率与合意的投资与产量比率决定，即：

$$G_n=\frac{S_o}{K_w}$$

式中，G_n 表示自然增长率，S_o 表示最适宜的储蓄率。

实际增长率指实际形成的增长率，也就是事后统计的增长率，它由实际储蓄率 S_t 和实际投资产量比率 K_t 所决定，即：$G_t=S_t/K_t$，式中 G_t 表示实际增长率。

哈罗德认为，在长期中实现经济稳定增长的条件是实际增长率、有保证的增长率与自然增长率相一致，即 $G_t=G_w=G_n$，然而实际上这三种增长率往往不一致，这会导致经济中的波动。如果实际增长率与保证增长率不一致，其结果会引起经济的短期波动。

其一，实际增长率大于保证增长率（$G_t>G_w$）。在这种情况下，或者是 $S_t>$

S_w,或者是 $K_t < K_w$,其结果都会引起累积性扩张,出现通货膨胀。如果 $S_t > S_w$,即实际储蓄率高于合意的储蓄率,这时个人或企业都将减少储蓄,以使储蓄率达到合意的水平,储蓄的减少将使消费和投资增加,从而刺激经济扩张。如果是 $K_t < K_w$,即实际的投资产量比率小于合意的投资产量比率,则企业会增加投资,使实际的投资产量水平达到合意的水平,其结果也会刺激经济扩张。

其二,实际增长率小于有保证的增长率,$G_t < G_w$,在这种情况下,或者是 $S_t < S_w$,或者是 $K_t > K_w$,其结果都会引起经济累积性收缩,出现失业。如果是 $S_t < S_w$,实际储蓄率低于合意的储蓄率,这时个人或企业将会增加储蓄,以使储蓄率达到合意的水平,储蓄增加,消费或投资减少,从而引起经济衰退。如果 $K_t > K_w$,实际的资本产量比率大于合意的投资产量比率,则企业为了使实际的投资产量比率达到合意的水平也会减少投资,其结果出现衰退。

如果保证增长率与自然增长率不一致,便会导致经济的长期波动。如果保证增长率大于自然增长率,$G_w > G_n$,经济会趋于长期停滞。因为 G_n 是增长的上限,当 $G_w > G_n$ 时,出现劳动力短缺,工资上升,从而投资与产量减少,经济停滞。如果保证增长率小于自然增长率,$G_w < G_n$,经济会趋于长期繁荣。因为这时劳动力未被充分利用,工资低、利润高,会刺激企业投资生产,从而刺激经济长期繁荣。

经济中,要使 $G_w = G_t$ 已相当不易,还要使它们等于 G_n 则更难。因为决定这三种增长率的因素各不相同,并没有一种内在力量使它们保持一致,因此经济增长是不稳定的。由此可见,哈罗德的长期经济稳定增长的途径也很难实现。因此,西方经济学者将哈罗德提出的经济稳定增长的途径 $G_n = G_w = G_t$ 形容为"刀刃"上行走,难于实现。

(二)新古典经济增长模型

早在 1956 年,美国经济学家索洛和澳大利亚的斯旺就分别提出了新古典经济增长模型,后来英国经济学家米德又对新古典经济增长理论作了系统的表述。新古典经济增长理论中,既有凯恩斯经济学的成分,又有凯恩斯以前的传统经济学的成分,这可以从它的假设中得到反映。

新古典经济增长模型同哈罗德-多马经济增长模型的主要区别,反映在新古典经济增长模型的两个假定上。

(1)假定有资本和劳动两个生产要素,但这两个生产要素是能够互相替代的。资本与劳动能够以可变的比例组合。而在哈罗德-多马经济增长模型的假定中,资本和劳动是按固定比例组合的。

根据新古典经济增长模型的这一假定,既然资本和劳动可以按不同的比例进行组合,一定量的资本可以吸引不同数量的劳动,那么资本产量比率、资本生产率也是可变的,即一定量的资本量同较多的劳动力相结合,资本生产率就较高;反之,一定量的资本量同较少的劳动力相结合,资本生产率就较低。这一点也与哈罗德-多马经济增长模型不同,因为哈罗德-多马经济增长模型从资本和劳动的固定比例出发,假定资本产量比率既定不变,而在既定不变的资本产量比率下,经济增长率与储蓄率呈同方向变化。

(2) 假定任何时候,资本和劳动这两个生产要素都可以得到充分利用。而哈罗德-多马经济增长模型则不包含这一个假定。根据新古典经济增长模型的解释,既然资本和劳动之间的比例是可变的,而一切经济活动又是在完全竞争的市场条件下进行,那么一切被投入的生产要素都可以得到充分利用,不存在生产要素的闲置问题。

由于新古典经济增长模型假定资本和劳动这两个生产要素得到充分利用,所以对哈罗德-多马经济增长模型来说,有意义的实际增长率与可能的增长率之间的背离状态,对新古典经济增长模型就失去了意义,因为在新古典增长模型中,实际增长率就是可能的增长率。

除了上述两个与哈罗德-多马经济增长模型不同的假定外,新古典经济增长模型也假定:① 社会的全部产品具有同质性,即全社会只生产一种产品;② 不考虑技术进步;③ 规模收益不变,但资本和劳动的边际生产力递减;④ 完全竞争,因而工资和利润分别等于劳动和资本的边际生产力。

新古典经济增长模型的基本公式　　新古典经济增长模型从供给出发,把劳动的增长视为经济增长的决定因素。这一模型的出发点就是柯布-道格拉斯生产函数 $Y = AK^{\alpha}L^{1-\alpha}$,产量的增加取决于资本投入量的增加和劳动投入量的增加,即:

$$\Delta Y = f(\Delta K, \Delta L)$$

式中,ΔY 表示收入的增量,ΔK 表示资本的增量,ΔL 表示劳动的增量。要说明资本和劳动增加对产量的影响,可以计算它们各自的贡献。

根据假定,全部产品是由劳动和资本生产出来的,因此它们在全部产品中贡献的大小由各自的边际生产力和投入量决定,故有:

$$Y = MP_K \cdot K + MP_L \cdot L$$

收入增量为:

$$\Delta Y = MP_K \cdot \Delta K + MP_L \cdot \Delta L$$

由此经济增长率公式可写为:

$$G = \frac{\Delta Y}{Y}$$

$$= \frac{MP_K}{Y} \cdot \Delta K + \frac{MP_L}{Y} \cdot \Delta L$$

$$= MP_K \cdot \frac{K}{Y} \cdot \frac{\Delta K}{K} + MP_L \cdot \frac{L}{Y} \cdot \frac{\Delta L}{L}$$

式中 $MP_K \cdot K/Y$ 是资本在总产量中所作的贡献,称资本的产量弹性,也就是柯布-道格拉斯生产函数中的 α,$MP_L \cdot L/Y$ 是劳动在总产量中所作的贡献,称劳动的产量弹性,也就是柯布-道格拉斯生产函数中的 $1-\alpha$,故有:

$$G = \alpha \cdot \frac{\Delta K}{K} + (1-\alpha) \cdot \frac{\Delta L}{L}$$

这就是新古典经济增长模型的基本公式。它表明,经济增长率取决于资本的产量弹性 α、劳动的产量弹性 $(1-\alpha)$、资本增长率 $\Delta K/K$ 以及劳动增长率 $\Delta L/L$。

从人均增长率来看,有:

$$G_p = \frac{\Delta\left(\frac{Y}{n}\right)}{\frac{Y}{n}} = \frac{\Delta Y}{Y} - \frac{\Delta n}{n}$$

式中,$\Delta n/n$ 为人口增长率,它与劳动增长率同一方向变化,这里假定它们相等,所以有:

$$G_p = \frac{\Delta Y}{Y} - \frac{\Delta n}{n} = G - \frac{\Delta L}{L} = \alpha\left(\frac{\Delta K}{K} - \frac{\Delta L}{L}\right)$$

上式就是人均增长率公式,它表明人均增长率由人均资本增长率 $(\Delta K/K - \Delta L/L)$ 和资本的产量弹性 α 决定。若 $\Delta K/K - \Delta L/L > 0$,则 $G_p > 0$,这表明人们的生活水平在提高;相反,若 $\Delta K/K - \Delta L/L < 0$,则 $G_p < 0$,这表明人们的生活水平在下降;若 $\Delta K/K - \Delta L/L = 0$,则 $G_p = 0$,这表明人们的生活水平没有提高。如此分析未考虑技术水平,如果考虑它,则 $G_p = \alpha(\Delta K/K - \Delta L/L) + \Delta A/A$,由此可见技术进步在人均经济增长中也起重要作用。

人均资本调整和经济稳定增长 与哈罗德-多马经济增长模型不同,新古典经济增长模型认为,市场经济有一种内在的力量,调整资本生产率(产量-资本比率),使得经济实现长期稳定增长。

新古典经济增长模型假定,储蓄完全转化为投资,即整个经济处于均衡状态,所以 $S = I$,在长期中,储蓄与收入成比例,$S = s \cdot Y$。而 $I = \Delta K$,所以 $\Delta K = s \cdot Y$,得到 $G = \alpha \cdot s \cdot Y/K + (1-\alpha) \cdot \Delta L/L$,该式表明在 α、$(1-\alpha)$、$\Delta L/L$ 和 s 不变的条件下,经济增长率取决于 Y/K,且两者成正比变化。又 $\Delta K/K = s \cdot Y/K$,这表明在储蓄不变的条件下,资本增长率 $\Delta K/K$ 和资本生产率 Y/K 成正比变化。

经济长期稳定增长条件是 $\Delta Y/Y = \Delta K/K = s \cdot Y/K$,这表明经济增长率和资本增长率如果不相等,则可以通过调整资本生产率 Y/K 使它们相等。调整资本生产率就是调整经济中使用的资本数量,使资本与劳动的比率发生变化,也即人均资本 (K/L) 发生变化。所以调整资本生产率也就是调整人均资本,并且人均资本调整是通过价格机制在市场上自发地实现的,即人均资本的调整是靠一种内在的力量。因此人均资本的调整可以使经济增长率与投资增长率保持一致,从而实现经济长期稳定增长,这就解决了哈罗德-多马经济增长模型中的"刀刃"问题。

新古典经济增长模型的含义 根据新古典经济增长模型,只要资本的边际产品 MPP_K 大于零,如果平均每个工人使用的资本增长率为正数,平均每人的收入增长率也就是正数。同时考虑到劳动力的增长,假定每个新工人所使用的资本量与现有工人(老工人)所使用的资本量相等,那么为了使新工人得到同样多的资本装备,就必须从现期收入中抽出一部分作为新工人的资本装备,于是平均每人的消费水平就会受到影响。这就是说,如果劳动力人数增加得越多,越迅速,经济中要求追加的投资量就越大,平均每人的消费水平就越难以提高,假如把一定的经济增长率作为目标,那么或者应当控制劳动力人数的增长率,或者应当提高资本生产率,否则就只有降低平均消费水平。

(三) 新增长理论

新增长理论是由美国经济学家保罗·罗默在20世纪80年代首先提出的。在增长的根本原因这个问题上,新增长理论强调经济增长不是外部力量(如外生技术变化),而是经济体系的内部力量(如内生技术变化)作用的产物,重视对知识外溢、人力资本投资、研究和开发、收益递增、劳动分工和专业化、边干边学、开放经济和垄断化等新问题的研究,重新阐释了经济增长率和人均收入的广泛的跨国差异,为长期经济增长提供了一幅全新的解释。

新增长理论最重要的突破是将知识、人力资本等内生技术变化因素引入经济增长模式中,提出要素收益递增假定,其结果是资本收益率可以不变或增长,人均产出可以无限增长,并且增长在长期内可以单独递增。技术内生化的引入,说明技术不再是外生的和人类无法控制的东西,而是人类出于自身利益而进行投资的产物。

知识外溢和边干边学的内生增长 新增长理论强调知识和人力资本是"增长的发动机"。因为知识和人力资源本身就是一个生产投入要素:一方面它是投资的副产品,即每一个企业的资本增加会导致其知识存量的相应提高;另一方面知识和人力资本具有"外溢效应",即一个企业的新资本积累对其他企业的资本生产率有贡献。这意味着,每一个企业的知识水平是与整个经济中的边干边学,进而与全行业积累的总投资成比例的。通过这种知识外溢的作用,资本的边际产出率会持久地高于贴现率,使生产出现递增收益。也就是说,任一给定企业的生产力是全行业积累的总投资的递增函数,随着投资和生产的进行,新知识将被发现,并由此形成递增收益。因此,通过产生正的外在效应的投入(知识和人力资本)的不断积累,增长就可以持续。

内生技术变化的增长 新增长理论强调发展研究是经济刺激的产物,即有意识的发展研究所取得的知识是经济增长的源泉。大量的创新和发明正是企业为追求利润最大化而有意识投资的产物。由于这一研究与开发产生的知识必定具有某种程度的排他性,因此开发者拥有某种程度的市场力量。可见,创新需要垄断利润的存在,因此,这种经济需要某种垄断力。但是,发明者的垄断地位具有暂时的性质,在新的创新出现时,它就会被取代并丧失其垄断利润。正是这种对垄断利润的追求,以及垄断利润的暂时性质,使得创新不断继续,从而经济就进入持续的长期增长中。

新增长理论的意义 首先,新增长理论将知识和人力资本因素纳入经济增长模型,为经济持续的增长找到了源泉和动力。古典增长理论学家大卫·李嘉图得出经济发展最终处于停滞的悲观结论。凯恩斯学派和新古典增长理论都认为一旦没有技术进步,经济发展也将停止。新增长理论则认为,专业化的知识和人力资本的积累可以产生递增的收益并使其他投入要素的收益递增,从而总的规模收益递增,这突破了传统经济理论关于要素收益的递减或不变假定,说明了经济增长持续和永久的源泉与动力。其次,新增长理论对制定经济政策产生重大影响。新增长理论认为,市场力量的作用不足以利用社会可能达到的最大创新潜力,一部分创新潜力被浪费了。政府有责任、有理由进行干预,这样做的结果是提高了经济增长率。但是,政策制定者们把注意力集中在经济周期上,忙于进行"微调"和寻求操纵"软着陆"的方法是不对的。因为支撑经济周期的是探索发现与创新过程。因此,政府应着力于能促进发展新技术的各种政策。如支持教育,刺激对物质资本的投资,保护知识产权,支持研究与开发工作,实行有利于新思想形成并在世界范围内传递的国际贸易政策,以及避免政府对市场的扭曲等。

二、促进经济增长的公共政策

到现在为止,我们已经知道,一个社会的生活水平取决于它生产物品和服务的能力,这种能力更多地取决于其劳动生产率的高低,而劳动生产率又取决于物质资本、人力资本和技术进步等因素。现在我们转向一个国家可以采取哪些政策来提高经济增长的水平。

鼓励技术进步 经济增长模型表明,人均收入的持续增长来自技术进步。无论是内生的和外生的技术进步,对经济增长都具有决定性的影响。可以通过许多公共政策来鼓励技术进步。例如,专利制度给新产品发明者以暂时的垄断权力,通过允许发明者从其发明中获得利润,可以有效提高个人和企业从事研究发明的积极性。另外,提高教育质量,也是促进技术进步的重要途径,因为,一支高素质的研究与开发团队是改进技术的一个关键因素。

鼓励物质资本形成 物质资本的增加是经济增长的一个重要源泉。物质资本是被生产出来的要素,因此,一个社会可以改变它所拥有的资本量。如果今天经济生产了大量新的资本品,在未来它将有大量资本的存量去生产更多的物品和服务。资本存量的增加要靠社会增加储蓄和投资。因此,鼓励资本形成的关键在于鼓励人们进行储蓄和投资,这是政府促进经济增长的一种方法。

增加劳动供给 增加劳动供给会引起经济增长。劳动者增加劳动的积极性来自于收入的提高,如果政府降低所得税会增加劳动者的工作所得,从而提高劳动者的劳动积极性,增加劳动量。此外,广义的劳动供给还包括人力资本供给。人力资本在许多方面与物质资本类似,与物质资本一样,人力资本可以提高一个国家生产物品和服务的能力。人力资本增加的途径是学校教育和在职培训,因此政府可以采取的人力资本供给政策就是努力增加教育和培训的资金投入,着力提高教育和培训的质量。

【即问即答】
◇ 政府可以从哪些方面促进经济增长?

第三节 经济周期

经济增长是经济发展的总体趋势,但增长是不稳定的,常常伴随着经济活动上下波动,呈现出周期性变化的特征。本小节对经济周期及其成因做一简单介绍。

一、什么是经济周期

经济周期,也称商业周期、商业循环,是指经济运行中周期性出现的经济扩张与经济紧缩交替更迭、循环往复的一种现象。这种现象以经济中的许多成分普遍而同期地扩张和收缩为特征,持续时间通常为 2~10 年。在现代宏观经济学中,经济周期表现为实际 GDP 相对于潜在 GDP 的上升(扩张)或下降(收缩或衰退)过程的交替。

经济周期可用图 13.2 加以说明。图中的直线表示潜在 GDP 的稳定增长路径,弯曲的曲线表示实际 GDP 的周期性变化情况。经济周期的具体形式是不规则的,没有两个完全相同的经济周期。但每个经济周期应该包括扩张和收缩两个阶段。在这两个阶段基础上还可以把经济周期细分为四个阶段:繁荣、衰退、萧条和复苏。如图所示,A 点是经济周期变化的谷底,从谷底向上到 B 点代表经济的复苏阶段。随着经济增长,产量达到 C 点,即峰顶,代表经济的繁荣,从 A 点到 C 点的上升过程,称为经济的扩张阶段。当经济越过峰顶向下到达 D 点时,意味着经济开始衰退;从 D 点开始到下一个谷底 E 点,表示经济进入萧条阶段。从 C 点到 E 点的下降过程,称为经济的收缩阶段。从 A 点到 E 点的变化代表一个完整的经济周期。

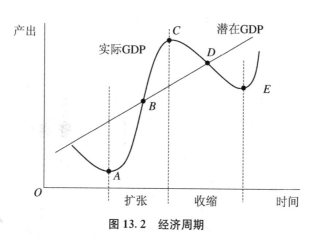

图 13.2　经济周期

从经济周期的阶段性特征来看,在经济周期波动的扩张阶段,市场需求旺盛,订货饱满,商品畅销,生产趋升,资金周转灵便。企业的供、产、销和人、财、物都比较好安排。企业处于较为宽松有利的外部环境中。而在经济周期波动的收缩阶段,市场需求疲软,订货不足,商品滞销,生产下降,资金周转不畅。企业在供、产、销和人、财、物方面都会遇到很多困难。企业处于较恶劣的外部环境中。经济的衰退既有破坏作用,又有"自动调节"作用。在经济衰退中,一些企业破产,退出商海;一些企业亏损,陷入困境,寻求新的出路;一些企业顶住恶劣的气候,在逆境中站稳了脚跟,并求得新的生存和发展。

在市场经济条件下,企业家们越来越多地关心经济形势,也就是"经济大气候"的变化。一个企业生产经营状况的好坏,既受其内部条件的影响,又受其外部宏观经济环境和市场环境的影响。一个企业,无力决定它的外部环境,但可以通过内部条件的改善,来积极适应外部环境的变化,充分利用外部环境,并在一定范围内,改变自己的小环境,以增强自身活力,扩大市场占有率。因此,作为企业家对经济周期波动必须了解、把握,并能制定相应的对策来适应周期的波动,否则将在波动中丧失生机。

二、经济周期的成因

经济周期容易描述但难以解释,经济周期理论关于经济周期是如何发生的问题,有很多理论,大致分为外因论和内因论。

外因论认为,经济周期源于经济体系之外的因素的冲击所致,例如太阳黑子、技术创新等。

太阳黑子理论 太阳黑子理论把经济的周期性波动归因于太阳黑子的周期性变化。因为据说太阳黑子的周期性变化会影响气候的周期变化,而这又会影响农业收成,而农业收成的丰歉又会影响整个经济。太阳黑子的出现是有规律的,大约每十年左右出现一次,因而经济周期大约也是每十年一次。

创新理论 创新是指建立一种新的生产函数,或者说是生产要素的一种"新组合"。生产要素新组合的出现会刺激经济的发展与繁荣。当新组合出现时,老的生产要素组合仍然在市场上存在。新老组合的共存必然给新组合的创新者提供获利条件。而一旦用新组合的技术扩散,被大多数企业获得,最后的阶段——停滞阶段也就临近了。在停滞阶段,因为没有新的技术创新出现,因而很难刺激大规模投资,从而难以摆脱萧条。这种情况直到新的创新出现才被打破,才会有新的繁荣的出现。总之,该理论把周期性的原因归之为科学技术的创新,而科学技术的创新不可能始终如一地持续不断出现,从而必然有经济的周期性波动。

内因论在经济体系内部寻找经济周期性波动的原因和机制,认为经济周期源于经济体系内市场机制作用本身的作用。主要有以下几种:

纯货币理论 纯货币理论认为货币供应量和货币流通度直接决定了名义国民收入的波动。经济波动完全是由于银行货币与信用交替扩大和收缩所造成的,尤其以短期利率起着重要的作用。货币主义者在分析经济的周期性波动时,认为受货币量增长率的波动而驱动的投资和消费支出波动,是总需求波动的主要来源。

投资过度理论 投资过度理论把经济的周期性循环归因于投资过度。由于投资过多,与消费品生产相对比,资本品生产发展过快。资本品生产的过度发展促使经济进入繁荣阶段,但资本品过度生产所导致的过剩又会促进经济进入萧条阶段。

消费不足理论 该理论把经济的衰退归因于消费品的需求赶不上社会对消费品生产的增长。这种不足又源于国民收入分配不公所造成的过度储蓄。

心理预期理论 心理预期理论和投资过度理论是紧密联系的。该理论认为经济的循环周期取决于投资,而投资大小主要取决于业主对未来的预期。而预期却是一种心理现象,而心理现象又具有不确定性的特点。因此,经济波动的最终原因取决于人们对未来的预期。当预期乐观时,增加投资,经济步入复苏与繁荣;当预期悲观时,减少投资,经济则陷入衰退与萧条。随着人们情绪的变化,经济也就周期性地发生波动。

乘数-加速数理论 根据该理论,产出的快速增长刺激了投资,而大规模的投资反过来又刺激产出增长更多。这个过程一直持续下去,直到潜在生产能力被用尽。随后经济增长率开始放慢,投资和存货减少,这将使经济进入衰退直到谷底,然后经济过程又呈现相反的状态,如此循环往复。

【即问即答】
◇ 经济周期性波动对企业有什么影响?如何应对经济的周期性变化?

内容提要

1. 经济增长是指一个国家或地区在一定时期内(通常为一年)商品和服务的增加。通常以国内生产总值、国民收入及其人均值或增长率来表示。

2. 所有影响实际GDP增长的因素划分为两类:总劳动量和劳动生产率,这两类因素也称为经济增长的源泉。

3. 哈罗德-多马经济增长模型认为经济稳定增长的条件是有保证增长率、自然增长率与实际增长率相等。

4. 促进经济增长的公共政策包括鼓励技术进步、鼓励资本形成和鼓励劳动供给。

5. 经济周期,也称商业周期、商业循环,是指经济运行中周期性出现的经济扩张与经济紧缩交替更迭、循环往复的一种现象。或者说,是国民收入或总体经济活动扩张与紧缩的交替或周期性波动变化。

关键术语

经济增长　　有保证增长率　　自然增长率　　实际增长率　　技术进步
经济周期

复 习

1. 经济增长的含义是什么?
2. 哈罗德-多马模型的经济含义是什么?
3. 新古典增长模型的经济含义是什么?
4. 新增长理论如何看待经济增长?
5. 什么是经济周期?它分为几个阶段?
6. 说明下列因素如何会提高或降低平均劳动生产率:
① 教育制度改革的成功;
② 新工人进入经济;
③ 提前退休;

④ 在萧条时期的失业率提高。

7. 假定某社会经济的消费倾向 $C/Y=0.8$,资本-产出比率 $v=4$,年增长率 $G=5\%$,请你根据哈罗德-多马模型填写下表:

时期	G	Y	C	S 和 I	ΔY	ΔC	ΔS 和 ΔI
t	5%	100	80	20	5	4	1
$t+1$	5%						
$t+2$	5%						
$t+3$	5%						

应 用

1. 上网调查中国自 1980 年以来的人口变化情况,分析这种变化对中国经济增长的影响。

2. 在网上获得你感兴趣的 3 个国家或地区的经济增长数据,并对这些国家或地区经济增长快慢进行排序,解释这 3 个国家或地区的经济增长率为什么是这样的顺序。

第十四章 国际经济

> **学习目标**
>
> 学习本章后,你应该能够:
> - 解释绝对优势和比较优势的差异
> - 解释关税和进口配额的效应
> - 定义汇率,并区分名义汇率和实际汇率
> - 解释浮动汇率制度下汇率的决定
> - 描述国际收支平衡表的基本结构

2010年我国外贸进出口总值29727.6亿美元,其中出口15779.3亿美元,增长31.3%;进口13948.3亿美元,增长38.7%;贸易顺差为1831亿美元。2010年12月我国拥有的外国资产28473.38亿美元,其中,美元资产占70%左右,日元约为10%,欧元和英镑约为20%。2005年1美元兑换人民币8.0702元,到2011年1月,1美元兑换人民币6.6215元,人民币对美元不断升值。这说明我国与其他国家之间存在着密切的经济联系,是相互依存的。那么,我国为什么会与其他国家进行贸易?我国人民币的币值由什么因素决定呢?

本章的任务是考察开放经济条件下国与国之间的经济联系。学习本章有助于你认识国家之间在经济上的相互依存性,学会从国家之间相互依存的角度看待和分析经济现象。

第一节 比较优势与国际贸易

一、开放经济的含义

开放经济是指一国的经济与国外有着密切经济联系,如进出口和货币、资本的

往来。开放经济的对立面就是封闭经济。封闭经济是指一国在经济活动中没有与国外的经济往来,例如,没有国际贸易、国际金融以及劳动力的交流,仅仅存在国内的经济活动,处于封闭经济状态。在开放经济中,要素、商品与服务可以较自由地跨国界流动,从而实现最优资源配置和最高经济效率。一般而言,一国经济发展水平越高,市场化程度越高,越接近于开放经济。在经济全球化的趋势下,发展开放经济已成为各国的主流选择。开放经济与外向型经济的不同在于:外向型经济以出口导向为主,开放经济则以降低关税壁垒和提高资本自由流动程度为主。在开放经济中,既出口,也进口,基本不存在孰重孰轻的问题,关键在于发挥比较优势;既吸引外资,也对外投资,对资本流动限制较少。

二、绝对优势与比较优势

国际贸易是指不同国家之间的商品和服务的交换活动。它涉及商品和服务的国际转移。国家之间进行贸易的原因是因为贸易双方都可以从贸易中获得利益,那么,为什么能从贸易中获得利益呢?一种解释是每个国家在某种产品生产上拥有绝对优势,另一种解释是每个国家在某种产品生产上拥有相对优势。

(一) 绝对优势

如果一个国家生产某一物品所使用的资源比其他国家少,那么该国在生产这种物品上就具有绝对优势。例如,假设 A 国和 B 国都生产小麦,但是,A 国的气候适合于小麦并且它的劳动生产率更高,A 国因而每单位土地比 B 国生产更多的小麦,它使用较少的劳动种植小麦并把它运到市场上,这样 A 国在生产小麦方面享有绝对优势。绝对优势思想是 18 世纪英国经济学家斯密提出的。斯密的绝对优势理论认为,各国所存在的生产技术上的差别(例如农业上的不同生产条件)以及由此造成的劳动生产率差别和生产成本的绝对差别,是国家之间贸易的基础。各国应该集中生产并出口其具有绝对优势的产品,进口其不具有绝对优势的产品,其结果比自己什么都生产更有利。

绝对优势理论解释了国际贸易的部分原因,但在现实经济中,有些国家可能在各种产品生产上具有绝对优势,而另一些国家可能在所有产品生产上都不具有绝对优势,但仍然存在国家之间的贸易。

(二) 比较优势

在斯密的绝对优势理论基础上,英国经济学李嘉图提出了沿用至今的比较优势理论。比较优势理论认为,即使一国在两种商品的生产上都处于劣势,它仍然可以通过比较优势参与国际贸易获利。如果一个国家生产某种产品所花费的成本低于其他产品的成本,该国在生产这种产品方面就具有比较优势。

比较优势存在的前提是生产某种产品的机会成本不同。假设,有 M 国和 C 国,两国都要生产小麦和衣服。在 M 国,全部资源可生产 10 万千克小麦,或 8 万件衣服。那么,在 M 国生产每千克小麦的机会成本是 0.8 件衣服,而每件衣服的机会成本是 1.25 千克小麦。在 C 国,同样的资源可生产出 8 万千克小麦,或 16 万件衣服,那么,C 国生产每千克小麦的机会成本是 2 件衣服,而生产每件衣服的机会成本是 0.5 千克小麦。如表 14.1 所示。

表 14.1　M、C 两国小麦和衣服的机会成本

	小麦/千克	衣服/件
M 国	0.8 件衣服	1.25 千克小麦
C 国	2 件衣服	0.5 千克小麦

M 国为增加 1 千克小麦而需要放弃的衣服小于 C 国(0.8<2),也就是说,在小麦生产上,M 国生产小麦的机会成本较小;C 国为增加 1 件衣服而需要放弃的小麦的数量小于 M 国(0.5<1.25),也就是说,在衣服生产上,C 国的机会成本较小。两国各自生产机会成本较小的产品,只要贸易价格合理(0.8 件衣服<1 千克小麦<2 件衣服,如 1∶1),不但能使每个国家国内的消费水平有所提高,而且也提高了整个国际的福利水平。可见,所谓比较优势就是指绝对劣势中较小者,或是绝对优势较大者。

比较优势理论说明,每个国家应该专门生产其具有比较优势的产品,然后进行交换,则每个国家都能通过贸易获得更大的利益。例如,英国与葡萄牙生产呢绒与葡萄酒的成本情况如表 14.2 所示。

表 14.2　英国与葡萄牙生产呢绒、葡萄酒的成本(劳动)

	呢绒	葡萄酒
英国	80	100
葡萄牙	60	40

葡萄牙生产这两种产品都比英国有利。在这种情况下,双方贸易的基础就不是绝对优势而是比较优势。从葡萄牙来看,生产呢绒的成本是英国的 75%,生产葡萄酒的成本是英国的 40%。这就说明,葡萄牙生产两种产品都绝对有利,但生产葡萄酒的相对优势更大。从英国来看,生产呢绒的成本是葡萄牙的 1.33 倍,生产葡萄酒的成本是葡萄牙的 2.5 倍。这就说明,英国生产这两种产品都绝对不利,但生产呢绒,相对有利一些。在这种情况下,采取怎样的国际分工和交换,对双方都有利呢?依照比较优势原理,英国生产呢绒,换取葡萄牙的葡萄酒;葡萄牙生产葡萄酒,换取英国的呢绒,双方都有利。对英国来说,在其国内,用 1 单位呢绒只能

换 0.8 单位的葡萄酒,如果用呢绒和葡萄牙的葡萄酒交换,则可得 1.5 单位的葡萄酒,比本国多得 0.7 单位。而对葡萄牙来说,在其国内,用 1 单位葡萄酒只能换 0.67 单位的呢绒,如果用葡萄酒与英国的呢绒交换,则可得 1.25 单位的呢绒,比在本国多得 0.58 单位的呢绒。这样,如果两国实行专业化生产,英国 180 单位的劳动可以生产出 2.25 单位的呢绒,葡萄牙 90 单位的劳动可以生产出 2.25 单位的葡萄酒。两国交换后,英国少消费 1 单位呢绒,得到 1.5 单位的葡萄酒,总消费量是 1.25 单位呢绒加 1.5 单位葡萄酒。葡萄牙少消费 1 单位葡萄酒,得到 1.25 单位呢绒,总消费量是 1.25 单位葡萄酒加 1.25 单位呢绒。而交换之前,各国都只能消费 1 单位呢绒和 1 单位葡萄酒。交换后,两国能消费的产品都增加了。

(三) 比较优势的来源

现在我们已经看到专业化和贸易能够有利于交易双方,即使是那些在绝对意义上是无效率的生产者也是如此。但是,我们还不知道比较优势的来源,即是什么决定了一个国家在某种产品生产上的比较优势。

瑞典经济学家赫克歇尔和俄林从不同国家所拥有的各种生产要素禀赋的差异,解释了比较优势的来源。他们用要素密集度和要素丰裕度来说明比较优势。要素密集度是指产品中生产要素的投入比例(或密集使用程度),要素丰裕度是指一国拥有的某种生产要素的丰富程度。假设两种产品 A、B 分别使用资本(K)和劳动(L)两种投入要素,且两种要素的投入比例分别是 $(K/L)_A$、$(K/L)_B$,如果 $(K/L)_A > (K/L)_B$,就称 A 为资本密集型产品,而 B 为劳动密集型产品。又设 C、D 两国的要素禀赋比为总资本/总劳动 (TK/TL),如果 $(TK/TL)_C > (TK/TL)_D$,则说 C 国是资本丰裕国家,D 国是劳动力丰裕国家。俄林-赫克歇尔认为,各种商品生产中所使用的各种生产要素的比例存在差异。譬如种粮需要更多的土地要素,织布则要较多的劳动投入,而酿酒却需密集投入资本等。由于各国的要素丰裕度是不同的,因此各种生产要素的相对多少与价格就不同。劳动力丰富,则劳动的价格较低;若资本丰富,则资本的价格较低。由于生产要素在国际间流动要受到一定的限制,所以,劳动力相对丰富的国家,劳动密集型产品的成本较低;而资本相对丰富的国家,资本密集型产品的成本较低。因此,各国应当集中生产并出口该国相对丰裕和便宜的要素密集型商品,进口该国相对稀缺和昂贵的要素密集型商品。具体来说,劳动力丰富而价格低的国家生产劳动密集型产品,资本丰富而价格低的国家生产资本密集型产品有利。

20 世纪 60 年代以来,国际贸易出现了许多新的形式,主要有两个方面:第一,发达国家之间的贸易量大大增加。第二,同类产品之间的贸易量大大增加。许多国家不仅出口工业品,也大量进口相似的工业品,例如美国既出口汽车也进口汽车,出现了许多同一行业既出口又进口的双向贸易或行业内贸易。这些新的贸易形式是无法用要素禀赋理论加以解释的。

为解释新的贸易情况,经济学家提出了许多不同的贸易理论。其中比较有代表性的就是规模经济理论。规模经济是指随着产量的增加,产品的平均成本不断下降的生产状况。规模经济使得大企业比小企业更具成本优势,在市场交易中,小企业将被逐渐淘汰,最终形成不完全的市场竞争结构。两国在生产上进行分工,各自都能取得显著的规模经济性,然后实施贸易,结果实现了双赢。像日本索尼这样的制造商在制造家电数量和经验方面具有优势,而在民用航空方面,美国居全球主导地位。在需要大量研究和开发经费的产业中,规模大通常是一种重要的优势。美国在微处理器生产上享有规模收益,而日本在电脑芯片和笔记本电脑显示器方面具有成本优势,他们可以在同一行业内实施这种不同的分工和交换。

三、国际贸易政策

按照比较优势理论,条件千差万别的各个国家从自由的市场交易中都能获得利益。因此,从逻辑上说,比较优势理论就是自由贸易的主张。但是,在现实中,自由贸易却受到各国政府的许多政策的干预,或者说政府采取了贸易保护的措施。这些措施主要集中在两个方面:限制进口和鼓励出口。

(一)限制进口政策

政府限制进口政策是指一国对产品进口水平所设定的一系列措施,其工具主要有关税和非关税壁垒两种。

关税 关税是指当进口产品越过国界时由进口国征收的税收。为了了解关税如何起作用,我们假设有 M 国和 F 国进行汽车贸易。汽车贸易量和价格取决于 M 国的汽车出口供给曲线和 F 国的汽车进口需求曲线的交点。图 14.1 显示了 F 国政府征收进口关税的效应。

图 14.1 中,假定在自由贸易条件下 F 国一年进口的汽车数量为 Q_1,支付的价格为 P_1。现在假设 F 国的政府决定对汽车进口征收关税。F 国现在不能按 M 国出口供给的价格进口汽车了,因为进口价格在原来的基础加上关税,这导致 F 国的汽车供给曲线向左移动。新的供给曲线表示的是"加上关税的 M 国汽车供给"。新的均衡发生在汽车的新供给曲线和 F 国的进口需求曲线的交点,即 E_2,这个均衡点表明汽车的价格现在上升到 P_2,这是 F 国消费者购买汽车必须支付的价格,比原来自由贸易条件下的价格上涨了。同时,新均衡点还表明 F 国每年的汽车进口量从原来的 Q_1 减少到 Q_2,但 F 国从每辆汽车获得的关税是 P_3P_2。

非关税壁垒 非关税壁垒,又称非关税贸易壁垒,指一国政府采取除关税以外的各种办法,直接或间接地限制进口,以保护国内市场和国内产业的发展的政策和

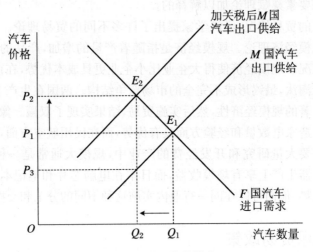

图 14.1 进口关税效应

手段。如进口配额、进口许可、自动出口限制以及技术标准等。这里以进口配额为例加以分析。进口配额是指对特定的进口产品的数量进行限制。这种政策在纺织品和农产品上用得最多。图 14.2 显示了进口配额措施的影响。

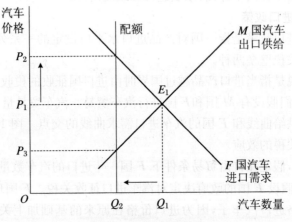

图 14.2 进口配额效应

在图 14.2 中,假设 F 国政府对每年进口 M 国汽车实行进口配额限制,其数量为 Q_2,如图中的垂直线表示。F 国汽车进口商从 M 国购买这一数量,价格为 P_3。然而,由于汽车进口数量的限制,F 国消费者必须支付 P_2 价格来购买一辆汽车。可见,进口配额和进口关税具有类似的限制进口的效果,表现在汽车数量减少和交易价格提高。

配额和关税之间的关键区别在于谁获得了出口商的供给价格和国内价格之间

的差额。在征收关税时,进口国的政府获得了这个差价。而在实行配额的情况下,进口商获得了这个差价。

(二) 鼓励出口政策

鼓励出口政策是指一国对产品出口水平所设定的一系列措施。政府鼓励出口的最常见政策是对出口进行补贴。出口补贴主要是为了降低本国出口商品的成本和价格,以提高其国际竞争力,增强本国出口商的积极性,扶持本国产业。出口补贴又包括直接补贴和间接补贴两种方式。直接补贴指出口商品时,政府直接给予本国出口商品以现金补贴。关贸总协定和世界贸易组织禁止对工业品出口进行直接补贴,因此这种形式主要存在于农产品贸易中。间接补贴是指政府对某些出口商品给予财政上的优惠。例如出口退税、出口减税及出口奖励等。

此外,政府鼓励出口还可以采取倾销的办法。倾销是指出口商以低于国内市场价格,甚至低于商品生产成本的价格,集中或持续地大量向国外市场抛售商品的行为。但很多国家将这种倾销视为一种不公平竞争行为,因此,采取这种倾销政策会受到被倾销国征收高额"反倾销税"的报复。当然,这种反倾销措施也可能被滥用,从而成为贸易保护主义措施。

【即问即答】
◇ 在哪种情形下一个国家可以从国际贸易中获益?
◇ 一国可以用来限制进口的国际贸易政策工具有哪些?

第二节 汇率与国际收支

一、外汇市场与汇率

当中国东方航空公司向美国波音公司购买飞机时,需要用美元支付这些飞机。当美国的家庭购买中国海尔公司的冰箱产品时,需要用人民币支付。不论何时人们从另一个国家购买东西,他们都要用那个国家的货币进行交易。因此,在国际经济交易中,就有一个把本币兑换成外币,或把外币兑换成本币,以利于国际交换的问题。我们通常是在外汇市场上获得这些外国货币。

外汇市场是一国货币与另一国货币进行交换的市场。它与一般的商品市场不同,是由数以千计的进口商、出口商、银行、经纪人等组成。在纽约、伦敦、东京和苏黎世等有组织的外汇市场上,每天都要进行数以千亿计的外汇交易。像其他的市场概念一样,外汇市场也由供给方和需求方共同组成。以中国和美国之间交易对美元的供给和需求为例,当美国人需要购买中国的服装、电冰箱等物品,以及来中国旅游,那么在外汇市场上就产生了对美元的供给。相反,当中国人需要购买美国的飞机和美国的股票、债券时,在外汇市场上就产生了对美元的需求。

汇率是指外汇市场上一个国家或地区的货币与另一个国家或地区之间货币的兑换比率。例如,2011年9月28日,人民币汇率中间价为:1美元兑换人民币6.3623元,1欧元兑换人民币8.6324元,100日元兑换人民币8.3151元,1港元兑换人民币0.81610元,1英镑兑换人民币9.9382元,1元人民币兑换4.9764俄罗斯卢布。汇率有两种标价方法,一种是直接标价法,另一种是间接标价法。直接标价法是指以一定单位(1或100单位)的外币为标准折算成若干本币来表示汇率。直接标价法下的汇率上升,表示本国货币贬值,或外国货币升值。包括中国在内的世界上绝大多数国家目前都采用直接标价法。如日元兑美元汇率为119.05即1美元兑119.05日元。间接标价法是以一定单位本币为标准,折算成若干外币来表示汇率。间接标价的汇率上升,则表示本国货币在升值,外国货币在贬值。

汇率有名义汇率和实际汇率的区别,名义汇率是指一种货币兑换另一种货币的数量,而实际汇率是指外国生产的物品和服务对本国物品和服务的相对价格。为了理解实际汇率,假设中国只生产电冰箱而美国只生产飞机。一台电冰箱的价格是2000元人民币,一架波音飞机的价格是1亿美元。假设名义汇率是每美元10元人民币。根据这些信息我们可以计算出两国货币的实际汇率,即一架飞机可以购买的电冰箱数量。在电冰箱价格为2000元人民币和汇率为每美元10元人民币时,一台电冰箱按美元计算的价格是200美元。当一架飞机的价格为1亿美元和一台电冰箱的价格为200美元时,一架美国飞机可以买50万台中国电冰箱。反过来,也可以说实际汇率是一台电冰箱可以买五十万分之一的飞机。

如以 E 表示名义汇率,以 e 表示实际汇率,以 P_f 和 P_d 分别代表外国和本国的价格水平,那么。两国货币的实际汇率等于名义汇率(直接标价法)乘以外国价格水平与本国价格水平的比率,即:

$$e = E \times \frac{P_f}{P_d}$$

实际汇率反映了以同种货币表示的两国商品的相对价格水平,从而反映了本国商品的国际竞争力。如果名义汇率上升的百分比和本国价格水平上升百分比相同,实际汇率不变。以人民币对美元汇率为例,如果名义汇率上升15%,但同时中国价格水平也升高15%,则两国实际汇率保持不变。这意味着两国产品的相对竞争力不因名义汇率变化而改变。2011年以来,人民币汇率灵活性显著增强,如果考虑国内通胀因素,人民币实际汇率已大幅度升值,并趋近均衡水平。

二、汇率制度

汇率制度,又称汇率安排,是指一国货币当局所规定的本国货币汇率变动的指导方针。传统上,将汇率制度分为两大类型:固定汇率制和浮动汇率制。

(一) 固定汇率制

固定汇率制指本币同外币的汇率基本固定,其波动仅限于一定的幅度之内。基本固定有两层含义:货币的平价是相对固定的;汇率的变动幅度也是相对固定的。

在金本位制下,各国货币所规定的法定含金量是制定汇率的基础,汇率就是两种货币含金量的比率。因为各国货币含金量是固定的,由此确定的兑换比率也是相对固定的,所以就将此比率称作法定平价。两国间的黄金输出输入点确定了汇率的变动范围。金本位制的汇率体系是一种严格的固定汇率制。

在这种制度下,中央银行制定了汇率,并按这一水平进行外汇的买卖。中央银行必须为任何国际收支盈余或赤字按官方汇率收售外汇。当有盈余时购入外汇,当有赤字时售出外汇,以维持固定的汇率。

实行固定汇率有利于一国经济的稳定,也有利于维护国际金融体系与国际经济交往的稳定,减少国际贸易与国际投资的风险。但是,实行固定汇率要求一国的中央银行有足够的外汇或黄金储备。否则,必然出现外汇黑市,黑市的汇率要远远高于官方汇率,会不利于经济发展与外汇管理。

(二) 浮动汇率制

浮动汇率制指一国不规定本国货币与其他国家货币的官方汇率,而由外汇市场供求决定汇率水平。按照国家是否干预外汇市场,浮动汇率制又分为自由浮动与管理浮动两种。自由浮动是指中央银行对外汇市场不采取任何干预措施,汇率完全由市场供求关系的变动而发生变动。管理浮动是指中央银行为了控制或减缓市场汇率的波动,使之朝着有利于本国利益的方向浮动,而对外汇市场进行各种形式的干预活动。货币当局主要是根据外汇市场的情况售出或购入外汇,以通过对供求的影响来影响汇率。

自由浮动汇率　自由浮动汇率,又称不干预浮动汇率制度,是指货币当局对汇率上下浮动不采取任何干预措施,完全听任外汇市场的供求变化自由涨落的一种浮动汇率制度。这里我们以两个国家的两种货币为例,来说明在这种制度下,汇率是如何由外汇市场供求决定的。假设外汇市场上只有中国和美国两个国家进行人民币和美元的兑换活动,如图14.3所示。纵轴表示以人民币表示的美元价格,横轴表示一定时间的美元的数量。汇率越高意味着美元价值越高,人民币价值越低。

在这个以人民币表示美元价格的外汇市场上,美元的供给曲线 S 向右上方倾斜意味着:如果汇率上升,即美元可以兑换更多的人民币,人们将愿意提供更多的美元。相反,美元的需求曲线 D 向右下方倾斜,表示如果汇率下降,即美元可以兑换的人民币越少,则人们愿意持有更多的美元。美元的供给曲线 S 与对美元的需求曲线 D 相交于 E 点,E 点对应的汇率就是均衡汇率。当实际的市场汇率高于均衡汇率时,对美元的需求量小于供给量,汇率将下降;当实际的市场汇率低于均衡汇率时,对美元的需求大于美元的供给,汇率会上升。在自由浮动汇率制度下,汇率会自动上升到均衡汇率水平。

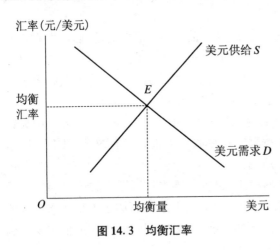

图 14.3 均衡汇率

一方面,如果外国对美国产品的需求增加,或对美国资产的需求增加,外汇市场上的美元需求增加,即美元的需求曲线向右移动,则均衡汇率就会大于原来的汇率,在这种情况下,美元升值(或人民币贬值);另一方面,如果美国的进口增加,或对美国资产的需求减少,对美元的供给增加,即美元的供给曲线向有移动,则均衡汇率小于原来的汇率,这时,美元贬值(或人民币升值)。实际中,有各种不同的因素影响外汇市场上一种货币的供给和需求,从而使汇率发生变动。

管理浮动汇率 管理浮动汇率,又称干预浮动汇率制度,是指货币当局采取各种方式干预外汇市场,使汇率水平与货币当局的目标保持一致的一种浮动汇率制度。它与自由浮动的区别,不在于是否让外汇市场决定汇率,而在于货币当局是否干预外汇市场的汇率水平。实际上,目前各主要工业国都干预汇率水平,绝对的自由浮动纯粹是理论上的假设而已。

政府实行管理浮动汇率成功与否,取决于自己究竟能多大程度上调节短期外汇超额供求,也即取决于国家外汇储备的多少和政策贯彻的有效性。通常情况下,政府都是"逆经济风向"行事:当外汇供不应求时,政府就动用外汇储备,增加外汇供给,减弱本币下跌的势头;当外汇供过于求时,政府吸纳外汇,减少外汇供给,抑制本币升值趋势。这样便实现管理浮动汇率的目的。

(三)我国的人民币汇率制度

自 2005 年 7 月 21 日起,我国开始实行以市场供求为基础、参考一篮子货币进行调节、有管理的浮动汇率制度。我国人民币汇率制度具有如下的特点：

以市场供求为基础的汇率　新的人民币汇率制度，以市场汇率作为人民币对其他国家货币的唯一价值标准，这使外汇市场上的外汇供求状况成为决定人民币汇率的主要依据。根据这一基础确定的汇率与当前的进出口贸易、通货膨胀水平、国内货币政策、资本的输出输入等经济状况密切相连，经济的变化情况会通过外汇供求的变化作用到外汇汇率上。

有管理的汇率　我国的外汇市场是需要继续健全和完善的市场，政府必须用宏观调控措施来对市场的缺陷加以弥补，因而对人民币汇率进行必要的管理是必需的。主要体现在国家对外汇市场进行监管、国家对人民币汇率实施宏观调控、中国人民银行进行必要的市场干预等上面。

浮动的汇率　浮动的汇率制度就是一种具有适度弹性的汇率制度。中国人民银行于每个工作日闭市后，公布当日银行间外汇市场美元等交易货币对人民币汇率的收盘价，作为下一个工作日该货币对人民币交易的中间价格。现阶段，每日银行间外汇市场美元对人民币的交易价仍在人民银行公布的美元交易中间价上下0.3%的幅度内浮动，非美元货币对人民币的交易价在人民银行公布的该货币交易中间价3%的幅度内浮动。

参考一篮子货币进行调节　一篮子货币是指按照我国对外经济发展的实际情况，选择若干种主要货币，赋予相应的权重，组成一个货币篮子。同时，根据国内外经济金融形势，以市场供求为基础，参考一篮子货币计算人民币多边汇率指数的变化，对人民币汇率进行管理和调节，维护人民币汇率在合理均衡水平上的基本稳定。

三、国际收支

(一) 国际收支的概念

国际收支是一国在一定时期内(通常是一年)与世界其他国家的商品、服务和资产的交易记录。国际收支也是一国外汇的来源和使用的记录。狭义的国际收支是以支付为基础；而广义的国际收支却以交易为基础，既涉及支付的贸易，又包括不需支付的对外往来，如以实物形式的对外捐赠，或对外投资等。现在广义的国际收支已被各国广泛采用。

在掌握国际收支概念时，应注意：(1) 经济交易的主体必须是一国境内的居民和非居民。这个主体可以是家庭，或组成家庭的个人，也可以是法定的实体和社会实体。(2) 经济交易的类型主要包括四种：① 交换。所交换的经济价值可以是货物、服务、收入和金融项目。② 转移。就是无偿或不完全补偿的交易。③ 移居。不仅指迁居，主要涉及相关债权债务关系的变动。④ 推论交易。尽管实际流动并未发生,但可以推定交易存在,该交易也应记录在国际收支账户中。(3) 经济交易时限通常为一年。国际收支账户是一流量概念,它和记录存量数据的国际投资头寸是显然不同的。

(二) 国际收支平衡表

国际收支集中反映在国际收支平衡表中。国际收支平衡表,也称国际收支账户,是对一国与他国之间所进行的一切经济交易加以系统记录的报表。该表按复式记账原理编制,编制国际收支平衡表的基本规则是:一个国家的任何交易活动,如果能为该国赚取外汇,就记为贷方项目,是正值。如果一笔交易要支出外汇,就计入借方项目,为负值。国际收支平衡表主要由三大部分组成:经常账户、资本账户及官方结算账户。表14.3 描述了美国1996年的国际收支状况。

表 14.3 1996 年美国国际收支平衡表   (单位:10 亿美元)

项目	贷方(+)	借方(−)	净额
Ⅰ. 经常账户			
①货物品贸易额	612	−803	−191
②劳务和其他	443	−401	+42
③经常项目平衡差额			−149
Ⅱ. 资本与金融账户			
①资本流量			+148
②资本项目平衡差额			+148
Ⅲ. 统计误差			−2
①需要清偿的总额			−3
Ⅳ. 官方结算差额			
(美国官方储备资产变动净额)			+3
净额总计			0

资料来源:U. S. Department of Commerce. Survey of Current Business, September 1997.

经常账户　经常账户记录的是商品、服务进出口及净要素支付等实际资源流动的交易。它包括货物、服务、收入和经常转移(下设政府转移和其他转移两个次级账户)四个次级账户。

资本账户　资本账户记录那些因资产买卖活动发生的外汇收支,具体包括资本账户和金融账户两大部分。资本账户包括资本转移和非生产、非金融资产的收买或放弃;金融账户包括了一国对外资产和负债所有权变更的所有交易。金融账户下设直接投资、证券投资、其他投资和储备资产四类次级账户。

官方结算账户 官方结算账户记录一国的官方储备,即政府持有的外国货币量的变动。如果一国官方储备增加,官方结算账户余额是负值。原因在于持有外国货币与在国外投资一样。

在开放经济中,一国与外国的经济往来主要包括两个方面的内容:一是商品与服务的进出口和各种转移支付的进出;二是为购买实物资产和金融资产而发生的资本流入和流出。前者反映在国际收支平衡表的经常账户上,后者反映在资本账户上。

(三) 国际收支的均衡与失衡

从国际收支平衡表看,国际收支应是平衡的。这就是说,如果经常项目的顺差(或逆差)与资本项目的逆差(或顺差)相等,则国际收支是平衡的。当国际收支平衡时官方储备项目不变。

就具体项目而言,有平衡与不平衡两种状态,不平衡又分为顺差与逆差两种情况。如果经常项目与资本项目的借方与贷方不相等,国际收支就不平衡。若是贷方大于借方,即总收入大于总支出,则国际收支是顺差(国际收支盈余)。此时,会有黄金或外汇流入,官方储备项增加。若是借方大于贷方,即总支出大于总收入,则国际收支是逆差(国际收支赤字)。这时,有黄金或外汇流出,官方储备项减少。国际收支不平衡时,要通过官方储备项目的调整来实现平衡。下面四项是国际贸易实务中统计国际收支状况的经常性口径。

贸易差额 经常账户余额实质上就是贸易差额。有的国家,其贸易收支占国际收支比重相当大,贸易差额就能表现国际收支状况。贸易盈余能够反映该国产品具有较强的出口创汇能力。但是,持续的贸易盈余会引致贸易摩擦,使本币有升值的压力。显然,严重的贸易赤字给国内的进口竞争行业带来严峻的威胁。

经常账户差额 目前国际上经常把经常账户差额看作衡量一国国际收支长期状况的重要尺度。经常账户差额反映了实际经济资源在国际间的转让净额。

资本账户差额 经常账户差额和资本账户差额之和为零,即一个账户的盈余和另一账户的赤字必然同时出现。两者的关系主要表现为通过资本与金融账户的盈余,或动用储备资产为经常账户赤字融资。

综合差额 综合差额就是经常账户和资本账户中排除储备资产的交易差额。它衡量了一个国家的国际收支对储备资产的影响:综合差额为贷方余额,则储备资产增加;当综合差额为借方余额,则储备资产减少。因为综合差额能够比较全面反映国际收支的整体情况,所以被广泛运用。

四、国际收支与汇率

国际收支对汇率有重要影响。1861 年,英国经济学家葛逊阐述了汇率和国际收支之间的关系。他认为汇率是由外汇市场上的供求关系决定的,而外汇的供给和需求又是一国国际收支状况的体现,因此,凡是影响国际收支均衡的因素都会影响均衡汇率的变动。二战后,很多学者应用凯恩斯的宏观经济模型来说明影响国际收支的主要因素,分析了这些因素如何通过国际收支作用于汇率,形成了系统的国际收支说。

均衡汇率的变动主要由国内外的收入水平、价格水平、利率水平、财政政策、货币政策以及人们对未来汇率的预期等因素决定。国际收支说采用比较静态的分析方法,来考察上述各因素变动对均衡汇率的影响如下:

① 在其他条件不变时,外国国民收入的增长会引起出口的增加,国际收支出现顺差,引起本币升值;同样分析可知,本国国民收入增长,导致对外汇需求的增加,造成本币贬值。

② 外国价格水平上升,出口增加,进口减少,国际收支出现顺差,本币将升值;本国价格水平上升,将引起本币贬值。

③ 外国利率提高将吸引大量的资本流出,产生国际收支逆差,本币贬值;反之,本国利率提高将引致本币升值。

④ 如果人们预期本币将来升值,就在外汇市场上抛售外币,购进本币,由此造成本币即期的升值;相反,如果人们预期本币贬值,就在外汇市场上抛售本币,购进外币,引起本币即期贬值。

> 【即问即答】
> ◇ 汇率有哪两种标价法?我国采用哪种汇率标价法?
> ◇ 经常账户和资本账户记录哪些交易?

第三节 国际性经济机构和一体化的经济组织

一、国际性经济机构

(一) 布雷顿森林体系

在第二次世界大战尚未结束时,世界各主要资本主义国家就开始谋划战后重建国际货币体系。在凯恩斯的领导下,1944年7月,在美国新罕布什尔州的布雷顿森林,45个同盟国家的300多位代表在国际货币金融会议上通过了《联合国货币金融会议最终决议书》、《国际货币基金协定》和《国际复兴开发银行协定条款》等文件,这三个文件合称"布雷顿森林协定",从此确立了新的国际货币体系——布雷顿森林体系。

成员国共同建立了国际货币基金组织(IMF),以此作为战后国际货币体系的核心。国际货币基金组织监督成员国的汇率政策,并为他们提供短期的资金融通。它的系列规定奠定了国际金融领域的基本秩序。尽管自建立以来,协定中的某些规则已经被变更,但布雷顿森林体系的机制仍在发挥着重要作用。

布雷顿森林体系以黄金为基础,以美元为最主要的国际储备货币,施行美元与黄金直接挂钩,各国货币再与美元挂钩,规定了35美元兑换1盎司黄金的固定价格,各国政府可以按照这一官方价格随时用美元向美国政府兑换黄金。用美元和黄金为各国货币建立了一种平价,各种货币同时以美元和黄金标价。各国货币和美元的汇率,可以按照各国货币的含金量来确定,也可以规定与美元的比价,间接地与黄金挂钩。譬如,英镑的平价定为1盎司黄金等于12.5英镑,而1盎司黄金等于35美元,由此确定了两种货币的汇率是35美元/12.5英镑=2.80美元/英镑,即为英镑的官方平价。

布雷顿森林体系使汇率变得既相对固定又可小幅度(10%)地被调整。基金组织的协定规定,成员国可自主决定本币和美元的汇率平价,但有义务将其变动幅度限制在10%以内,大幅度(超过10%)变动,需经基金组织批准。这种可调整的固定汇率制度,一方面使得汇率可以被预测,因而鼓励了贸易和资本流动,另一方面各国间持久的相对价格差异可通过汇率变动得到调整,有效避免了金本位制下的通货紧缩和失业的冲击。

此外,基金协定还规定融通资金、取消外汇管制和稀缺货币等条款和措施。

(二)国际货币基金组织

国际货币基金组织,是布雷顿森林体系的一个组成部分,是由各主权国家参加的国际金融机构,是各成员国中央银行的中央银行。它由理事会、执行董事会、总裁和业务机构组成。

自成立以来,国际货币基金组织一直在国际金融领域发挥着核心作用。概括起来,国际货币资金组织的任务就是在货币问题上促使国际合作,促进国际贸易发展,稳定国际汇率,协助建立多边支付体系,并通过提供短期贷款解决成员国国际收支暂时逆差的外汇资金需要。研究国际货币制度改革的有关问题,提供技术援助和加强同其他国际机构的联系。近年来,在应对国际性债务危机和帮助实现经济转轨(由计划经济向市场经济)方面,国际货币基金组织发挥的作用越来越突出。

举例来说,俄罗斯向市场经济转轨遇到阻碍,不能偿还外国到期货款的利息和本金。国际货币基金组织就可以派出一个专家组到俄罗斯仔细研究他们的账目,并确立援助项目,重振人们对卢布的信心。如果 IMF 的计划是成功的,俄罗斯的国际收支状况就会得以改善,国家经济也会恢复增长。

(三) 世界银行

世界银行的全称是国际复兴开发银行,是负责长期贷款的国际金融机构,其总部位于华盛顿,于 1946 年 6 月 25 日开始办理业务。只有国际货币基金组织的成员才可以加入世界银行。世界银行和国际开发协会、国际金融公司、多边投资担保机构、国际投资争端解决中心共同组成了世界银行集团(Word Bank Group)。

世界银行在成立初期的宗旨是复兴战后的欧洲经济,后来为全球经济发展提供援助,即为成员国生产性投资提供贷款和技术支持。目前世界银行的宗旨主要是通过对生产事业的投资,资助成员国的复兴和开发工作;通过对贷款的保证或参与贷款和其他私人投资的方式促进外国私人投资;通过鼓励国际投资,开发成员国的生产资源,提供技术咨询和提高生产能力,以促进成员国际贸易的均衡增长和国际收支状况的改善。

世界银行利用国际资本市场筹集发展资金。世界银行的贷款约占世界银行集团年贷款额的四分之三,其基金几乎全部筹自金融市场。世界银行作为最审慎和最保守的金融机构之一,在世界各地发售 AAA 级债券和其他债券,发售对象为养老基金、保险机构、公司、其他银行和个人。世界银行对贷款国的贷款利率决定于其筹资成本,贷款期限为 15~20 年,在开始偿还本金前有 3~5 年的宽限期。世界银行的资金里有小于 5% 是成员国在加入时认缴的股金,成员国政府根据它的经济实力认购股份。

国际开发协会成立于 1960 年,其资金来源于较富裕的成员国政府的捐款。国际开发协会,通过无息贷款、技术援助和政府咨询的方式,为没有能力以商业利率借贷的贫困国家提供优惠贷款和其他援助。国际开发协会信贷约占世界银行集团贷款总额的四分之一。借款国需支付不到贷款额 1% 的手续费用于行政支出,其还款期限为 35~40 年,宽限期为 10 年。

二、区域经济一体化组织

"一体化"的原意是将各个部分联结成一个整体。目前,经济学家对于经济一体化的涵义尚未形成共识。有的强调其制度性特征:"经济一体化通常指国家间在社会再生产的某些领域内实行不同的经济联合和共同的经济调节,并向结成一体的方向发展。一般根据国家间的协定建立,有共同的机构"。有的强调国际贸易方面的特征:"只是在参加国间采取减少或取消歧视性的贸易壁垒的贸易政策"。还有经济学家从经济运行的角度把一体化定义为"宏观经济政策的一体化和生产要素的自由流动以及成员国间的自由贸易"。尽管这些定义的侧重点不同,但是都包含两重涵义:一是指在国际分工、国际市场发展的基础上,国家或地区之间通过资源(商品、资本、技术和劳务等)流动而实现的相互开放、相互融合、经济联系愈加紧密的进程和状况;二是指在客观的国际经济联系和结合发展的基础上,两个以上国家或地区为了谋求共同利益或解决矛盾,通过条约、协议和会谈等实现的经济联合、调节机制和进程。根据一体化程度的不同,区域经济一体化可以分为由低到高的五种组织形式。

(一) 自由贸易区

自由贸易区是由签订自由贸易协定的国家组成的区域贸易集团。在自由贸易区内,成员国之间取消了一切贸易壁垒(比如歧视性关税、配额和补贴等)。但是,每个国家可以确定其对非成员国的贸易政策。比较典型的自由贸易区是欧洲自由贸易区(EFTA)和北美自由贸易区(NAFTA)。前者成立于1960年,是以挪威、冰岛和瑞士等为成员国;后者建立于1993年,是以美国、加拿大和墨西哥为成员国。另外,还有拉美自由贸易协会、加勒比海共同体和共同市场及东盟等。

(二) 关税同盟

关税同盟是指两个或两个以上国家缔结协定,建立统一的关境,在统一关境内缔约国相互间减让或取消关税,对从关境以外的国家或地区的商品进口则实行共同的关税税率和外贸政策。同盟国之间完全取消了关税和其他壁垒,并且采取共同的对外贸易政策,作为一个整体参与国际谈判。欧盟是从关税同盟开始的。另外的同盟还有安第斯条约(ANCOM),其成员国有玻利维亚、哥伦比亚、厄瓜多尔和秘鲁,它试图在成员国之间建立自由贸易,对来自非成员国的产品征收统一的5%~20%的关税。

(三) 共同市场

共同市场是指两个或两个以上的国家或经济体通过达成某种协议,不仅实现了自由贸易,建立了共同的对外关税,还实现了服务、资本和劳动力的自由流动的国际经济一体化组织。按照定义,共同市场的成员国之间没有贸易壁垒,实行共同的贸易政策。在共同的市场内部,像劳动力、技术和资本等生产要素可以完全自由流动,不受任何限制。"欧盟"从1993年1月1日起,发展成为拥有3.4亿人口的统一市场。

(四) 经济联盟

经济联盟是指参加国除了达到关税同盟的要求外,并制定某些共同的经济政策,在货币金融方面进行协调,实现同盟内各种商品和生产要素自由流动,建立起一些超国家的经济调节机构的组织。经济联盟建立在共同市场的基础之上,建立强有力的协调机制(甚至要求成员国牺牲一定的国家主权),采取共同的经济政策

（像财政和货币政策）和社会政策，实现商品、服务、资本、技术和人员的自由流动。一体化渗透到国民经济的方方面面，铸成一个庞大的经济实体。2000年1月1日，欧元的产生标志欧盟已经基本实现了这种一体化形式。

（五）政治联盟

同盟国之间建立起超国家的强大权力机构，把成员国的经济和政治联结成一个整体。欧盟已经向政治联盟演变，欧洲议会在欧盟中发挥着愈加重要的作用，部长理事会发展成为欧盟的控制和决策机构。最终，欧盟可能形成一种联邦体制。

经济一体化组织形式之间的比较情况如表14.4所示。

表14.4　经济一体化的各组织形式之间比较

	自由贸易区	关税同盟	共同市场	经济联盟	政治联盟
没有贸易壁垒	+	+	+	+	+
一致的外贸易政策		+	+	+	+
生产要素自由流动			+	+	+
统一的经济政策				+	+
超国家的权力机构					+

内容提要

1. 开放经济是指一国的经济与国外有着密切经济联系，如进出口和货币、资本的往来。

2. 比较优势理论表明，每个国家应该专门生产其具有比较优势的产品，然后进行交换，则每个国家都能通过贸易获得更大的利益。

3. 自由贸易受到各国政府的许多政策的干预，或者说政府采取了贸易保护的措施。这些措施主要集中在两个方面：限制进口和鼓励出口。

4. 外汇市场是一国货币与另一国货币进行交换的市场，汇率是指外汇市场上一个国家的货币与另一个国家之间货币的兑换比率。

5. 固定汇率制指本币同外币的汇率基本固定，其波动仅限于一定的幅度之内。浮动汇率制指一国不规定本国货币与其他国家货币的官方汇率，而由外汇市场供求决定汇率水平。

6. 国际收支是一国在一定时期内（通常是一年）与世界其他国家的商品、服务和资产的交易记录，国际收支也是一国外汇的来源和使用的记录。

关键术语

开放经济　　绝对优势　　比较优势　　要素密集度　　要素丰裕度　　汇

率 国际收支 国际收支平衡表

复 习

（一）思考题

1. 绝对优势和比较优势有什么不同？
2. 为什么不同国家之间可以进行贸易？
3. 政府限制进口的措施主要有哪些？
4. 浮动汇率制度下均衡汇率是如何决定的？什么因素会使汇率发生变化？
5. 国际收支平衡表中有哪些基本项目？国际收支统计失衡的原因可能有哪几个方面？

（二）选择题

1. 从国际经济资源流动的难度看，最容易流动的要素是（ ）。
   A. 商品　　　　B. 资本　　　　C. 人员　　　　D. 技术
2. 比较利益理论认为国际贸易的驱动力是（ ）。
   A. 劳动生产率的差异　　　　B. 技术水平的差异
   C. 产品品质的差异　　　　　D. 价格的差异
3. 一国不规定本国货币与其他国家货币的官方汇率，而由外汇市场供求决定汇率水平，是指（ ）。
   A. 固定汇率制　B. 浮动汇率制　C. 钉住汇率制　D. 联合浮动制
4. 国际收支（ ）。
   A. 是一个统计报表　　　　　B. 表示国际收支情况
   C. 分为三大项目　　　　　　D. 以上全对
5. 若人民币相对美元贬值，则以美元表示的进口商品价格将（ ）。
   A. 上升　　　　B. 下降　　　　C. 不变　　　　D. 不确定
6. 经常项目差额不包括（ ）。
   A. 贸易收支差额　　　　　　B. 收益差额
   C. 经常转移差额　　　　　　D. 资本转移

应 用

1. 上网搜集 2005 年以来中美之间在纺织品和服装贸易之间的贸易摩擦事件以及解决措施等有关资料，分析我国纺织品和服装出口的贸易环境特点，并尝试给出应对措施建议。
2. 上网搜集我国 2008～2010 年的国际收支数据，总结我国近年来国际收支的变动情况。

3. 2006年以来,人民币对美元汇率升值是个基本趋势。2011年,人民币对美元汇率升值步伐加快。不仅1月13日首次冲破6.6关口,而且在19个交易日中10次创出新高。截至1月28日,人民币汇率中间价已达到1美元兑换人民币6.5930元,人民币年内已升值0.45%。请用外汇市场供求工具分析近年来人民币升值的原因。

4. "不要再升值了。"提起人民币汇率,在浙江义乌小商品城经营工艺门帘的小杨脱口而出。小杨自家产销的门帘主要销往中东地区,以往一个月能出口五六个集装箱,2008年以来已经逐步缩减了一半,利润率也从去年的8%降到了3%左右,"再升值,厂子真的要倒闭了!"请问这段话反映了人民币汇率对我国进出口有什么影响?

参 考 书 目

[1] 曼昆.经济学原理[M].北京:北京大学出版社,2009.
[2] 高鸿业.西方经济学[M].北京:中国人民大学出版社,2007.
[3] 迈克尔·帕金.经济学[M].北京:人民邮电出版社,2009.
[4] 卡尔·E·凯斯,雷·C·费尔.经济学原理[M].北京:中国人民大学出版社,1994.
[5] 斯蒂格利茨.经济学[M].北京:中国人民大学出版社,2010.
[6] 梁小民.经济学是什么[M].北京:北京大学出版社,2001.
[7] 胡田田.经济学基础与应用[M].上海:复旦大学出版社,2010.
[8] 刘厚俊.现代西方经济学[M].南京:南京大学出版社,2002.
[9] 石良平.宏观经济学[M].北京:高等教育出版社,2004.
[10] 缪代文.微观经济学与宏观经济学[M].北京:高等教育出版社,2006.
[11] 迈克尔·L·卡茨,哈维·S·罗森.微观经济学[M].北京:机械工业出版社,2010.
[12] 威廉·A·迈克易切恩.微观经济学[M].北京:经济科学出版社,2003.
[13] 梁小民.西方经济学[M].北京:中央广播电视大学出版社,2002.
[14] 何璋.西方经济学[M].北京:中国财政经济出版社,2005.
[15] 丁冰.当代西方经济学原理[M].北京:首都经济贸易大学出版社,2000.
[16] 罗伯特·霍尔,约翰·泰勒.宏观经济学[M].北京:中国展望出版社,1989.
[17] 保罗·萨谬尔森,威廉·诺得豪斯.经济学[M].北京:华夏出版社,2003.
[18] 袁志刚.国际经济学[M].北京:高等教育出版社,2006.